兒科常藥
宏興
鶴鴣萊
常治小兒百病
手保小兒平安
遐邇馳
粵行・廣州一德路・
滬行・上海南京路・
小兒常
活潑健

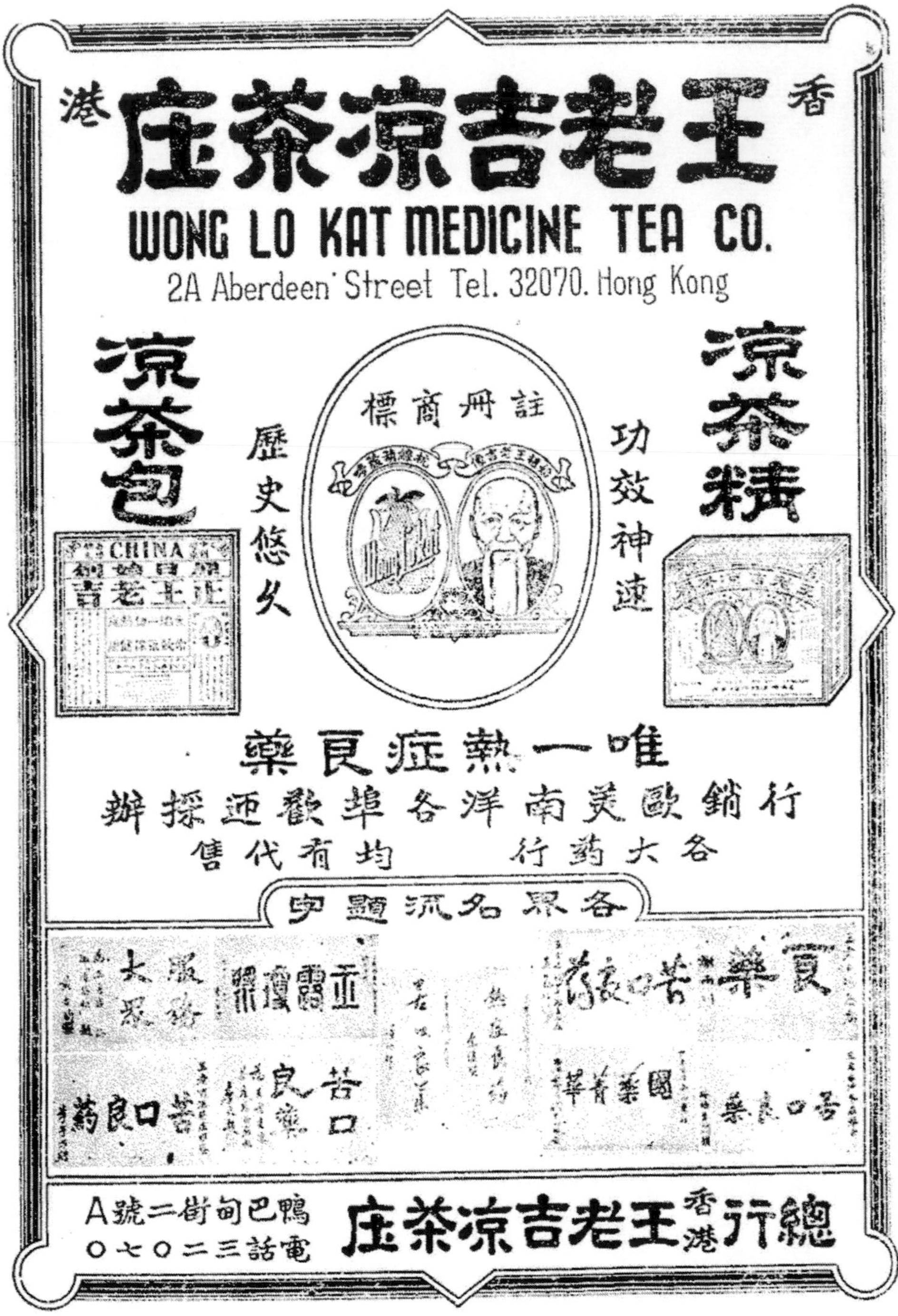
香港 王老吉涼茶庄
WONG LO KAT MEDICINE TEA CO.
2A Aberdeen Street Tel. 32070. Hong Kong
涼茶包
涼茶精
註冊商標
歷史悠久
功效神速
唯一熱症良藥
行銷歐美南洋各埠歡迎採辦
各大藥行 均有代售
各界名流題字
良藥苦口
國藥菁華
苦口良藥
服務大眾
總行 香港 王老吉涼茶庄
鴨巴甸街二號A
電話三二〇七〇

白金龍

應酬妙品高尚名烟

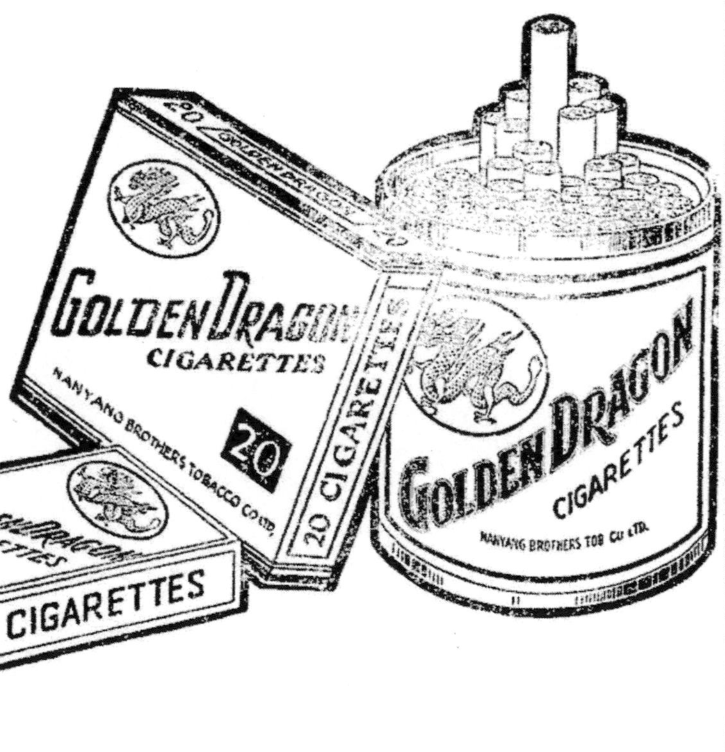

南洋兄弟烟草股份有限公司

目錄：

第一章 歷史

目錄

第二章　政治

第三章　地理

目錄

目錄

第四章 社會

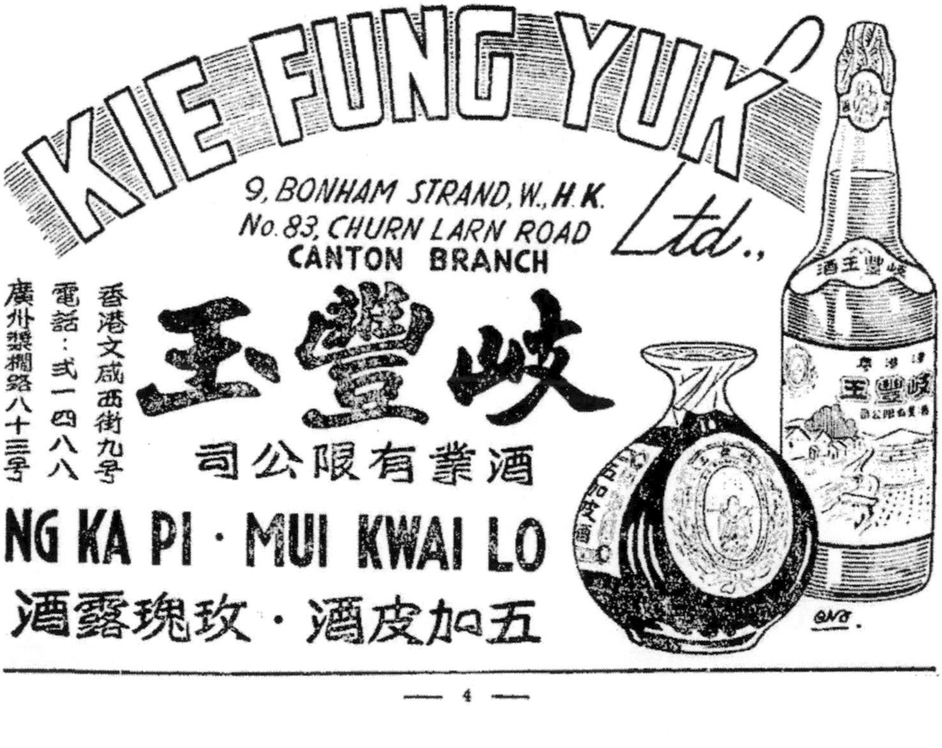
KIE FUNG YUK Ltd.,
9, BONHAM STRAND, W., H.K.
No. 83, CHURN LARN ROAD
CANTON BRANCH
香港文咸西街九号
電話：式一四八八
廣州漿欄路八十三号
岐豐王
酒業有限公司
NG KA PI · MUI KWAI LO
五加皮酒 · 玫瑰露酒

第五章　經濟

第六章　交通

EVERSHARP
Skyliner Pen
美國
愛弗釋孔雀牌
流線型墨水筆鉛筆
書寫流利　不漏墨水
真金筆咀　真金筆套
總經理：雄德公司
批發處：有餘行
大道中七十號三樓
電話二三四九八

目錄

第七章　文化

第八章　教育

撰述委員名表

（以排名先後爲序）

陳釗　吳雲　程韓　葉林豐　李景新

魚樓　劉樸士　蘇福祥　蘇葳貝　陳公哲

天韻　馮自由

古卓崙　黃草予

杜惜冰　胡學靑

馬爾洛　潘孔言

簡達源　鄺勢南

唐海軒　陳世豐

吳占美　曹嘯虹　永言　欽之　陸新大

吳灞陵　楊飛　煥文　王鐵崕　寄萍

西舟　李惠堂　樂秋　杜慧　錢魯炳

澹雲　非盧

鄺子健　無殊

錦勳　麥思源

馮翰文

南中編譯社出版香港百年史

百載滄桑

李少溪題

南中編譯社出版香港百年史

金甌一角

青史百年

李景康題

The Atom Company

原子行

57. QUEEN'S ROAD. C.

TEL. 26394·24747

香港皇后大道中五十七號

電話：二六三九四·二四七四七

名貴服裝疋頭

日常男女用品

百貨畢集

歡迎選購

香港百年史

主編者：黎晉偉

發行人：李漱石
崔學亭

出版者：南中編譯出版社

地址：高士打道六十四號三樓

印刷者：星島日報承印部

定價：全一册港幣十元

國內外售價概依港幣折合計算

經售處：香港及海外
各大書局

中華民國三十七年六月初版

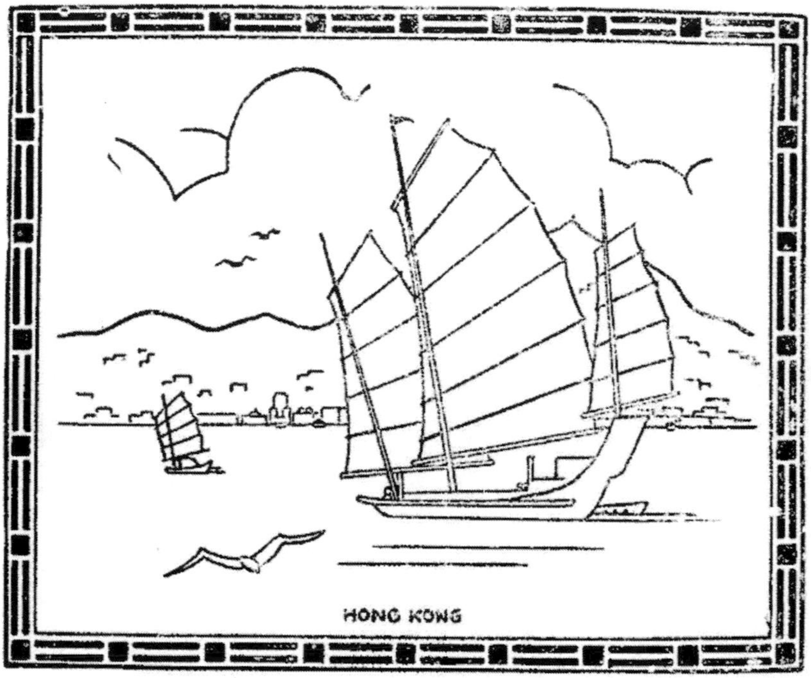

第一章

歷史

香港百年史中

地球牌風燈之十五年史略

香港百年史中共有關於建設，政治，經濟等問題固各具璀璨莊嚴偉蹟而商品之遠銷海外獲得世界市場者地球牌風燈亦忝居一席與有榮焉爰將其中略介紹如次

地球牌風燈乃光宇廠製品於民國廿二年在華南首創以華資華工採用國產及英美原料製成經數十次改善迄今已有十五年歷史矣

該廠初設於福全鄉街一連六間嗣因業務開拓於民廿五遷大坦咀必發道並繼續設第二廠於必發道地段四一三四設第三廠於塘尾道地段九五五及設第四廠於旺角地士道街五七號共占廠地凡五萬尺男女職工一，餘人規模頗稱龐大

每月風燈生產量闕爲十八萬枝廿至二萬枝另其他副產品如　機輪牌熨斗　貓鴨牌核瓣駱駝牌綫排　美麗燈　寶貝燈　玻璃器具未計

地球牌風燈運銷於非洲印度南洋羣島一帶佔有遠東市場戰前爲德商火手牌風燈勁敵戰後勁敵已倒或該廠近年業務益覺蒸化云

該廠營業部設香港德輔道中三〇號四樓　電話三一三〇二

林宏隆玻璃廠史略

林宏隆玻璃廠，乃香港華商玻璃製品工業有悠長歷史之一家，出品遍銷港，澳，暹，越，荷印，菲律賓，馬來亞等地。所製出品，有化粧品瓶，藥品瓶，食品瓶，水杯，及其他用具，風燈罩，汽燈罩油燈罩等，種類繁多，多用機械製出，亦有以人工製造者。觀其機械之設備，極靈巧而衰敏，萬數千件之玻璃品，瞬息間即能分門別類製成。該廠技術員工百數十餘人，在其經理林桂泉先生及襄理林業生先生精明鑑察之下，出產量日有增加，品質亦日益精美，愛用國貨玻璃品者，當知所選擇矣。

介紹人　黎詩偉　錢魯炳　啓

插圖

說明　一九〇七年前清大臣洵貝子統率海軍
將官薩鎮冰程璧光過港與港督魯格及港紳
劉鑄伯何啓等合影

插圖

一九四七年十月一日港督葛量洪爵士訪問南京，謁陵後攝。

葛督謁見　蔣主席於官邸，相談甚歡。

香港開埠史

陳劍

英人佔領香港之正確時日，是一八四一年六月廿五日（星期一）上午八時十五分，距南京條約簽定之時間一年六月零四天。英國一等寶星畢拉會同英國官員，乘英艦修化號抵港，以畢林馬為水師提督，義律為總督。當時以赤柱為大營。旋正式示諭居民，嗣後香港隸屬於英國。即由英保護，所有居民，不易其俗，法律則恪守英國，爭鬥細故，歸巡理府審理。

翌年二月一日，第一張告示張貼，准許宗教信仰，集會結社自由，英商及外商多由澳門遷港。第一間貨棧乃渣甸洋行，在銅鑼灣建築，陸海軍旋遷石塘咀安營。商場設在中區，名為廣州市場，該處不久成為中環街市。有二千蛋民——由別處來港謀生。

五月一日，香港憲報第一期，由澳門美國教會印刷店代印出版。委任韋林堅為裁判司，並委任航政司，警察司，田土司等處理政務。開始登記戶口。六月七日公佈香港為自由港。第一次將港地三十三號地段，總計九英畝，分五十一段招人投承，以七十五年為期，總值年租三千零三十二英鎊。其時人口為一萬五千人。

其時英理藩院忽有文書至港，謂清室大臣琦善與義律所簽之和約，未經清廷認可，并將地段停止開投，並令義律回國。時英下議院曾提出嚴重詰問。英政府亦未有答覆，事實琦善之訂立和約，清廷並未批准，故簽約後第八日，已降旨將琦善拿京審訊，幽諸禁室，並沒收其家產，結果雖免刑戮。

香港之正式割讓於英國，乃在一八四二年十月二十七日（道光二十二年九月二十四日）清政府遣使相欽差大臣太子少保廣東駐防將軍耆英，與英國特派欽差大臣砵甸乍爵士訂立南京條約，香港割讓始正式成定議。砵甸乍爵士旋由南京來港，宣佈香港為無稅埠，准各國商人自由貿易。英商務管理處亦由澳門遷來。戰後英海陸軍撤去，只留七百士兵駐守，政務交由地方官掌理。

香港移讓於英國之典禮，乃在香港之議政廳舉行，時為一八四三年六月廿六日。清政府特派使相來港，英方則由砵甸乍爵士及義律代表。當時換文典禮之圖片，在戰時尚懸在立法局之走廊。

初期的香港夜色（郇奈納作「中國海岸」插圖之一）

兩張歷史性的佈告

吳雲

英國正式佔領香港島的日期，是一八四一年正月二十六日，這是官式登陸，在這一天正式樹起英國國旗，舉杯爲維多利亞女皇三呼萬歲，港中戰艦並鳴礮致敬，當時率領英國海軍進駐香港的統帥是英國遠東艦隊支隊司令伯麥，這日期是正確的，一八四一年出版的「中國文庫」（Chinese Repository）遺漏了這一項重要的記事，直到第二年的十一月號上，方在「中國過去十年大事回顧」一文中填補了這遺漏，牠所舉出的日期就是正月二十六日，同時，當時的一隻英國測量船的船長貝爾乾爾（他就是香港最早地圖製作者）在一八四三年出版的回憶錄「世界環遊記」上說，他們於二十四日就向香港出發，二十五日八時十五分在香港島上岸，開始測量工作，第二天，伯麥率領艦隊來了，舉行正式佔領典禮，所以這日期的正確是無可懷疑的。

直到一八四三年六月，南京條約正式換文簽字之後，香港才有總督，因此英國統治香港後的第一張佈告，是由義律（Capt. Charles Elliot）以「大英國駐華全權欽使兼商務總監」名義發表的，據「中國文庫」一八四一年一月號所載，當時一共發表了三種佈告，都是關於中國將香港割讓給英國的。第一種是通告英國人民，關於香港割讓及今後商務保護情形的，日期是一八四一年正月二十日，在澳門公佈的。第二種則是通告香港中外人民，香港已成爲英國領士，今後將按照英國法律統治，發表的日期是正月二十九日（一作二月二日）。以上兩種都是由義律署名的，第三種則是海軍司令伯麥與義律會銜的，日期是二月一日，這個佈告是專門發給中國人看的，所以着重在證明怎樣治理中國人民方面，因海軍司令與全權欽使的官階大小不同，這佈告是由兩人會銜，而且伯麥列名在義律之上，因此後來頗引起一些人的非議。

香港的徽章

這三種最初的香港佈告，原文都是英文，後二種另有中文。我現在所根據的是抄本，未知在字句上是否有錯誤或遺漏。據說當初是刊刻木版刷印的，形式與當時清朝的官廳佈告一樣，香港的書家鑑藏至今還有保存着的，可說是英國統治香港最有歷史價值的文獻。

一

大英國駐華全權欽使兼商務總監査爾士義律駐遠東艦隊支隊司令伯麥爲出示曉諭事

照得本使大臣奉命爲英國善定事宜，經與大清國欽差大臣爵閣部堂琦，成立協定，將香港全島地方讓給英國統治，業有文據在案，凡爾香港居民，歸順英國爲女皇之赤子，自應恭順守法，勉爲良民，而爾等居民亦得以英女皇名義享受英國官吏之保護，一切禮教儀式風俗習慣及私有合法財產權益，概准仍舊自由享用，官廳執政治民，概依中國法律風俗習慣辦理，但廢除各種拷刑，並准各鄉耆老秉承英國官吏意旨管轄鄉民，仍候國主裁奪，凡爾居民，苟有受英人或其他外國人所凌虐及不法待遇者，得赴就近官署秘密稟告，定即查辦，代爾伸雪。凡屬華商與中國船舶來港貿易，一律特許免納任何費用賦稅，嗣後如有關於爾等華人各事宜，將隨時曉示諭遵，各鄉耆老應切實負責約束鄉民，服從官憲命令，切切毋違，特示。

大英國一八四一年二月一日

大清道光二十一年辛丑正月初十日頒

二

大英國駐華全權欽使兼商務總監海軍大佐査爾士義律爲報告事

照得本使奉命與大清國欽差大臣琦善成立協定，將香港全島割給英國。現須先行設立統治機關，所有香港海陸地方一切人民財產，統歸英國統理，暫由商務總監執掌政權，仍候英廷裁奪，島上華僑居民，應照中國法律習慣統治之，但廢除各種拷刑。至於英國人或其他人民，則適用英國現行刑事或海事法規，以資管轄。香港政府創行法規，應由當任駐華商務總監隨時製立頒佈之，凡屬英國及外國僑民，務須遵守英國法律，自可受英國法律官吏之切實保護也。此佈

英國一八四一年二月二日頒

一八四五年的香港

陳劍

香港爲成世界五十大城市之一，此僅百年人工經營之成績。蓋在百年前香港尚爲一荒島。即使英人到港之後，其荒涼之象，亦爲百年後之人所能想象。英國人科頓曾於一八四五年遊港，歸英後，著有「東遊記」，對於香港當日之情形，曾有如下數段之描寫：

初期之渣甸輪船公司

渣甸洋行之地面及四週，有各式各樣華人建築物及歐人屋宇，其數約有三十餘所。次爲黃泥涌，有歐人屋宇三四所及包含四五十家之華人貧民村，摩利遜教育會屋宇，醫藥傳教會醫院，海員醫院（位於今之海軍醫院），與及附有臨時建拘留所之按察司署，亦爲黃泥涌西部之龐大建築物。

其次，在幾與水平線相齊之海旁，結集一羣稠密之商店，其中有軍需局，倉庫，及兵房等建築，山與海之間，僅留一狹窄地帶而已。他如基督教會與羅馬天主教會之墳場，及海旁幾間細小屋宇，便是域多利亞西區之主要建築物。一個市場之廢墟，包括一所砵軍醫院，及一所軍械庫，爲中區僅有之點綴品，海旁背後之高地，尚未有妥善設計，只有幾所半建成，半毀壞及超過年齡之建築物，此即砲兵房。砲兵房前面三座屋宇，其時正在建築中，將來可作該埠之名勝。越過小溪（該水道現由域多利亞遊樂會出海）有一地帶，正合建築房舍之用，蓋其塲之伸張，廣闊半英里有奇。小溪出海處，海軍船塢建築於灘上。

其南有在建築中之三大廈，乃官員與軍士居住之所（即今瑪利兵房）。再南爲一帶英兵羣蓋搭之印度兵營，由此西行爲操場（卽今之瑪利球塲）。在操場與皇后大道之間，爲香港教堂，南爲郵政局。總督公署在操場之西，由此更西而至海旁，爲香港最完美之商行地帶。過皇后大道而南，爲船政署，是爲域多利亞城中區之終點。

昔日之大會堂

西區之開發，正有萌芽時期，半山區亦開始有建築物，其間有漸成街，穢邑並街，建築物有裁判署及禮拜堂。在物質方面而言，各建築物之形式及質料殊不劃一，從花崗石，磚瓦，而至坭屋皆有，各政府機關，除按察司署外，大多建築簡陋，所有兵房設備，尤爲粗劣，雖牛畜亦不適宜於居住，甚至醫院之設備亦然。

一百年前的香港

一八四七年的香港概況

吳雲

一百年前，一八四七年的香港，這一年是一個多事的年頭，當年的總督是不得人望的戴衛斯爵士，他在中國官方文件上的譯名是「德庇時」。這一年所以多事，是因爲在本港方面，法院與政府行政人員發生意見衝突，醸成彈劾大法官案，這事前後繼續了三年。對於中國方面，本港與廣州的關係，這一年也十分惡劣。爲了廣州入城問題和佛山案件，戴衛斯在本年四月間突然帶兵突破虎門，佔領各砲台，直迫廣州城下，聲言要佔廣州。這舉動不僅使廣州的中國官廳感到鼻音外，就是廣州的英國僑民也覺得莫明其妙。這一年年底，又發生六名英人在廣州近郊被害的不幸事件。

人口方面，據官方發表的數字，這一年的香港人口是兩萬三千八百七十二人，其中中國人二萬二千餘名，非中國籍人一千四百餘名。貿易方面，入口船隻六九四艘，總噸數二十二萬九千餘噸。稅收方面，這一年的收入是三萬一千零七十九鎊，支出經費則要五萬零九百六十鎊，另有十一萬五千一百四十九鎊軍事費用還未計算在內。所以當年的預算也是入不敷出的。這一年的人口死亡率，中國人方面沒有登記，外籍方面是三五八人，這數字與外籍人口的數字比起來，是相當高的，原因是水土不服和瘧疫流行，當年的警察人數，歐籍五十人，印籍八十一人，華籍則僅有二十四人。

據香港政府出版的「一八四一年至一九三零年本港各項統計及大事記」，一八四七年的重要措施，還有下列數項：建築赤柱砲臺，聖約翰教堂舉行奠基禮，皇家亞洲學會中國分會在港成立，開始建築高等法院（並非今日之高等法院院址）及域多利監房（已於一八六五年重建）。

又據一八六七年出版的「中國日本通商口岸指南」所載，一八四七年的香港，海面上的海盜情形猖獗猖獗。政府在三月間頒佈了防止海盜則例，所有的外籍居民，被命令每家門口要設立門燈，郵政司控告「柯爾沙」號船主違法私帶信件，罰款一百鎊，正月間，有三百名被政府僱用的泥工發生騷動。

至於這年四月二日戴衛斯總督率兵進攻廣州事件，當年的兩廣總督是耆英。他被迫與兵臨城下的戴衛斯會面，討論外人入城問題，結果敷衍了事，未有結果。

戴衛斯的這次行動，事前是未經得英國本國允許的，加之這恫嚇手段並未獲得預期的效果，反而使本港和廣州方面的中英商務感受不良影響，本港官民本來已經不滿意戴衛斯就任以來的許多措施，因爲這一次冒險的暴躁舉動，更一致的對他非難，終於使他不得不向倫敦方面提出辭職。據柯寧的「中國辭典」所載，戴衛斯於次年三月離任時，香港官民甚至並未舉行歡送儀式。

「鰲洋甘瀑」舊爲新安八景之一，學者認爲即今日之香港。

香港簡史

程犖

香港成爲了遠東的一個現代化的都市和文化中心，祇是英國人於一八四一年統治了香港以後的事，在一八四一年以前，香港祇是中國東南海岸的無數岩石嶙峋的小島之一。在這一個荒蕪的小島上，祇是那幾個峯巒起伏的童山，山麓海邊，住着一些遠離中國社會的化外漁民。

地質學家相信香港島是千萬年前從海洋突起的島嶼，當時的華北，除了那些山脈以外，都還是一片汪洋，不曾沖積成陸地。香港在那個洪荒時代已經成爲陸地，而且是與大陸離隔的島嶼。

在中國歷史上，香港這個名字，一直到宋末元初，才見諸史籍。一二七九年，元太祖忽必烈可汗掃蕩亞洲，推翻宋朝，揮軍南指，把宋帝昺驅逐到香港對岸的九龍，在這裏留下了「宋王台」的古跡。元以下各朝的史籍地志書，都常見九龍和香港的名字。

在元朝的時代，香港島是海盜的一個堅强的巢穴。幾百年來，這些時作漁民時爲海盜的香港居民，在這島上稱雄稱霸，爲患行旅，九龍寨的官兵，莫奈他何。當時香港祇是一個荒蕪的海島，遠離京師，不能造出大患，所以官兵們也懶得管他們了。

明朝的統治者（一三六八——一六四四年）恢復了比較良好的秩序。在那個時代刻苦耐勞的開荒者，開始移入香港島對岸的九龍半島，他們都是從附近的東莞縣南移的，後來就被稱爲「本地」。——「本地」就是原住民的意思。稍遲的時候，移民陸續從北方取道福建移入九龍，他們這一批被「本地」人叫做「客家」。「本地」和「客家」兩種人，語言，風俗和禮節，根本不同，但他們都能夠互不侵犯的在這新開闢的土地上生活下去，構成香港原住民的兩個主要民族。

香港變成英國殖民地，當然是鴉片戰爭的結果。鴉片戰爭的起因，却由於英國人不斷設法發展他們的遠東貿易在英國人爭取這個貿易目的的鬥爭過程中，「東印度公司」佔了很重要的地位。遠在一六二五年，那時候是明朝的時代，英國人已經開始做東方的貿易了。明朝的統治者，對於外國商人，採取比較寬大的政策，那時候，「東印度公司」已在福建的廈門設立了分公司。大概他們因爲受到了明朝統治者的寬大政策的鼓勵，「東印度公司」於一六二七年開始對廣州做貿易，他們採取了澳門做通商的口岸。自一五五七年已成爲澳門統治者的葡萄牙人，却劇烈的反對英國人在那裏競爭生意。至「東印度公司」取道澳門對粵通商的企圖，結果失敗。不過，堅決前進的嘗行中，英國人卒成功與廣東通商，而且做了卅多年的順利生意，引起了其他商人的嫉妒。

一六四四年，滿族入寇中原，推翻了明朝的統治，建立了滿清皇朝之後，他們對於外國商人，採取仇視的態度，發動了排外運動，滿清軍隊於一六八一年攻佔廈門的時候，搗毀了「東印度公司」的廈門分公司。他們對於在廣州貿易的外國商人，不曾予以驅逐，但管制很嚴，使到外國商人喪失了以前的自由便利。

一七九二年一八一六年，英國的大使曾向清政府請求簽訂通商條約，但遭拒絕。清政府當時決定遏止外國人在精神上和經濟上對華的侵略，所以他們拒絕與外國簽訂通商條約，可是，清政府雖然有抗拒外國侵略的決心，可是朝廷裏缺乏精明能幹的人，而且對於國防沒有準備，結果有「八國聯軍入京」和「南京條約」的簽訂。香港也就根據「南京條約」割讓給英國。

在南京條約簽訂之前，英國人已經到了香港，那就是他們在廣州被驅逐以後。他們最初移到香港後，因爲九龍寨方面對他們壓迫，封鎖了他們的糧食，使到他們生活感覺困難，後來他們獲得他們政府的同情，派艦東來保護，他們，跟着與清政府開戰，迫使清政府割讓香港。在當日，英國人在香港的生活，艱苦而危險，英國方面流行着一枝歌，名叫「你將我去香港吧」，可見當時英國人對香港的看法是怎樣的壞。可是，經過了百年慘淡經營之後，香港已成爲一個可愛的自由港，這裏的生活，却使在英國的人們羡慕了。

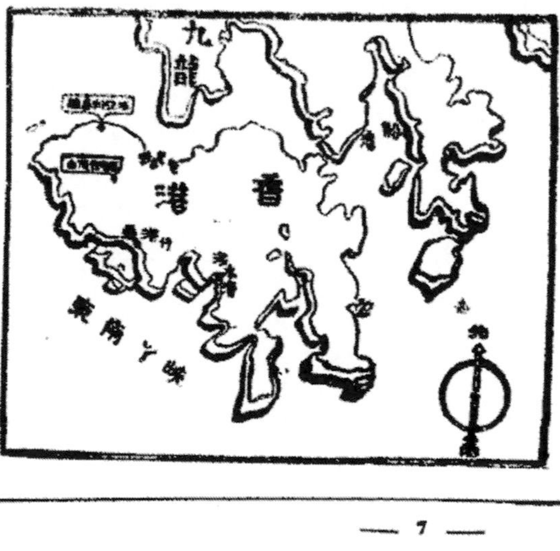

香港形勢圖

羅伯特・法欽的香港印象

葉林豐

雖然早在一八四一年春天，當時的滿清兩廣欽差大臣琦善已經私自訂約將香港割讓給英國政府，但正式獲得滿清政府的承認，還是兩年以後的事。一八四三年六月二十六日，城下之盟的南京條約正式在香港換文簽字，所謂「鴉片戰爭」才算正式的告了一個段落。中英息爭和門戶開放的消息傳了歐洲以後，許多商業家，遊歷家和冒險者，都紛紛找尋可能的機會到中國來撈金。在這人品複雜的來客中，多少也有一兩個是抱着稍不同的目的來。其中有一位便是英國的植物學家羅伯特・法欽氏（ROBERT FORTUNE 1812－1880）。他到中國來，是受了英國皇家園藝學會的委托，採集歐洲所未有過的中國植物標本。

一百年前到東方來的歐洲人，對於中國大都抱有很深的成見和誤解，植物學家羅伯特法欽當然也不會例外，但在他的專門研究範圍內，關於中國沿海一帶的植物學上的敍述和描寫，這種成見和誤解卻少有發現的機會，因此我們今天讀着他的著作，在風俗人情敍述方面，雖不免發現有若干謬誤和誇張，但在自然景物方面，卻給我們留下了不少可貴而有趣的資料。

「中國北部諸省漫遊三年記」的第二章是「關於香港的」，這是他於一八四三年七月第一次踏上香港島後所得的印象。他在這一章裏描寫了當年香港港口的風景，維多利亞城的初步建設狀況，以及赤柱，香港仔，黃泥涌的當年情形。他又對於香港的氣候，衞生，人口，動植物的種類和分佈情形，作了簡明扼要的敍述。尤其是關於自然景物方面，一百年前的香港花草樹木的種類和分佈情形是怎樣呢？那時島上的鳥類和獸類的繁殖狀況若何，我們從法欽的筆下都可以得到一個專門家親眼觀察的可靠紀錄。

據法欽的描寫，當時的黃泥涌谷還是稻田，衞生情形非常不好。島上治安情形也不好，充滿了小偷和武裝的盜賊，幾乎每一晚都有盜案發生，情形十分猖獗，有一晚竟打劫了總督府，有一晚又偷去了哨兵的槍械。

從法欽的記載上，我們知道當時的島上還有野生的山羊，更有狐狸和鹿。鳥類方面，法欽氏說，香港島遠不及對岸的大陸多，他時常見到當地人從對海帶了大批的山雉，鷓鴣，鵪鶉，野鴨，水鴨，沙鷸等來賣。他在島上僅見過幾種魚鷹和野鴿而已。

關於香港山野的花草，因了適應氣候土壤而繁殖得與中國大陸不同的情形，法欽說：

「有關香港植物的一件奇異的事實，乃是所有裝飾花卉都是生在高山上，高出海面一千尺至二千尺。在中國北部，如舟山及寧波附近的山嶺地帶，同類的植物都生在較低的區域，而在這些地帶，我們僅能見到各種野草，野玫瑰及紫羅蘭而已，這顯示着植物怎樣使牠們自己適應氣候，按照牠們所生長地帶的天氣冷熱，選擇較高或較低的地方。所有香港島本生的美麗植物，除了我已指出的那些例外，全都生長繁殖在高高的山上。有好幾種山躑躅，這在英國現在已經很著名，發現分佈在至少高出海面一千五百尺的山坡上，而在同一山嶺的較低區域則一株也不能發現。Polyspora Axillaris以及另一種更美麗的植物，生長的情況也是一樣。後者我是指吊鐘。（Enkianthus）這植物被中國人十分重視。牠在二三月間開花，這正當他們的新年，他們到時便從山上大批的採下來裝飾家庭之用。採摘時花蕾尚未開放，可是一旦養在水裏，牠們不久便在室內開起花來，這樣可以維持到半個月以上，新鮮美麗得好似用最仔細的方法連根帶泥移植起來似的。甚至本地的美麗的一些蘭花，也祇有在相當高處才有。最高的山頂上，從夏天到秋天，都滿開着紫色的竹蘭（Arundina Chinensis）和黃色的金鳳蘭（Spathoglottis Fortuni）」

「島上的樹木很少，而且大都發育不良。松樹很常見，正如在中國一切沿海所見一樣。也有土生的烏欖樹，但是牠的果實並無人利用。另有好多種無花果科的植物可以常見，牠與另一種的榕樹，有時成為極好的裝飾樹，有好幾種竹子似乎生長得很好，而從牠們被發現的所在地看來，是非常有裝飾性的。」

「中國人所留意培植的樹木，僅是可以結實的果樹；因此有些地方，可以見到很好的果樹園，長着芒果，荔枝，龍眼，黃皮，橙，香櫞和柚子」。

法欽氏這裏所說的島上有很多果樹園的情形，在今天看起來，已經有了很大的變化。我們現在僅可以在九龍新界才找到果樹園，香港可說絕對沒有了。他又說，香港土生的小灌木種類雖多，但一般看來，香港島的情形是光秃荒涼的，這是土質關係，因此他在這書上勸告當時政府和私人應該努力種樹。從他這樣的記載看來，我們可以知道今日香港滿眼蒼翠的情形，都是由人工經過悠久時間培植成的。今日香港林木的美麗，說不定還應該歸功於他。

香港名稱的來源

陳釗

香港的名稱，來源似是很神祕。廣東通誌和新安縣誌都沒有香港島的名稱的。新安縣志卷二，官富司所屬底村落，有的是香港村，地近薄扶林，當係現在的香港仔(原名石排)附近的香港圍。香港名稱的來源，有許多說法，一說是由香姑得名。據傳說，香姑是嘉慶年間出沒於伶仃洋面的海盜林某的妻，林被李長庚所敗，死在台灣，香姑逐據本島，人們因稱它做香港。香港另一名稱喚做紅香爐峯，據說，從前有一個紅香爐漂到這島海旁天后廟，居民以爲是天后靈威所召，便把它移放廟裏，且名港爲「紅香爐港」。又一說：這「紅香爐」是象徵的，它是指天后廟前底一個小島，孤立海中像一個香爐而言，這所天后廟現在銅鑼灣，傳說漂來的紅香爐還擺在廟裏，清時在那裏還設了一個紅香爐汛。天后廟後面的山也叫紅香爐山，雖不見於志乘，卻有幾分可靠。

但這只可說是紅香爐的來歷，還不能說明香港的名源。至於廟前的小島燈籠州，(從前英人建火藥庫在上頭，現在改建爲帆船會會所)，如果香港的名字是由它得來的話，就應叫「香爐洲」，所以也不對，最可靠的，還是從香港村得名的說法。新安縣誌八景中有「鰲洋甘瀑」一景，鰲洋當然是獨鰲洋，正是現在的香港海面。縣志卷四記「獨鰲洋在城南二百里，左爲佛堂門，右爲急水門」。看來香港也許是獨鰲山，不過志書未載入罷了。

英人在佔領以前，早就知道香港村，因爲他們常由赤柱上陸，沿着山南，到島上各地方去。相傳在道光年間，有一專爲英人做嚮導的名阿裙，每從赤柱帶旅客經香港圍到山北來，那條本是山徑，因爲阿裙時常帶領外人從那裏通行，就叫做裙帶路。戰前「裙帶路」的路表，還豎在瑪利醫院與薄扶林牛奶公司飲冰室中間底路邊。「香港」的別名也叫做「裙帶路」。阿裙姓什麼不得而知，大概是個蛋人，英人以香港爲島名，或者由於阿裙帶路時必經香港圍的原故。

數十年前之九龍廣東道，人煙稀少。

香港名稱之商榷

李景新

香港自開埠迄今，已有百多年歷史，然『香港』二字，究何取義，傳說紛紜，莫衷一是，皆以史乘缺乏，文獻無徵歟？香港一名，人多以為香港畢竟為一洋場十里，香風吹送之港口耳，此種解釋，未免過於抽象和籠統。綜合當地人之傳說，「香港」二字，其由來有三。

一由於香姑轉稱：蓋香港當未開埠前，環島一帶，為海盜聚居之巢窟，而海盜中有一女首領名亞香者（一謂為海盜首領之妻）為人聰穎強悍，具胆力，羣賊懾服，其名由此而益揚，後將其名而名此島為香島，同時又以香島為一商港，故亦稱之曰「香港」。二由於香山縣（即今之中山縣）或曰「香州」一名而稱之者。三以該島野花遍地，艷紅而富有香氣故名之曰香港。

此外尚有二種傳說：一由香港仔而簡稱者，二由於紅港（Red Harbour）一名而蛻化者（參見R. M Martin China Vol II. P. 317）。香港島尚有二種別名，一曰「紅香爐」，一曰「裙帶路」。

一，紅香爐：紅香爐亦稱紅爐峯，或曰紅香爐峯，此乃於銅鑼灣東南面之香爐山得名。

二，裙帶路：裙帶路（Kwan-tai-loo）即 Petticoat String road之起源。於此，又有三種傳說：其一，謂當時若遇颶風，船家往往曳船以行，而曳船時必經西營盤與羣大路間之一條小路，若由對海遠望此小路，則宛如山衣間一細裙帶故名。其二，香港海面，盛產一種小魚，名曰裙帶，香港仔漁戶於是築一小路，曰裙帶路，而以魚名而名之者也。其三，傳說英兵初登岸時，多不熟識島上情形，有一位蛋戶名「阿群」者，常為英兵帶路，巡視各地，香港政府遂將其初登陸時之一小部地方改稱裙帶路，而記念之。

以上均係關於香港稱呼之傳說，然無充足史料證明，不足置信。一九三八年，筆者旅居香港得參考香港華民政務司所藏嘉慶新安縣志一書，該志關於香港島之記載雖僅寥寥幾個地方名稱，然細查各地名中，有薄鳧林，香港村，黃泥涌等地方稱呼。於是數十年來，「香港」稱呼由來之大謎由此而揭開，因此吾遂確定新安縣志所載之香港村實為今日「香港」一名稱之起源。

香港一名，蓋日已屬一村落名稱，故初時僅指一村地方而言。英人開闢香港島後，以為此稱呼最美麗而適宜，故即將香港全島，統稱之為香港。

一八四一年川鼻條約及一八四三年南京條約簽訂之時，其條文中始正式以香港為全島之名稱，從此時起，一個漁人所居而並不著名之村落名字，遂日益傳揚，直至今日，香港埠已名播全球而為世界著名商埠。

惟今日之香港一名，已不僅指稱香港島而言，牠已成為英國皇家香港殖民地之汎稱，包括香港島，舊九龍及英國租借地之九龍半島與其附屬島嶼等廣大地域。

中國史乘關於香港之紀載

百年前之香港原屬寶安（舊稱新安）縣境南隅之一小島，斯島孤懸海中，崇巒高聳，巖崖峻峭，而島之四週，則渚流瀠瀠，草木葱蔚，風景極佳，惟地方荒僻，人煙稀少，故國人向鮮注意，而稽諸中國史承，圖誌，亦鮮有紀載者，嘉慶二十四年王崇熙等纂修新縣志，於香港島一隅，僅祀薄鳧林，香港村，薄寮村，黃泥涌等寥寥幾個地名而言，前已言之矣。此為中國史籍關於香港島之最早紀錄。清邵陽魏源嘗言：

「香港與尖沙嘴裙帶路三嶼相連，周百餘里，堪避風浪，而孤懸海面，亦粵之冊山且，夷與我通商，則必入虎門，方能貿易，不與通商，則

昔日之普慶坊遺跡今已無存

夷雖孤島……無益，其地距廣州四百餘里，距虎門二百餘里，何預咽喉利害……兜內備而徒爭香港者為下」．（見魏著海國圖志卷一籌海篇一」）．

魏氏之發斯言也，其時適當道光二十二年，即一八四二年，南京條約簽訂之際，氏為遜清末葉代表維新思想，眼光較為遠大之人物，其為言且尚如此，則香港在曩昔朝野人士之心目中，以其為無足輕重也明矣。斯島既非國人所注意，又焉有文獻之可資哉？

惟九龍半島方面則否，半島地區，北連大陸，南瀕大海，為中國大陸最南邊陲．土地肥沃，物產富饒，且扼珠江口外之咽喉故，遠在漢唐，已為中外海道交通之要道．新唐書載：

「廣州東南海水二百里，至屯門山……」（地理志卷四三下）

屯門即今日新界青山之屯門．在唐宋時代屯門已成為中外海道交通之要道，外船來往廣州者，必經屯門，有時更以該地為停泊所在．「嶺外代答」云「其（指外國人）欲至廣者，入自屯門」．（卷二新海外夷條）迨及明代屯門仍屬一重鎮．廣東名勝志：「東莞南頭城．古之屯門鎮．乃中路也．」明一統志於杯渡山條亦云：「在東莞縣南一百九十里上有滴水岩，一名屯門山」。（按明時稱屯門鎮為南頭城者誤也．屯門與南頭均屬鎮名並非一地）

比外關於屯門之紀載甚多，在此，僅略舉一二而已．（詳見「廣東文物」拙著廣東國際交通史一文）

九龍半島，有曰九龍城．史蹟亦古．宋南渡後，元兵益迫，宋恭帝出降．自臨安破後．二王即度宗庶子長曰昰．季曰昺．移都至粵．以圖復國．惟元世祖至元十三年宋益王昰建炎元年，廣州已陷于元兵之手．宋帝小得已，流亡於廣東東江沿海一帶．十四年昰炎二年，宋帝昰走惠之甲子門．四月，次廣之官富場．七月，遷潮之淺灣．（南澳島附近）九龍城．宋官富場地．二王至此，時端宗十歲，衛王昺七歲耳．即民國紀元前六百三十五年．新安志云：「官富山之東，有官富場，宋景炎二年四月，帝舟次於此，殿址猶存」．殿址即今九龍城馬頭涌之二王殿村，該村今已夷為平地，居民盡他徙，已無遺蹟可尋．

宋時九龍城多漁戶．二王來時，嘗駕海上，因留帑輜大舞於舟中，以誌殊榮．清時土瓜環漁人，尚有此業，惟二王居此，僅二閱月，至七月復走潮州之淺灣，往復無定，卒遷於新會之崖山而亡！

九龍城馬頭涌有宋二王臺．此即後人紀念宋二王而築．往日吾人每登臨其地，祇見荒山寂寂，江水悠悠，南[illegible]，帝子不歸！噫！一代興亡，付與烟波寒潮之間而已．惟此有關中國歷史之香港唯一古蹟，自倭敵侵入香港後，即遭毀壞，遺址無存，而宋王臺又成歷史上之嗚呼而已！

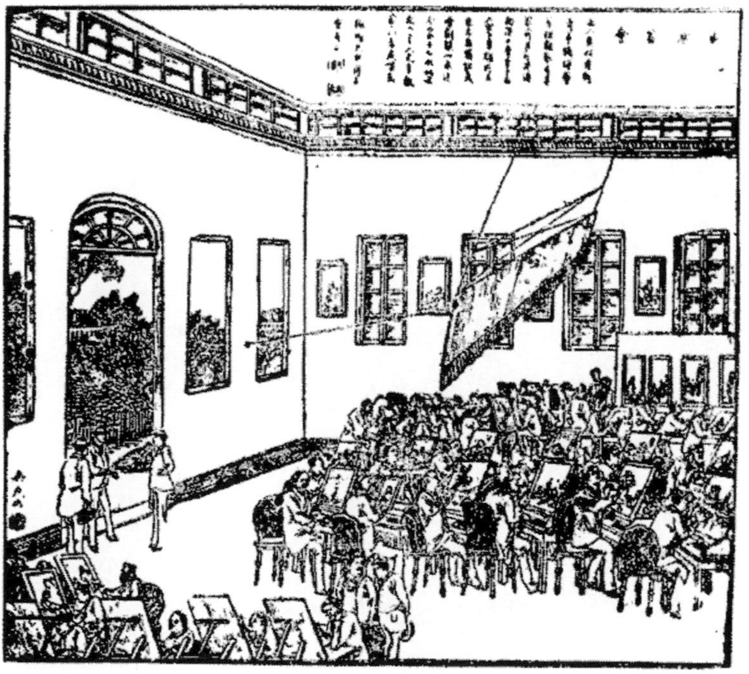

香港畫會　　清．吳友如繪

香港初期海盜史

關於張保仔及其他

魚樓

香港史前的海盜

香港不曾割讓給英國以前，本是海盜的巢穴，關於當時香港和海盜的淵源，初期的本港報紙有這樣的記載：

香港歷史大別之可分爲兩個時期。一爲割讓于英國之前，一爲開闢商埠之後。蓋港島孤懸海上，幅員編小，在歐亞航道未通，中國海禁未開之時，其地固未爲世人所注意，即使攷我國載籍，除南宋二王南奔駐蹕一事外，亦無若何重要事蹟之記述。而此地及其附屬島嶼，歷代均視爲邊鄙之區，舊歸東莞縣管轄，其後增設新安縣，遂改隸新安而歸九龍管轄。迨清初康熙年間（一六六二年至一七二二年間），凡由廣州循海道至汕頭，廈門，福州，上海各地者，必道經香港，港島遂漸至爲人所知耳。

明社既屋之後，明末遺民與逃亡士兵有恥食清粟而遁跡於島上者，僉以漁樵爲業，視邊鄙爲避世桃源。故老相傳，當宋元明之世，香港一帶常爲海盜出沒之區。盜竄隱於漁，遇船商旅道經此地，每乘間出而襲擊，殺人越貨，時有所聞，迨清嘉慶年間（一八零六至一八一零年左右），有巨盜張保仔者，嘗據港島爲巢穴，聚衆數千人，盜舟數百艘，四出刦掠，爲患商旅，故歷來商船道經香港，莫視此地爲畏途。如不繳納通過費，則必難倖免。時葡人已租借澳門爲居留地，以海盜據香港，勢極披猖，因賜名其地曰賊巢島，英葡典冊上均有紀載。

這裏所說的香港海盜張保仔，據另一篇文章說得更詳細：

『遜清嘉慶年間，港島爲大盜張保仔之巢穴，當時張稱霸於珠江口一帶，統率盜舟數百艘，聚衆數千人，四出刦掠爲患商旅，其勢力遍至華南沿岸，近及於新安東莞等縣。凡商船漁船往來，經過其範圍之內者，須按時繳納行水，倘有拒抗，則殺人越貨。島上高峯即今之維多利亞山巔，高出海面一千七百七十四英尺，爲當日海盜瞭望伺察之要地，遇有船舶往來經過，則通訊於山下營寨，派隊出海兜截，商旅鮮有倖免，後由兩廣總督遣使招安。迨自盜魁張保仔投誠之後，盜黨星散，去者去，而留者則改業農漁以爲生，至一八四一年滿清政府以全島讓治於英人，斯時島上居民，聚族而居，不下二千餘人，當有不少放下屠刀改惡爲善之盜黨及其後裔雜處其間者也。』

據許地山氏考證，今日的西營盤便是當日張保仔的營寨得名，當日原有東西兩個營盤，東營盤在今日七姊妹附近，西營盤在今日上環附近。但遺址究竟在那裏，已經無從指出，又有人說歌賦山腰至今還有張保仔所築的壕塹遺跡。

張保仔遺跡

今日的香港，由筲箕灣金魚塘起，以迄水坑

昔日之銅鑼灣

口止之一帶地域，統稱爲西營盤。當時依山築壘，面海設防，連營守望，官兵來剿，實不易近。在西營盤之上，半山之間，更有炮壘架築，以資控制，故旅行鴨巴甸，在薄扶林山險對下之亂草長林間，漁民之稍長于年事者，頗能指出其中廢炮壘，飯灶及銅鐵鐵錢之屬，據云皆當時張保仔之遺物。

又在本港半山，即許地山先生所說的歌賦山山腰，其間有小路，東自梅道一端起，西迄旭龢路止，橫臥山腰，其中有若干部份，因石山之卸落，已將路面堆積，失其原來之面目，行人若欲通行，必須攀爬於亂石之上，方能達此小路之全程。此小路之基壘，相傳亦爲張保仔舊時據守島山之堅壕，因其壘乃以舊青磚雜壘石以堆築者，厚逾二尺。壘後，即掘成坑，實可容人，高可及腹，正可以供守者下伏，遮禦海上艦船之炮火者。路中一部，有一大石塊橫亘，非當時人力所能擊翻，斜度頗甚，（即今從中區上望，時有山水流滲之處，）故石上乃有鑿級之跡，以便納足爬登，在石面，更繫有大鐵鍊，以爲爬登者扶藉之用，笨拙之狀，一望即知是中國舊時的軍事防禦物。

張保仔投降文書

張保仔接受兩廣總督招安後的投降文書，是有關香港初期海盜很寶貴的史料，鄭子健先生藏有一份，頃承抄寄，茲轉錄於下：

『竊訓英雄之創業，原出處之不同。官吏之居心，有仁忍之各異，故梁山三劫城邑，蒙恩赦而竟作棟樑。瓦崗屢抗天兵，荷不誅而終爲柱石，他若孔明七擒孟獲，關公三放曹操，馬援之窮寇莫追，岳飛之降人不殺，是以四海豪傑，效命歸心，天下英雄，遠來近悅。事非一轍，願實粗同。今蟻等生逢盛世，本乃良民，或因結交不愼，而陷入萑苻，或因俯仰無資，而充投逆侶，或因貿易而被擄江湖，或因負罪而潛身澤國。其始不過三五成羣，其後遂至盈千累萬。加以連年荒歉，民不聊生，於是日積月聚，愈出愈奇，非劫奪無以延生，不抗師無以保命，此得罪朝廷，擾殘商賈，勢所必然也。然而別井離鄉，誰無家室之慕，隨風逐浪，每深莽梗之變。倘遇官兵追截，則炮火矢石，魄喪魂飛。若逢河伯行威，則風雨波濤，心驚膽落，東奔西走，時防戰艦之追。露宿風餐，受盡窮洋之苦。斯時也，欲脫身歸里，而鄉黨不容。欲結伴投誠，而官威莫測，不得不逗遛海島，觀望徘徊，嗟嗟，罪固當誅，梗化難逃國典。情殊可憫，超生所賴仁人。欣逢大人，重臨東粵。節制南邦，處己如人，愛民若赤，恭承廣出示諭，勸令歸降，憐下民獲罪之由，道在寬猛互用。體上天好生之德，發惟剿撫兼施。鳥思靜于飛塵，魚欲安于沸水，用是糾合全幫，聯名呈叩，伏憫螻蟻之餘生，拯斯民於水火。從前冒犯之愆，許今日自新之路，將見賣刀買牛，共作躬耕于隴畝，焚香頂祝，咸歌化日于耕疇，敢有二心，祈即誅戮。』

張保仔與蔡牽

前面已經說過，南中國海的海盜，在清朝初葉，其活動多少與明朝遺民有關，而在清朝中葉以後，又與民族排外活動有關。尤其是雅片戰爭前後，南中國海的中國海盜活動，最低限度也是爲了本身存亡問題，不得不向潛藏在沿海一帶獲得勢力的外洋『夷船』搏鬥。

鄭芝龍以後，清朝中葉，江浙一帶著名的海

六十年前之灣仔東區一帶

盜首領是蔡牽，而閩粵一帶則張保仔。張的根據地，前面已經說過，就是英國未佔領以前的香港。

蔡牽失敗得很早，剿滅的經過，據『郎潛紀聞』所載，嘉慶豐四年，閩浙水師攻剿蔡牽，鏖戰重洋，閱兩晝夜，蔡逆夫婦溺斃黑水洋，盜船一律燬毀，餘盜擒斬無遺，經閩浙總督楊師誠，由五百里飛奏，上大喜慰，封建提督，王得祿子爵，賞戴雙眼花翎，封浙江提督，邱良功男爵，並各珍賞賜物有差。

清廷這麼重視蔡牽的被滅，可知他的勢力之大。又據同書所記，這次海戰，寧波孫大剛軍門，童鎮陞軍門，均帶罪立功。『至是還採總兵原職，童開復頂戴，相傳浙軍圍攻賊船，追逐千里，枵腹苦戰，喋血狂風巨浪中，兵勇傷殘極衆。比閩軍遲一日到，已功在垂成矣。奏捷之疏，由總督主稿，遂有閩帥傍於浙帥之說，而恩賞亦稍有軒輊。邱軍門致浙撫書，謂掃蕩鯨甸，肅清海甸，總是大快事，不必計較功伐』。

又載：『葛壯節公雲飛，爲水師名將，嘗僞作商舟以誘賊，東南海盜，被刈極多。賊中爲之謠曰：員逢葛，必不活。葛子以敦，征粵寇有功。能以四馬出入賊陣，賊屢披靡，呼之曰銀槍小葛。後亦殉難』云。

又載：『江右李恭毅公湖，屢任封圻，廉能鐵衆。鎮撫粵東，值海盜充斥，公簡練將士。自涉波濤，未逾年，擒盜至數千人，公但誅首惡，餘悉資遣之曰：此亦吾民。何忍使攖白刃也。盜皆感泣改行。時輿誦云：『廣東眞樂土，來了李巡撫，強盜肯回心，百姓不吃苦。』

但他的餘黨在他死後仍繼續活動，據清人陸長春『香飲樓賓談』說：

『海盜蔡牽既伏誅餘黨賊目猶存數十人。連艘海上，往來劫奪，爲患於江浙間。數歲不絕、百菊溪相國，總督江南，探賊所在，單騎往撫，羣盜邀入舟中，割腥羶酌酒奉公。公啖飲自如。陳說禍福，洞中窾要。出空劄數十道，許投以千把總等官，盜皆羅拜乞降，惟一盜夷然不顧，勸諭再三，終不肯詘、予之官，亦不應。其船中懸一聯云；道不行乘桴浮於海，人之患束帶立於朝。盜亦非常人哉』。

從這事看來，當時海盜的活動，多少與政治有關，實爲不容否認的事實。

清朝中葉，南方海盜的猖獗，曾使時人有提議建造輪船以緝盜，據說，當時十三行的商人對於自造輪船緝盜，貢勁頗力，兩廣總督祁貢，奏請仿造西式兵船之後，廷論在粵倣造，粵紳潘仕成曾捐造一艘，不惜以十萬金出海購木，極爲堅實。洋商伍秉鑑潘正煒，又指買米利堅呂宋船各一，據以爲式。其他還有水師軍門吳建勳，廣州知府易長華，批驗大使長慶，皆主張倣造西船緝捕海盜。

至於張保仔，他的活動概略和在香港的遺跡，前面已大略提過。鶴山吳雁山所著的『譜蔭軒筆記』，其中記港粵舊事頗多，有一則是記粵人劉某擬向張保仔復仇的，茲摘錄如下：

『陸朗溪爲余言，有劉某者，番禺人，其父貿安南，歲一往返。嘉慶初，海賊方熾，半道爲賊艘所掠，急赴水，僅以身免，旣懼喪貲又受驚恐，遂病卒。劉以諸賊惟張保仔最強，必保也，朝夕切齒，欲得而甘心之，覓良鐵製尖刀尺許，日夜淬之，且傅以藥，懷之而自投於賊，乞爲黨。每侍立必近保側，一日張察其顏色有異，突命左右縛之。搜其衣底，得利刃，其光熒然。張叱曰，汝胡爲者，劉嚼目曰欲殺汝耳，張曰，素無仇，必殺我何也？劉曰，殺吾父非仇乎？張宛轉問爾父遇賊何時何地，沈吟久之，忽曰，殺爾父者烏石二也。余是時方率黨駐某所，何由得至某地與爾父遇，汝誤矣。令左右釋其縛，且曰，余殺人父多矣，汝敢仇我，眞壯士也，汝仇未報，汝心遂矣，不必作白頭賊也，給四金遣之歸。』

這條資料，其可貴處，在今日看來，是使余們多少可以知道一點張保仔的個性，而且知道除了張以外，當時還有一個名叫烏石二的同黨。

承繼張保仔衣鉢，繼續在華南海面活躍的著名海盜是十五仔和徐亞保。這時香港已正式割讓給英國，所以這兩人的活動，已開始正面與英國在華南的權益衝突，但這已經超出本題範圍，且留待以後有機會再說了。

海盜徐亞保與十五仔

劉士

當一八零六年至一八一零年間，在香港未改隸前，有張保仔者，據此間爲巢穴，聚衆數千人，統率盜船凡數百艘，橫行珠江口岸，爲行旅所苦，當局病之，迨經勸撫招安，北後乃向兩廣總督投誠，海岸始告寧謐，繼是而相安者垂三十年。魚樓先生在本書有：『香港初期海盜史』一文以紀之，援引瀏審，毋待辭費矣。筆者捃拾舊聞，爰紀徐亞保與十五仔二三事，續貂之誚，大雅諒諸。一八四一年香港自改隸英治以還，附近海岸，大小股匪，時有出沒。港政府曾協邀中國當局會剿，無奈此剿彼竄，化整爲零，瞬假而波起波平，有如『野草燒不盡，』而官兵之喘息靡定矣。

巨盜徐亞保，擁有盜船二十三艘，率衆千八百人，配備火炮十八門，橫行珠江口海岸。迨一八四九年九月杪，港政府派出英艦『減地亞號』『哥倫科號』及『科利號』三艘出海剿捕，經相當激戰後，卒擊沉盜船五艘，殲殺數百人。徐氏亦受創，乃率殘衆以遁。初，徐亞保原與十五仔合夥，而隸其下。其後自成一股，分途刧掠，以成犄角之勢。自經是次重創後，姑亦苟延殘喘，嘯衆餘夥，暫俟機緣，以圖復起。

渠魁十五仔，嘯聚於高雷海岸，黨徒凡三千一百五十人，分據盜船凡六十四艘，配備火炮一千二百二十四門，聲勢浩大，騷擾華南西岸一帶，比徐氏爲尤。一八四九年十月八日，該英艦三艘繼破徐黨後。而爲第二次之剿擊。於是配足軍實，聯隊出海，沿越南海岸搜索，卒遭遇其主力匪黨於東京灣。是時十五仔則居中指揮，與英艦搏戰，竟日，盜衆大潰：計被英艦擊沉者達五十八艘，陣亡者千人，溺斃者如之，餘匪僅率殘餘者六艘以遁，於是潰不成軍，而大勢去矣。十五仔經是役之覆滅，極感已力已無能爲，乃亟向兩廣總督欵曲投誠，以資自首，高雷海面一帶之匪盜遂平。

當時，徐亞保雖爲刦火餘生，然前情未泯，仍聚北餘衆，擁有盜船十三艘，冀重操故業，以遂初衷。詎料十五仔經已受中國招撫，從茲呼應之術已窮，而孤掌之鳴奚待？『將軍一去，大樹飄零！』欲蓋前愆，豈容猶豫，於是徐亞保歸順之心，決矣。一八五零年春，徐氏乃遣散餘衆，輕舟赴粵，以冀投誠，途次馬士灣，反被附近散匪所劫，脅其夫婦，適遇英商船『富力號』經過，乃交其船長押解，獻諸香港當局領賞，而徐亞保遂受囚矣。

初，一八四九年二月，徐氏曾在赤柱犯謀殺英軍官哥士打及戴亞二氏命案在逃，經當局以一百金鎊懸賞購緝。當刦持徐氏之散匪中，有知其事者，乃脅以獻，而徐氏竟以自承殺人不諱罪定讞。是年三月十日，由按察司處以充軍無期徒刑，至海盜罪，則未提起公訴，蓋徐氏所被逮處爲中國境，港府未便擅處也，徐氏被押後，竟於四月二日在獄候期起解中，自縊以死。至於香港歷年發生之海盜事蹟頗多，其非關於本題範圍者，姑從略焉。

香港漁拖（海盜亦常使用）

說劍堂集中的香港史料

魚樓

說劍堂集，番禺潘飛聲著。飛聲字蘭史，別署劍士，生於咸豐七年，是海山仙館主人潘德畬的同族，光緒十三年，曾受德國東方學院之聘，往柏林講學，在海外三年，漫遊英法各地。光緒甲午來香港，主持華字日報筆政，後又脫離華字，自己創辦實報，先後在香港一共住了十餘年。潘蘭史的詩文，在當時頗負盛名，當時名士如姚文棟、胃鶴亭等對他的作品極爲推重。在思想方面，他又是當時的維新志士之一，目睹甲午的慘敗，力主變政變法，富國强兵，曾在香港發起「不纏足會」，「戒鴉片會」等。

說劍堂集包括詩，文，詞，遊記而成，次序很凌亂，似乎是逐年刊刻而成，還未經過編定。其中「老劍文稿」，「香海集」，「西海紀行」，「天外歸槎錄」等卷，皆有關於香港的資料。詩詞等多是對酒徵花的吟詠，略可見五十年前港中名士們的燈紅酒綠生活，其文集中的「中華會館落成記」及「游大潭篤記」，則是很好的香港史地資料了。

中華會館的舊址在今之般咸道，光緒二十一年落成。「老劍文稿」中的「中華會館落成記」云：

『港中華商薈萃，貿易繁盛，向未設有會館。光緒二十一年乙未十二月始落成，初三日癸亥。是日，紳商諸君，衣冠齊集，恭請關聖帝君神座前行禮。九龍協陳崑山副戎，命駕渡海而至，同人即延副戎主祭。華堂既敞，酒醴備陳，樂三奏，爲迎神曲三獻禮，皆有肅穆之容，神之格斯如在，其上下陪祭諸君，以次拜階下，趨蹌左右，恭敬以將。曲譜送神，禮之闋拜，諸君安和愉悅，揖讓從容，一堂之內，其氣雍雍焉。至夜，張筵宴以樂之，歌頌辭以祝之，酒斝畢傾，酬酢悉洽，是日之會，爲極盛矣。

「館址據山之環阜，棟堂三楹，紆迴以上，其地爽塏，距遠市廛。九龍諸峯，列於堂下；海澄若鏡，晃曜兩榮，具山海之奇觀，洵巨鎭之鴻寶，來遊者莫不嘖嘖美之曰，是地鍾靈毓秀，形勝佳哉。余維會館之設，所以聯鄉誼而通商情也，港中商務日興，吾華旅其地者亦日見其衆，整頓商務，國家之關繫重焉。然非設館以聯絡之，必有勢分懸殊，扞格相牽者，今諸君鼎力以成此舉，其維持商務，即有裨於國家也。春秋子產對韓起曰，先君與商人世有盟誓。詩曰維桑與梓，必恭敬止。余觀是會之禮客，而知諸君之成全商務大矣，因樂爲之記。』

太潭篤在香港島南端，爲本島最大的水塘，興工於一八八九年，水池面積佔地二十九英畝，匯積羣山水流，在城門水塘未建築以前，是供應本港市民食水的唯一泉源，工程很偉大，有橋橫貫其上，頗有湖山之美。潘氏的「游大潭篤記」云：

「泊舟香港，望扯旗山，蜿然一大嶺耳。余嘗坐輪車躋山巔，見千數峯由海浮來，環擁屏蔽，其勢甚雄，乃知幽靈所鍾，必有深邃秀峭蘊藏其中，不可以海隅荒陬限也。寓港四年，客言大潭之美，未嘗一遊，適何子星儔，屢促踐約，仲春二十六日，欣然從之。春風醉妍，客已換白袷，茶具酒榼，委之兩童。入山行十四五里，客足稍倦，尋鄉人茅屋，問以逕路，並爨泉瀹茗，酬以值不受，鄉落純風，有足感者。再踰數里，從山隙遙見潭色碧若蔚藍，隔松林聞水聲如鳴環珮，鏗然已滌塵累。潭廣數十丈，曲折繞十數山，英人於其東駕石橋，護以鐵闌。度橋至廣處，席地圍坐，或啜茗或灑酒，天風泠泠，如在雲際。隙望延賞，四山蒼然，潭之盡處，以太曲不能窮也。

「橋有石旁，內置汽機，汲運此水，供寓港人食。觀水之來源，雖涓涓不息，僅數寸小坑耳，而儲蓄之可澄爲大潭，灌溉之可飲二十二萬人。微西人之抉鑿不至此，微汽機之巧捷亦不至此。乃歎天之生材，地之成區，必有可用以養人。不考察地利，不經營人力，膏腴沃野亦將廢棄終古矣。

「英人初割香港通商，度大洋之水鹹鹵不可

食，乃搜澤度泉，停注爲潭，斯港遂爲東來貿易第一繁盛之地。將荒山一片，化爲金銀樓閣，佳麗綺羅，此潭所繫，不甚大歟。雖定庵西域置行省議言，所費極厚，所建極繁，所收之效在二十年後，利且萬倍。西人開闢關島，皆不惜巨費支治之，正與定庵之言吻合也。抑余航海之歲，入蘇克蘭島啼觀飛瀑，登瑞士湖雪山探流泉，馳域外奇詭大觀，山水清冷，猶懸心目，以視斯潭一勺，曾何足異，而復流連不去懷者，以港去吾鄉里一日程，游覽所至，渺若荒陬，若不勝去國離鄉之感。肝衡今昔，發從中來，殆王伯輿所謂對此茫茫，百端交集者耶。

「薄日平海，涼吹動林，興盡而返。同游任稺翺，羅星樓，蕭蕺庭，郭叔任，共八人，惟顯恆甫以事未至。諸子囑予爲記。以篤名大潭者，本粵諺，猶言底也。水經注，篤可作地名」。

光緒十三年，潘飛聲受聘出國往柏林時，曾路經香港，其「西海紀行卷」開首云：

「光緒十三年丁亥七月，余受德國主聘至伯靈城講經，十三日領事熈樸爾送余往香港，申刻開船……十四日寅刻抵港，至德國領事署，繙譯阿恩德來拜，兼道奉命來迎意。客邸訪熊湘洄，爲余彈古琴，七絃皆作雛聲。港上樓閣倚山，層疊如畫。憶故友李子虎光祿句云，酒地花天銀世界，紅山綠水白樓台。老友籬伯瑤山人句云：環海輪船千石轍，倚山樓閣萬窗鐙。又云，五百田橫亡命客，三千管子女閭家，皆侈陳風景，惜余倥傯束裝，無暇登覽，不能有詩也。」

四年後，他由德國東歸，七月十一日自柏林啓程，八月二十二日到香港，途遇大風，共「天外歸槎錄」卷末云：

「二十二日巳刻到港，泊船響砲，羅麟閣偕張冠卿梁曙初駕小舟來迎，余偕竹君上岸，至鐙籠洲，詣天后元君廟謝默佑恩，撰聯云：系出蒲田原梓里，感深滄海息波濤。俟放書刻木懸廟中。招竹君君迪冠卿曙初集飲域多利酒樓，盡歡而散」。

後並附詩數首，皆是彼此酬唱贈別之作，不足錄。

「香海集」是他旅居港香時的詩集，東莞梁淯跋云：

「丁亥春，旅食香海，香海號繁盛區，黃塵高於馬首，居是邦者多富商巨賈，貿遷而外，賦司事徵逐，醉花酒，而欲於纔紅十丈中求所謂騷人畸士者，杳不可得。會先生自海外歸，方閉戶著書，研求經濟有用之學，而港中華字報館主，復以禮羅致，乞主筆政。先生欣然從之，不卑於小就，蓋泰西報館主筆一席，非通儒碩學未敢就厥職。今者天下多故，誠須通達時事，博覽五州爲急務，崇論宏議，非先生莫屬也。聞嘗出其餘緒，著之歌詠，搖筆五岳，振奇百家，每出一篇，爭相傳誦，由是知騷人畸士，乃有先生其人者，香海而有先生，香海其不俗矣；先生之集以香海名，香海益可傳矣。」

雖然這麼推譽，但「香海集」中的詩，仍是對花醉酒的居多，沒有甚麼有關香港時事風俗的竹枝詞之類可供今日考證，勉強選錄兩首，以見一斑。

「賴恆甫招宴宜樓席上作八首」之一：

「逐隊看花跑馬場，歸來轣轆踏香塵，銀燈已啓吹笙院，楚竹秦絲按二黃」。

題香海對酒圖：

「擾擾乾坤幾戰鼙，黃龍盼斷醉同袍，江山信美原吾土，文酒湖懷屬我曹；在眼橫流他日定，塡胸塊磊此時高，鴟夷不出彌貫老，何處乘風策巨鰲。」

一九〇六年商輪漢口號失火・僑胞遇難者百餘人

第一次雙十慶祝會

蘇福祥

雙十節在香港可算得是熱鬧的日子，不特我們中國人都很熱烈的慶祝我們的國慶紀念日，就是其他國籍的人們，也很快活的過一天。因爲當地的政府，爲著中英兩民族的親睦友誼，自動的規定「雙十節」爲「公衆假期」，所以這裏的人們，可以在這個中華民國國慶紀念日，盡情歡樂一天。

雙十節成爲香港人們的狂歡節日，還是從民國十年起始，以前，這裏的華僑慶祝雙十國慶還是不獲批准的。第一次慶祝雙十國慶大會是由中華基督教青年會主持的，獲得其他僑團一致擁護。大會經決定舉行慶祝雙十國慶後，當年的青年會會長尹文楷（太平紳士）會同該會加拿大籍總幹事麥花臣，分向輔政司和華民政務司申請准予舉行戶內慶祝集會和戶外巡行。申請的理由是：中國國慶紀念日是雙十，當年適逢民國十年，合併起來，剛巧是三十大慶，中國人是重視三十壽辰，所以請求准予公開慶祝。他們還指陳這公開慶祝可以表示中英的親睦友誼，同時保證在慶祝儀式進行中不致有意外事件發生。他們的請求，經過政府當局週詳考慮後，卒於雙十節前一週，獲得批准，同時指定升旗須中英國旗並升，奏國歌也要中英國歌並奏，巡行地點祇限於中環的「華人區域」。

因爲批准的時間過遲，籌備進行異常迫促，未及召集其他僑團參加籌備工作，祇由該會負責進行。但當年的僑團，並沒有發生異議，他們是團結的，所以到舉行慶祝大會和巡行的時候，參加的僑團代表，學生童軍和民衆等共數千人，熱鬧情況，可算空前，而且秩序良好，不特給予僑胞一個很良好的印象，外邦人士，也一致稱許，認爲中國人辦事的魄力，不亞於歐美進步民族，使他們改變了以前的鄙視態度。

當年的慶祝國慶儀式如下：（一）上午八時，在中華基督教青年會露天球場舉行升旗禮，燃放大爆竹，由該會銀樂隊演奏中英國歌（按當時所用的國歌仍是卿雲歌）並請大理院院長徐謙博士演講，與會者每贈襟頭國旗一面。（二）上午十時，集隊巡行，各學校學生、各童軍隊，及各僑團代表參加。（三）下午在青年會內舉行德育大演講，以基督教精神，鼓勵人民愛國。（四）黃昏時候，舉行愛國大餐會。（五）晚上舉行提燈會巡行，（六）晚上在該會大禮堂舉行盛大慶祝會，由徐謙博士演講，並有其他遊藝表演節目。（七）晚上另在該會健身室舉行戶內體育表演。

自民國十年舉行盛大慶祝以後，這裏的僑胞們對於國慶紀念，漸知重視，其後雖再難獲得公開舉行慶祝的機會，但每年雙十節，家家戶戶，懸旗結綵，社團學校，也分別舉行戶內慶祝。直至香港給日本人佔領的前幾年，當地政府當局，鑒於中英友誼的珍貴，爲表示中英親善，經明令頒定雙十節爲公衆假期，同申慶祝。抗戰勝利後，環境改變，華僑更獲得自由公開舉行慶祝的便利。復員後的第一個國慶日，國民黨港澳總支部和三民主義青年團聯合領導僑團舉行之慶祝大會及提燈巡行等，規模更是偉大。港九兩區參加的人數逾萬，堪稱空前盛況。

勝利後第一次國慶日
九龍僑胞舞龍慶祝

第一章 歷史

香港的考古發掘

A．D．C．蘇威貝著

過去二十年以來，尤其是近幾年（譯者註：本文發表於一九三八年）曾經有相當數量的考古發掘工作在中國各地進行，獲得了極可注意的結果。這些工作使得地球這一部份的古文化重見天日。發掘工作中最值得注意的一些發現，乃是瑞典考古學家J，G．安特生博士在甘肅西部，河南及東三省邊境所發現者，他在這些地方掘出了一種屬於新石器時代後期的遺物，「這些遺物包括很多種描繪精細的彩陶。其他極重要的發現是在今日已出名的河南東北部的安陽，這地方曾經是商代（紀元前一七七六年至一一二二年）的最後建都所在。在這地方，除了發現刻有今日中國文字所根源的古象形文字的那些著名的甲骨以外，石器，以及雕刻過的玉石，象牙，獸骨和有釉的陶器。近幾年在山東一帶又掘出了一種相信時代更在商代以前的一些極精緻的黑陶。

中國古代文化分佈的區域，向來都認為起自渭河流域，這是陝西中部的黃河大支流之一，東向沿着河南的黃河中流區域進入山東，然後再向東南發展到淮河流域的中東南部，安徽北部和江蘇北部，但是近幾年在中國其他地方的考古學上的發現，分明顯示以上述區域作為中心（如果確是中心的話）的文化分佈情形，還較以前所推想者更為廣闊。

芬神父在南鴉島考古工作情形

這種情形，因了過去七八年以來香港區域所發現的古物更給予有力的證明，因為在這地方曾掘出了考古學上極有意義的遺物。這些遺物清晰的顯示，很久很久以前，華南沿岸的各個島嶼已經給有固定文化的人類居住，遺物顯示着從舊石器時代的粗糙石器到近代用具的進化痕跡。在香港島西南幾英里距離，而對淺水灣的薄寮州上所發現的遺物，包括這種粗糙的石器，新石器時代的石器和箭頭，以至漢朝以前的製作優秀裝飾精美的青銅武器。在薄寮州的三處遺址中又發現大批有裝飾但是沒有彩繪的陶器，有些花紋很強烈的類似秦朝（紀元前二五五年至二〇六年）乃至周朝（紀年前一一二二年至二五五年）的銅器上的花紋。有些用上的青銅武器已經被確認屬於周朝的。所發現的石製的和銅製的箭頭與中國其他各地乃至東三省所發現者極為相似。

薄寮洲的考古學上的發現，已經由已逝世的芬神父寫成十三篇相當詳細而附有插圖的報告，先後在一九三二年十二月至一九三六年十二月的「香港自然科學家」季刊發表過了。

（自第三卷第三號至第七卷第四號）。芬神父於一九三六年十一月的早逝，對於中國考古學是一個嚴重的損失。在那些報告中，芬神父歸功於韓利博士，史高斐先生，謝爾石教授等人對於發掘工作的開創和支持。自他死後，這可貴的考察工作已經由史高斐積極繼續擔任。香港及其附近區域考古學上的發掘所具的重要性，乃是在牠對於這一帶的早期文化傳佈發展的難決問題將有所闡明，同時也可以明白中國古代文化對於印度西尼亞及一般太平洋區域文化的關係如何，以及其他有關問題

最近，安特生博士，他可說是中國考古調查的先驅，旅行法屬安南東京灣內的著名羣島，在

關於香港史蹟的發掘

陳劍

香港和新界的史跡被發掘出來的，現在還不很多，最初注意到他們的史前遺跡的，要算是香港大學解剖學教授謝爾石（PRO.SHELLSHEAR）他辭退香港大學的教職後，地理學講師芬尼神父（FATHER D F. FINN.S.J.）繼續工作，在許多地方發見石器，陶片，銅戈，銅斧等物。可惜芬尼神父沒有把他的研究報告寫完，他就與世長辭了，這對於香港的文獻是一個重大的損失。他研究的所得，有一部份曾分期在香港自然科學（THE HONG KONG NATURALIST）發表。此外還有史高斐（SCHOFIELD），韓利（HEANLY），貝爾福（S. BELFORD）諸人的發掘。史高斐的論文曾在星加坡史學會宣讀過，但還後未見發表。這幾位都是發掘香港及新界史跡的開荒者，他們的成就現時尚未可估計，但對於香港文獻的貢獻，確是功勞不少。

在香港附近發現的遺跡和遺物，以海寮洲為最多，戰前大部份藏在香港仔耶穌會和香港大學利瑪竇宿舍裏，可是經過了這場戰事，雖然未必全部散失，但難保全璧了。其次，大嶼山的石壁村也發現不少。廈門大學林惠祥教授，也曾在香港本島的大潭水池拾得石斧一件。其它九龍及沿岸沙灘和新界山地也屢有石器，陶器乃至銅器也發現不少。那些古物的體制頗似周漢兩代的，但最有資格的考古家也未敢斷定必是那時代的漢民族的遺物。因為被發現的古物多在距離地面不深沙層中得來，無從照一般考古的方法，測算地層的年代來斷定被發掘出的古物的歷史。其次在發掘地點不是在葬所，人骨的發見是幾乎沒有，縱然有，也不能證明它與那些古物的關係。因為在遷移不定的積沙中，斷不能從遺骨與遺物的位置相距，來肯定彼此的關係，在遺物中有些顯然是中國的，但它們可能被外族由中原帶來，也不能將此來斷定周漢時代已有漢人移來。故現今研究香港的歷史家，尚不能斷定漢人最初是從何時移殖來這個小島和它的附近。

考古家之一麥兆良神父

（續十九頁）

島上的幾個洞穴內作了極可注意的發掘工作。他發現了新石器時代後期人類所遺留下來的圾堆，從這些廢物堆中所發現的陶器和石器，使得安特生博士於去年五月（一九三七年）取道上海返歐洲時竟說，他的中國考古調查工作實應該從這區域開始，最近，據說安特生博士計劃要在這地方繼續考古調查工作，這傳聞如果可靠，是夠表明他認為這次調查工作與中國及其附近國家所具的重要性如何。據五月十日（一九三七年）上海大陸報所發表的他與該報記者的談話，他指出在那些洞穴中所發現的遺物雖然多是屬新石器時代後期的，其地或許有更早的居民，因為他的考察工作並未澈底進行。從這點上，我們可以看出，放在香港考古學家面前的是一片怎樣廣闊的可供研究的領域，我們如果能適當的進行起來，對於整個印度太平洋流域的早期人類移動和文化傳佈情形，一定會有更多的闡明。（馬關北譯自一九三八年「中國雜誌」香港專號）

香港考古發掘及考古學家

陳公哲

香港歷史可分上古，中古，近古三期。論者多及於近古，而少有至中古者，上古更無論矣。近古則由宋而至近代，倘有文獻可稽，百年史乃自英人來粵經商，由鴉片戰爭而至於成立北京條約，割讓香港為英國殖民地，已有他篇論列，不贅。百年中之資料甚豐，為近古史中最充沛之大部，前此，明有遺民流寓於大嶼山，宋有二帝駐蹕於宋王臺，劉宋時有杯渡禪師住錫於青山，俱有篇章可考或有遺跡留存，推再上史蹟則瀰泯。

凡讀百年史者，必欲兼知近古史之上截；既欲知近古史之上截，必欲兼知中古與上古史之大概。香港乏中古上古史資料，余竊此欲，乃借助近六十年來歐西新起之學術，即用鋤鏟以發掘歷史是也。中國自稱古國，過去學者之著述歷史世紀，由黃帝至今為四千六百餘年，不知西人近代之發掘吾研（　）已將埃及歷史伸展至七千餘年，是則吾國之以古國自稱者又何所據而云然哉？總而言之，學術之進步，非獨日新，且可日衍，兩端推進，永無已時，此即考古發掘之有助於文獻之不足，亦為未來文獻制定之根據也。

余於香港考古發掘之工作非第一人，實步芬神父等之後，然所獲較前為巨。芬神父於一九四四年，由政府資助，在香港本島西之南鴉島海灘上，發掘二月，用費三千餘元，所得新石器時代石器陶器玉器甚夥，陳列於博扶林道利瑪竇宿舍中。其私人在各處獲得者，小部份携返英國，存入倫敦博物院，大部份存於香港仔之神道學院。

陳公哲在香港作考古發掘所用之「一芥」舟

凡作考古發掘，必有一定程序。先為試探，試探之後，再為發掘。每得一物，必須有詳細記錄地形位置，出土深淺，物質顏色，大小尺寸，分列編號。以備科學上論斷。蓋古人遺址中，每有連接二三時代，每一時代相距或逾數百年，或數千年。發掘之時，若不分列層次先後，出土深淺，出土遺物，時代混合，易滋疑誤，無從推論，故須有科學上之發掘。

欲知歷史過程，文獻紀述之外，其為物證，上古無文，縱有之乃刻劃於簡冊，地在南方，天氣霉濕，早已毀壞殆盡，所能留存至今者，祇有陶銅玉石耳。故發掘所得之陶銅玉石諸物，因其形狀制度，以知古人當時之生活與文化，雖在數千年後之今日，仍如與古人相對，粗知其梗概。有時發現新理，竟一破歷史之成文，以證前人之非。如新石器時之石斧，宋人謂為雷公遺留，相傳數百年，至今乃證其謬。又如資斧之說，以斧而為貨幣，古無明文，自余獲得石斧後，大者如掌，小者如指，實為古人貨幣之一種，以補數千年前古人文獻之缺，皆是有助於歷史文獻之糾正與發明者。

發掘考古家之貢獻，不僅既如上述，且亦有異於骨董收藏家之旨趣。骨董收藏家多用金錢向販運者收買，轉輾販運，莫知出處，販運者或直接間接購自發掘者，而發掘者旨在得貴重之寶物，如金玉銅磁之類以換錢，不惜刨墳毀墓，犯法為之，於匆遽之間，不記地點，不研情狀，不記淺深，惟求得寶，即行沽售。遺址既受破壞，歷史從此消失，猶其是上古時代遺物，文化未盛，物質粗劣，工製拙朴如陶石之屬，亦非刨墳者所注意，收藏家所賞識，每每棄留，從茲復長埋土中

掘獲之陶釜

矣。

收藏家旨在得名貴之寶物，以爲點綴裝飾之炫耀，以金錢上之價值爲價值。考古家旨在得古人之遺物，以知當時生活之狀況，以歷史之價值爲價值。收藏家問物之價值，而非問年之價值。如漢之五銖錢，市售廉於明之重和錢。考古家問年之價值而非問物之價值，如余每窮十餘日時間數人伕，百十金錢，從事發掘，祗得一二石斧與陶片。若陳之摩囉街古玩店中，敢決其週年無人過問，其不值錢可知。然我所出之代價，竟越宋朝之磁，或明人之畫，此考古發掘家與骨董收藏家不同之點在此。蓋一爲貨物之保存，一爲學術之探討。此種新興學問，行於中國未及三十年，在此十餘年中，香港西人不及二萬，而有考古興趣者七人。華人今有一百八十餘萬，而有考古興趣者，目前祇一人耳。

余本非考古家，平時於金石文字頗多接觸。歐西之考古報告，亦時瀏覽。回憶少時閱西報載有美人組隊發掘埃及姐督加文王古墓，於古埃及文化貢獻甚偉，於余印像頗深，民國廿五年，官於平津，因知戰事不久必發，乃卸職南歸，返寓吳門，再返羊城，養晦香江，俾讀平時所欲讀而未讀之書，以香港仔幽靜，不亞杭垣之西湖，乃稅居此中。讀書之暇，舒於金島西隙時，放棹中流，與漁人爲伍，因知有芬神父之考古事。再覓香港自然雜誌所載芬神父「香港考古發見」之報告讀之，更知其詳，乃稅艇往南鴉島，探求芬神父所發掘之海灘故址，檢得陶片數事而歸，心猶未足，組隊再往，實行試探。

民國廿七年三月，携兒智文再往，僱用土人五六名，發掘大灣三日，一無所獲。後於稍高土阜榕樹下獲石玦珥一，碎片四五。又於大灣左，相去五十步，另一海灣名「洪勝爺」者，發掘二日，獲一蛇紋石斷斧，及碎陶碗二三。計先後所得甚少，未償所欲，乃返而計議，欲窮香港各島嶼之古人遺跡，必須海行各處，然諸島除長洲及大嶼山有火輪航行外，餘須自僱漁船以往。尚有小島，向無居民，人跡罕到者，欲於芬神父所未[illegible]處求之，必須自備一船，隨時可往。

乃購舊西式小帆船一，一桅二帆，可容三四人，命名「一芥」，並僱芬神父之助手何十四以爲榜人，携同鏟鋤向各島試探。每去一二日或三四日不等。試探月餘，計獲古人遺址十有六處。

（一）陸行者有：石澳，打鼓嶺，掃管笏，屯門，青山，杜角灣。屏山。

（二）海行者有：榕樹灣，大灣，洪勝爺，鹿洲，（以上屬南鴉島）東灣，沙岡背，急水門，（以上在大嶼山）龍鼓南沙洲。

以上十六處，出土之量最多者乃自大嶼山之石筍東灣，及沙岡背。

一次船載六人，赴大嶼山發掘，剛越南鴉海峽，即遇颶風，小舟翻覆，頗於危殆，幸舟底有隙，不致翻覆，然去死生祇一間耳。不久風止浪平，安抵東灣。

出土古物有新石器時代之石錛（俗稱石斧），石刀，石珥，石簇，石標，石錘，石鏃等。陶器有陶片，陶釜，陶豆，陶甕，陶碗，陶缶，陶豬等。銅器有銅鏃，銅鋭，銅戈，銅斧，銅鏡，銅環，銅錢等。玉器有玉牙璋，玉斧，玉觿玦環，玉玦，玉珥，玉環，玉墊等。計共二百五十餘件。以上各物，於二十九年，一度出展於香港大學，馮平山圖書館，中國文化協進會所主持之廣東文物展覽會，會期數日，參觀者十餘萬人，莫不引爲自香港有史以來所未見。

余所著「香港考古發掘」一書中，曾有詳細推論。因石器之發現，證明在四千年至六千年間，香港已有居民。因銅之發現，證明三代時香港已有文化。然則史家以爲香港文化，最初始於南漢時期，或一度盛於宋元時期，此說已不存在。按照中國史年代，黃帝時至今，祇有四千六百餘年。而余之推論，參證各家學說，已將香港歷史伸至五千五百餘年。若不得古人物證，此說將受杜撰之譏；若不以發掘取材，無從成立更深之年代。此爲今日學術不守成法，而能另闢新史，較古人而更前進一步者，現代科學之賜也。

出土古物雖屬個人暫時所有，厥爲地方公物，滿擬所著出版後，連同各物贈予政府保存，留以後人觀摩。不期一九四一年，日敵來侵，香港淪陷。余既退入內地，香港出土各物，遂爲僞香港總督磯谷廉介取去。勝利歸來，曾具函香港政府，南京教育國防二部，東京麥帥總部查詢。各方雖有函覆，終不知實物之着落，此爲一遺憾之事。

大嶼山沙岡背之磨崖石刻

余於民國廿七年，避難居港，所携資斧祇六百餘元，於試探期中不久用去。復將所用梵玲樂器貶值售去，得三千五百元，繼續發掘，數月後又已用完。復承友人湯國貞君資助，計前後用去港幣六千餘元，時間十月，幸獲各物，其種類件數，具出土地點，似較芬神父及各人所得者更多。余爲華人，能分負香港考古責任，殊屬幸事，由華中之金山衛起，迄華南之福建，海豐，南至安南，新加坡婆島，及非律賓婆島，香港爲遠東考古圈中之一部，出土各物，與各地古物比證，形式與花紋雖各有異同，而互相聯繫。

余在大嶼山發掘，於沙岡背石崖中發現摩崖一方，上鑿旋轉方形回文六，非文字。全刻高二十二寸五分，闊十三寸五分。刻鑿甚深，久經剝蝕，依照推論，爲四千餘年前之石刻，足證香港上古時已有居民。

香港考古家。皆爲業餘之人。前後計有：

韓利博士 D R C M HEANLY 英文爲頭骨考古學家。

舍爾斯電教授。PRO FESS JOSEPHSH ELLSHEAR 英人，香港大學教授。

以上二人曾在青山附近，一高約三百尺之小丘中，覓得新石器時代石斧甚多。

史高雯爾得。MR. W. SCHO FIELD 英人，九龍巡理府知事，人甚謙和，香港淪陷前退休，在香港各處發現新石器時代遺物。

芬神父REV. FATHER DANIEL J. FINN 愛爾蘭人，於一九二七年二月來港，在香港大學擔任講師，及教授地理。在香港各處發現新石器時代古物甚多，由香港政府資助，發掘南鴉島海灘二月。後於一九三五年，代表香港政府及香港大學，出席粵斯魯考古學會議，於是引起世界學者，對於香港考古之莫大興趣。後被邀赴歐參加各處發掘，繼返愛爾蘭，赴英研於英國博物院。不久因血中毒不治而逝，時在一九三六年十一月二日。

麥兆良神父FA. JH ER RAPHAEL MAGL IDNI 意人與芬神父爲友，同時在海豐發現新石器時代古物甚多。一九四二年，中山大學教授楊以成博士赴海豐發掘，麥神父乃以所得大部古物贈交楊博士携存中山大學。

陳公哲。學者兼書家，於一九三七年避難來居香港。因知香港有新石器時代遺物發現，乃追蹤尋求，維時二年，發掘十月，地點十六處，獲得古物二百餘件。著有「香港考古發掘」一書；中英文本。

巴爾福 MR.S. BAL FOUR 英人，爲九龍北約田土官。戰前曾作考古發掘，在大嶼山之石筍東灣亦有發現。發掘古物，大部携返倫敦。

韋伯嘉 MR. WEINBERGER 英人，爲香港戰時物資管理委員會主席。一九四六年來港，於香港考古亦感興趣，曾往南鴉島發掘洪勝灘，稍有所獲。

港商首次演說集會

天韻

香港開埠以來，商人集會，發揮演說，始於四十八年前，即清光緒二十四年（一八九九年）十二月十一日，當時英商務局派遣大員爵相白雷斯福，遊歷中國，考察各埠商情，港紳商當時曾集會於中華會館，到會者一千七百餘人，中西各報主筆，以及大律師佛蘭詩士，均到參加，當時由盧芝田老先生主席，公推紳商多人，演說當時商務情形，及謀發展之重要，雖與現今勢殊時異，亦足見當時各紳商關注國家商業之至意，爰將當時演說原詞錄之，以餉關心香港商務之歷史者。

盧芝田老先生首發開會詞云：今日之會，諸君諒悉其詳，緣日前英國商務局，派遣大員來游歷中國，考察各情卽欲振興中國商務，該大員爲爵相白雷斯福君，其遊歷各埠，各大憲均優禮相迎，邦交殷勤，且不特助其訪察商務，卽兵法亦與之講求，其考察兵法之故，無非爲保護中國商務，以禦外侮起見，白君所至之埠，各界行商，皆有集衆會議，今爲條陳，務使中英商務，日益蒸蒸，兩有裨益，白君此次來港，亦在西人商務局及水師會內與各大行商言及，所言利弊，朗若眉列，所以今邀同人合議條陳，俾相贊助，弟自顧年老，一切崇論宏議，所願諸君子力強年富，匡予不逮，以底於成，不勝厚幸。茲先舉何君曉生演說，何君於商務利弊，皆得其要領，白君到港時，伊曾與之細談，此中情形，更爲周悉，想諸君亦所樂聞也。

何曉生君繼起立言曰：弟不揣謭陋，謬議四款，爲閤港紳商諸君陳之，（一）邇者白君奉英國各大商務局委來華，查察商務，隸其所論，謂中國宜大開通商門戶，及英國官宜協助中國，整頓陸軍各節，今日在會諸君，備聆其言，諒皆欽佩，從其所言辦理。（二）倘白爵相論將來舉行，則通商各埠，不特中國受益良多，而英與各國亦均沾其益，余等深願英廷俯准白爵相屆任其事，蓋其心志無非爲中英兩國幷各國推闡彼此通商利益也。（三）白爵相此行，以關心中國而來，予等實深欣慕。（四）以白爵相明達之才，剴切之意，力行不倦，若委其辦理，推廣中國商務，洵爲任用得人，其成效可拭目以俟。以上鄙議四款，叨蒙諸君等聽，今請再盡其詳，誠以弟謬爲倡議，實不敢冒昧從事，必當詳細陳明於大君子之前，吾等商民寓居此地，久與歐美各國貿易往來，從未有如此機會，得以達英廷之聽，英國商局，特派大員東來者，其重視商務，豈等尋常，而白爵相洞悉商情，眞不愧膺此鉅任，溯乾隆年間，英國東印度公司，曾請英廷派伯爵馬加利來華，將商情奏達高宗純皇帝，冀其興利除弊，當時來華通商者，祇有其一家，而每年統計商欵，亦不下數兆英金，何況今日之愈推愈廣耶，西人有云，中國之民，非無經商之志，實緣官民意見不同，故不能振興其利耳。昔英員佐治士丹頓，又謂中國地土遼闊，產物豐饒，而國家不甚留意於商務，誠爲可惜，又有一西士其著書中有云，中國之條例多有與商務窒礙者，故英廷決意委派馬加伯爵來中華，求革除與東商務各弊，以裨益商賈，其主議具載於冊，今不殫述。伏思中國乃

第一屆商人節董仲偉致開會詞

最古文物之邦，加以太后皇上留心時事，近日論設各省商局，志在講求商務，徒以積習相沿，下情難達，遂至經商要著，竟居人後，今日內地商情，比百年前雖已推廣不少，惟中國地大物博，沃腴之土，冠於五洲，地利之興，二千餘年經營未盡，豈可不盡用其利，而坐視他人之佔我利藪耶？憶百年前，高宗純皇帝，致書英王佐治第三曰：俄人之貿易者，只是蒙古與俄之交界地名恰克圖耳，雖積月累年，猶未慮其到北京也，試問今日尚然否乎？外患迫近神京，中土四面可虞，將來西伯利亞鐵路造成，商務交涉，想更從而多事，在俄人必不以中國大開通商門戶爲計，其所營謀者，惟在加重稅餉，其勢將必抑制他國貨物，則英國商務雖免受其害，聽觀中國與各國通商，以英爲最廣，英受其害，卽中國並受其害矣。爲今計莫若防範於未然，亟爲未雨綢繆之舉，予等久居港地，素知貨殖暢銷，卽爲國本，蓋經商者特以牟利，食力者藉以事畜，謀食有賴，則民衆共有鼓腹含哺之樂，細思華人生計未爲豐裕，欲廣其謀食之路，非擴充商務不能，是以爵相有言，以今日中國商務而論，其要者爲大開口岸，各國得以通商，至若保持中國之商利，當以練兵爲首，此實在老成練達者，業已深悉，卽諸君亦所見皆同，但中國練兵之法，未及泰西之精，倘友邦力爲贊助，何妨藉材借用？如英國慨然自任，此舉何難？蓋英與中國友誼，向來最篤也。何則？考西史所載，馬加利公使遞國書於高宗純皇帝時，其文中有云：英皇致書於中國大皇帝曰：上天眷佑貴國大皇帝，統理萬機，慈愛爲懷，貴國人民，皆得享昇平之樂，闔欣感戴，卽各國蒸黎，亦深欽仰，當此無事之秋，正友邦和好之日，深願貴國與敝國商務，從此利益均沾，則普天共慶云云。竊謂中國備用英國協助練兵，固與從前友誼之篤，互相印洽，試觀英國與埃及印度兩國所練各軍，其成效不卓然可睹耶？在會之君，間有未親聞白爵相之言者，在各報中，亦經閱悉其所談中國商務大局，比敘事之精詳，議論之高卓，無庸予之贅及耳，擷擬條陳四欵，尚祈諸君裁而正之，俾異日國家采及芻蕘，則中國商務之厚幸也。

第二，由梁君屋垣演說曰：方今朝廷嚴禁新政之秋，在座欲圖興革之舉，甘於苟安者必竊笑爲不知時務矣，不知不遽行新政者，太后之不欲遽改，而不得不講新法者，實欲維持中國於萬一也。況太后之初心，豈眞惡新政哉？戀其爲結黨營私耳。吾儕身居斯土，無黨亦無所私，一片愚誠，日望中國之振興，以免外人之取藐者，豈不可各言其志？頃聽何君偉論，及將當日中英通商始末總論一遍，更知中英交情，固非與別國比也，在座諸君，曾至英國者，想無幾人，弟幸得親歷其境，觀風問俗，亦有年矣，察其上下一心，勇於處事，竊歎英今日之強且盛者，未始非居於此也，英人嘗謂其國週時俱日照者，不過謂其國之大，遍地皆有屬土，此夜而彼晝之意耳，然以版圖而論，中國豈非一堂堂大國乎，無如邇來強隣日逼，多方設法以窺伺我疆土，存諸心而形於事者，不知凡幾矣。譬之於養人，謂我中國一如尸骸，棄在荒郊，虎狼四繞，其視眈眈，各欲伺其鄰之偶不及覺而爭噬之矣，我輩中國人也，寧忍坐視此害而不發一詞，冀保全中國乎？今適英爵臣白君路經此地，據聞其來東之時，不過爲查察商務起見，然查察之餘，知中國兵力之不足，而思有以整頓之，蓋白君謂如無兵威以佐商政，殊無益也。雖今日白君未允代庖，然究不妨將何君所條陳四欵，寄往英國，求其轉達英廷，其濟也則聯友邦以振興商務，亦藉軍實以永締交情，如其不濟，使別國亦知我中國尚有人也，各盡其道，互相聯絡，中國之興，余輩日望之矣。夫白相之謂必先於練軍，非卽張香帥前時所謂人無氣不生，國無兵不立，練兵卽以弭兵之意乎？若謂我國上下之情不通，滿漢之界未泯，天下於我何干？得失於我何損？爲此言者，不惟不忠，抑亦不智也，弟不忖愚蒙，冒瀆清聽，亦聊以贊襄何君之大志耳。

第三，鄺君紫珊言曰：前者爵相所論中國商務情形，其詳且細，座上諸公旣聞之稔矣，謹以何君曉生所言，其大意專爲振興中國商務起見，實我旅港華商人等所樂聞，弟忝司香港招商局事

一八九一年中區商民慶祝香港開埠五十週年紀念蓋搭於德輔道海旁之牌樓

，於中國商務尤深關切，近年沿海口岸，華商生意日有起色，若再加整頓協力維持，則不獨沿海口岸各項生意可沾利益，即內地各處百貨流通，亦有蒸蒸日上之勢，此誠我輩所厚望者也。

第四、劉君渭川曰：弟有一言，欲呈教於主席，並在座諸君，未識當否？英國爵相，欲中國大開門戶，令各國通商，均沾利益，因此得以保存中國，此等美意，今日在座諸君，暨各行商諸君，均皆稱讚，弟忝職在銀行，試就銀行之事而言，以證古君之語，深為可信，諸君知銀項交易之事乎？凡地球內寧帖之邦，莫不設立銀行，或以一家之銀行而分立支行，遍行天下，其利便貿易，大為生意之益者，殆不可以言喻，然其創設銀行者，蓋歐洲深明國家理財之法者也，蓋錢財貫於通流，國家之度支固然，即如我輩之為商，若非有外洋之銀行，則不特生意之在外埠者，遲動拮据，即在中國各埠者，亦未能如此之通融穩便，夫世間之事，愈進愈精，未可徇守舊法，今因古君之言，令我籌及中國，並中國國家理財之法，由昔日而論，原未嘗不善，然以比之今日強盛之邦，亟宜大為變更，此時勢之不同，強弱所攸關也。然弟此時所謂中國理財之法，必宜變更者，乃指賦稅而言，若內地之稅，與田稅厘金等事，則尤為要著，誠欲中國立除其弊，以收其利耳，非謂中國為卑於外國也。吾華物產繁多，利賴之廣，財源之盛，人民之衆，得天獨厚，可永爲全球各國所欽仰。鄙見以爲凡我華人四萬萬之衆，須各盡其所能，以張大中華之聲教，統籌全局，其首在於商務乎？忠信篤敬，商之要也。而興國亦實基於此，我華人既能忠信篤敬，即能興國家，故今聞白爵相所言，互相振奮，爲四萬萬人所望其成功者也。苟商務大興，則我中國將來坐收成利，何止百倍蓰耶！與時變通，弟所望於中國者，想諸君亦以爲然也。

第五，劉君又道稱：聞何君曉生所發之論，可無庸再作贅言，曉生所說之言，甚關要旨，將來必有益於中國，並各國商務，當力望其可行，近日中國如此情形，貽外國口實，每論中國事，或有謂如何可使中國各處通商，或有謂中國當如甌瓜分，除中國外實無一國爲人覬覦有如此之甚者。我輩爲中國赤子，國家形勢，當諱莫如深，惟念岌岌垂危，迫得望有挽回之法，今日所緊談之意，多是爲中國謀，非欲利他國也。白爵相有言，如他是俄人，亦必籌謀興俄國之利，我今爲中朝黎庶，欲中國振興，想白爵相亦以我言爲是，現中國所舉辦之事，多是未合機宜，此乃自爲之累耳，其不合宜之處，言難縷述。今所言者祗圖設法以挽救，然爲法，祗有兩端，一由中國力圖維新，一求外國相助，或謂中國自強，差勝外國代爲借箸，人言類多如此，不知坐而言，孰若起而行之之妙，夫欲舉辦大事，先宜革除弊端，而論者多，不思尤植其基，而徒倡言練軍開礦鐵鑑鐵路諸事，今竟如何？徒無益耳！中國辦事，翻雲覆雨，有始無終，殊貽外人笑柄，弟現陳中國之弊，諒諸君必能諒我之心，推中國流弊，阻礙辦事之權者，其弊在自欺耳！人皆知中國不可不保存，惟保存中國之法，誰能言之？今幸英國商務局委白爵相前來，欲以益英國者益中國，今白爵相所倡言，先練陸軍，然後行關門通商之法一節，雖未能立見神効，惟此良策，終必有裨中國。夫工藝欲廣見聞，必由多閱新聞紙而得，歐洲地大物博，初時欲興工藝，尚有見阻難行，若工藝繁興，必人多爭競，然此亦不足爲慮，如中國商務廣開，外國必携資本前來經商，則貧人自能食力，爲數不鮮。今練兵通商之言，此二者如英爲之引導以益中國，此實鄙意所樂從，想同人亦與有同心焉。

第六，何君沃生曰：弟今日與會，得聆諸君緒論，盡善盡美，已覺珠玉在前，猥蒙何君曉生，謬推處君蕪田，囑弟代宣數言，固不忖愚蒙，用敢陳于諸君左右，今日中國情形，揆其大勢，蓋變不能變，守不能守，自保則尤不能矣。膠旅已付他人，南省如廣東廣西雲南三省，所有礦務鐵路，亦須請命他人，然後乃能開辦，即如越南本中朝藩屬，今爲人所據，華人之往是境者，必捐納重稅，始許登岸，中國若此，其尚得自保利權哉？我中國開關數千年來，地大物博，才智有餘，其寧終於旁觀酣臥，不知所措耶？割地開礦，其權盡歸外人掌握中，不自今時始，惟茶絲兩項，尚屬中國出產之大宗，乃不思整頓，而茶稅又重，與洋茶稅輕而本廉，大相懸殊，故其利爲外人所奪者，日益繁多，以本出口茶每年遞減數千萬磅，今更江河日下，恐將歸於不可收拾矣！又中國工作，地球之內無與比倫，今不知振作，殆自失其利，計我中國利權，亟宜自我振興，自我保守，今日被他人鯨吞占奪，不知何所底止，然中國商務，英國佔其七，他國占其三，今英人以中國委靡不振之故，特遣爵相白君來東考查，以資補救，并擬設法創練水陸軍以禦強鄰，誠以英之利即我之利也。白君現已由港旋英，我等可不乘此機會，公擬條陳，即延其代達耶。中國水陸各軍，不能謂無，雖有亦無濟於事，惟必藉英人訓練，庶有成効可觀，至中國之大，沿海口岸衆多，非有二三十萬練軍，仍難鎮守，然軍雖欲練，而糧餉難籌，不益以新糧，誰肯出此死命，計糧餉所需甚鉅，亦祗出自釐稅而耳，不知此中厘稅，歸公用實得三成，餘則盡充辦理者私囊之用，無有如洋關之涓滴無私者，是以愚謂練軍一項，宜先爲理財，使財力有餘，則整頓練軍，方收實効，蓋中國積習甚深，官之貪廉，尚未斂用度，必須厚其廉俸，乃能革去侵吞之弊耳。果使餉足俸加，練軍一事，易同反掌，蓋中兵非無可練，其勇敢之氣，并可冠壓地球也，又如華人聰明才智，其經管商務，豈盡出人下哉？前時英

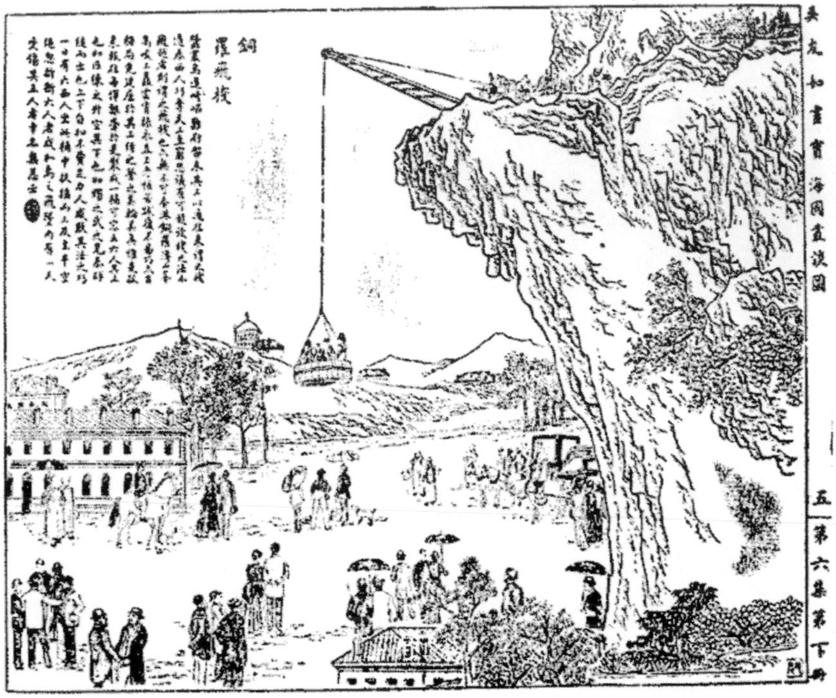

銅鑼飛棧　清。吳友如繪

說明

此爲清末上海著名風俗畫家吳友如所繪『海國叢談』之一。畫上所畫的『銅鑼飛棧』據說是在當時的香港銅鑼山嶺，太古糖廠爲了上落不便，特建以代步的泰西新發明物。吳友如這類題材的來源，大約是想像與傳聞的混合物，所以雖顯然是一架建築工程上用的起重機，也被他染上了浪漫的色彩。不過，無論怎樣，出自六十年前中國畫家筆下的這幅香港風景畫，在我們今天看來仍是充滿了趣味的。

（上文接二七頁）

將軍島士利有言，假若我華兵數千人，訓練三年，當可無敵於天下，我中國商兵兩項，苟能振奮有爲，何甘於自暴自棄耶！然藉其襲助以補我不足者，厥惟英國，可引爲心腹，他人雖有是言我決不深信，若俄人之許爲助我，豈出於至誠哉？譬如野熊之攫人也，抱持之狀甚親暱，而不知轉瞬即噬之矣。玆者於練兵保商兩項，力求補救之方，弟已草具條陳，俟脫稿後，即由劉君渭川轉致諸君閱悉簽名，然後呈遞英廷，然此又非聯絡外人，以強令本國遵行者，蓋訂衛大局，併籌而籌．實爲圖効國家，保護利權者也。

第七，何君昆山曰，振興中國，只須一聯字爲要着，今日者官商上下情不相通，上有滿漢之分，下有秦越之分，一鄉有異姓之分，一族有外房之分，畛域兩政，屬東無輔，甚如官場辦事，洋人所用三聯票，即與華人用三聯票不同，事不公平，衆心安服，欲振商務，詎能底於成功耶！不解我中國文明大邦，何以窮弱一至於此，今日環羅稽服，反不如暹羅之得以自主，蓋不相聯之所致也，今以英國商務論，實與我中國唇齒相依者，互相維繫，他山借助，舍英無以爲心腹之託，所望協力扶持，傾誠相與，將來鐵路可興，商務不難起色，若省港輪路一通，則港中商情，尤必蒸蒸日上，亦吾華人所樂睹者也，港中政府相待各國，一本大公，破除成見，其保衛商家，素爲吾人所欽信者矣。

至此，主席盧君芝田請何君澤生、將何君曉生條陳各欵，再讀一遍。堂之上下，皆舉手稱美焉。

國父與香港

陳劍

香港大學教授霍斯德氏，於香港開埠一百週年紀念日發表論文，中有關於國父與其革命事業者。霍斯德教授說：孫中山先生係在香港大學醫科畢業，於一八九一年獲得醫學博士，在港行醫。一九二三年，孫中山先生返回香港，當日在香港大學之演講，謂「今日返回香港，即如返回故家，因香港大學係予知識之出生地，前有問予以革命之思想，由何處獲得，一時對此問題，躊躇不能對，今日在此，予可以答覆，謂余乃在香港獲得者，亦無不可。予在香港讀書，凡三十年之久，暇時即散步街頭，當時香港所給予之印象，爲有秩序及平靜，一切工作之進行，按序就班，有條不紊。同時予每年返家鄉中兩次，每次即總覺此兩地有極大之不同，此兩地相距只有數十哩，再後予得遊歷世界各地，目覩外人，遂發生疑問，外國人及英國人，何以能營於此境域，例如香港將荒蕪之石山如小島者，在七八十年間、建設如今日之香港，中國已有四千年之歷史，惟至今仍無一地能及香港者。」中山先生由是靈感啓示，遂決心改造新中國。

此照攝於雅麗氏醫院三樓時爲光緒十三年戊子九月初六日
由右至左：尤烈，關心焉，陳少白，孫文，楊鶴齡（王棠珍藏）

在港鼓吹革命

國父於一八七七年隨其兄眉公至檀香山，即有亟求新學說新制度之思，先至火奴魯魯之意澳蘭尼中學，成績優異冠於羣儕，夏威夷國王特爲選擇製係中國之書籍，親行獎賜，此 國父十六歲時所得國外之榮譽。旋升學夏威夷大學，至一八八四年，時年十九歲，歸國後至香港初入拔萃書院學英文，繼轉皇仁書院，復轉廣州博濟醫院附設之醫學校學醫，在博濟約二年乃轉香港入雅麗氏醫院附設之學校，即現在香港大學醫學院之前身。

國父入雅麗氏後，無日不鼓吹革命，旋結識陳少白，尤少紈及同鄉楊鶴齡等時相過從，莫不以革命爲己任，與友因呼之爲四大寇，此爲 國父革命言論之時代也。

國父在雅麗氏醫校五年，以全校第一名畢業結束學校生活，開始革命工作，旋在澳門鏡湖醫院任醫師，實則假行醫而作革命運動，與香港陸皓東鄭士良等，密商改革中國方針，由 國父提議創設機關。至一八九四年與陸皓東北遊京津，以窺清廷虛實，併草擬政見條陳於李鴻章，雖不見納，然以萬國公報之登載，傳誦一時，其時甲午之役，我國失敗，國父痛心傷時，實行革命之意志更堅，先洞內深觀察大勢，繼赴檀香山，以「反清復漢」事鼓吹，時華僑風氣尚極閉塞，多避之，但亦得一部份開明僑胞之贊同，遂成立興中會，被推任爲會長，後以國內同志之邀，由檀回港擴大興中會務，在香港士丹頓街十三號開設乾亨行爲會所，凡入會者一律宣誓曰：「驅除韃虜，恢復中華，創立合衆政府，倘有二心，神明鑒察」之誓詞。

乙未年九月初十夜，國父等密謀在廣州舉義，先由陸皓東制定「青天白日旗」，公議爲舉旗揭竿號召，乃事機不密，爲清兵發覺，陸皓東，邱四，朱全貴被捕死義，是爲第一次失敗，國父等逃回香港，又因清廷之交涉引渡，被港府判令出境五年，乃乘輪赴日本，轉檀香山，美國，英倫、竟在倫敦爲清使館所捕，幸得前醫校教師康德黎之營救倖免，旋遊歷德，法，比諸國，以視察所得，乃襲我國固有之思想，參以歐洲之新智學說，始創「民族」「民權」「民生」三大基礎，即三民主義也。

國父在香港之革命運動

——上書港督卜氏之經過——

馮自由

香港爲　國父初期革命之重要基地，人皆知之，而當時中外人士之熱心贊助　國父革命運動者，亦頗不乏人，其中較著者，有大律師何啓及德臣西報記者黎德（Thomas H. Rhi）士蔑西報記者鄧勤（Chesney Duncan）等三人。兩報對清朝政治之抨擊頗爲盡力，鄧勤曾因鼓吹華人反對政府，爲香港民政長官傳往告誡。何啓爲吾國人在英國畢業法律之老前輩，時任香港議政局議員，常在中西各報發表中國改革之政見，名重一時，對於　國父之革命運動，常從中暗助。興中會之英文對外宣言，即推舉英人黎德及高文（T.Cowen）二人起草，而由何啓謝纘泰修訂之，此乙未九月廿一日（即一八九五年十月九日）事也。

庚子（一九〇〇年）某月，　國父在日本得劉學詢書，謂粵督李鴻章因北方拳亂，欲以粵省獨立，思得足下爲助，請速來粵協同進行。　國父頗不信李鴻章能具此魄力，然此舉設使有成，亦大局之福。而當時香港議政局議員何啓亦以中國時局危急，粵省如不急圖自保，決不足以圖存。因向興中會陳少白獻策，主張革命黨與粵督李鴻章聯合救國，由李首向北京政府宣告兩廣獨立，而　國父率黨員佐之。其進行方法，則先由中國維新黨人聯名致書香港總督卜氏，請其勸告李鴻章以兩廣獨立。李如同意，即由彼電邀　國父回國組織新政府，此議經興中會員全體贊成，而事前已由何啓取得港督同意，遂由　國父，楊衢雲，鄭士良，陳少白，史堅如諸人署名致書港督。其文曰：

「中國南方志士謹上書香港總督大人麾前：竊士等十數年來早慮滿清政府綱紀失政，既害本國，延及友邦，倘仍安厥故常，呆守小節，禍恐靡既！用是不憚勞瘁，先事預籌，力謀變政，以杜後患，不期果有今日之禍！當此北方舉事，大局已搖，各省地方勢將糜爛，受其害者，不特華人也！天下安危，匹夫有責，先知先覺，義豈容辭？士等覩此時艱，亟思拯救，竊恐勢力微弱，奏效爲難，政府冥頑，轉圜不易，疆臣重吏，觀望依違，定亂蘇民，究將誰屬？深知貴國素敦友誼，保中爲心，且商務教堂，遍於內地，故士等不嫌越分，呈請助力，以襄厥成，顧借殊勳，改造中國，則內無反側，外固邦交，受其利者，又不特華人已也。一害一利，相去如斯，望貴國其獨裁之！否則恐各省華人望治心切，過爲失望，勢將自謀，且禍變之來，殆難逆料，此固非士等所願，當亦非貴國之所願也。時不可失合則有成，如謂滿政府雖失政於先，或補救於後，則請將其平素之積弊，及現在之兇頑，略爲陳之：朝廷要務決於滿臣，紊政弄權，惟以貴選，是謂任私人；文武兩途，專以賄進，能員循吏，轉在下僚，是謂屈俊傑；失勢則媚，得勢則驕，面從心違，交

永安公司郭泉（即鳳輝）父母九秩開一，在香港太平戲院祝壽，孫大元帥派王棠代表慶祝之祝壽函，時民國十三年三月八日。（郭泉珍藏）

鄰慣技，是謂尚詐術；較量强弱，恩可為仇，朝得新懽，夕忘舊好，是謂瀆邦交；外和內狠，壓緩計嫌，釀禍伏機，壓思報復，是謂嫉外人；上下交征，縱情濫耗，民膏民血，登剝靡遺，是謂虐民庶；鍛鍊黨匪，殺戮忠臣，杜絕滋機，閉塞菁路，是謂仇志士；嚴刑取供，獄多瘐斃，寧枉毋縱，多殺示威，是謂尚殘刑；此積弊也。至於現在之兇頑，此後尚無涯涘，而就現在之已見者，則如妖言惑衆，煽亂危邦，釀禍奸民，褒以忠義，是謂釀民變；東亂既起，不即剿平，又借冗兇，命為前導，是為挑邊釁；教異理同，傳道何罪，唆發民庶，屠戮遠人，是謂仇教士；通商有約，保護宜周，乃種禍根，蕩其物業，是謂害洋商；睦鄰遣使，國體攸關，移砲環攻，如待强敵，是謂戕使命；書未絕交，使猶羈境，圍困使署，囚禁外臣，是謂背公法；平匪全交，乃為至理，竟因忠諫，慘殺無辜，是謂戮忠臣；啓釁貪功，覬覦大位，不加伐誅，反授兵權，是謂用僨帥；裂土瓜分，羣雄耽覦，暗受調護，漠不知恩，是謂忘大德；民教失歡，原易排解，偏為挑撥，遂啓禍端，是謂修小怨。凡此皆滿政府之的確罪狀，苟不反正，為禍何極？我南人求治之忱，良為此矣。士等深知今日為中外安危之所關，滿漢存之亡所繫，是用力陳利弊，曲慰同人，南省亂萌，藉茲稍緩，事宜借力，謀戒輕心，上國遠圖，或蒙取錄。茲謹擬平治章程六則呈覽，懇貴國轉商同志之國，極力贊成，除去禍根，聿昭新治，事無偏益，利溥不同，惟是局緊機危，時刻可虞，望早賜援，以定人心，不勝翹企待命之至！

計開

一．遷都於適中之地，如南京漢口等處，擇而都之，以便辦理交涉及各省往來。

二．於都內立一中央政府，以總其成，於各省立一自治政治，以資分理。所謂中央政府者，舉民望所歸之人為之首，統轄水陸各軍，宰理交涉事務，惟其主權仍在憲法權限之內，設立議會，由各省貢士若干名以充議員，以駐京公使為暫時顧問局員。所謂自治政府者，由中央政府選派駐省總督一人，以為一省之首，設立省議會，由各縣貢士若干名，以為議員，所有該省之一切政治征收正供，皆有全權自理，不受中央政府遙制，惟於年中所入之款，按額撥解中央政府，以為清洋債，供軍餉，及宮中府中費用。省內之民兵隊及警察部，俱歸自治政府節制，以本省人為本省官，然必由省議會內公舉，至於會內之代議士，本由民間選定，惟新定之始，法未大備，暫由自治政府擇之，俟至若干年，始歸民間選舉，以目前各國的總領事為暫時顧問局員。

三．公權利於天下，如關稅等類如有增改，必先與別國妥議而行，又如鐵路礦產船政工商各業，均宜分沾利權，教士旅客一體保護。

四．增添文武官俸，內外各官廪祿從豐，自能廉潔持躬，公忠體國，其有及年致仕者，給以年俸，視在官之久暫，定恩額之多少，若為國捐軀，則撫養其身後。

五．平其政刑，大小訟務，仿歐美之法，立陪審人員，許律師代理，務為平允，不以殘刑致死，不以拷打取供。

六．變科舉為專門之學，如文學科學律學俱分門教授，學成之後，因材器使，毋雜毋濫。」

書既上，復由何啓向港督代達一切，卜氏極表同情，因向李鴻章再三接洽，時清廷數電催李北上，與各國議和，李以北京未破，拳亂禍首勢燄正盛，遲遲未行，對卜氏提議，頗表示好感。不料李後知北京陷落，清帝母子出亡無恙，已決意北上，不再談擁粵自主事。惟港督之意，仍欲扼李氏於香港，使與民黨合作，因特約相會見，為最後之勸告。惟　國父則謂李以八十老翁本無遠大思想，今既取道北上，未必因外人之勸告，而中止其行，及李與港督會談，果不出所料。國父以李氏君臣之見猶存，知不可以說服，亦即赴日本。徒勞港督之一番善意而已！

國父的畢業文憑

陳劍

國父在香港習醫之雅麗氏醫院，創辦於一八八七年，原名「香港西醫書院」，開辦時，學生僅三十餘人，修業期間爲五年，一八九二年舉行第一屆畢業禮，畢業者二人，一爲國父，一爲江英華，文憑中英文並用，由全體教員署名，中文如下：「香港西醫書院掌院，並講考各員等，爲給執照事，照得××在本院肄業五年，醫學各門，歷經考驗，於內外婦嬰諸科，俱皆通曉，確身行世，奉醫學局賞給香港西醫學院考准權宜行醫字樣，爲此特發給執照，仰該學生收執，以昭信守，須至執照者，右仰該生收執，一八九二年月日」國父畢業時，各科均滿百分，惟有一科稍遜，經教員會議公決，並添贈所闕之數，俾得全科滿分，誠教育千古佳話也。

國父於畢業後兩年，即一八九五年，乃與尤烈，楊鶴齡，楊少白，鄭弼臣，陸皓東等，在香港組織革命團體，此即「興中會」，設址於士丹頓街十三號，門外榜以「乾亨行」招牌爲掩護，以避人之注意，陸續參加者有鄧蔭南，楊衢雲，謝纘泰等，是年八月第一次在廣州起義，即興中會之最初活動也。

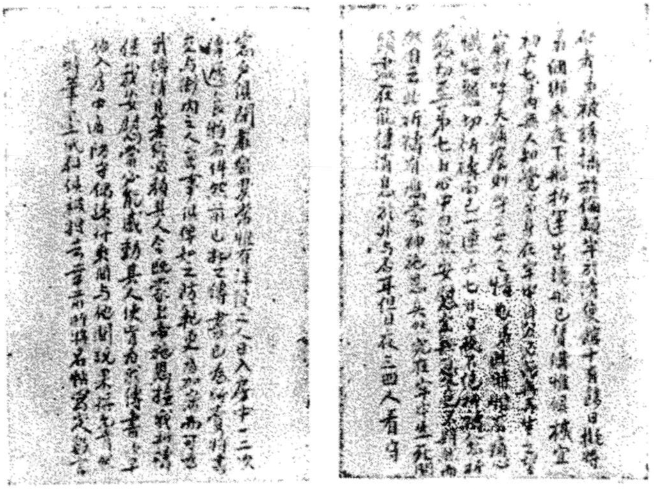

國父倫敦蒙難脫險後，致香港友人歐鳳墀函　王業珍藏

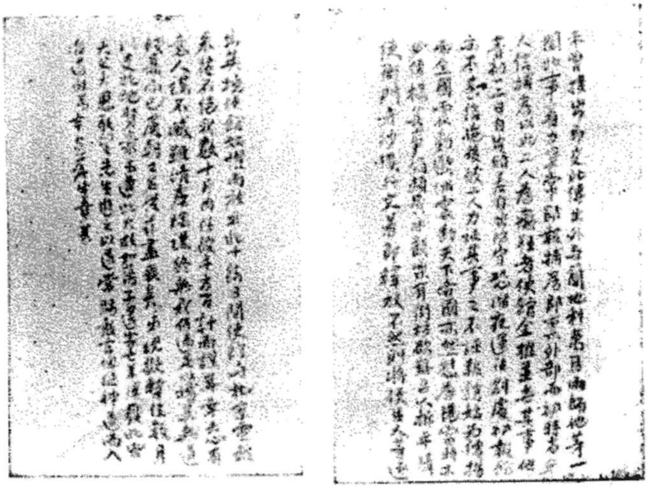

其後興中會同志楊衢雲，於一九〇一年一月十日在結志街五十二號，遭滿酉所派凶手暗殺，連擊其三槍，均中要害，翌日身死，遂爲第一個身殉革命之先烈，葬於跑馬地英國墳場，編列第六三四八號。墓上立斷頭石柱一，此爲事業未成而死於非命之象徵，此亦爲本港我國革命史績之一，然我同胞知之者恐不多矣。

發昌銀號

找換公平　滙兌快捷　十足金條

經營一切金銀業務

地址：中環德輔道中壹一八號　電話二零四二四　三零四七三號

港滬

中華鞋廠

美高梅牌白皮猄底男庄鞋

美高梅牌白猄原子女庄鞋

航空牌白猄生膠底女庄鞋

馳名航空牌男女庄中華鞋

平靚兼備　材料用上等　製造聘名師

廠址：德輔道中（永安公司對面）

電話：三叁三叁五

茂機

選辦　各國毛羢　絲綢疋頭

精造　新型女褸　時裝禮服

地址

正舖：德忌笠街壹號B　電話三四三二六

支店：德忌笠街一號　電話二五八〇一

分行：廣州下九路一〇一號　電話一壹一八五

美的
洋服
取價公平
工作上乘
灣仔莊士敦道二百零六號

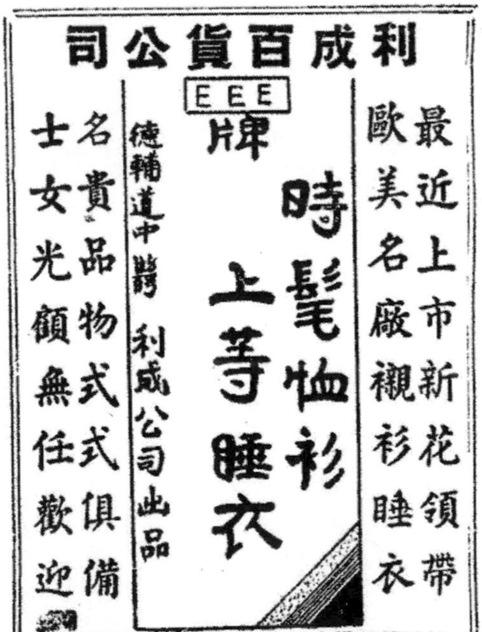
利成百貨公司
最近上市新花領帶
歐美名廠襯衫睡衣
EEE
牌
時髦恤衫
上等睡衣
德輔道中利成公司出品
名貴品物式式俱備
士女光顧無任歡迎
地址德輔道中一八五號電話二零零八六

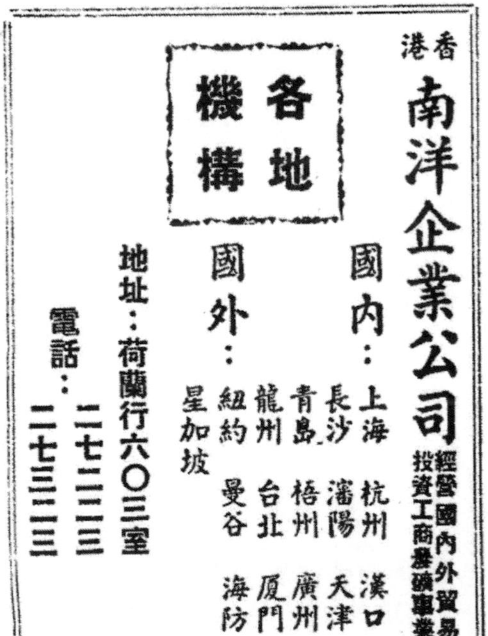
香港
南洋企業公司
經營國內外貿易投資工商礦事業
各地機構
國內：上海 杭州 漢口 長沙 瀋陽 天津 青島 梧州 廣州 龍州 台北 廈門
國外：紐約 曼谷 海防 星加坡
地址：荷蘭行六〇三室
電話：二七二二三 二七三三三

香港小史

許地山演講遺稿

按：許地山先生，於民國二十八年冬，在福建旅港同鄉會席上所作「香港小史」演講詞，叙述本港過去歷史頗詳，特轉載於此。

凡研究香港小史者，莫不要先考查香港名稱之由來。考香港未割讓前，隸廣東省新安縣；而稽之廣東通志及新安縣志，均無香港地名之記載。「香港」，英文 HONG KONG，係由蛋家方言譯成者。本島原爲鴉片走私商屯棲地之一。新安縣志卷二，官富司所屬村莊有「香港村」，其地近薄鳧林，當爲現在香港仔附近之香港圍；志圖無香港島，而有赤柱山，即現在本島東南之赤柱。大抵島名「赤柱」，香港乃其中之一小村，英人用香港名爲島，赤柱名遂泯。

至於香港名稱之來源，地志未見記載。據傳說：謂此島形似香爐，故名「香爐山」，其海港即稱香港。又一說：謂昔年有一紅香爐漂至海邊天后廟前，居民視爲天后顯應所召，因名其港爲香港。據說，天后廟即今銅鑼灣之廟。又一說，香爐即今銅鑼灣廟前之小島燈籠洲，未知孰是？又一說，香港附近諸島上產香草多種，因以名港，但此等傳說，眞僞難稽，姑備其說，不能視爲定讞也。

香港自南宋以來，即有居民。按粵省沿海各島，大都係福建移民遺裔。如海南島方言，尚保存興化鄉音，是其明證。福建沿海島嶼，大都密邇大陸，異於廣東島嶼，如萬山羣島，東沙，西沙羣島之遼距大陸。宋亡，福建人不樂臣元者，乃乘船而南移，植各島，視爲海外耕源。此輩未來前，福建船戶已多拓各島上。此事有各島天后廟可證。天后爲閩人林氏女，船戶祀天后以福建人爲先。不論南洋北洋，海內各地，凡有福建航商漁戶聚居之地，輒建廟祀焉。未有天后之先，船戶係祀北斗，舊式船上之七星旗，即北斗之標誌，遺制尚有存者。及後盛祀天后，北斗之崇拜始湮。香港天后廟之遺存者頗多，是見本島以前住民，多係閩人後裔。即澳門亦然。凡到過澳門者，皆知澳門港口有天后廟，今猶稱爲「媽姐閣」，該廟大約係福建漁戶及航民所建者。閩人稱天后廟爲「娘媽宮」或「媽姐閣」，葡人對閩音之「娘」字，聽辨不清，遂訛爲「媽閣」——Macao，原音——Amaco「阿媽閣」輾轉訛爲 Macao「馬駮」如荷蘭人稱鄭成功爲 Koxinga，乃根據國姓爺譯成者，後人竟譯爲「高星楷」，其錯誤正復相同。珠江口各島閩省移民，多來自興化；泉漳次之，以其遼距大陸，元人政令不及，宋室亡後，士大夫之恥於臣元者，乃視爲樂土。清代英人來華貿易，其走私者多在七洲洋至東望洋（在澳門），內伶仃，外伶仃附近地方卸貨。洋船東來，清吏諾許其依時到澳門及廣州，蓋防其私運白銀出口，私與國人交易。當時華洋互市，置有專管官員，司中外貨物互換事宜，洋貨須交由十三行商代售然後以同等價值之華貨抵給，是爲買辦制及貿易統制之濫觴。外商病之，遂

一八八六年的香港（自上環望中環一帶）亨利所著「嶺南」所載

走私以避磨耗。洋商所運貨品，大抵為鴉片，紅木，洋羽紗，象牙，時鐘等。此類貨品，除抽取一部份為貢品外，餘須交之行商發賣。洋船走私者至伶仃洋以扒龍快蟹搬運登陸。所謂快蟹，乃一種特製之船，每船由二三十人同時划槳，行駛如飛。走私之風雖熾，外商仍感不便，要求貨棧地點，如黃浦等處，俾可貯存貨品。蓋洋船僅許停泊四個月，逾此即須駛出，在此四個月期間，雖無貨可換，亦須啓碇。行商藉此肆其抬抑漁利手段。洋商不走私者，莫不告磨折。英人東來通商，向由孟買，孟加拉等處派軍艦護航，至赤柱，內伶仃等處，此諸處所附近，原為海盜巢穴。英艦一面保護走私，同時防備海盜。中國自棄海權，沿海島嶼港灣，素不注意。英艦所至，即詳加探測。赤柱原屬大鵬遊擊所轄境。當時英人對中國兵力知之頗審，蓋其時兵備腐敗，各軍多用藤牌，盛設旌旗，虛張聲勢，弱點既露，遂啓洋人輕視之心。鴉片戰起，英人乃圖佔香港。在當時英人如佔奪澳門，原非難事，惟英人眼光遠大，見澳門港灣淺狹，將來無大發展可能。其目光所注者，一為香港一為大嶼山（此處光緒末年亦租予英）。英人初探大嶼山，東通大澳，因該處流急水淺，乃改向中國要求割讓香港，中國未即應允。蓋當時上自督撫，下至府縣，皆不知香港在何處，更無論其面積形勢。遂不敢貿然許諾。英人以所求不遂，即遣兵北上，並於一八四一年强佔香港，清廷及粵省大吏不得已乃允割讓。

香港現在之中環，灣均為海地，潮來海水可漲至皇后大道。沿海市街乃填海而成。即堅尼地城，西營盤等亦均係海地填成者。

本島最初居民為蛋戶，天后廟係明代及明代以前遺物，附近各島諸廟宇均係明代舊築改建者，中以赤灣之天后廟規模最大，佛堂之廟次之。香港仔原稱石牌。鴨脷洲與香港仔間之港灣，向稱石牌灣。據日人記載，明代倭寇曾據香港仔；然無其他紀載可供參考。英人未至前，並無有關本島紀述之文獻可考，亦無碑誌可供參證者。原有村落，如天潭，黃泥涌村，薄鳧林村等名，均散見於志書中，然無詳明紀載。

英人佔領香港後，初欲開埠於赤柱，但因該處東南風甚烈，而瘧虐等病尤猖獗，英人多病死，戍者苦之，乃圖改避。傳說有名「阿裙」者，係蛋籍，領英人由南越至北面，其所經之路，今名「裙帶路」。英人遂闢本島北部，以將軍澳九龍灣，佛堂門，急水門之海面為港，即今所稱維多利亞港是也。英人探測灣內水深在六尋以上，可泊巨艦，然初建時仍苦瘧虐，商務不振，有放棄意。早期總督如殿含（即文咸總督），德輔，堅尼地，軒尼詩等，繼續經營，乃漸具規模，英人又向清吏要求租借九龍半島，由尖沙咀，紅磡至界限街，時油蔴地有小村曰官涌（村現已夷廢），係前中國駐兵之處。當英兵圖據九龍，由尖沙咀登陸時，曾與華兵劇戰，是役頗為有名。戊戌政變後，德俄均在中國取得租界，英人亦援例要求展拓九龍租界，清廷允之。惟九龍城及其他汛地，仍許中國駐兵（如上海跑馬地靜安寺不入租界範圍），村人有訴訟案件，仍歸新安縣管理。迨至宣統時，村人訴訟不願遠赴新安，於是民政財政遂完全歸入英人手中。現在保留未歸英人者，僅九龍寨城一隅耳。前年英人欲加拆除，嗣經交涉停止。半島方面原有居民以東莞寶安兩縣為多，間亦有蛋戶，古蹟僅有宋王台係帝昰曾逃至其地，俗誤以為帝昺，宋時，宋王台一帶屬官富司。其侯王廟乃楊太后外戚隨帝逃此殉難後，曾封為王。（宋外戚皆封侯）人民崇祀之，稱為侯王。帝昰為元兵所追，由閩而粵至九龍，越深水埗至荃灣（淺灣）渡海欲往安南請援。中途崩於碙洲。碙洲即今大嶼山，俗傳為廣州灣之硇洲，乃因字形以至地理之誤，帝昰崩，廟號端宗。帝昺嗣位，宋人葬端宗於赤灣。余曾遊其地，發見陵上碑銘作「大宋祥興少帝之陵」。祥興係帝昺年號端宗年號乃景炎也。此陵據堪輿家言，為龍吐珠之穴，赤灣天后廟規制宏廓，頗類宮殿，大約即就宋帝當日行宮擴建而成。該廟祀神打鼓之聲調，亦異於其他廟宇。想亦係宋朝制度。古時對皇帝駐蹕處，每不敢再用為民居，往往換為廟宇。新界古蹟有參觀價值者，如錦田之兩扇鐵門，當時粵人團練抗英，該處原有鐵門四扇，工作甚精，英軍攻佔錦田，將鐵門運回英倫，民國後乃以兩扇歸還村人。至於「新娘潭」，青山，大帽山，大嶼山等處，天然風景，到處可以流連欣賞，於此不能多贅。

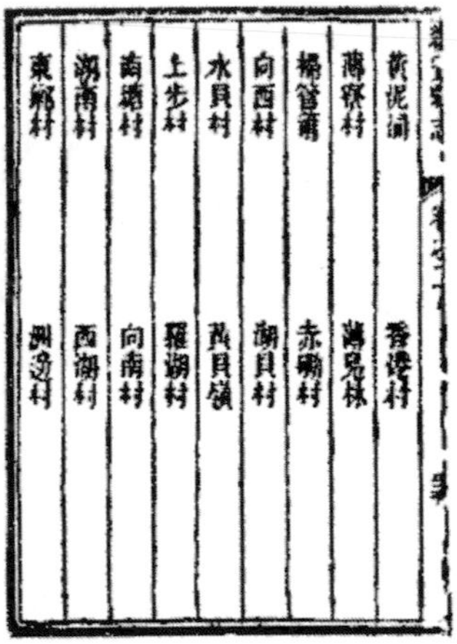

黃泥涌	香港村
薄寮村	薄鳧林
掃管莆	赤磡村
向西村	瀝貝村
水貝村	長貝嶺
上步村	羅湖村
崗廈村	向南村
湖南村	西湖村
東鄉村	興發村

新安縣志所載之香港地名

香江曲（史詩）

香爐頂上峯之巔，玉宇瓊樓疊萬千，
四面滄波奫翠落，萬家燈火爍珠躔。
燈火迷離城不夜，茫茫人海分冬夏，
百年慘淡費經營，今茲繁華足驚詫。
估舶千帆海外來，洋場十里島中開，
南琛西贐森奇貨，居貿行商萃異才。
德輔道中詒最富，馬龍車水連朝暮，
金鼇牛耳執東方，（指上海匯豐銀行）

昔日之一笑樓酒店，爲現在之何東行。

古卓崙

鄧氏銅山何足數？居中巨賈仗財多，
睥睨陶朱漢斧柯，星營千盤開寶藏，
香江萬頃化銀河。銀河轉掉塘西去，
酒旆隨風飄處處，脆管繁絃越調喧，
秦樓楚館郁香飫。五陵年少競繁華，
夜夜瓊筵此坐花，一曲纏頭金浪擲，
連聲喝雉興彌賒，舞罷狐步燈回暗，
歌轉鶯喉月照斜，銅滴滴殘猶喚酒，
更籌報曉始還家。日逢浣沐尋幽趣，
良友輕車新界遇，白酒黃雞元朗墟，
獵裝騎服青山路，玲瓏別墅樂巖阿，
曲折飛橋臨水步；夾道平疇長稻粱，
荒村小屋依雲曲。雲樹蒼茫夕照間，
歸程瞬息過荃灣，路轉九龍渾在望，
隔江夜色金隄上，康明璀炬列星檣，
天末霞光開錦幛。仙人島上樂無央，
相約公餘赴水鄉，北角泅欄連百座，
東堤遊侶足千行；美人榮錫魚名字，
選手新裁泳服裝；同羨鷺鷥看戲水，
微聞溱洧詠褰裳；蘭亭韻事同修禊，
海國風光此擅長。跑道馬場方賽馬，
萬人空巷連山下，平蕪淺草騁良駒，
玉勒金鞍乘健者；甲隊爭先祖逖鞭，
掌聲擊碎長平瓦。貴游公子擲千金，
賭注端詳擇「馬心」（港人稱騎士爲馬心），
奪得錦標贏萬貫，層樓高處百杯斟。
呼羣帶醉來深院，靜聽歌鶯和語燕，
翠袖搖花鬟絳屏，蠻腰拂柳柳執扇。
影壇歌院地相連，銀幕初開雜管絃，
絢絢畫圖傳妙肖，雙雙蝴蝶舞翩躚。
歌場日夕煩肝腦，今夜霄歸宜及早，
驂窅回車醉欲眠，嬌癡迎候爭相倒。
東鄰西舍悄無聲，枕畔晨雞喔喔鳴，
起望市廛人麕集，茶樓燈火透窗明。
茶樓博士多如鯽，一甌清風生兩腋，
暢還談餘四座驚，新營食譜千方覓。
座中工匠紛無數，頓值鬱興勤本務，
隨意朝朝茗一甌，抽閒日日嚥三顧。
年來島上倍繁華，逋客平添萬數家，
隱士避秦逃世外，名流浮海到天涯，
天涯淪落羈羇寄，躑躅長安居不易，
立館授徒勉治生，變夷用夏時嫺意。

數十年前香港居民出入多尖轎。

瓜牘塵滿客論文，荔垞門叒車問字，
（瓜牘乃陳採花子勵之別號，荔垞即賴侍講際熙之別號）。
文物如今重船來，詩書滿覺從輕棄。
群賢洛下偶相逢，倫社歡聯李杜宗，
客邸集留文酒會，講壇歸去打詩鐘。
人生行樂隨遭遇，疏食曲肱尼父趣，
夢繞鄉關夜夜心，陰成桃李株株樹。
人人海國樂堯天，回首塵寰漏縫煙，
不信桃源眞此地，池魚殃及想當然；
穿山忽鑿防空洞，列戍縱橫貫錦田；
（錦田地名位於九龍新界）
避彈短垣森櫛比，防江小艇障堤邊；
强教胡婦歸夫婿，肅勒紅巾整鐙鞭。
肆中糧糗由官賣，戰費覓籌增稅廛，
擴隊增援甲仗新，笳聲伴奏杯蛇駭。
（指試演空襲警報而言）
移民設局布新章，操往限來領證忙，
鯉門月落潮聲急，香海寒生劍氣光。
公歷歲時逢臘八，忽振軍聲嚴肅殺，
城頭彈落震春雷，島際機翔迅秋鶻。
赳赳倭軍深圳來，玉樓士女夢初回，
追奔直搗尖沙咀，倫渡先登北角隈，
田橫五百殉孤島，項羽八千關古垓，
所有洋人皆氣餒，竟無倭寇不頭抬。
浹旬港內鬪鼙鼓，鉅炮轟轟彈飛雨；
大勢棼紜治亂絲，羣情悼駭談哦虎。
萑苻竊發掠通衢，財物窮蒐及貧窶，
驚惘華洋皆難民，夜卧睽肆無寧宇。
一片降旛表服從，請成有約訂初冬，
前狼後虎何軒輊，舊恨新仇感慨同！
香港九龍分咫尺，航程百里渾相隔，
過江還似弄潮時，爭渡多於看馬客。
冷雨淒風一葉搖，江頭景物總蕭條，
欵傾岸側船多艤，零落瓊西土半焦；
瓦礫乍疑罴貨積，旌旂錯認舞衣飄。
殷商在昔何其衆，一旦黃粱醒好夢，
身懷尺璧懷懲尤，庫滿黃金憂餒凍；
劫後餘灰那忍看，雪中需炭遞誰送？

數十年前之德輔道，時干諾道猶在塡築中。

從今秩序許翻新，負販居然半玉人，
巷曲錯聲增宛轉，壚邊酒味出香醇，
香醇有酒愁難解，米價量珠無處買，
餓莩縱橫滿道途，流尸飄蕩浮江海。
藜藿簞食果何圖，大旱雲霓望復蘇，
不羨軍聲同律列，佇看政事樹蒲盧。
詎知王道功無近，況際干戈條理棄，
樂土須從苦海航，武陵未許仙源問。
道旁羣丐自號呼，力竭聲嘶淚已枯，
淮上飯韓無漂母，蘆中喚伍杳漁夫；
善堂春至花無主，醫院朝來幕有烏！
性命鴻毛誰復惜，百般求死餓寒迫，
墜樓爭效石家姬，投水紛從楚騷客。
別有攜男挈女兒，奈無鄰佽繪流離，
山頭露宿悲塗遠，道左風餐泣路岐；
日暮更遭强暴掠，轟容莫奈碎兒饑；
貧身荒谷家何在，落魄遐陬事可知；
緩脫羈羅近鄉井，又看閭里遍瘡痍。
傳來消息從窺竊，僑衆歸心增悵惘，
百計難爲口腹謀，三章易觸禽魚網。
愁城久困苦難禁，回首家園淚滿襟，
蜀魄啼殘歸未得，雲山遙滯大江深。
颯颯金風旅雁過，蹉跎歲月綫投梭，
登山那復尋孤竹，出書何容效孟軻；
柳下不卑官職小，奏庭忽訝客卿多；
淺人臂曲纓鑿帶，到處詩聲誦呂波。
武戰並行經濟戰，府中圖法須臾變，
萬千富室蹙愁眉，億兆新鈔充市面；
求勝還論百姓艱，理財先予三軍便；
心危同謂患方深，歸貲依然腹非賤。
胡賈欷歔倘滯留，回看巢覆淚交流，
心甘左衽遵耶調，頭戴南冠識楚囚。
遠隔重洋家萬里，絲魚幕燕差堪擬，
當年談笑生黃金，此日行藏同處子。
自我南來借一廛，權從捆織十餘年，
暗將冷眼窺變觸，恥運機心逐蟻羶；
展足强豪甘落後，愉懷浩劫倏空前！
春江憶昔帆張錦，三五朋儔相對飲，
芻狗紮生老氏經，滄桑一瞬盧生枕。
君不見皓月江天一鑑懸，相逢易缺本難圓，
塘西寂寞瓊筵散，依舊香爐舉掃天。

後香江曲

古阜客

煙銷落木氣蕭蕭，殘水殘山土半焦，
自揭竿旗飄旭日，卒餘傑閣發哀音。
閭閻闤闠俱零落，祇有倭兵如雀躍，
寶劍雖冠武士風，錦裘繡馬征夫樂。
樂土原來地獄開，江頭浩劫見滔洪，
政刑不減申商酷，號令還逾閻獄兇。
恃勢作威還作福，冤情紀滿南山竹，
夙知親善假心腸，時露猙獰真面目。
百萬居民雜夏夷，老羸滿繫壯流離，
衝頭影絕幻騎換，巷曲聲喧木屐兒。
木屐聲聲來復去，匿名「春日」喻香島，
可憐玉爵燕歸來，每見鵲巢鳩佔踞；
海國風光頓改觀，桃花人面無尋處。
羅豐大廈殺輝煌，大禮旗開督部堂，
座擁金冠英后像，鐵題武道大文章。
文章盛紀「皇軍」事，戰績碑踏青滿志，
自詡匡合屬橫文，尤翻縱橫歸德意。
伐罪由來重弔民，如何以力不行仁？
萬邦和協欺聾瞽，四戰橫行泣鬼神。
生殺無端還喜怒，哭聲並作家而路，
科條不必近人情，刑賞何須依法度。
窮貨如山盡入官，商民血本頓時乾，
軍鈔濫發恆沙數，稅網繁興野草殘。

轉沒簽對紛且擾，四民手足渾無措，
居然貼價效穿窬，權使司農資掩注。
（撬開各銀行中之私人藏寶箱掠取財物）
戰士算前半死生，將官幕後唯賄賂。
因糧於衆費三軍，發斂橫征嚴緝閉，

日治時代所建之「忠靈塔」今已炸毀

居貨行商抽什五，饑餐渴飲稅三分。
（當時營業溢利稅抽百分之五十飲食稅則百分之三十）
三分什五何曾足，雜賭徉煙害尤酷，
誤入迷途日以多，忍看蕩產繼相續，
理財欲學鄧山銅，止渴寧辭鴆酒毒。
從此民生日窘窮，嗷嗷四野徧哀鴻，

民財已逐硝烟散，市況何堪漏水衛？
宋帝臺荒春草綠，龍城秋晚夕陽紅，
情隣莫謂羲元妄，興締誰知鄭俠工。
戰禍災荒驚千古，饑民彷彿魚遊釜，
一衣伴價動盈千，升米值銀踰百五。
同受飢寒並脅驅，更無強抹相濡煦，
亂邦生命等沙蟲，苛政深過逾猛虎。
火熱何堪更水深，盤空鐵鳥類鷙禽，
殺機遍佈東西岸，瞬石時聞下上音；
片瓦不全非士道，雰旋風慘灑扶林；
晴空霹靂寒心膽，碧血模糊濺丈尋。
記得轟轟山撼動，幾人痛定還思痛，
嚴城刁斗不能開，故里桑榆那可種。
擊綿持難挾旅囊，投官檢疫真分忙，
詎知病份偏甘獎，故向行人强撥裝。
十日奔馳求懸敕，（當時離港回鄉者，必須檢驗及打防疫針，各種手續具備後，方得領取「歸鄉證」或「渡航證」往往留難一二月之久，而不得成行）。
百般陵辱及紅旗，專人認作生平恥，
後更資爲罔利方。幾度來鴻和去燕，
政情斗逐軍情變，任教掩耳欲鈴偷，
共奈捷音先時見；浩浩澄江水有聲，
漫漫長夜燈無電；商廛冷落車馬稀，
圜法紛紜泉貨賤，梗道不容舞海通，
鄭僑悉輟殷生便；遙聞鑿鼓震三邊，
忽訝赤旗臨四面。寒暑相推八月過，
西風狂急海揚波，轉心寸斷爲卑微，

一個難忘的聖誕節

——香港受難的回憶

黃草予

一九四一年十二月八日，日本人的第一顆炸彈丟在九龍的城南道，於是香港之戰開始了。

經過十八天的香港之戰，在一九四一年的聖誕節，日本軍隊佔領了港港。

對於香港人，我想再沒有一個日子比聖誕節那樣更有歷史意義，那樣能喚起他們那一份悲傷的回憶的了。午夜零時，當教堂爲香港一百六十萬人鳴鐘祝福的時候，便從他們的心底重新想起了一些沉痛的事情，他們想起了一九四一年那一個暗淡無光的聖誕節，靜默，淒涼佔有了這城市，夜色幽黯無光，武士道叩着這個和平都市的大門，教堂鐘聲像啜泣，這喪鐘爲香港的自由人們鎖上了枷鎖，聖誕老人哀哭着爲我們帶來新的命運。

每一個香港人都深深地記得。惡劣的遭遇開始降臨我們身上了，在武士的魔爪之下，這城市復歸於沉寂，你可以想像得到一個曾經是那麼熱鬧的城市一日變爲死城是多麼可怕，再加上偷偷的哭泣聲，武士們的皮靴碰在水門汀上的響聲和吃吃的獰笑聲，寒冷，飢餓和一連串的侮辱和損害支配着這城市和它的人民。那些不甘受凌辱的人懷着一個願望離開這個鬼魅橫行的世界，很多人在黎明之前偷上漁船開向自由的祖國去，很多人卻在機關槍的掃蕩之下沉到海底去，他們是犧牲了，爲的是要得到自由。

香港淪陷後，有一羣畫家用各種方法歷盡艱險逃出香港，當他們到達桂林的時候，香港從戰爭到淪陷後的景象在他們的回憶裏活動着，他們開始在自己的創作上表現這一動盪的大場面。香港淪陷一週年紀念日，他們的作品已經完成得差不多了，那就是中英文化協會主辦的『香港受難』畫展，當時參加的出品人有楊秋人，郁風，盛此君，溫濤等六人。他們運用若干種繪畫形式表現一個主題：香港之戰。

檢查●葉淺予作「香港的受難」之一

第二年四月，這批作品在重慶展出，出品人除原有的六人外，另加上葉淺予，丁聰，林仰崢三人的作品，全部出品共六十九件。展出的時候，陳策先生在畫展獻言中有云：『此血淚相溶之史畫也，固有別於尋常畫軸，僅供人欣賞已哉』？其評價如此。

這批忠實地描寫香港之戰的作品一半仍由作者們自珍藏，另一半卻給收藏家收購去了。

（上文接第三十七頁）

鉅掌摑鳴大勢訛，艦隊悉殲殘內亞，
軍威迭挫瞀之那。笠原島接中途島，
拱衛神京無限好，鐵騎長驅渡洛河，
函關不守無豐鎬。兵臨城下迭攻堅，
飛掃海疆如拉槁，鐵桶皇都感動搖，
彈丸香澥添煩惱；强徵少壯及工商，
故振聲威增壘傲，三國宣言白馬刑，
四强協力黃龍搗，一朝狼狽等羊牽，
滿地猢猻隨樹倒。魚貫縲縶入轅門，
沙陀兵馬復稱尊，天旋地轉湔前恥，
雨歇雲翻報夙冤。萬八倭軍同屈膝，
三千俘虜返驚魂，湖山此日歸原主，
劫火何時滌舊痕。政制改絃先幣制，
也知急務從施濟，抑平糧價救生靈，
廢棄軍鈔同廢幣；窮寇窘皇劇可憐，
邦人損失難爲計，奔狼突豕盡羈囚，
社鼠城狐咸蟄殺。爆竹喧天此一時，
僑胞重覩漢旌旗，欣知勝算歸盟國，
喜見降旛竪島夷，鑄像酬勳金萬鎰，
呼羣祝捷酒千卮。止戈一旦誰之力，
格致鑽研臻奧域，禍首天教服上刑，
儔人心遂通神識。彈投原子響蓬瀛，
宇內陰霾遽廓清，弱水此時人可渡，
香江今夜月重明；八年攘攘妖氛靖，
百感低徊驚夢醒；我效詞人詩作史，
紀將前事發吟聲。

香港淪陷記

杜惜冰

一九四一年十二月八日早晨，日本襲偷襲珍珠港行動之後，也發動了對香港的攻擊，他先用飛機轟炸啓德機場，但因手段拙劣，機場沒有炸中，却炸死了附近民房裏不少居民，接着他便從海陸兩面來包圍這英帝國在遠東最老堡壘的香港，陸上的日軍則由九龍以北的新界向九龍推進。新界的形勢像一把張開的扇子一樣，要防守住牠，在地形上有相當的困難，從沙頭角到深圳差不多有一百華里，而進攻的敵人數量又遠超過駐軍，那時防禦新界的英軍，加拿大軍和印度軍的實力，約為一萬五千人，但是孤軍作戰，短期內沒有獲得增援的希望，死一個少一個，而日軍却相反地有着廣大的後方。這猝然爆發的戰爭，使香港陷於劣勢的地位，戰爭一開始，就讓日軍取得了主動，新界的防綫在戰爭開始後就在日軍猛烈的砲火和俯衝轟炸下向後撤退，日軍則一步一步的逼近了九龍。這時大家的希望，就是能够把戰爭的時間支持得久長一些，以便等候中國方面援軍的到來。在大家這種希望中，香港政府忽然想起了當初華南戰爭時由深圳方面闖過新界來被解除武裝囚禁的我們中國孤軍，於是立刻把他們全部釋放出來，發給他們槍枝，叫他們上火線，這可以說是香港戰爭中最初的援軍。這一支有五百人的隊伍，曾經在前方進行過無數次的衝鋒，更由於地理的熟悉，作戰的英勇，使和他們並肩在一起作戰的友軍感到異常的驚佩。由於他們的英勇犧牲，才使逐步後撤的防線穩定了一個時候。但因日本第五縱隊的搗亂，和英軍作戰時缺乏勇敢的自信，以致這一個大家以為可以守上相當時間的狹長的九龍半島，在開戰後不過五天，就全部淪陷了。日本第五縱隊的活動是可驚的，當九龍英軍準備全部撤退到香港的時候，戰綫還在九龍市區以外，但第五縱隊已在九龍最高的半島酒店上扯起太陽旗來，同時不斷用手槍向下射擊。日軍從荃灣那一綫上逐漸向九龍市區逼近，在市區外面的英軍，偶然一抬頭，發現了半島酒店屋頂上的太陽旗，以為後路已經給敵人截斷了，於是在慌亂的狀態中，加拿大軍有一部份作了俘虜。在鄰近半島酒店的尖沙嘴碼頭，本來還駐留着一部英軍，和一部準備在市區裏掩護撤退的印度軍。這時大部份的英軍已絡續撤退過海了！當這一小部英軍發見半島酒店上有了太陽旗時，也就離開了九龍。最後，担任掩護退却的殿後的印度軍通過了尖沙嘴碼頭，第五縱隊就佔領了這一帶，他們獲得了英軍遺留的機關槍，不停的向裝運印軍的渡輪掃射，印軍也在船後架起機關槍向岸上掃射，雙方的機關槍閣閣地射個不停，實際上，九龍市區裏連一個日兵也沒有來到。這時香港守軍開始在山嶺上用大砲轟擊九龍倉庫了！在香港，已經能看到九龍倉庫中彈起火，以及半島酒店

日軍在北角登陸後，正越過燃燒中之銅鑼灣油庫旁。

上的太陽旗隨風飄揚。十二月十二日晚上，日軍便進據了九龍，和香港英守軍形成隔海隔峙的狀態，雙方互相用大砲猛轟。香港的砲彈確實發揮了充分的威力，一個重砲彈發射出去以後，房屋裏的玻璃窗都被震盪得響起來了，一次一次的發砲，轟擊着九龍的敵人和海外的兵艦，引起九龍市區內的瀰天大火。同時日軍的砲彈也不斷向香港飛來，香港市區裏差不多給房子佔滿，每一層房子裏都是住滿了人的，一個砲彈落在房子上，總有幾個人碰上彈片而死去。日軍的大砲起先是不斷的轟擊山頂，後來就漫無目標的濫轟了！當半山區和高山區的平時最闊氣的住宅裏的居民都紛紛搬下山來的時候，市區裏也着了砲彈了。這些砲彈有的是從兵艦上發來的海軍砲，有的是從九龍陸地上發來的小鋼砲，而以陸地上發射過來的佔多數。這時，香港已整個被包圍了。海外，沒有雄厚的艦隊可以擊退日本的海軍，陸上，日軍已經佔據了整個九龍，空中活躍的不是英國的飛機，而是日機不斷的在俯衝轟炸。波爾在香港佔香港人口百份之九十以上的中國人，只好把唯一的希望寄托在中國軍隊身上，希望他們立即開到九龍，終因日軍防守的嚴密，未能攻入九龍市內。中國軍隊既未能反攻過來，砲彈仍舊像穿梭般在香港和九龍之間亂飛着，其間雙方的砲聲也曾停頓過兩次，一次在九龍淪陷後的第一天上午十點鐘的時候，一隻插着白旗的小艇，從九龍油蔴地碼頭向香港方面直駛，起先守軍用機關槍掃射，艇上就亂揮起白旗來，等小艇在香港靠岸後，雙方的砲轟就停止了，空中也沒有俯衝的轟炸機，這一個上午是安靜的，那時正是日方要挾着港督私人秘書李氏夫人一起勸誘港督投降的時候，到小艇重返九龍後不久，砲戰立刻又開始了，這是香港拒絕投降的第一次。第二次是一個下午，時間在第一次誘和後幾天，搖着白旗的小艇，又從油蔴地碼頭向香港方面直駛過來，小艇過海以後，雙方的砲聲又停止了，一直到晚上港督拒絕了投降，才又發生了砲戰。當時香港當局的態度仍舊十分強硬，港督楊慕琦爵士曾經警告日方，如果再有「和平使者」過海來，香港將不客氣的射擊了。於是和平之門就此關閉，局勢越來越嚴重，日軍的大砲和飛機轟炸集中在銅鑼灣一帶，飛機整天不離香港上空，在黑暗衝天的區域裏轉來轉去。銅鑼灣的汽油庫發生大火了，日軍的砲彈和炸彈仍舊不停的落在這一帶，炸彈聲和砲彈聲多得難以分辨出來，爆炸聲幾乎震破了人們的耳膜。火勢隨着風向不斷的擴大，晚上，整個東區的房屋，都在火光下映照過來。清晰的機關槍聲，不停的響着，回聲使山谷唱起了共鳴，就在這樣的夜晚，大批日軍在火光下渡過了海。猛烈的砲火和轟炸，使香港守軍無法沿海邊立住腳跟，漫天的黑烟籠罩着海面，使香港的駐軍失去了目標。筲箕灣是和九龍距離最近的地方，日軍就從那邊過海登陸，逐步向銅鑼灣推進。這時香港山巔上的大砲已經轟不到逼近過來的敵

日軍佔領香港後・開始殺人。

日軍殺人所用之鍘刀，圖示受刑者正在鍘刀邊緣。

人了；於是機關槍便代替了大砲，滿山谷都響着清晰的閣閣聲，孤島的保衛戰從此進入了巷戰階段。日方的援軍，源源不斷的由九龍裝運過來，英方的坦克車也出勤在馬路上巡邏了，漫天的黑烟，籠罩着整個的銅鑼灣。防守銅鑼灣方面的英軍，作戰的不够沉着，是毋庸諱言的。有一個穿着黃色長褲的中國人，在跑馬地附近走路，英國兵突然向他開了一槍，原來他以爲穿黃色制服的日軍已經繞到英軍後方來了。馬路上架起了機關槍，晚上，一發見對面有人影，英軍立刻無目標的掃射起機關槍來。作戰的不沉着，對防禦是有相當影響的。這時日軍逐漸由銅鑼灣方面逼近過來，已經快要到跑馬地了！十二月二十四日的晚上，巷戰進行得很激烈，這一面放了一排子彈，接着那面也回了一排，幾乎全部是機關槍了，步槍聲是聽不到的，此外便是擲彈筒的聲音和小鋼砲的聲音。第二天，便是聖誕節，這天上午，日軍佔領了跑馬地，戰爭在灣仔星島日報館附近進行，這眞是一個不吉祥的聖誕節，平時的狂歡熱鬧都成爲過去的陳跡，香港居民都只好在防空洞裏渡過這黑色的聖誕日了。到了下午，砲聲忽然停止，日機也不再丟擲炸彈，機關槍也不叫了，原來香港當局這時已和日軍進行和平談判，中環有一輛掛着白旗的汽車駛到跑馬地這面的日軍司令部來，等到那輛汽車回到中環第二次再轉來的時候，香港的命運就決定了！下午六點鐘，雙方簽了字，「停止戰爭」，於是這是由英帝國統治了一百年的香港，便暫時失去了他的統治權。先後繼續了十八天的戰爭，把香港從天堂帶到了地獄，米字旗換上血腥的太陽旗以後，這平靜了百年的海島，便整個的沉落在血腥裏了。日軍在奪得香港後二天，舉行規模盛大的「入城式」，隊伍排列過無數條馬路，包括陸軍，海軍，海軍陸戰隊，一起受指揮官的檢閱。軍樂隊的喇叭吹得特別響，銅鼓也敲得特別有勁。頭上三・四十架飛機排成隊形，在低空飛過，飛過的時候，投下了大批傳單，傳單上說日軍到處，必須一律通用軍用手票，違者決嚴懲處罪。有一架飛機在九龍上空作種種技術表演，翻斗，兜圈子，玩了一大堆花樣，就在這時候，三艘小型日艦也緩緩駛入香港和九龍間的海面，船上掛滿了旗幟，算是慶祝的意思。日軍在歡天喜地興高彩烈慶祝他們的「入城式」後，士兵們放假尋樂，這些喝醉了酒的日兵，到夜半就四出尋找女人，他們二三個一起，敲打隨便那一家的門戶，門板被敲打得震天價響，日兵又在門外異樣地怪叫着，這情景確實令人膽寒。女人們躲在各處，日兵的電筒就到處亂射，給他發現了立刻被拖出去。這幾個晚上，許多女人躲得在三・四層樓的屋頂上亂跑，瓦片被踏得發出破裂的聲音，很多女人遭到了侮辱，她們有被三個日兵一起輪姦的，有幾個女人說：她們不怕炸彈和機關槍，因爲碰上了乾脆不過死去就是，她們最怕是日兵的電筒和使人膽寒的敲門聲。甚至一聽見沉重的皮鞋聲，女人們立刻就神經質地跳了起來，趕緊躲到預先設法隱藏的地方去。有些日兵很俏皮的，他在白天看見了這個房子

日本官兵環立圍觀生葬二華人一西人。

日軍任意將居民處死

裏有女人進去，晚上就一定來敲門，敲開了門以後，他的搜索也特別仔細和起勁。毫無抵抗力量的市民們，想出了一個消極的防禦辦法，每一條街每一幢房子的每一層樓，都預先商定，任何一家碰到日兵來敲門時，一面裝着不理會，另一面就敲起銅鑼或者面盆，洋油箱，以及一切能够發出聲音的東西，這一家敲了以後，那一家立刻響應，於是一家跟着一家，不久，整條街上都天翻地覆的鬧着，使來找尋女人的日兵，感到心寒而不敢肇事。馬路上被彈片擊斃的死屍，大多依舊躺在那裏，幾天來就這樣一直沒有人去理會。有幾條馬路上，日兵正在拉夫，看到有人家開了一扇門的，他們就走進去拉了男人出來，叫他帶了掃帚在馬路上掃街，因為被拉的人身份不同，馬路上就充滿了奇怪的掃街夫，有穿着短衣的，有穿着長衫的，也有穿着西裝打一條大紅領帶的，他們都順從地在日兵的指點下，低頭掃着地。某幾處地方，被日軍劃為軍事區域，禁止一切外人闖入，有一個青年男子在灣仔附近，不小心闖入了軍事區域裏，日兵奔上來當胸就是一刺刀，當那深深插進胸膛的刺刀拔出來的時候，鮮血從刺刀上不斷的流下來。那日兵招呼了兩個同伴來，很隨便的把屍體拖去了。馬路上的店舖沒有一家開門的，有許多店門上貼着倒寫的「被劫一空」的條子，一些大的店舖都給封了門，門口釘上「大日本軍陸軍管理」或「海軍管理」的牌子。日軍的「安民佈告」上雖然寫着：「保護華人財產，香港戰爭是對付白種人的戰爭」，可是許多中國人的舖都給封了，那是比較大一些的店舖，如先施，永安，大新國貨公司，五金材料行，汽車行，以及資本比較雄厚的大商行。敵人的佈告說明幾乎包括所有一切物質在內，都在統制之列，沒有經過日軍的允許，一切物品都不許自由移動或買賣，一面他便加緊搶刦搜括所有的物質，香港所有的汽車，不論是卡車，公共汽車，小汽車，都被搶走，集中在滙豐銀行附近的草地上。日軍和中國打了四年多仗，從沒有得到過這樣物質豐富的城市，在這次香港戰爭中，他們眞可說是發了一大筆橫財。同時日軍又加緊的搜捕抗日份子，日憲兵挨家搜查，發見有抗日嫌疑的，就被拖進門外的汽車裏去，可是抗日份子是捉不完的，一百六十萬居民中，那裏去找到他們呢？日軍的搜查並沒有多大效用，眞的抗日份子都給漏網了！日軍雖然佔領香港，可是他們心目中的抗日份子，連我政府官吏在內，都已經早從水路和陸路逃了出去，平安地遠離香港了。

日軍殺人之又一姿勢

香港九老團

香港在昔承平的時代，也有不少點綴昇平的韻事，到了風流雲散的今日，上了年紀的人還有津津樂道的。香港的九老團便是其中韻事之一，但是九老團除了一老還健在外，其他八老通老成凋謝了，現在還碩果僅存的一老，便是周壽臣爵士。周老矍鑠如恆，健步如飛，眞好像華嶽茂松，老而彌勁。這九老團照年齡的排列：（一）李煜堂。（二）周東生。（三）杜四端。（四）郭少鋈。（五）傅翼鵬。（六）周壽臣。（七）郭靖堂。（八）周始南。（九）李右泉。在民國廿一年時計算，他們的年齡如下：李煜堂八十四歲，周東生七十七歲，杜四端七十四歲，郭少鋈七十四歲，傅翼鵬七十三歲，周壽臣七十二歲，郭靖堂七十二歲，周始南七十二歲，李右泉七十一歲。那時年齡最長的首推李煜堂，最幼的是李右泉，子孫最多的是周東生，他有子孫八十二人，九老年齡共六百七十六歲，共有子孫三百三十人。民國二十一年十一月二十四日，謝家寶，梁士貽和李冠春，曾替九老團祝壽，謝家寶以東道主的名義書贈一聯上壽，聯文是「三子身恭逢師九老，一堂首叙慶頌千秋」。現時九老團的魯殿靈光的周壽臣已經八十八歲了，想想他老人家回想當年，九老團的盛事，或者有很多感慨罷。

第二章

政治

瑞興百貨公司
統辦環球貨品
春夏秋冬 無美不備
零沽批發價格廉宜
香港德輔道中一八七至一九五号
營業部電話三一八零零

東方之光
中華抽繡
工業領袖
SWATOW
LACE CO. LTD
HEAD OFFICE
16 PEDDER ST. HONGKONG
P O BOX 475
設廠精造
抽繡檯布
美藝手巾
絲綢內衣
晨褸睡衣
大宗批售
代客辦理
裝運出口
歷史悠久
名揚中外
SWATOW LACE CO. LTD
16 PECDER ST, TEL, 24656
汕頭花邊有限公司
香港必打街十六號 電話二四六五六

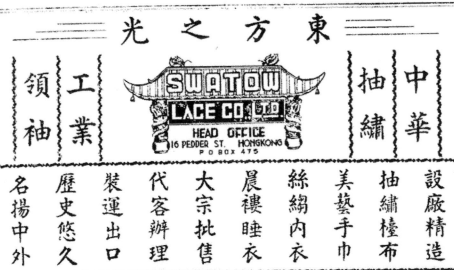

香港歷任總督

一八四一年義律（行政長官）
一八四三年砵甸乍爵士
一八四四年戴維斯爵士
一八四八年文咸（即般含）
一八五一年乍畏斯少將
一八五一年文咸爵士
一八五二年寶寧（署理）
一八五三年文咸爵士
一八五四年寶寧爵士
一八五四年金尼中校
一八五五年寶寧爵士
一八五九年金尼上校
一八五九年羅便臣爵士
一八六五年馬撒爾（署理）
一八六六年麥當奴爵士
一八七零年威菲路少將
一八七一年麥當奴爵士
一八七二年堅尼地爵士
一八七五年柯士甸（護督）
一八七六年堅尼地爵士
一八七七年軒尼斯爵士
一八八二年馬殊（護督）
一八八三年寶雲爵士
一八八五年馬殊（護督）
一八八七年金馬倫少將（護督）
一八八七年德輔爵士
一八九零年傅林明（護督）
一八九零年德輔爵士
一八九一年柏架少將（護督）
一八九一年羅便臣爵士
一八九八年布力少將（護督）
一八九八年卜力爵士
一九零二年加斯覺少將（護督）
一九零三年梅氏（護督）
一九零四年彌敦爵士
一九零六年梅氏（護督）
一九零七年彌敦爵士
一九零七年盧押准將（即魯格）
一九零九—一零年梅爵士（護督）
一九一零—一二年盧押准將
一九一二年史雲（護督）
一九一二年梅爵士
一九一三年史雲（護督）
一九一四—一九年梅爵士
一九一七—一八年史雲（護督）
一九一九—二五年史塔士爵士
一九二二年史雲（護督）
一九二五年金文泰爵士
一九二七年蕭頓（護督）
一九二八—三零年金文泰爵士
一九三零—三四年貝璐爵士
一九三五—三七年郝德傑爵士
一九三七年羅富國爵士
一九四一年岳桐中將（代督）
一九四一年楊慕琦爵士
　一九四二—六年日本佔領及英軍事政府，司令官為夏慤中將
一九四六—四七年楊慕琦爵士
一九四七年葛量洪爵士

八十年前之海軍船塢

香港立法局

蘇福祥

香港的立法局，等於英國的國會，一切法律條文的頒布，都要經過立法局的首讀，二讀和三讀通過的，任何的法案，如果不經過立法局的三讀通過，便不能够成爲法律的。除了議訂法律之外，香港政府的財政預算案也要在立法局提出通過的。立法局的英文原名是Legislative Council，大概因爲立法局的主要工作是討論法律的緣故，以前曾經翻譯成「定例局」和「議政局」，到現在，中文報紙都已把它的名字譯作「立法局」，但在若干上了年紀的中國人口中，「定例局」或「議政局」這些名稱也常常被提出。

立法局的組織可以說是一種代議制度，因爲立法局設有非官議員席，這些非官議員就是民衆代表，雖然他們是香港政府委任而不是由他們所代表的民衆公開選舉的，但他們在名義上和事實上確是民衆代表，因爲在討論通過法案和預算案的時候，他們的職責是站在民衆方面講說話的。

立法局的當然主席是現任港督，議員分有官守議員和非官議員兩種。有官守議員指定由各主要機關首長充任，都是當然議員，各機關首長職銜如下：香港總督（兼任當然主席）。陸軍司令。輔政司。律政司。財政司。華民政務司。醫務總監。工務司。非官議員都是由港督呈准殖民部大臣委任的，計分英國。中國。和葡萄牙等三個國籍的民衆代表，席位分配如次，英國籍三名，中國籍三名，葡萄牙籍一名。

不知是否根據什麼法律或不成文的法律任何法案在立法局提出首讀通過時必定獲得一致通過的，對任何法案的辯論，都是在那法案提出二讀通過時舉行的，如果二讀通過不受到障礙，三讀通過時也就再無問題的了。財政預算案的辯論也是在預算案提出二讀通過的時候才舉行的。立法局議員在辯論法案或者預算案的時候，有時候也爭持得很劇烈，不過，因爲有官守議員的席位比較非官議員的席位多，所以，任使全體非官議員對某一法案一致堅持着反對的意見，結果也不易把案推翻的。雖然他們的劇烈反對有時候可以影響到政府當局要把原案修正一下。

立法局會議議程，都是預先印好，送給各議員的。議員如有對政府提出任何質問或提案，也要預先通知立法局秘書，把質問和提案列入議程來。因此，立法局的會議，除了辯論會，不很費時間的，臨時動議如屬特殊事件，在會議席上徵得主席同意，也可以提出的，不過，臨時動議是不常有的。

現任的立法局議員名單如次：有官守議員：香港總督葛量洪爵士（主席）。輔政司麥道高，陸軍司令區士親少將，律政司祁禮芬，財政司富羅士，華民政務司杜德，工務司簡義夫，醫務總督牛頓。非官議員，關道爾，周俊年，羅文錦，廖亞利孖打，基爾斯比，周錫年，華特生。

在非官議員中，關道爾，基爾斯比和華特生這三位是英國籍居民的代表，周俊年，羅文錦，和周錫年這三位是華人代表，廖亞利孖打是葡萄牙籍的居民代表。英國籍居民代表的關道爾和基爾斯比都是這裏英國大商行的經理，華特生是一個律師。三位華人代表中，周俊年是一個殷商，羅文錦是一個有名的律師，周錫年是一位註冊西醫生。葡萄牙籍居民代表廖亞利孖打是一位大律師，但他在香港復員以後，便受僱於香港法院，做一個法官。

立法局議員這一羣，都是德高望重，而且是富有經驗的人，他們年紀雖不很老，可是他們中有七位，因爲事業的繁忙或者年齡或者其他理由禿了頭，雖然他們禿頭的程度有所差別，但是還不曾有位完全光禿的，根據我們中國人的說法，用腦過度可以造成禿頭的，立法局議員們該是常常要用腦的，禿頭也許就是勞心的結果吧？

立法局議員，包括有官守議員和非官議員，有七位是戴眼鏡的，人數恰巧和禿頭的相等，不過，戴眼鏡並不就是禿頭的那幾位，雖然禿頭的那幾位中，也有半數以上是戴眼鏡的。

蓄鬍子的立法局議員，人數却不比戴眼鏡的多。十五名有官守議員和非官議員中，祇有四位蓄鬍子的，同時，他們所蓄的鬍子式樣也各自不同。他們是：陸軍司令區士親少將，醫務總監牛頓，非官議員關道爾和基爾斯比。

議員們對於服裝的選擇，雖然各自不同，但大多數都穿洋服，差別祇在款式和質地。其中僅有兩位不穿洋服的一位是陸軍司令官區士親少將，每次出席會議都穿陸軍制服。另一位是華人代表周俊年先生，從來不曾在公共場所看見過他穿着洋服，他一向都穿着中國長袍子。

香港的法律精神

胡學青

初到香港的人們，對於香港的法律，許多都不大明瞭，由於對當地法律的不了解，他們對於有關法律的事情或問題，顯然感覺有點奇怪。

其實，香港的法律精神是根據英國法律精神的，英國法律就是所謂的「海島法律」，跟歐洲大陸的法律，有點不同，我們中國的法律，不能否認多少受到日本法律的影響，日本的法律是根據德國法律作藍本的，德國法律即所謂「大陸法律」。因爲「海島法律」和「大陸法律」精神根本有所不同，所以習慣於「大陸法律」的，對於「海島法律」，當然不免看得奇怪了。

「海島法律」和「大陸法律」的差別，最顯著的例證是：一件由法庭審訊中而未判決的案，根據「大陸法律」的精神，任何人都可以對該案發表意見，但到這案判決以後，大家再不能有說話了。但根據「海島法律」的精神，在法庭還未審訊終結之前，任何人對於該案都不能發表任何意見或批評，恐的恐怕這些批評會影響到法官對該案的見解和判決。「法律是盲目的」，還是「海島法律」的精神，換句話說，即是「法律無私」，不偏不倚。

吧！

六十年前之聖約翰禮拜堂

香港的法律精神根本就是「海島法律」精神，所以，在香港發生的任何案子，不論案情怎樣，只要在法庭尚在進行審訊中，任何人都不能加以批評或就該案的情節或案中人發表任何的意見，不然的話，他可能被起訴：「藐視法庭」的罪名。因爲這裏的法律是這樣的，所以這裏的報紙，對於任何在審訊中的案子，祇有柔照法庭審訊情形，平鋪直叙的紀載，沒有批評，這就是明白當地法律的編輯先生和新聞記者的審愼，爲的他們怕被起訴「藐視法庭」的罪名。

不過，在案子審訊終結以後，任何人都可對該案發表意見，因爲這是「海島法律」精神所容許的，在香港，情形也爲如此，祇要批評不涉及私人，不觸犯「誹謗」法條，就不會遭受限制的。香港報紙很少看得見在案子審訊終結後對該案的批評，大概也是由於過度的謹愼

香港大罷工印象記

法國安得烈・馬爾洛著

一九二五年秋天，省港大罷工之際，一位法國作家經過香港的印象。

六月二十五日，在印度洋舟中

香港這一個島，地圖上是用黑色畫的，並且畫得很顯明，她像一根門閂似的封住了珠江。沿江岸展開着灰色的一塊，那就是廣州，周圍的點子，則表示着散處四郊的鄉鎮。牠們與英國大廈的距離，祇有幾小時的路程。每天，旅客們總是注視着這顆小黑點，彷彿在期待着什麼啓示。他們開始有點不安，現在卻憂慮起來了，而且焦灼地猜度着：究竟他們生命所寄托的堡壘——這世界上最富的堡壘——行將如何防衛。

假使香港遭到了災害，早晚淪落爲小小的商埠，又假使牠簡直就此衰微了，歐洲人在中國的統治，也將被取消了。我們乘客中的一些棉花商與馬商，很清楚地懂得這一點，他們大概都在盤算着，「這事件會怎樣地影響到我的事業？」他們那一付滿腔心事的臉色，就是目前進行着的可怕鬥爭的反映；這鬥爭乃是一個混亂的，臨時組織起來的國家，反對着世界上那個最有毅力，最堅韌與最強有力的民族。…………

七月五日九點鐘，在香港灣內

我們剛剛經過了燈塔，誰都不想去睡覺。我們無論男女，都留在甲板上，喝着檸檬，威士忌酒與蘇打水。

平水望去，一排排電燈泡，用光明的點線繪出了中國菜館的輪廓。在這上面，隆起那有名的與可怕的石山，牠的下部是黑暗而深厚的，逐漸高聳到天上的星星之間，形成了圓頂，變成爲一對遠東式的浮雕，上面蒙着一層薄霧。牠不是一種側影，也不像是紙兒剪成的表面，而是一種具有深度與立體的東西，有如一個黑暗的世界。一帶電燈，（這是馬路嗎？）圍繞着那兩個浮雕的最高點，卽山頂，好像是一只項圈，遠望房屋，祇像是一簇簇極其緊接的燈光，差不多與中國菜館那個閃耀的側面的上端混和；隨着山勢的上升，牠們逐漸稀淡，一直消失在明亮的星光之中。海灣裏停泊着無數大汽船，由各層窗洞中射出來的高低不一的燈光，反映在尙未冷卻的水中，與市內電燈的倒影相混。無論在中國天空與水上的這些燈光，都不能叫人想起牠們的創造者——白人——的權力，而只能令人想到波里內西亞島上的一種景象，當某一個大節之夜，爲要紀念這些圖騰的神祇，在黑暗中散佈了許多發光蟲………

有一張昏暗的垂直的幕布，打我們的面前經過，牠遮蓋了一切，除了單絃的月琴聲外，再聽不到其他的聲音，這是一艘中國沙船。空氣是溫暖的，而且是那樣的平靜……

燈光閃爍的大地，突然間不向我們面前奔來了。船已經停了。開始下錨，發出一陣鐵鍊聲動的響聲。明晨七時，警察要上前來檢查。目前誰都不准登岸。

香港，次日早晨

船上水手把我們的行李搬上公司的小汽輪。沒有一個苦力來兜攬生意。我們在平滑的水面上前進，一點沒有搖動。突然間，當我們的小船繞過一個小小的尖端，商業區域出現在我們的眼前了。沿碼頭有許多高大的建築，有一艘從倫敦或漢堡來的郵船。小汽輪停靠在車站附近的碼頭上，這是廣九鐵路的終點。

仍然沒有苦力。據說輪船公司曾經請求各個歐洲人開的旅館遣派搬運夫來，一個搬夫也沒有。旅客們在水兵的幫助之下，自己已搬運行李到岸上來，費了很大的力氣。

現在我是在碼頭上了。那是寂寞荒涼的，連一個人影兒都沒有。我從一條寬廣的馬路上走去，看來似乎可以走到市中心去的。房屋的建築是一半法蘭達式與一半現代式的：三角形的屋頂與三合土的平頂相互地錯綜着。八層樓的房屋夾成好幾條窄狹的街道，在那些街道的盡頭，乃是些長老會的圓頂禮拜堂，還叫人想起倫敦的聖保羅教堂來。上面，到處都能望見石山與絕頂的叢綠。地面極軟，人們的靴子走過，並無聲息。

那裏沒有住宅，而祇有銀行，公司——公司——公司……貼着廣告的牌子。在這一切的上面、中國的尖削的山，又在靜寂中圍住了我們。全市也許染上了某種疫病吧……這是一座廢棄的城市了，被一種夜的靜寂所統治着。不過她還不像是荒蕪，而更像是受到了極大的災難。這是一架脫了齒輪的大機器。

在那准許停歇汽車與人力車的揭示牌底下，沒有一輛車子，一個英國兵穿過馬路。在我的後面，一個穿木屐的中國人在走路，發出滴搭的聲音，似乎有意要加強靜寂的情調。

在香港旅館裏，入口的過道沒有一個人。揿了幾處電鈴之後，一個英國僕人來了，看他的神氣很疲倦，睡眼惺忪，他開始一句也不懂我的話。後來又來了一個安南的侍者。這些安南的侍者，乃是香港政府爲要對付罷工，請安南政府派遣來的，不過不久的將來，他們一定會參加罷工的，這位安南侍者努力想引到我定下的房間裏去，但是迷失了道路，後來還是我自己發現了，將行李放好，我又出來了。

我打雲咸街走上山去，那條路是狹窄而削陡的。在此地，開始可以看到道地的中國風光：歌妓穿着極簡單的衣服，因爲時間還太早，歐亞混血種的姑娘們正要走到大學裏去聽講，身穿白色的上衫，短頭髮，鼻架牛角眼鏡。沒有男人。各家新聞紙的印刷所是空無所有。一陣濃郁的水仙香，從花市場中傳出來。這時我從窗口望進去，看見一羣神采煥發的人，大家都一動也不動地讀着門上貼着的罷工佈告。南華早報館的鐵邊攔着印字的架子，但是沒有一個人在那上面工作。在對面的許多古玩店裏，有很多古怪的東西，不過店裏是黑暗的，因爲電燈已經拆去了。到處都能見到漢朝的大花瓶，不過一個顧客也沒有，人們已經沒有玩古董的心情了。

此地是大街。市廛正處在山與海之間，一面是靠山建屋，另一面是臨海建屋。一切從碼頭到山頂去的馬路，都橫越過這條大道。本來此地是全島活動的中心，但在今天，連此地都是寂靜荒涼的。一對對穿童子軍服裝的英國義勇兵，很密切聯絡着，偵探着，有如警探，他們正要到小菜場去分配蔬菜或肉食。遠遠地，人們可以聽到木屐走路的聲音。看不到白色的婦人。看不到摩托車。

中午

午飯不開。昨天才從安南來的侍者，人數太少，要侍候港內輪船上來的所有旅客，還嫌不够。有人勸我到酒排間吃飯，酒排間離此不遠，但是去也沒用，因爲老闆是中國人，酒排間關着。

我本來可以到船上去吃飯的。但是那隻小汽艇已經開跑了，而這裏可沒有別的小船。幾天以來，老是恐懼着電氣供給的斷絕。假使風扇一停止，那末白種人簡直是無法生存下去了。時間還沒有到正午，但是炎熱已經叫人幾乎睡着不能醒了。幸有歐洲人組成的志願軍在電氣廠做工，才算除去了這個危險，到處都可以看見上下亂跑的旅客，他們在尋找房間，徬徨着，忙碌得有如跳蚤，手裏拿着皮包或頭盔，用手巾揩拭前額，向後梳掠頭髮，頭髮早已給汗水濕透了。我們來到時的一陣大喧鬧已經平靜，現在，說起來很奇怪，鬧聲簡直完全停住了；這些人穿着熱帶地方的白衣，在那些行李上透出來的刺鼻的牛皮氣息中，靜靜地走來走去。孩子還是在哭。靠近我，有一個從安南來的法國人，他因罷工之故，在此已逗留了三日，開始來同我講話。市上的情形，與旅館裏的一樣糟。在這樣天氣下，一個人祇要稍稍從事一下體力的勞動，馬上就會渾身大汗的；但是無論男的或女的歐洲人，却被迫着去做那最下等的勞動。所有那些隸屬於某一俱樂部的人們，因僕人缺乏，俱樂部完全解體，不得不到酒店飯店裏去用膳。據我所見，差不多所有英國人開的店子全關了門。很少的幾家，似乎已經閉而復開了，僱用着歐亞混血兒或從上海來的白俄。

一位名叫克那因的德國人，似乎與罷工組織有關，他向我談起這裏罷工的情形：

「呀，老朋友，這是一個好景象……你今天早晨到了之後，看見過街道上的情形嗎？他們不壞吧？嚇．簡直是很有趣的。不過，這不算什麼，老朋友，這算不得什麼，要眞正能懂得牠，設必須從內骨子裏去看。」

「那末你從內骨子裏看到些什麼呢？」

「呀！那眞是無奇不有！你且看貨物的價格吧。去年要值五千塊錢的房子，今年祇能賣一千五百元了。就是這樣的價錢，也還是很難賣掉，這種房屋的價格，並不是沒有意義的，這一點，你總該知道的吧。再則，還有那些商店，假使他們在目前還沒有關完，那可並不是因爲他們還有錢，可以付職員的薪水，這一點你總也可相信的。這是因爲有銀行可以通融呀，老朋友，這是因爲銀行奉到了命令，不得不借貸給他們。這當然會使銀行蒙受損失的，如果你想證實一下：究竟他們的情形如何，那你不妨到這些大鋪子，例如到惠羅公司，淹甸公司或耶魯公司去買一只鉛筆刨，或粉刷好了。所有這些紳士們，都會唯恐不及地趕過來侍候你。那裏也許會有三個人過來給你包紮你所買好的東西，哈哈，他們現在是有空時間了。……而且知道怎樣去利用這些閒暇。屠夫，水菓店員，輪船上的裝貨員，都是志願軍充任的……看見麥金朵公司，經理的肩上揹着一支步槍，倒是很賞心悅目的。他的身上穿着皮外套並不覺得舒服，因爲現在還有一種新鮮的味道；不過在兩禮拜以後……

香港之夜

六點鐘。在碼頭上，光輝已經從天際消失……

香港之高等法庭及其面前之維多利亞女皇像

……在對面，即在九龍，有二十幾個烟囱，望去似乎是死的，但其中有幾個却開始懶洋洋地以一縷輕烟，在清爽的大空散佈黑氣了。兩隻公事汽船（都是由海軍駕駛的）一來一往地在囱的面前慢慢地行着。沿着碼頭，泊了許多無人看管，的艙板，一動也不動，而龐大的汽船，彷彿永遠要在海灣裏停泊的了。

上了船，佔了艙位之後，我就跑到甲板上去。船開了，斜倚在椅子裏，我在暮色蒼茫中回看着香港，她的燈光在逐漸地亮起來……漸漸地，那座石山的燈火，開始像一套不動的大焰火的中心，不過還是暗淡的，同時天上的大星，也還是白色的，天空則很快地在變換顏色。

現在我所能看見的香港島的全部，只是由一串閃爍的光點所締成的一個側影，這些光點在幽黑的大空中，無力地縮小着。巨大的廣告字浮現在房屋的上面，這都是英國大公司的廣告，在一個月以前，這些燦爛的光明的電球曾經照耀着全市的。可是現在因爲電氣太寶貴了，不能作爲廣告之用。他們那光亮的顏色已經消逝在黑暗中了。機器業已生了銹，而且脫了齒輪。在一個突變之後，他們的地位將被中國山上的頹垣殘壁所代替，遍地泥濘，復點綴着塊塊衰草，牠將消失在蜂擁着蚊蟲的夜裏，這地方將如牠在三千年以前的情景一樣。聰敏的蛀木蟲，就這地樣使這水浸的島國回返蒙昧狀態，留着牠富麗堂皇的外觀，但使那輝煌過的財富的象徵，（現在已變成巨大的黑招牌，）再不能滿天照耀了……

（梵希節譯自『征服者』）

「太平紳士」的由來

潘孔言

香港太平紳士，其職責爲傳達民意，及協助港政府維持治安，在非常時期，尤爲港政府所倚重，如第一次全港大罷工時，檢查郵電，檢查報紙新聞等工作，皆由太平紳士担任，此外，根據一八八六年香港保守治安則例，太平紳士更有極大權威，有權解散在街上聚衆滋擾之人，指揮街上任何人協助維持治安，不聽命者得拘控判監三個月，他更有權自由入屋拘拿嫌疑人犯，不過，此權力僅限於非常時期使用。

一九〇八年，港督盧押，因爲維持香港治安，宣佈此則例，賦予太平紳士上述各項權力，是年因爲「二辰丸」案，中國各地抵制日貨，香港華人尤其熱心，傳賣日貨商人，都受羣衆制裁，或投石毁其貨棚，或奪取日貨而焚之，甚至拘拿店伴，施以割耳懲罰，更有「敢死會」之組織，到處制裁售賣日貨者，西環海旁有兩貨倉，存有大量日貨，致被敢死隊包圍，勢將衝入搗毀，旋有大隊警差到場彈壓，始得無事，警差因彈壓羣衆，而致於放槍傷人，港督甚至調動陸軍入市，協助警察維持治安，但是羣情洶湧，無法禁制，敢死會依然四出活動，受割耳刑者日有所聞，日本僑民，更匿不敢出，日領事迭向港政府交涉，要求作有效制止，港督盧押因此宣佈一八八六年香港保守治安條例。賦予太平紳士以協助維持治安之權，并禁止罷市及妨害貿易等事，其佈告全文如下：

大英欽命總督香港新界等處地方提督軍務水師提督軍門佩帶二等寶星盧，爲出示曉諭，照得日來本港暴動之事，屢見迭出，實屬大礙地方治安，查一千八百八十六年第十條保守治安則例第六款內載，香港總督會同議政局因防有礙本港治安，可將本例佈告頒行等語，現本部堂特會同議政局議定施行該例，以懲不法，而期安謐，合行出示曉諭，并將要義摘出佈告闔港商民諸色人等知悉，自出示後，凡屬本港各處均一律照下列例項施行，各宜凜遵，切切特示。

計開：

（一）凡本港太平紳士見有擾亂之事出現，可飭令附近之人協同平亂，拘拿犯人，以保治安，倘無故而不允助力者，監禁三月。

（二）太平紳士見有聚衆擾亂之事須先曉以例禁，着其卽行解散，不聽則拘之於案，監禁三月。

（三）除日用手作器具外，凡一切軍械刀劍等類均不准携帶收藏，倘有違犯者，監禁六月。

（四）滋擾治安携藏軍械之人除處以別種刑罰之外，兼可判以鞭笞之刑。

（五）太平紳士可以自已或飭令差役人等入屋拘捕嫌疑滋事之人，并搜查軍械。

（六）倘有聯同罷市或禁嚇舖戶貿易阻礙搬運貨物，或阻人購買貨物，則拘控罰銀五十元，或監禁三月，或監禁罰欵兼行。

（七）倘緝捕查出犯例擾亂治安之人，報由督憲會同議政局不分其曾否入英籍，將其遞解出境。」

香港的「大車」

達源

「大車」是香港警察專用來拘捕小販的一種車輛。假如你從中環街市一帶熱鬧的地方走過，你便會時常看見很多小販，賣蔬菜的，賣雞蛋的，賣麵包的，賣花生的，賣糖果的，突然聞到一「大車」來了的叫呼聲，便是像戰時逃避敵機轟炸一樣，四散奔竄躲避。有些連擺在地上的貨品，也來不及收拾，便溜之大吉了。過了一會，一架巨型的貨車駛來了，還沒有停定，警察便從車上蜂擁的跳下來，追逐拘捕那些賣東西的男女老少，不幸給被抓着的販子，任你號啕求情，啼啼哭哭，警察也落不動容。因爲他們奉命執行職務，不能夠隨便徇情的，結果呢，男的女的，老的幼的，統統都要連同自已的貨物，一齊被捕上車，車上時常都是滿載的，載回警署落案。所以，小販們萬一走避不及，不幸而坐上「大車」，那麼，一定要準備好三四十元，才能夠保釋出來。而所有的貨物，如果是食物，一定照例充公。沒有衛生局許可擅自製出來的食品，警察當局認爲是有碍衛生，當然是不發還的；就算可以發還啦，食品經過隔宿之後，怎麼能夠賣錢呢？

當「大車」突然而來，警察先生們分頭追捕。這個時候，小販們亂竄逃避，手足無措的緊張情形，恐怕比老鼠碰着貓兒更爲慌張了。但是，小販們一經被捉上了「大車」之後，人人便曉得自已的命運業已註定了。身邊帶有銀錢的，還可以滿不在乎；假如所有的錢不够作爲保欵的話，也就輾轉拜託熟人，轉告他的親屬或朋友趕着便帶錢去保釋。這時，他們唯一的希望，就是希望保欵不會太高，那麼雖遭「不幸」，也算是幸了。故此，香港小販對於「大車」的恐懼，實在是非筆墨可以形容的。（參看五十六頁、警察的勤務」插圖。）

香港陪審員的制度

高峰

英國是個極講究法治的國家，司法制度為世界各國所推崇。香港的司法行政自然是秉承英國司法制度來辦理。但因為地方上情形各有差異，為適應環境的需要，這裏的司法行政自然和在倫敦施行的有多少差異地方。

舉例如陪審員條例，香港法庭所規定的陪審員人數和英國法庭的就不是一致，在英國審訊的案件，其中犯人可以判處死刑的，則規定要有陪審員不少過十二人，香港法庭所規定的為七人，關於上述陪審員人數問題，戰前許多年以前香港的法律界人士曾經主張效法英國法庭的制度。他們的理由認為香港最初規定的陪審員人數較諸英國為少者，自然是因為香港懂得英語的人不多，所以陪審員人數不能規定太多，例如一八六四年時，香港陪審員名冊裏祇得二十三人。但到一九二七年已增加到數百人，當時法律界人士因此就以為有審案時將陪審員人數增加至十二人之必要，俾與英國法律一致。不過到目前為止，香港仍然是採取七人制度。

香港陪審員制度和英國的還有一些未能一致的地方。考香港陪審員初期的條例，規定陪審員在陪審案件未完期內，陪審員不能自由行為。到了一八六八年那年，有兩人被控謀殺，審訊終日仍未能了結，要押候到第二天才繼續審訊，該案的陪審員均想自行返家休息，被告律師雖然不加反對，可是譚法官反對，他要引用一八六四年條例，要派員把陪審員監視，結果各陪審員在法庭警察員監視下在一個酒店居住一晚，好把陪審員和外界隔開，免受到別人意見的影響，當時所行的制度，係與英國一致，後來香港改變了這種陪審辦法，准許陪審員在案件未完時自由行動，這種改變辦法，十年前已經為西報輿論提出討論，認為有回復效法英國的必要。

關於陪審員人數問題，到去年曾經一度修訂。考一八八七年陪審員條例，在審判刑事案件時要有陪審員五名以上一致之意見為意見，而在案情重大被告可被判死刑時，則七個陪審員的意見，必須一致，該條例又規定：陪審員中有一人或二名因死亡，或患病，或有特別原因不能出庭時，不能繼續審訊，而須另選陪審員七名將案重新開審，上述三種情形，都加以修改，即是凡遇有一名或二名陪審員經法庭准免予到庭時，則法官亦可繼續審訊，又遇一陪審員缺席時，該案即屬可處極刑之案件，如有六個陪審員亦可審判，這些修改，自然是因為時間的經濟和人力的節省。

戰後香港的法庭比戰前忙得加倍。登記陪審員人數不足以應實際上的需要，女性担任陪審員的制度就在去年底產生。在另一個角度看來，婦女在社會的地位因此而提高不鮮。婦女去登記為陪審員的，一呼就有一千七百名以上，但直至到現在，她們的名字雖然經由憲報發表，可是還沒一人奉命出庭。

關於做陪審員的資格，很是簡單。第一要你懂聽英語。年齡在廿一歲至六十歲。第二要你心身健全，非聾非啞，此外就沒有甚麼特別資格了。所謂懂聽英語的懂聽到什麼田地呢？就是要你懂得法官向陪審員申述案情綱要，證人的口供，和律師的辯論，當然這種程度已經不是容易，不過他們自己審度能够有這些程度的話你就要向高級法庭申請担當陪審員義務，毋容經過任何考試的，假如你有這種程度而不申報的話，可罰你一百元以下罰欵。又假如你被傳到庭而不到或遲到的，法庭也得向你罰欵。

做陪審員的出庭時究竟要穿什麼衣服呢？法律沒有規定。記得高等法院長白樂高爵士對女陪審員廣播說過，謂有人問關於女陪審員應該穿什麼衣服到庭，他說他並非服裝專家，但女陪審員的衣服，毋須至如參加出殯時之樸素，亦毋容至如參加婚禮時之華麗。白爵士又謂，女陪審員可以自由戴帽（男的當然不能），但切莫因做陪審員而要求丈夫買一件新帽。

女陪審員的資格當然和男的一樣要懂英語，白爵士說過，如果她們能够懂得他在去年十月十八日晚在本港ZBW電台對女陪審員的廣播詞，那就算有資格了。否則就要馬上申請免役（對已登記者而言）。

免役陪審員的，法律規定有幾種人：（甲）英國政府官吏（乙）報館的編輯和職員。（丙）外國政府駐港機關官員而非營業者。（丁）現任大律師和書記。（戊）註冊醫生。（己）在職化學師，配藥師。（庚）正式教會的傳道士。（辛）本港漢文學校以外，任何學校之教員及香港大學之教授，講師及其他職員。（壬）軍人包括海陸義勇軍人。（癸）船主及本港領港人。

「報窮」的手續

一色

經營商業當然是希望賺錢，不過有時却會虧本的，許多人到這時候因不明本港法例便一走了之，這樣情形便成爲一個虧空者，按照法律，債權人是可以請求香港政府下通緝令的。

香港有一條報窮的法例，無論何人經營商業虧折，或欠着別人的債項，無力償還，但立心確是沒有瞞騙他人的，那麼便可將個人或公司的貨物財產，全盤的數目，自行或由律師或核數師呈遞香港政府報窮署報窮，這樣便不必出於逃亡那一着了。

報窮署接到報窮人的稟章後，便着手整理報窮人的財產，將財產攤還那些債權人，債權人是無法異議的。同時債權人如果知到欠債者有不穩妥的情形時，亦可呈遞稟章於報窮署，請求欠債人根據法例報窮而還欵的。

且將有關報窮的法例搜集如下，以供參攷：

「財產處理」先將所欠香港政府和報窮署的費用扣除外，所餘的欵項，照下列次序扣除：

（一）扣除發通告時所欠香港政府的債項，而那些債項爲十二個月內應交的。

（二）扣除由批准報窮之日，前四個月所欠書記及僕人的薪金，而總數却在三百元以內的。

數十年前之省港輪碼頭停泊者爲「河南」輪

（三）扣除由批准報窮之日，前四個月欠工金，如每工金或每件工程的工金，總數在一百元以內的。

（四）扣除已收學徒的學費。

以上俱是依次序實數扣除，如財產不敷的時候，則依其數目伸算多寡而分別扣除。

「業主查封」凡欠債人有欠到業主租項的時候，無論於報窮的前後，皆可將鋪屋查封。但在欠債人報窮才查的的，則所封的月數，規定不能多過六個月。

「不得沒收」下列欠債人的財物不能沒收：（一）凡財產屬於信托者不能沒收。（二）凡報窮後，生意的用具，和本人與家屬日用所需的衣物床鋪等，其所值不過一百元的，不得沒收。

「貨物停運」凡已入稟章報窮，欠債人非得到報窮署命令，如有將價值二十五元以上的貨物搬運者，香港政府可將報窮人扣留查辦。

「扣留查辦」凡報窮者不遵命到法庭詢問，而沒有充份理由的，則可將報窮人扣留查辦。不過凡欲將欠債人扣留，而事前未發給報窮通告的，却不得將欠債人扣留。

虐待牲畜有罪

樂天

香港對於生物的保護，素稱注意，凡是牲畜，都不能虐待，否則就加以處罰，立法局通過有嚴禁虐待牲畜的條例，包括飛禽走獸家畜，宰殺割屠可隨時爲之，但虐待酷刑，則加禁止，警察人員對於此例之執行頗爲認眞，如有所見，即加逮捕，送官判罰。

一般居民最易觸犯禁例的，就是從街市方面購得雞鴨後，在歸家途中，往往漫不經意的，爲着手持便利的關係，把牠倒吊執着，如果給警察看見，就認爲這是虐待的一例，馬上把倒持雞鴨者拘回警署，科以罰金。如雞鴨由內地運來，用籮裝載，須實容適體，否則，如果把百數十頭雞鴨，塞在一個籮裏，擁擠不堪，有如沙甸魚一般，那麼，籠裏雞鴨，感到極不舒適，便彼此擠迫，至易發生死亡，如被警察發覺，也是違例。老鼠，本來是害人的動物，偷竊食物，嚙破衣物，還算小事，至若黑死病，便是老鼠所傳染，患者死亡甚速，傳染亦至易，五十年前，本港鼠疫流行，死人無數，衛生當局除積極爲市民注射防疫針外，並爲澈底撲滅起見，乃發出佈告，獎勵捕鼠，且强迫市民合作，經過相當時間，捕獲鼠子無算，鼠疫終告消滅，但鼠疫的恐怖，已爲一般人所稔知，及今思之，具有談虎色變之槪，直至現在，衛生當局爲着市民的健康，深恐鼠疫再有發生，故對於捕鼠一事，依然努力不懈，由政府製造大批捕鼠器，分發店戶應用，並在各街道燈柱懸掛鼠箱，內儲消毒藥水，凡居民捕獲鼠子，將其處死後，即投入鼠箱，每日由潔淨局派工清除。可是，禁止虐待牲畜條例，鼠子也在其列，故在港捕鼠殺鼠，只能用王道，不能用霸道，這就是只可以用籠捕或器捕，用藥物毒殺或擊斃，決不能用殘酷的手段來殺害，否則與虐待雞鴨同樣有被罰款可能，就在去年，九龍有一商店，捕得鼠子一頭，由店伴把火水澆在鼠身，然後縱火焚燒。那隻老鼠在火焰灼炙下，痛楚萬分，輾轉慘死街頭，詎料這一幕焚鼠劇給一個英籍警察看見，認爲這是有悖人道，殘殺鼠子，對於虐畜法律有所牴觸，乃將該店伴控於法庭，結果判罰五元，這可見英國人重視保護一切生物，恩及禽獸，雖一鼠子，亦在禁虐之例。

警士無權毆人

止水

不久之前報載筲箕灣警署一六號華警麥惠琛，被筲箕灣大街一零七號三樓住客譚新泉控訴毆打罪，結果官判麥氏罰金二十元，或入獄兩個月之處分，港例警察執行職務，本無毆人之權，對犯法者祇能予以拘捕，控之於案，處分之權，操諸法官，而不在於警士，警士毆人，實屬違法，其理甚明。一九一八年七月三十日，亦曾有同樣事件發生，當年出入口署緝私帮辦遮衣威路，被李煜堂之孫李煥才控訴毆打罪，威氏延貸臣律師爲辯護，法官卒以帮辦無權毆人，判罰一百元，罰款雖微，亦足示儆。

養狗的規例

一色

戰後的香港，居民對於養狗已成爲一種時髦的風尙，可是許多人多不明本港的法例，常遭受警察的干涉或拘罰，筆者特搜集關於本港蓄犬的法例，以供養狗的居民參考：

（一）蓄犬須往警局領牌，但新界不在此例，牌費每年牝犬六元，牡犬三元，每年以十二月底爲期。

（二）如屬看守種植之犬，呈上警局察驗，得警局之許可，可免領牌照。

（三）凡領牌時，警局所發之銅質號碼一個，須常懸犬頸帶上，否則定爲警察捉去，或槍斃。如遺失牌照，須要補領，補領費則收回一元。

（四）非領得入口之許可證，不得携犬到港。

（五）凡携犬附輪來港，如船主見有獸醫官發給「犬禁」許可證，方准搭客携犬登岸。

（六）凡入「犬禁」時期，犬主須每日每頭繳納給食費一毛，如過期十五日不交者，則將該犬發售，犬主不得追究。

（七）凡在香港，九龍，及新九龍，蓄犬者每日在下午十時至翌晨六時內，不得放犬出外遊行，否則遭警察之槍斃。

（八）凡携犬過境，須領執照，因華界附近，時有狂犬發現，如犬主欲由小輪或汽車携犬入新界，或由新界携犬至本港各處者，須先向獸醫處領取執照。

（九）凡港府頒行示諭，於瘋犬病發生時期，犬主如放犬出外，須帶咀套，或用練繩拖引，否則控罰不貸。

種族歧視的辯論

潘孔言

香港早年，中外居民，頗存種族歧視的觀念，直至現在，此種觀念，依然未能根絕。當年竟有公然倡議電車和公園另設西人座位，不許華人進入者，此迫與上海租界公園「狗與華人不許入內」的禁條，同一使人氣憤也。此種倡議，雖祇發現於當日之西報，而未見諸於實行，但由此可見當日西人心目中視華人爲如何矣！

倡是議者自認爲美國人，其後致函西報駁論者則爲蘇格蘭人，但勿論其爲美國人或爲蘇格蘭人，此種倡議，皆爲其平日歧視華人之心理所造成，則無可否認者矣。

此爲一九〇八年事，是年九月二十六日，有兩名自認爲美國人者投函英文南華早報，其大意謂，港政府治理地方，未甚合宜，以公共場所，充滿不潔淨之華人，西人咸欲避之而不可得，當宜於電車及公園等處，另設西人座位，禁止華人混入，以分別中西界限，庶可免與不潔華人接近等語。此函發出後，全港華人譁然，認此爲種族歧視謬見，有華商李惠霖者，致函痛斥之，原函云：「逕啓者：貴報十九二十兩日所登自認爲美人之投函，立論荒謬已極，不得不詢而闢之，近日有一種外國人，初到中國未久，即忘却其本來天良，奇想百出，自高自傲，當其未離祖國前，家中一切雜務如刷鞋掃地，洗滌碗碟等工作，多自料理，不以此爲賤役而不肯爲，及到中國後，不及數月，則氣象頓更，妄自尊大，余料投函貴報之美人殆其類矣，此二君者，竟忘其在中國毫無所益，此等西人，華人皆欲其速去，即上流歐美人亦不欲親之，蓋中西士商，交誼甚洽，西商則每欲設法使益加親睦，而每爲此等所離間，此等人直可使被視爲下流的華人起排外之思想也。吾請問此二君，假如盡屏華人於香港之外，二君能挽回香港之地位否？蓋香港繁榮多賴華人之力也，彼若憎惡華人欲避之而不能，何不另圖他處以避之，此二君欲盡將華人黜之於下流之列，方以爲快，幸本港在英國管治之下，凡屬有智識的華人，俱知英例一視同人，至公無私，本港進步，多征之於華人，此二君倡議禁華人入公園，劃分中西界限，直無異將華人自行出資購來的權益而剝奪之耳，吾忠告二君愼思之，毋再爲此謬言也。再者，前有毀謗華人者，華人雖鄙之而緘默不言，近日中國民智日開，有毀之者必不容已也。」

此函在南華早報發表後，越數日，又有署名蘇格蘭人者復函，强詞置辯喋喋不休，函云：「閱李惠霖復函，語近閃鑠，查自開闢香港以來，至有今日者，皆英人之功也，吾是指全國人而言，非指個人而言，吾請李君直接答復，不可支吾其詞，英國商人開闢香港之功何等偉大，英海陸軍對於香港，其功之高又若何，英人輸納之賦稅，香港防備之費多半賴之，功又若何，李君之函，以英國因運鴉片入中國戰勝而得香港，引以爲恥，然則非此之戰，香港何得爲英屬乎？況鴉片與中國決戰之事，以爲可恥者，只英國國內一少部份之人而已。至於李君贊譽華人好善之德，然則英京輪船沉沒，（按是年大風，省港輪英京號沉沒，英人船主遇難）船主溺斃，華人船東何不捐二百元以恤其家屬，好善者固如是乎？前函並無攻擊華人字樣，李惠霖祈細察之。」（下署名蘇格蘭人）

此函發表後，更引起李君的興趣，復致函申駁之，函云：「蘇格蘭人之信，殊欠情理，蓋吾人各有意見，各可抒發自己意見，不能强人意見如是，他人未必如是，況亦與現在所研究之中西界限，問題相離太遠，蘇格蘭人之意見雖如此，我華人之意見，未必能爲其所移也。伊欲分請英人之功若何，華人之功若何，此可聽之，吾人應置不理，英國商務對於發展香港之功績，吾人亦極羨慕之，以其有裨於華人也。然華人的金錢爲其取去者，已不知多少矣，蘇格蘭人其亦思之乎？不有華人的工商及華人的資財，則英國商務又何能若是其發達，蘇格蘭人更有誤會者，英京輪沉沒之事，伊並未查確，便竟以該輪之船東爲不是，迨吾細查，方知英京輪並無投買燕梳，船東損失約值十四萬元，而該船主之喪費及身後一切，船東仍力任之，約費二百元，蘇格蘭人之所望亦僅二百元耳，則亦應足於心也，該船東此舉不欲使人知之，故無發表，不若蘇格蘭人之欲使人之皆知也。」

以上雖爲一個蘇格蘭人之意見，但實亦可代表當時各西人之意見，觀於此，可見當時香港種族歧觀之觀念爲如何矣。

英國人稱夷之辯

東印度公司與清政府交涉文件

蘇福祥

香港在一百多年前脫離了中國的版圖，改豎了米字旗，成爲了英國皇家殖民地，就是鴉片戰爭的結果。鴉片戰爭的促成，是由於英商東印度公司要求通商。所以，談到作爲英國殖民地的香港底歷史，卻不能不追溯到英國東印度公司。

東印度公司在滿清光緒年間便開始對華通商了。他們最初的目的當然在於貿易，如果清代的官員不是夜郎自大，故步自封，而能够運用機智，好好的應付那些外國商人，斷不致招致了那結果要大吃虧的戰爭。

清朝的不鮮明和不完善的外交，顯然招致了許多壞的影響。官員們完全抱着閉關自守的態度，根本不大認識外國的國情，每每把最小的事化成做大的事，結果把事情完全弄僵了。單就滿清官員和東印度公司負責人關於稱呼問題的交涉，可以窺見當時的官員對於外國的認識是怎樣的缺乏，雖然這交涉充份的表現出雙方的固執和自大。

清道光十二年，東印度公司胡夏米與上海道來往的公文，曾經爲了「夷」字的稱謂，發生了許多的糾葛，公文往返，辯論不休。這些已成歷史陳跡的照會公文，照理無從查考，但英國牛詩大學波德利安圖書館還保存着。這些公文可以說是中國與英國交換外交文件的濫觴。這些公文，在今日看來，頗堪發噱。

東印度公司胡夏米上蘇松太道書

『英吉利船主謹上書蘇松太道大人，現已領到批示文書。惟該文書未有印，亦未載有合體之言……大英帝國終不是夷國，乃係外國，其偉大之權威，與遼闊幅員，普天下無國足以駕而上之，吾人至此，不過通商，使彼此均獲利而已，現吾人欲往上海……敬求賴報兩江總督大人……』

蘇松太道回書

『……南方謂之蠻，東方謂之夷，西方謂之戎，北方謂之狄。中國古聖人之書，固已明言之，自始至今，皆用如此稱呼，不能更改！況舜與文王皆中國之大聖人，孟子尙言舜東夷之人，文王西夷之人也。有何不合體之意義？無庸多疑可也……』

胡夏米再上蘇松太道書

『大英國船主敬悉貴國稱東方外國人爲夷，惟以此稱大英國人民，仍未安。試言其理由：（一）貴國古人稱朝鮮爲東夷，今英吉利人民之本地，則在貴國之西方，非東方也。（二）大英國之屬土方向則在貴國之東西南北各方，並非僅東方。（三）貴國全典卷十一載苗羌蠻猺等之居於中國者與夷人同，蘇東坡有言曰：『夷狄不可以中國之治治之也，譬曰禽獸然，求其大治，必至於大亂，文王知其然，是故以不治治之。』由此觀之，稱爲夷人，即蠻貊而已矣。倘必以大英人民爲夷人，是乃凌辱大英國之體面，觸犯大英國人民，必致激怒成仇也。』

夜間通行證

絡

六十年前的香港，還沒有成爲一個繁盛的都會，僑居島上的人民，不及今天十分之一，警察的設備，也不算得完善，所以鄰近廣東的宵小們，大多以香港作逃逋地，那些不能在內地立足的強盜們，也都跑這裏來，於是港島的治安，常常被他們破壞了。香港治安當局，爲了維持夜間治安寧秩序的原故，便有居民夜行條例的頒發，每晚九點鐘以後，居民們到戶外去，必須要隨身携帶通行證，以備警察們檢查，這種通行證，當時的華人叫做「街紙」，同時也須要携備燈籠，不然的話，「綠衣」（即警察，現在也有人叫警署做綠衣樓的）可以加以拘捕，予以起訴，當年晚上一交九時，便入半戒嚴狀態，綠衣們在街上往來巡查，遇着那些沒有燈籠和通行證的人，毫不客氣，好像現在拘拿「阻街」女郎一般，拘押回到警署，控以圖謀不軌的罪名，可是，當時雖然這樣嚴密防範，竊刦的案件，仍然不斷地發生呢。

香港的警察

吳占美

香港的警察在戰前只要配上了一根警棒，就可應付裕如，可是戰後的警車，需要裝上無線電，四出巡邏，衝鋒車不時的準備隨時出勤和匪徒戰鬥，情形就有天淵之別。

倘市民對香港的警力起了懷疑的話，這完全是估計上的錯誤。然而需要徹底明瞭香港眞正的有多少能夠執行任務的警察，官方雖沒有正式發表過；但根據最近的調查，全港正規的警察，總數約在二千三百名以上，警官約在三份之一弱，戰前警察數目，在三千名之數，但戰時香港的人口，會超過一百五十萬，光復後的香港，到現在已經達到戰前人口，照理目前的警力，實足以維持市面的治安，應付裕如。香港現在分佈各市區，共有十二個警署，其他新界及邊境區警署，還沒有包括在內。市區每段，經常出勤巡邏的，警署裏面，還常駐有「士啤」（補充）警員二三十人，如遇有嚴重緊急案件發生，隨時可以增派到場彈壓。

同時另一方面，比較沒有械劫那末猖獗的歹徒，就是那「爆倉」與「剽竊」，這又是香港治安上的大患，爆倉的手段，殊足驚人。報章上常常刊載十多噸煤，在一夜間不知不覺地會給竊去，這數量確足驚人。警衛森嚴的啓德機場的航空設備，也會給拆卸了去，昂船洲運軍械庫的火箭砲和砲彈，也會不翼而飛，這樣的猖獗，不能不使警方感到頭痛。

在碼頭方面，歹徒也大肆活動，光顧到往來的旅客，與海外的歸僑，不獨荷囊裏的東西，是光顧的對象，連龐大的箱篋，也整批的給你搬走，在衆目睽睽下，一樣如是，這樣，不能不使他驚嘆他們的手段高明。

其次的「文雀」（即扒手），也分佈在港九各區，在交通繁盛的地方，就是他們發財的好所在，電車，巴士，渡海小輪，和行人最稠密的地方，一施空空妙手。在洋水兵聚集的地方，他們也光顧到，所以水兵們常常搖頭大嘆：雖然用手掩着口袋也會連鈔票，手錶不翼而飛！專門應付劫案的EU衝鋒隊港九共有二百多名，中區是域多利亞城最繁盛的地點，但也是警察最集中的地段，自從劫案頻頻發生後，中央警署已增派武裝巡邏市面，即在新增派的BU警察，都是訓練有素的。其中也有不少機槍能手，增強警察作戰的實力，警方透露的消息，自從增加了無線電警車後，本港的警網，更加嚴密了。

從前警察的偵緝隊，是隸屬於警署的，現都改隸偵緝總部了，其中組織也就原有加強了。港九地，增設偵探長各一名，每區警署原有華探長一名駐守，下設探員若干人，其次還有英探幫辦，華探幫辦，探員是緝案的中堅份子，每個探員都是從服務多年的警察出身的，所以他對下層社會情形最熟識，而且自己手下的「鬼頭仔」（綫人）從中協助，歷年的無頭公案，也是靠這樣破獲的，所以香港英籍的偵探和警官，即使是英格蘭場出身，在香港也得「借重」他們。

香港警察的隊伍，戰前分英，印，華，魯，俄五種，用ABCDE各字母作每種警察的系別，現在印度俄二種已經被淘汰了，新增葡警一隊，起而代之。聞近來有恢復印警的可能，目前後備警察，還沒有訓練完竣，在訓練完畢後，相信可以增強警力不少。

香港不失爲一個法治的地方，因此這裏的市民對警察的態度，仍是相當尊重，因爲警察是維持法治的地方秩序的執行者，他們有保護大衆生活自由的義務，同時也有保衛我們生命財產的職責，所以我們才尊重他，相信他，但香港的警察，沒有達到我們現在所需要的水準，這最好由我們自己觀察一下便可明瞭。

「匪患在今日的香港，已成了一個社會的病態，雖然警力的加強，可是「道高一尺，魔高一丈」這不過是一種治標的方法，然而什麼才是「治本」，這得需要當局的執政者，從各方面觀察，求用答案來。

後備警察與自衛隊

前身是特別巡警隊

陳世豐

香港治安的良好，已為有目共睹的事實，負責維持地方治安秩序的，不是派駐香港的軍隊，而是人數有限的警察，充任警察的包括英，中，印，葡等國人在內，其中以英國人為領導。分區分段負責，井井有條，整個香港和九龍以及新界的治安，在這些訓練良好的警察維持下，使居民安居樂業，除了這種正規警察之外，還有一種後備警察，是輔助正規警察的不逮，來維持地方治安，在戰前，後備警察的功績，也是不可埋沒的。

香港的後備警察，類似內地的民團及自衛團隊，是人民武力的一種，它的前身是「特別巡警隊」。

當一九二五年，五卅慘案發生後，風潮擴大，全國掀起了怒潮，鄰近國內的香港，也遭波及，空前未有的大罷工，就在這個時候發生，市面頓起騷動，閭閻不安，那時任香港總督的是史塔士爵士，他鑒于市面情形混亂，人心惶惶，於是採取緊急措施，宣佈戒嚴條例，又以糧食及交通對市民至有關係，乃第一步禁止糧食出口，其次招募人員担任維持交通及充任工役，并委派清淨局總辦士蔑為糧食管理員，庫務司馬沙為運輸管理員，郵政司蒲蓮為郵政電檢查員，又委華紳曹善允博士管理工務。在大會堂設辦事處，厚資招人出任工役，一方面即加派防軍與義勇團，會合警察出動，巡邏市面，嚴密維持治安，可是，局勢異常嚴重，市面風聲鶴唳，正規警察人數太少，在港九各區不足分配，留港的富商巨賈為保全個人的生命財產，提議組織人民武裝，協助警察維持地方治安，乃擬就組織辦法，由華人紳士向史塔士總督提出，史氏當即贊同，於是由各大洋行公司商店派出職員組織，定名為「特別巡警隊」，由港督委派曹善允為該隊負責人，組成之日，即出動市面，協助警察巡邏，維持治安，各隊員勇于任事，頗能盡職，故成績甚佳，直至工潮平息，市面秩序恢復，正規警察在承平時代，力量足敷有餘，特別巡警隊已無存在必要，乃宣告解散，各隊員返回原往商店受職，但對於服務社會均感興趣，其中有一部份且表示願意服務警界。同時，各富紳及各大商家以此輩在工潮期間，熱心服務，盡忠職守，輔助正規警察，維護市民，厥功至偉，此次解散，至屬可惜，乃由曹善允向當時任警察司的胡樂甫貢獻意見，謂以港九地區人口稠密，事務紛繁，現有警察數目，僅可敷平時之用，若遇有事時，則實感不足，現在此輩特別巡警隊隊員既志願繼續服務地方，何不因利乘便，把他們組織起來，成為警察的後備隊，無事時，用來幫助警察巡邏站崗，有事時，協同警察出勤，維持治安，彈壓

警察的勤務　董洵作

騷亂，這些人員均是有職業的受薪階級，他們可以不要政府發餉，不致耗費公帑，而為政府服務，一舉兩得，何樂不有？

胡樂甫警司對曹氏此項建議，表示同意，一方面着手草擬後備警察條例，一方面即委派曹氏為後備警察華隊總監，進行組織後備警察華隊，各特別巡警隊員乃紛紛加入，有些富家子弟有服務興趣的亦樂意參加，政府雖不發給餉項，但供給槍枝制服，這些隊員經過曹氏挑選後，即加以訓練，這時候，後備警察華隊總部設在雪廠街，另在畢打行設立華隊會所，作為聯絡機關，訓練完畢後，即行出勤，隊員多為智識份子，一般均合水準，故素質優良，服務成績甚佳，加入人數日多，後來印葡人士不甘落後，繼起組織，印度人組有後備警察印隊，但人數不及華隊之多，而葡人則多加入電單車隊及衝鋒隊，這兩隊華人仍佔多數，隊員多為有產階級，所駕電單車及所帶槍械亦多自己斥資購備，至此，後備警察組織已臻健全，綜合華隊，印隊，電單車隊及衝鋒隊四個單位，構成後備警察的整體，組織的宗備和龐大，差不多和正規警察並駕齊驅，而隊員服務精神的旺盛，維持地方的得力，亦足以媲美正規警察，居民對於他們的印象，一般均極良好，政府當局亦極感滿意，迭予嘉獎。

後來曹善允博士以後備警察已具規模，組織已上軌道，功成身退，自行告辭總監職位。當局委其公子俊安承之，在日寇攻港前，後備警察正擬計劃擴充，增招隊員五百名，規定凡在中西商店受聯的青年，志願加入者，均可由各該商店保送加入，施行短期訓練後，即派出市面值勤，詎料尚未實行，日軍即突襲香港，這一計劃乃中止進行，在戰爭期內，全體後備警察實行總動員，配合正規警察出勤，協助防軍守衛香港，各隊員雖屬義務性質，但服務的勇敢，以及刻苦耐勞的精神，深得當局與人民嘉許，迨香港淪陷，大部份隊員都返回內地，有些參加英軍服務團，有些即自尋生活。少數留港的隊員，被日寇指為間諜，加以拘捕，分別囚於憲兵部及赤柱監獄，計達百餘人之多，其中且有被虐待至死或殺害，情形頗為悽慘。

香港重光之初，軍政府當局曾召集原日後備警察隊員，協助軍警維持市面治安，後來治安恢復，始行解散。到去年杪，警察當局認為後備警察有恢復組織必要，乃再委派曹俊安負責召集舊人，重新組織，可是經過這一次的戰亂，不少隊員死亡，生存者亦多散諸四方，且有為生活驅使，已無暇服役，故初期入數甚少，只着手進行內部組織，無法派員出勤，經過幾個月添招新人入伍，加以訓練，現在已派出少數隊員，協助交通警察站崗，至於巡邏值勤等任務，則因目前隊員人數不多，暫時不能派員担任。

在去年底後備警察未奉命恢復組織以前，有些街坊及大商店以地方初告光復，一切秩序猶未完全復原，匪盜搶刼，宵小偷竊的事件，仍不斷發生，未幾，且有「海外青年行動派」的出現，以炸彈為武器恐嚇勒索，向商店打單威脅繳納巨款，造成市面上恐怖氣氛，雖經警察當局嚴密查緝，但匪徒懍不畏法，猖獗如故，商人以正規警察只能流動值勤，週圍巡邏，或固定站崗，為全體市民服務，斷不能專為某一街道或某一商店防衛守備，是以匪徒行劫，多伺隙行動，每瞰警察巡邏去後，或警察力量單薄時，即乘機竊發，而帶械搶刼，施放炸彈等恐怖行動，亦在這種情形下發生，那些商店坊衆以有前車可鑒，深懷懔懼，為防範周密，共策安全，倡議組織自衛團隊，醵資購備槍械，招募人員，担任守衛警備，以防萬一，當即入稟香港政府及警察當局，請予核准，藉使商民安居樂業，不致長陷恐怖氣氛，港府當局以此項建議，對於市民既為安全防衛一種措施，而於地方治安亦有裨補，乃表示贊同，准予成立，這就是自衛團組織的經過。

自衛團和後備警察雖然同是一種人民的武力，性質相同但組織有異，因為自衛團是由商民自己組織訓練，自己處理監督，槍械和制服也是由自己購辦，它可以說是純粹人民武力，至於後備警察，組織的成員雖是人民担任，但槍械裝備統由政府供給，政府居監督組織領導地位，負責長官也是由政府委派，它可以說是半官半民的地方武力，兩者組織雖有差別，但同為協助警察維持地方治安則一。

自衛團的組織不是在今日始，遠在四十年前，南北行的商家已有類似組織，即一九二五年的特別巡警隊也是以自衛團的姿態出現，去年杪本港方面首先成立自衛團的為文咸東街，文咸西街

法律二十六條

香港的法律，有許多在我們國內判罪很輕的，可是，在香港却會判處終身監禁的，香港法律，大概可分做二十六條，除了其中可判終身監禁的，占了十五條外，可判十四年監判的三條，可判十年監禁的二條，可判七年監禁的二條：可判三年監禁的三條，可判兩年監禁的一條，現在分寫在下面：

(一)用毒藥謀殺或傷害別人肢體者。
(二)謀殺用火藥或炸藥毀壞房屋者。
(三)在船上放火者。
(四)用毒藥槍彈弓箭謀殺，或燻死及綑斃人命者。
(五)輪船遇險時，阻止別人逃生者。
(六)用麻藥胡椒末行不端事者。
(七)代人下私胎者。
(八)假冒別人股份及收息票者。
(九)改別人銀行數目，及私造股份轉手證冒名者。
(十)簽假字者。
(寸一)私運或私鑄政府金銀幣者。
(十二)私將別人遺囑書盜取毀壞或藏匿者。
(十三)寫打單信勒索別人者。
(十四)恐嚇迫勒人簽字者。
(十五)謀殺別人生命者。

以上十五欵都有判處終身監禁可能。

絡

(一)在火車路軌上堆放木料等，或毀壞路軌者。
(二)拐帶人口及擄人勒索者。
(三)在政府機關當職而虧空公欵者。

以上三款均有判處十四年監禁的可能

(一)用信恐嚇謀殺別人者
(二)使人或串同謀殺者。

以上二欵可判十年監禁。

(一)殘賊軀者。
(二)爲權利人私將物件轉賣與別人爲自已營利者。

以上兩欵可判七年監禁。

(一)在身上懷有多過三個僞幣者。
(二)用器械或無器械傷害人肢體者。
(三)將二歲以下之小孩丟棄，或放於空曠地危及生命者。

以上三欵可判三年監禁。

駕駛車輛傷及人肢體者，以上可判兩年監禁

(上文接五十七頁)

，永樂東街，永樂西街，乍畏街等幾個地區。他們是街坊聯合組織的自衞團，先由這幾處街坊的商店住戶，捐集一宗款項，向政府價領一些槍械，然後由坊衆中選出一些職員充任隊員，不足之數，再行招募，這些自衞團日夜分班出勤，有些是流動巡邏，有些是站崗値勤，他們的服裝則一齊整，制服和警察差不多，服務的精神良好，成績甚佳，這幾處街坊自從成立自衞隊之後，因爲防範週密，匪徒無法涉足活動，盜竊案件很少發生。此外成立自衞團的則皇后大道一帶的金舖，銀號等大商店，這些自衞團均有穿着制服，佩的是長槍，團員有些是店員担任，有些是受僱而來，其中也有印度人，他們的分佈是每隔二三家舖位則派一人站守，或坐或立，對於過往的行人或入店交易的人，採取監視態度，其値勤時間以商店營業時間爲限，一屆夜晚商店關門，停止營業，他們的値勤也告終止。這些自衞團的薪水，和正規警察差不多，每月內一百二十元至二百元不等，這些支出，在文咸街等處，是商家和住戶按月攤派，在皇后道方面則由金舖銀號負担，每月所繳費用有限，但對於店舖的安全獲益却很大，所以這些店戶是非常樂意繳費的。可是，這些自衞團所領以保衞店舖安全免遭匪徒搶刼的武器，初時是經政府許可配長槍的，到了今年六七月間，當局以匪風已戢，自衞團的軍械只准佩帶鳥槍，換言之，這些自衞團已無存在的必要，但爲了店戶心理上的安全繼續成立是可以的，不過僅具模型就足够有餘。現在，自衞團在形式上是存在了，然而，可以說是空有其表吧！

香港的絞刑

小文

人道主義者雖然提倡廢除死刑，但世界上各地方的法律，到現在還保存着「死刑」這一條，雖然被判死刑的犯罪行爲，程度有深淺的分別。就以香港來談吧，這裏的法律還有死刑的罪罰，因爲香港的法律是基於英國法律而製訂的，所以這裏的死刑罪罰，祇能夠加諸那些殺人兇犯，其他的犯罪行爲，却不會受到死刑的處分。

在香港，死刑的執行方式，如同在英國一樣，採用「絞刑」，自從英國人統治香港，一直到了現在，死刑的執行方式都沒有改變。這種死刑的執行方式——絞刑，現在祇有英國和若干歐洲國家還採取着，中國已經採用「槍斃」的行刑方法，美國的死刑執行方法更是科學機械化，他們用的刑具是「電椅」，雖然日本還採用着古老的，殘忍的「殺頭」刑法。

自從英國人統治了這個原爲海盜巢穴的小島，對於處決死刑犯的方式，一向就採用絞刑。在香港第一個被執行死刑的罪犯是一個被控謀殺英國警察而給判了罪的中國籍的殺人罪犯，行刑的日期是一八四四年一月四日早晨，行刑地點在堅尼地城的荒地，第二個行刑日期是一八四五年七月三日。在英國人統治香港的初年，死罪犯人的行刑是完全公開的，行刑的時候還鳴鑼召衆參觀，如同中國清代處決犯人一般情形。當年的行刑地點，多數在堅尼地城，因爲那時候的堅尼地城還是荒蕪之地。到一八五六年，裁判司署新址落成，因爲交通不方便的理由，捨棄了堅尼地城的行刑場，死刑罪犯由在裁判署內行刑。再到赤柱監獄落成以後，行刑地點就在赤柱監獄內。

公開行刑顯然含有「殺一警百」的意思，不過，從人道主義看來，這是殘忍的野蠻行爲，所以，當年中西輿論都曾經抨擊過公開行刑的措施，英國政府當局知到這事，也曾經由殖民部訓令香港政府當局予以改善，可是，公開行刑的措施繼續實行了許久，直至一八九五年，才告停止。一八九五年一月廿九日，一名經判罪的海賊被執行死刑，行刑地點在維多利亞監獄內，那次行刑，祇有兩個外國新聞記者獲准到監獄裏參觀，其他中外人士，一律給謝絕看行刑。自從那次行刑後，死刑的執行，旣不公開，任何人等，都不得參觀，罪犯的家屬，也祇能夠於行刑後收領死者屍體，不能親看行刑。

刑具也經過了多次的改良，現在赤柱監獄設備的「絞架」，可以說是最完善的絞刑工具。「絞架」設在一個密室內，上面的大橫木中央掛着一個鐵轆，一條很堅韌的麻繩穿過那個鐵轆，兩端下垂，一端是用來吊着死罪犯人的頸，另一端繫着一個小沙包，沙包的重量比較犯人的身體重量輕一點，應吊上犯人的麻繩那端向下垂去，繫着沙包那端向上升起。絞架之下設有一度活門，活門掩蓋着的是一個地穽，當犯人站在活門上，被行刑官用繩子縛牢了頸部活門便打開了，犯人的沉重身體便從活門跌下去，當他跌下去的時候，他便窒息而死，時間不過兩分鐘。這比較早年所用的刑具，顯然進步得多了，早所用的刑具，構造簡陋，應用時常發生毛病，致使死囚吊在架上突眼吐舌，久久不能絕氣，死者所受的痛苦，使人目不忍睹。

行刑的時間，法律上雖然沒有正式的規定，但通常都是在黎明時間舉行，每次舉行絞刑之前，由牧師替死囚禱告上帝，使他的靈魂到達天堂。在行刑的前一天，死囚可以獲得他所喜歡的糧食。

香港的官

（一）香港總督由英皇任命，事實上歸殖民部管轄。

（二）立法局（舊稱定例局），爲最高立法機關，其中設若干民衆代表席，使民衆對政府所提議之法案有發言權。

（三）行政局（舊稱議政局），爲最高行政機關，協助港督，辦理行政事宜。

（四）「大葛樓」即臬署，爲最高司法機關，等於我國高等法院，民事訴訟法庭附設於此。

（五）立法局及行政局局員，由港督委派呈請英皇核准。

（六）輔政司的職務：（一）頒佈港督簽署之法令及行政局之議案，（二）接收及呈遞英國政府之來往公文，（三）辦理其他不屬各司之事務。其職務略似我國政府機關之總務司。

（七）教育司之評議會及潔淨局之評議會，爲顧問性質之機關。

（八）壓印總局卽印花稅局。

（九）核數處卽審計處。

（十）律政司，卽檢查官。主理刑事案件及起草法規。

（十一）田土廳卽土地局。

（十二）牌照局，管理商業牌照，由各機關人員組織，以輔政司爲主席。

（十三）經歷司，卽法院書記長。

（十四）裁判司署，卽初級法庭或地方法院。

香港的消防設備

曹嘯虹

在香港聽到「火燭」兩個字，有誰還能處之泰然呢？記得本港數十年前，火燒馬場，火燒英皇酒店，和西區煤汽爆炸大火，傷斃人命在數百以上，情形慘烈，這些大火的故事，至今猶深印在一些老香港的腦海中。幾月以前火燒西安輪，死傷百餘人，也曾轟動一時。而香港消防隊在這幾役中，也建立不少功績。

本港消防隊已有悠久的歷史，設備固日漸改進，時至今日，已成為組織最完善，設備現代化，在遠東方面堪稱第一的消防隊。戰前消防局長是布碌士，在戰事發生之前一年，布氏年老退休，由菲士軒利接任，戰後消防局復員伊始，菲氏曾一度恢復繼任，僅一年，即因體弱告退。現在的消防局長是史美夫，副局長布爾。

昨天記者拜訪史美夫局長，他告訴關於戰後消防局情形，和未來的計劃：

現在港九兩地的消防局共有五間，香港方面是中環總局，灣仔分局，西環分局。九龍方面是旺角分局，尖沙咀分局，其他本港郊外九龍新界和各港外島嶼還有小型分局八間，就是：筲箕灣，香港仔，元朗，大埔，上水，長洲，大澳，上水一處，最近始行增設，港九兩地共有滅火機十四輛，另小型水泵車十輛，分駐各局。戰後的消防員人數比戰前略增，共有四百零四名，所有的消防工具，都是現代化，戰後曾向英倫訂購「丹尼斯」式新型滅火機兩輛，替代那些殘舊的，其中一輛，月前已運港，其餘一輛亦將於明年運來

現在港九各消防局駐有滅火機共十四輛，及滅火輪一艘，計開（香港）中區總局第十三號救生梯滅火機，第九號自動鋼梯滅火機，第十六號新型美國滅火泵機，第二號滅火工程車，第六十五號救火運輸車，（另救護車兩輛）灣仔分局：第五號救生梯滅火機，第十七號美國新型滅火泵機（另救護車兩輛）。西環分局：第十二號泵機。（九龍）旺角分局第四號救生梯滅火機，第十四號自動鋼梯滅火機。第十五號美國新型滅火泵機，第一號滅火工程車另救護車兩輛）。尖沙咀分局：第六號救生梯滅火機，第十八號美國新型滅火泵機，（另救護車一輛），這些自動鋼梯滅火機，自動鋼梯能伸高達一百零五尺，由一消防員站在最高一級，這裏有喉筆一枝，遇着大火的時候，居高臨下，威力相當強大。救生梯滅火機，每次火警發生，首先到步，架梯近火場，由消防員攀登梯上，進入火場，救出樓內被困的人。

在戰事發生前一年間，消防當局曾向美購置最新型的「拿法蘭士」式滅火機四輛，分別駐於港九。本港淪陷時，日人將其中兩輛運回日本，和平後被駐日盟軍當局所發現，運返本港。

戰前本港各繁盛區街道十字路口，都有街頭火警鐘的設備，但這些警鐘，都已在淪陷時期，全部破壞，和平後俱不能使用。這對於一般居民，一旦發生火警，不知如何報告消防局，引出許多不便，因此在重光後，便向英訂購了一百新個型的火警鐘，將來在本港各區街道普遍設立，使居民一旦有事，消防隊能迅速即前往施救。

說到消防隊員，現在雖然全港包括九龍和新界等處總共祇有四百零四名，但比戰前的數目已增加九十八名。自從消防隊員改善待遇之後，不獨薪金已提高，即當值時間，也改善了。以前消防隊員規定在局內當值五天，才有一天的休假，現在當值廿四小時之後，便有廿四小時休息，因此各隊員經過了一天的休息，至翌日當值，大都精神飽滿，工作比前更有進步。月前西安輪發生大火，消防員勇救的結果，西人幫辦布朗和布碌士，都獲得殖民地英勇獎章。

一個消防隊員的訓練，要經過三個月的操練，投考的時候，先要來一個「力」的檢驗，將一張鐘有重約數斤的鐵鈎，在梯頭長約二十尺的木梯，由那個投考的人在梯尾用兩手分持第二和第五梯級抽起直立，這是「四兩撥千斤」，若不懂得用力的話，任你有力如牛，也不能抽起，其次則舉小梯，將長約八尺的小梯四張，聯成一長梯，放在地上，投考的人從地上由梯頭逐級舉起。這是考腰力，故腰力不夠的，便難以舉起。

現在的訓練班是每天早晨在灣仔分局訓練，担任訓練的隊長，戰前是很有成績，現在是黎兆文。他們學習的科目很多，而各滅火機照例每輛有隊員六名，這六人的動作，各有不同，各有其責任，有些拉喉，有些取喉筆，有些開水，須要訓練純熟，才能合格。每輛滅火機作用不同，因此操法也有分別，除此之外，他們要學習了很多繩的打結方法，由樓上如何負救人們下來，他們又要懂得救傷，懂得步操，三個月以後，由長局親至試驗，各式操法認為合格，方得正式算是一個消防員。

香港禁烟史話

潘孔言

現在香港的鴉片烟，雖然還未算禁絕，可是，公賣制度已撤消，吸烟者有罪，開烟館者更罰無赦。雖然偷吸偷賣的還不少，但當局的政策是要把鴉片烟毒肅清的。

賣鴉片煙，是英國的絕大汚點，英國稍明事理的人士，都極力的反對。爲着要禁絕香港的鴉片，曾發表過幾次積極的主張，可惜駐港英人斤斤於烟膏稅的收入，以影響香港的財政爲慮，不肯把牠禁止，甚至當時的香港華人紳士，如何啓，馮華川，劉鑄伯等，都一致同情於這一派英人，主張緩禁，遂使鴉片烟的流毒，蔓延至今。

至於他們何故反對禁烟呢？除影響稅收一點理由之外，第二點理由是：「香港雖禁鴉片，中國不禁，也是無用，徒使香港受損失。」他們却忘記英京禁烟總會委員希利輔「以仁人之用心而論，我英國不必問中國之禁與不禁，亦應由我英國先行禁絕之。」的主張，這主張可謂光明磊落之至，可惜他們都囿於一己之私見而忽略之，否則鴉片早已禁絕，又何至到今始見實行呢？

一九〇八年，英京禁烟總會，曾派委員希利剌來華，調査鴉片情形，回國後有極沉痛之報告，認爲非立即禁絕不可，曾向英國上下議院提議，結果由英政府令行香港總督查明具報，以憑核辦，這就是英國人士運動禁烟最激烈的一次。是年四五月間，港督爲着這問題，曾多次徵求華人紳士的意見，以備答覆英廷，這些華人紳士，當時意見如何呢，可於他們答覆英文南華早報之徵求見之，當時南華早報也爲着這個問題，提出八項意見，徵求香港市民答覆，這八項意見如下：（一）禁烟有益於港人之品行否？（二）禁後能防止港人之吸食否？（三）承辦烟餉者應否補還其損失？（四）對於香港財政有傷害否？（五）如以上各問題均是，應以何法彌補餉源？（六）港中商務有變遷否？（七）中國政府禁烟，人信之否？（八）別有意見發表否？

這八項意見發表後，西人之答覆者，完全主張不禁，贊成禁者竟無一人，他們祇就他們的立場發言，他們對於受害者漠不相關，他們不主張禁，這也難怪，至於華紳的答覆呢，馮華川的答覆云：（一）是。（二）否，祇可使畏父母受拘束的少年不吸烟而已，大部份人無法禁之。（三）不答。（四）是，惟其數不甚巨，數年前祇有二烟館，並無烟膏室，政府財政亦充裕。（五）應征捲烟烟土等餉以彌補之，并裁減潔淨局人員，亦可省費甚巨，廣州並無潔淨局，但廣州的癘疫未嘗加劇。（六）否。（七）是。（八）無賴等輩常駐烟館，如將烟館封閉，必大爲有益。

劉鑄伯的答覆：（一）是。（二）現時不能，將來可望逐漸減少。（三）是。（四）亦是。（五）由減軍餉及加稅以資彌補，惟目下各人加稅均非所願。（六）否。（七）以中央政府而論，乃出自熱心。（八）如禁烟後，每年少去稅餉，又須補償烟商之損失，其數非少，若果加稅以補之，則目下加稅，必非衆人所願。

觀以上兩種答覆，則華紳之不贊成禁烟，已可概見。

本港英人商務局爲着這問題，於是年五月十六日開會討論，決議反對英廷立即禁烟封閉烟館的主張，其大意謂，倘中國不能認眞厲禁，把鴉片鏟除，而祇責香港單獨施禁，則華人未見其益，香港財政，實受其害，此事應該請港督轉達英廷，請勿操之過急，香港公衆意見，不贊成立即禁絕，以貶損香港之權利，但若果假以時日，逐漸進行，則爲衆人所贊許也云云。至是月二十九日，定例局敍會，議員士刁活發言，極力攻擊英理藩院之不當，謂理藩院此舉大有礙於本港之財政，應力拒之。華議員何啓附和之，據其在席上發表之意見云，本席附和士刁活君，並非謂烟不應禁，亦非謂鴉片烟公司於本港有益，祇因英廷不先與港督商量預籌抵款，實大礙香港財政，有如士刁活君之所言，故本席附和之。於是港督當席宣佈云，此事已將詳細情形報復理藩院，該院亦已有電至港，謂須靜候辦理，在英各大員料必亦能曲諒香港的爲難情形，暫行緩辦，斷不至過於急切也。至此，香港禁烟問題，因以上各人的反對，已全被擱置。這是一九〇八年香港討論烟禁最劇烈之一年。

至於是年何以有這一個禁烟問題的發動呢？上文曾說過，由於英京禁烟總會委員希利剌來華調査鴉片實情的結果，他在華詳細調查以後，把實情呈報於總會，認爲非禁不可。總會因此有這問題的發動，今並將希利剌的報告原文，略爲表

婚姻註册署

合法和簡便的結婚所

一色

居住在香港的市民，如要結婚的話，怎樣才算是合法呢？計香港政府承認的有：經在教堂由牧師由神父證婚的。雙方在公開場合舉行結婚典禮署有婚書的，舊式禮教結婚而有三書六禮的。此外還有一個最簡單和最經濟的辦法就是向港政府婚姻註册處登記結婚。

現在且把婚姻註册處的條例介紹給欲結婚的人們參考，如果有一對欲結合的男女，便可到該署衷取申請註册結婚通知書，該通知書是免費供給的。那麼雙方依法填寫並簽名後，再交回該署呈報婚姻登記官，如果經該署批准，即發給結婚證給這一對未來的新人，而這對新人却須遵照着下列的條例履行：

（一）如在申請通知書遞呈後三個月內還不舉行結婚，其申請書和一切法定的程序，一律算作無效。將來舉行結婚時，須再提出新通知書再行申請。

（二）在婚姻登記官簽發核准證以前，申請人必要到婚姻登記處，當着登記官前宣誓，證明雙方男女沒有血統近親或其他法定妨礙婚姻的關係。

（三）如申報結婚男女任何一方，年齡在十六歲以下的，登記官或總督則認爲結婚年齡過輕，而不發給核准證書。

（四）如申報人非鰥寡，其年齡在十六歲，或十六歲以上而未到廿一歲的，則要有本人生父或生母的書面許可證，如父母俱亡則改由合法監護人發出書面許可證。但這許可證，須先呈繳登記官備案，然後領取核准證。至若在港沒有上述的合法監護人，那麼便由登記官加以調查，如認爲屬於正當的，才發給許可證。

（五）登記官所發給的結婚證書，分爲正副兩本，分發各領有執照的教堂備用，正副本證書須由證婚牧師，結婚當事人，及參加見證者二人或二人以上署名，婚禮完成後，證婚牧師須將證書正本交與結婚當事人，副本於七天內移交登記官註册備案，證書內結婚人姓名及舉行婚禮日期須由證婚牧師填註證內。

（六）結婚地點可在港府有發給執照之任何教堂，或簡便的在登記署結婚，由登記官自任證婚，惟在結婚前雙方當事人，須當登記官前宣誓，並書立誓詞。

（七）在婚姻註册署結婚，形式雖很簡單，惟已得到永久法律之保障。

（八）不論何人明知未依法取得正當人的書面許可，與廿一歲以下而非鰥寡的人結婚，或助成或唆使其與他人結婚者，即犯竊輕刑罪得處二年以下的有期徒刑。

（九）證婚人於禮成後七天內，不將結婚證書交回婚姻登記官，得科五十元以下的罰金。

（十）無論何人故意隱匿，改易，變換或毀滅任何婚姻申請書者，得科廿五元以下罰金。

（十一）無論何人非合法證婚人，而又明知故犯爲人證婚，或冒充合法而爲人證婚的便以輕脏論罪，得處二年以下的有期徒刑。

（上文接六十一頁）

述，據云：……我在遠東，曾晤見各領事教士，及各朋友，均謂鴉片流毒中國極慘，倘英國不禁止運烟入中國，則英國之罪將歷萬古而不磨，結果祇有印度人獨收其利，中國人則獨受其害而已。有等留在遠東之英人，明知鴉片之害而說謂無害者我誠不解其何心，我道經香港時，曾晤見一著名之英商，與之討論禁烟問題，彼之持論謂，不應將中國人娛情逸樂之事禁絕之，我乃詢以假如你本身染有烟癖，你之子若孫亦復如是，你亦願爲是娛樂否？他答云：如此又當別論矣。在己受害以爲不可，在人受害則又以爲可，存心如是，豈得謂平？我深知烟毒之害，不祇可以喪身，並且可以亡國，殊不解在遠東的英人尙謂無害於中國也，以仁人的用心而論，不必問中國之禁與不禁，我英國亦應先行禁絕之云云。英京禁烟總會根據他的報告，遂向英國議院發動這個禁烟問題，可惜這秉持公道的英人，却因爲香港一部份人的反對而志不得伸，現在吸烟賣烟開烟館等雖已懸爲例禁，可是，已經因這等人的反對而延擱許多時日了，受害的人，正不知增加若干千萬了！據我所知，現在香港秘密吸烟的人仍多得很，單就一般勞動界而論，他們匿處於破樓爛屋中，直竹橫床，一燈相對者仍復不少，他們何以甚少被人發覺，何以若是其有恃無恐，這一點我不欲多所研究，我祇希望香港政府對於執行這種烟禁必要雷厲風行，務絕根株而後已。（完）

香港法律與「言論自由」

蘇文光

雖然香港曾經有過受到廣泛抨擊，而且在立法局引起劇烈辯論的中文報紙新聞檢查制度，到而今已經變成了歷史的陳跡。英國人於日本人對聯合國無條件投降後再度把握着香港的統治權，宣佈了對這裏的居民保證四大自由，因而這裏的新聞界解脫了他們從前披在身上的枷鎖，眞眞正正的體驗到新聞自由的好處。

戰後，香港政府雖然還沒有完全撤銷了對新聞報紙的管理和限制，使到中文報紙與英文報紙獲得同等的待遇，到現在還跟戰前一樣，要在華民政務司署申請登記，繳付三千元按金，才能够出版，不過，這一個限制尙能够容忍的，因爲據說這個保證金制度，是要來保證那張報紙履行他的法律上責任的。

在這新聞自由的制度下，這裏的報紙雖然有採訪和報導的自由，可是，自由不是沒有限度，這裏的報紙發表任何的消息或評論，都不能觸犯地方法律的，如果新聞的紀述，或者評論，或者其他文字，是觸犯法律的，那就準備吃官司，準備受法律上的裁判。

一個老資格的新聞記者，對於新聞的報導，知所趨避，斷不肯因爲搶先發表或者增加新聞的興味，而致使新聞的發表方式抵觸地方法律，承印人，發行人和總編輯等要吃官司。基於這一個原因，這裏的報紙的港聞欄裏，時時發見許多新聞，內容紀述得很詳盡，可是，却沒有當事人的姓名和新聞發生地點的詳細報導，祇寫着某某街某某號某樓某氏，使人看了摸不着頭腦，設以爲那段新聞是記者創造出來的，誰不知記者自有他的苦衷，因爲根據這裏的法律，什麼都要講證據，如果新聞中的主角要否認曾經有過那件事情發生，而新聞記者却詳詳細細的報導了，他可以向法庭起訴那家報紙賠償損失的。在這裏，譭謗的罪名是新聞記者所最容易犯的，如果他在報導新聞的時候，不曾考慮到地方法律的話。舉實例來說：一家商店因爲週轉不靈，給債主追逼到要關上門，這個消息或許是一個重要的消息，可是，新聞發表以後，如果那家要倒閉的商店獲得了救星，居然「兜得轉」了。那家商店可能向法庭起訴那家報館，索取由於該段不利於該商店的新聞所造成該商店的損失。其實，還不止此，報紙如果發表了一段新聞，說某家公司或者商店的生意冷淡，或者股份低跌，那家公司或商店也可以起訴那家報館的。

一切須由法庭審訊的案件，在法庭還未公開審訊之前，報紙不能够發表有關該案和案中人的批評以及未在法庭提出的事實，否則除了案中人可以依法起訴報紙之外，那家報紙可能給法庭檢察官提出公訴，罪名是「藐視法庭」。香港法律完全根據海洋法律的精神，在法庭還沒宣判之前，任何人都不能對該案發表意見，因爲恐怕法官和陪審員受到輿論或其他意見影響致使下意識的對案中人抱着成見，裁判或許有不公正的地方，法庭宣判了的案子，任何人都可以對該案甚至法官的判斷，公開的發表意見。如果批准祇是見事論事，不涉及私人方面，不抵觸「譭謗名譽」的法律，事實上不被干涉，可能有充分的自由。

「藐視法庭」這一個罪名，是新聞記者最容易犯的，如果他是不明瞭這裏法律的或者在報導新聞的時候不曾仔細考慮到法律問題的話，例如一宗刼案或者騙案，給拘捕了的犯人原已由警方偵悉是有組織的匪黨，檢察官方面已經進行起訴他們了，可是，在法庭公審之前，新聞的報導不能够還說說他們是××黨的黨徒，也不能够揭發他們過往的行爲，雖然新聞記者也許從警察或其他方面獲得這些消息，因爲這樣的報導是對被告不利的，同時可能影響法官和陪審員對被告的宣判。一切的報導，以曾經在法庭上提出的爲限，一個犯人在警署的口供未必就是在法庭上的口供，新聞記者可能從警察或其他方面預先獲得消息，可是，搶先發表了，就犯了「藐視法庭」的罪名，所以，愼重的新聞記者甯可持重一點，也不「搶先發表」。

這裏的法律，和中國的法律有些不同，所以這裏的報紙，在新聞報導上，也和中國內地報紙有點差別，例如一件偷竊案，在中國內地，報紙的標題可以寫「某某偷竊被起訴」，在這裏却祇能寫「某某被起訴犯偷竊嫌疑」。根據香港的法律，一個未經法庭判罪的人，任何人都不能說他是罪犯，檢察官也祇能說他是嫌疑的犯人，報紙上就祇見「嫌犯」的名稱。

戰爭前夕頒佈而現在還未撤銷的一九四一年防衛法令，也是這裏的新聞記者要顧慮到的。新聞的報導以及批評的言論，如果含有破壞治安或引起騷動的性質的，政府當局可引用那條防衛法令，勒令報紙停版，不必經過法律手續，由法庭審訊，依法宣判處分。

斬鷄頭誓願的故事

潘孔言

香港訴訟，雖根據英國法律審理，但前清割讓香港時約章規定，英國管治香港人民，不得違背中國人風俗習慣，故訴訟案件，仍參考中國習慣，以資判斷，如關於婚姻問題，親迎時女子係乘坐大紅轎者，即可承認爲正式夫婦，此其例也。

又如斬鷄頭誓願，亦爲中國民間風俗之一，遇爭訟不決時則斬鷄頭誓願解決之，此本非法律，祇在法律外求解決方法而已。此種方法，香港法庭有時亦引用之，但必係出於訟者之要求，並出於兩造之自願始執行之，法官絕不相強，倘斬鷄頭後，爭訟解決，法官即將案撤消，若仍不能解決，則法官仍循法例以求解決。茲舉一事以爲證，民國七年九月十七日，有商人李文溪及和隆店因錢債問題，控陳裕文於案，請法庭判明陳裕文是否爲昌興號之店東，而昌興號之司理人馮玉南出庭作證，要求原告之證人許藉華前往文武廟斬鷄頭誓願，許允之，但要求被告人陳裕文同去，官乃准於所請，屆時由高等法庭通譯陳兩英用黃紙繕就一措詞稿爲辛辣之誓詞，雙方買使砧板一個，雄雞一隻，菜刀一柄，及香燭等物，由兩位律師陪同前往，迨抵文武廟時，陳要原告先誓，原告不肯，因此斬雞之事未舉行，翌日再到法庭求判斷，原告律師砵立巴士言，被告陳裕文已犯簽假名發假誓之罪，自應先斬雞頭發誓，選不要原告先誓，臬司乃判謂，被告既不肯踐約，則斬雞頭誓願一事應取消，於是仍根據法理，判原告得值，由此一事觀之，可見香港法庭有時仍參照中國習慣辦理也，故香港每一律師皆備有大清律例及中華六法等書以供參考，訟案之有關中國風俗習慣者，當事人且請律師出庭解釋之，據老於香港法界者言，斬雞頭誓願一事，法官多不贊成，以其類於兒嬉，但既出於雙方之自願，亦祇聽之。

斬雞頭爲誓願，可以驗訟者心理，倘其人確迷信神鬼，作僞心虛，必不敢誓，案情之眞僞遂判，例如李文溪案，被告人臨時退縮，不肯發誓，即其類也。三十四年前，到文武廟斬雞頭者至夥，文武廟竟等於一「無法裁判」的法庭，是亦香港社會之異聞也。近年民智開通，因爭訟而斬鷄頭誓願者，幾可謂絕無僅有矣。

香港懲治海盜條例沿革

吳雲

香港在英領時代以前，從來即爲海盜活動之中心，故自英國統治香港後，關於防禦及懲治海盜條例，設立甚早。本來，依據國際公法，凡成立海盜行爲者，不分國籍、犯者皆可處死，即英國普通法律，亦規定海盜罪成立後應處死刑。香港既割讓於英，適用英國普通習慣法，故關於處治海盜初未嘗有專律，後因海盜過於猖獗，遂不得不頒佈專律。此項最初防禦海盜條例成立於一八四七年，本經立法局審查通過，惟倫敦理藩院於一八四八年一月一日訓令不准施行，故即於當年宣告廢止。

一八六五年爲與中國當局協力剿治海盜起見，特在當年頒佈第十三號華籍海盜提解中國政府懲治條例，後來一八八七年宣告廢止。一八六六年又頒佈第九號裁制海盜條例，次年加以修正，至一八六八年又加以重訂，於五月二十三日公佈施行。此律迭經一八六九年第六號，一八七零年第二號，一九二四年第五號，一九二七年十五號各條例修正，爲香港現行之懲治海盜法律。

除此以外，香港政府於一八六八年又頒佈第二號條例與中國政府通力合作制裁海盜。一九零零年又頒行小輪護航防盜條例，一九一四年頒行第二十三號防禦海盜事件條例，一九二三年又頒行補充軍火條例，禁止私運槍械。

按一八六八年所頒行之『制裁海盜事件條例』，共計十條，其中第三條以及第八條第十條，均先後於一九一一年及一九二七年宣告廢止，有效者僅六條十項。其中規定，無論何人明知故犯，遣發海盜劫掠航行，或從謀，協助，包庇，唆使，率領，或主使任何人而爲海盜劫掠之犯法行爲者，以成立重刑罪論擬，得處十五年以下之有期徒刑。又劫掠時如兼犯殺人罪者，則無論從謀或主使之人，均得處死刑或無期徒刑。

關於『海盜行爲』之解釋，曾先後經過多次研究。最後於一九三四年七月由倫敦樞密院組織司法委員會六人審定，認爲關於海盜行爲，並無已遂或未遂之分。凡在南洋中施行劫掠行爲者，不論其曾否實際劫得貨物，或曾否傷害人命，均一律論爲成立海盜行爲。故自一九三四年八月以後，凡在香港領海內成立海盜行爲者，不論其爲未遂或意圖者，概以海盜論罪，得處死刑。

第三章 地理

人生壽命不常，為古今人類對事業前途，和家庭間責任問題之最大威脅。能解除此隱憂者，為人壽保險方法，恰能補其缺憾，請留意焉。

財產之得失，至無定也，設遇災害發生時，甚至全數被毀而受損失者，仍能恢復其原來之價值，則投保水險火險，為莫大之保障焉。

敝公司等對於各種保險均有辦理，條款優異，信用昭著。印就章程，歡迎函索面詢。

永安人壽保險有限公司

香港德輔道中二十六號　電話三〇二四七

永安水火保險有限公司

香港德輔道中二貳五號　電話二三〇一七

廣州臘味家

（牌）（子）（最）（老）

（臘）（味）（最）（好）

自辦正式南安臘鴨

巧製標準切肉臘腸

專家採辦金華茶腿

承辦大小聘禮金猪

本號專辦金山南洋各埠箱頭臘味

衛生清潔：貨式純正：諸尊賜顧：依期不悞：

備有（名貴禮券）送贈親友簡便大方

地址香港中環大馬路壹百二十號電話二七一二六

（注意）並無分枝：請認老號：

華都飯店

最新設計　高尚居停

面臨海灣　幽雅絕倫

WALOOPF HOTEL

◁每房均設電話浴室▷

附設巴黎餐廳◇中西酒菜兼備

香港銅鑼灣電車總站前高士威道六號

電話：三〇二九一至三〇二九七

電報掛號九五五三

6 CAUSEWAY RD, H.K. TEL 30291 30297

天廚味精

歷史最久　信用最著　行銷最廣　品質最佳

香港德輔道中二三六號

電話三〇九二四

香港地理誌

李景新

香港島

香港島位於珠江口之東，西與澳門遙遙相對，距離約四十英里，在經綫一百一十四度五分，與一百一十四度十八分之東，緯綫二十二度九分，與二十二度十七分之北。面積長約十一英里，寬則由二里以至五里，週圍約二十七英里，面積約二十二英方里，全境山脈連綿由東而西，處處峯巒層疊，形勢峻峭，最高處為扯旗山峯，高為一千八百二十三尺。北岸與九龍半島對峙，島岸凹入，成新月狀，月弦之中央即港埠所在——維多利亞城地勢向北斜傾，為商業薈萃之地。其北有九龍半島之山峯，為其屏障，在南有本島之高峯為之捍衛。樓宇重疊，即點綴於山腹之上，馬路縱橫，密如蛛網。晚間燈光燦爛，遙遠望之，如滿天星宿，誠奇觀也。在東北隅，島峽外伸，與大陸邊岸相處極近，航道頗窄。在西部小島星羅棋布，有如天然之保壘。香港既處於島嶼山峯四面拱衛之中，故其地位堅固而安全。

港內多深灣，水深灘少，利於航行停泊，此為遠東諸大港所不及者，雖時有颶風奇襲，然能先事預防，則雖有猛烈之颶風亦可免於危險也。

香港既有此優良地勢，不特為中國重要門戶，而且亦為安南，新嘉坡，菲律賓，澳洲諸地間交通之中樞，形勢扼要，可謂得天獨厚，故余曰，天然之環境，乃促成香港繁榮之重要因素也。

島中著名區域曰西環，曰上環，曰中環，曰灣仔，曰跑馬地，曰銅鑼灣，曰七姊妹，曰筲箕灣，曰香港仔，曰赤柱，曰淺水灣，曰山頂。而商業則以中環為最繁盛，亦即香港精華之所在也。

太平山 余本作

香港島之南有名曰香港仔者。為全島最大之漁港。西北枕加列山，南與鴨脷洲島隔水相望，東有碑窰，紫羅蘭等山之高峙，與補尼海峽之深入，西南有博寮洲島之朝拱，故地雖濱海，但山勢重疊，港灣深入，風景頗佳。香港仔與中環有公共汽車及小汽船往來，與淺水灣赤柱等處亦有公路聯絡，與山頂區則有步行道上下，故交通頗為便利。

九龍

九龍為一半島，面積約四英方里，為廣東南部之一隅，南與香港島，遙遙相對，相距約一英里，九龍山嶺連綿於北，成為九龍最好之屏障。廣九鐵路南端最終之站，即設於尖沙嘴。近十數年來，當軸經之營之，曩日僻靜荒蕪之地，今已成為繁盛之場。九龍塘，何文田等地住宅林立，樓房宏敞，空氣之清爽，地方之雅潔，尤遠勝於香港商業繁盛，人烟稠密之地。

著名地域有九龍，油蔴地，旺角，深水埗，九龍塘，何文田，馬頭圍，馬頭角，紅磡，土瓜灣，牛池灣，侯王廟，長沙灣，荔枝角等。工商業之繁榮，則以油蔴地旺角及深水埗為最，住宅區，則以九龍塘，何文田等地為最清幽雅潔，而無喧騰叫囂之弊。

新界

新界在九龍之北，面積約二百八十六英方里，包括三十餘島嶼，面積九十英方里，合共三百七十六英方里。陸分為八大區，四十七分區，其著名為大埔，粉嶺，沙田，上水，元朗，青山，荃灣，平山及澳頭等。邱陵起伏，山嶺連綿，地質肥沃，植物繁殖，故居民以農業為多，蓋地理環境使然也。

其他島嶼

香港島嶼衆多，如星羅棋布。其在軍事上經濟上與交通上，佔有重要之地位，然從各島嶼之地勢與價值言之，則有東西之懸殊，東方島嶼少，而西方島嶼多。而且東部荒涼，西部繁庶。大抵由於氣候使然，蓋每年六七月間，太平洋颶風多從東南進襲，船不能泊，人不能居，此東部島嶼荒涼之主因也。

大嶼島　在香港西部，較香港島面積大約兩倍，精華薈萃於西部之大澳，其次爲北部之東涌。大澳盛產魚鹽，環島各村落，略有穀米出產。畜牧極少，梅窩略有種植。亦有銀礦，銀礦灣之得名由此。

博寮島　一名林馬島（Lamma Hand）距長洲之東五英里，與鴨脷洲相隔一東博寮海峽，遙約一英里餘，而積爲五英方里。峯脊聯屬，形如裙帶；自赤柱望之，更如長屏矣。最高之山

「杯渡禪踪」，舊爲新安八景之一，地在今之青山，相傳六朝時高僧杯渡曾渡海卓錫此山，因以得名。

爲一一六〇英尺。有榕樹灣、茅笪，東澳，榕樹下，大灣，流蘇城，橫塱，高塱，大坪，鵝洲，蘆荻灣，榕樹塱，符箕篤，北角等村。以榕樹灣爲最繁盛，居洲之西北，倚太坪灣而望西博寮海峽；灣廣一英里，亦稱龍水灣，有小市集及天后廟。洲有居民二千，多業農漁，有小艇往還鴨脷洲，赤柱兩地；考古者亦嘗在該處發掘古代兵器，謂爲遠在秦漢間之遺物也。

長洲　在博寮島之西，而積約二英方里，此爲一著名漁區，與筲箕灣香港仔兩地齊名。蓋以其漁業集散地，故交通利便，人物繁庶。有學校，有醫院，有村莊，每屆炎夏，西人多至此消夏者。

鴨脷洲　此係香港仔對面之一小島，面積約長洲之一半，中間成爲天然避風港，故爲漁人聚集之地，惟無出產，與長洲一樣。

林洲島　在長洲之北，面積約長洲之一半。

香港地名考

永言

香港海島，由明朝至今，共有四地名。一，裙帶路，明末鄧元勳鄧聖猷墾拓港島開闢農塲時也；二，赤柱山，清初至嘉慶年間駐兵島上，防禦海氛時也；三，羣帶路，赤柱村人陳羣，由香港仔帶路至今中環一帶，指點船隻停泊海面時也。（此「羣帶路」三字與上文「裙帶路」字音彼此相同，不過將一條裙之裙改作人羣之羣而已。）

明末錦田人鄧元勳及其黨兄弟鄧聖猷在港島安葬祖墳三座，一在黃泥涌，一在雞籠環，一在薔塲，薔塲地方近黃泥涌，地名已失，當時全島地方，開拓農田以頃數，皆屬元勳聖猷二人物業，在東莞縣名納稅，稅冊均寫「裙帶路地方某處，某姓田稅」字樣，今香港及新界一帶，自唐至德二年，至明隆慶六年，係東莞縣地方，明萬曆元年，設新安縣，始撥歸新安縣境，但「裙帶路」田畝，直至清康熙年間，仍在東莞縣納稅，糧冊至今尚有存名。

「裙帶路」命名取義，有二說，一，當時香港全島皆山也，闢為田後，農民除開闢田畝耕作外，又登山割草斬柴供燃料，山麓上之割草路，自對岸望之，上下縱橫，極濶似百裙之裙帶，此說也，故老相傳，多主之；二，「港島在九龍尖沙嘴之南，中隔一港，故名港島，一名裙帶路」，是說也清兩廣總督毛鴻賓及兩廣總督瑞麟皆主之，凡載入二人前後主編之廣東圖說卷十三之新安圖說書內。

清嘉慶二十四年新安縣知縣舒懋官修新安縣志成，志中新安縣全圖，於今香港島上，大書「赤柱山」三字。新安縣志，山水略曰：「赤柱山，在縣南，洋海中，延袤數十里，諸山橫拱，為海外藩籬，有兵防守。」上文所載「赤柱山（中略）駐兵島上，防禦海氛」事之「海氛」二字，乃指清初防明遺臣鄭成功及嘉慶時防張保（俗稱張保仔）事，茲從略，赤柱山地方，取義於清初之大木棉樹，故老相傳，今港島赤柱地方，有大木棉樹一株，某年颶風摧毀，枝葉零落，樹幹皮脫，屹立不榮不枯，自遠望之，成一赤色大木柱，當時港島全島，皆山也，故名赤柱山，未開埠時，今上環水坑口斜路頭，即山腳海濱，清乾隆時，陳姓人在赤柱之枯木棉附近建村，名赤柱村，至今近赤柱村一帶之地，統稱赤柱。

羣帶路，故老傳說，謂開埠之初，英人登陸，欲尋適合海港，灣泊船隻，俾得避免颶風，遇赤柱村人姓陳名羣者，羣引導之至今香港仔及鴨脷洲相對之海面，後以此灣不能容巨艦，乃由石排灣（今稱香港仔）起，沿薄扶林一帶山徑行，直至今域多亞利城前之海岸，遂以此為泊船之所，厥後，薄扶林山徑築大路，乃於道旁豎立三角形條石路碑，每若干哩，豎碑一條，向石排灣方

（上文接六六頁）

尼姑洲　亦名大沽洲，在長洲坪洲之間，人烟稀少，地方荒涼，昔日有人在此經營灰窰，今已廢矣。

汲水門島　亦名馬灣島，在青衣之西，坪洲之北，面積相當於坪洲，與香港交通亦頗便利，以漁鹽為商業之大者。近年有一美國人，欲在島上發展農牧，供給全港需要，但計劃太大，至今尚未成功。粵港線輪船必經其地，東南端小嶼有燈塔，島西之馬角咀，亦設燈塔，以指示航行。

青衣島　面積約等於博寮島之半，在汲水門島之東略產穀米，灰窰亦有數所。其地為香港荃灣小輪所經，故相當便利。

橫瀾島　在香港東南，島作長形，恍如橫瀾海上，為鯉魚門港口外之一重要交通據點，為外洋與香港航線必經之處，設燈塔，以指示航行。

青洲　在香港西端港口界線，其與岸間之海道，稱琉璜海峽，為港澳線輪船必經之處，設有燈塔，以指示航行。

高洲　此為新界東部最大之島，獨居灣之南，面積約二方里半，地僻靜而荒涼。

巨洲　界於高洲西貢之間，面積約二英方里，週圍小嶼林立，各據爭雄，為漁人紛集之地也。

東龍洲　在鯉魚門之口，面積略大於鴨脷洲。為輪船航行外洋必經之處，惟地方荒涼不及鴨

面，則鑿「石排灣若干哩」字樣，向域多利城方面，則鑿「裙帶路若干哩」字樣，所有路碑，於今尚存，遊薄扶林道者，於近山一便路旁，猶能見之，故老相傳，祗知陳裙帶路時在陰曆五月，惟年與日均已忘矣。

香港：上文已言「香港由開埠至今全島名也」，何年月日始名全島曰香港，待考。「香港」二字，原爲明朝至清嘉慶時一小港（小海灣）之名，該海灣在今香港仔附近之香港村海濱，名曰「香港」之小海灣，以運香木出口著名，香木爲榕香，伽楠香，沉香等，統稱「莞香」，東莞縣境所產之香也。今香港及新界，由唐至明，屬東莞，見上文。

東莞縣境及新界所產之香，自明朝至清乾隆年間，南自廣東全省，北至清代江蘇省之蘇州府松江府一帶，均甚著名，每年中秋之夜，蘇松一帶，必以莞香徹且焚燒，號爲「熏月」。「莞香」銷江蘇之吳閶門地方者，常一夕盡售，每年貿易額，値明朝通用銀幣數萬兩。新界大埔區之沙螺灣，及沙田區之瀝源，產香尤佳，婦女鑿香者，潛藏其最好之香木，待價而沽，（見新安縣志輿地略，物產）今人多知東莞有「女兒香」，甚少知到沙螺灣及瀝源，自明朝至清代中葉之「女兒香」，卽世人盛傳之「東莞女兒香」也。莞香之香樹，名「古蜜香樹」，唐朝時代，名「棧香樹」，鑿出備焚燒之香木有其黑如漆，其貴如金，其堅如鐵，擲地作金石聲者，斯爲最上，香木之良者，有鐵格，鷓鴣斑，黃熟，黑格，䃁種名目，自來東莞南部及今新界所產之香，恆在尖沙頭（今尖沙嘴）之香埗頭（當年運香出口之舊式碼頭），用小舟載至石排灣（今香港仔）附近之小港，名香港者，然後改用艚船（大眼雞船）轉廣州城，遵陸而北，踰南雄嶺直達江蘇省蘇松一帶，貿易極盛。清雍正間，有奉旨到莞地揹購異香之專使，大索不獲，知縣官杖殺里役數人，一時藝香家多斬去所植香樹逃亡，自是而香商貿易，遂漸消散，繁盛港灣，終成冷落海埠矣。廣東新語嶺海見聞粵中見聞東莞新安兩縣縣志，嘗當年香業，及宜於種香之地，所有種香及鑿香之法甚詳，恐煩不贅，近年盛鄉沙田之香粉寮一帶，清季光緒年間，仍有利用水碓舂香粉搓綫香，長蹄香等出售，當年曾至其地者，想能記憶及之。

清乾隆四十九年，帝六次南巡，江寧人內閣侍讀嚴長明迎鑾後，往隨園訪袁枚不遇，時袁枚遊廣東，長明致袁書，有「先生久滯羊城，咳昌華之霧，收東莞之香」等句，昌華，南漢王劉氏所建苑囿也，原址在今廣州市荔枝灣，所產荔枝極著名，嚴明長信中語，直以東莞之香，與昌華之荔同稱，乾隆年間，在雍正年間，莞人盡斬香樹逃亡後，尙念念不忘莞香，莞香著名於江浙間，從可想見。

香港灣香業凋零後，至清代乾隆二十四年（公元一八五九）有周啓文者，在灣之附近開村，名香港村，屬官富巡檢司管屬村莊（見新安縣志都里表），其裔於今仍盛。以香港二字爲島名，在清道光初時始見官書，自是，至裙帶路，赤柱山，裙帶路等古名遂隱。

（上文接六七頁）

胴洲之繫廠耳。

佛堂洲　亦名佛頭洲，又稱斧頭洲，峙立鯉魚門外之將軍澳灣海中，洲上僅葉氏一家。清時設稅關及砲台於此。砲台移置九龍寨城，稅關亦廢，固佛堂門海峽之犄角也。

蒲台　去香島東南二英里，面積約得青衣之半，山高七九二英尺。西北對螺洲，臨雙樹門海峽，西有白排洲，東北望陵蒞洲，橫瀾洲，天涯海角，煙波浩渺，濤頭十丈，一望溟濛。北有村曰蒲台，居民四百餘，多來自寶安南頭者。有天后廟，小商店，及茶市等。夏秋之間，漁艇紛集，出品以蔭竹，魚卵爲最著名。每日均有小艇往來赤柱。天后誕時，建棚演戲，端陽競渡，該處亦頗活躍也。

浪打金鐘　溶西海面一小洲也。去西貢東南五英里，與龍船灣相近，洲高數丈，形如覆釜，其側有沙痕，遠接大山，沒於水中，潮退可見。其南遙望水牛洲，菓洲，橋洲，峭壁洲，風鑑家因美其名曰絲錢吊金鐘，亦曰浪打金鐘。俗傳明末有顯宦某，相地至此驚爲佳城，遂安其先靈於此，至嘉慶間，其後人有巡撫者，歲値清明，挾族人數百，到此掃墓，惟水淺不能進，乃遍附近漁船，聯接爲橋，並環繞其洲，以壯聲勢，不從者，嚴懲之；使者雖勞而不報。其後舟人苦之，謀敗其山脈，勢果大挫，其族亦漸替，至今其墓亦無存矣。（完）

香港的地理環境

達源

香港位於粵珠江口外，是一個四面環水的小島，南距海南島三百哩，地當東西航路的要衝，它長約十一哩，面積三十二方哩，全島遍布花崗石的斷岩，拔海八千尺，踞高臨下，爲天然的要險。在遜淸咸豐十年以前，香港尙是草萊未闢，僅是一些漁翁出沒棲息之所。但是港澳深廣，形勢險要，所以在鴉片戰爭以後，香港即爲英人所重視，終於請政府便將之割讓給英國。

香港是世界第七大商港，海運事業非常發達，世界商港進出的船舶數量，紐約居第一位，倫敦，神戶，上海次之，再次就是香港。在香港進出船舶的噸數，有一年多至五千三百餘萬噸，即以一九三四年數字來看，於四四〇四三艘船隻總數中英船佔四八二四艘，計一二〇五三〇八七噸。

自香港割讓於英國，闢爲自由口岸後，英國特設總督府治理軍民事務。從此竭力經營，終使香港成爲遠東商業根據地。同時，建築堅固堡壘，以爲防守。英人喻香港爲「英國皇冕中最輝煌的寶石」，其對香港之重視可知。蘇彝士運河鑿通後，香港在軍事上的地位，更見重要，貿易繁盛，工業發達，教育逐漸發展，且有造船廠與船塢其他工廠等，蔚然爲一重要的工商業都市。

香港環島的海水成綠色，著名的淺水灣是香島人士暑日游泳的集中去處，其地勢是「三山六水一分地」型的，全島僅有三條寬廣的大道，沿海的是干諾道，向內是德輔道與皇后大道，猶諸上海的南京路，九江路，漢口路，成平行之勢。皇后大道之後已是山道，山嶺有高空電車的駛行。所以說，香港確像一個海上的花園，從海面望去，鮮紅的建築物襯托在濃綠的背景中，眞夠美麗。這裏是一個深水的港口，航輪都能停靠，且因廣九鐵路關係，恰好控制了西江的出海口。香港對岸爲九龍半島，相隔不過半公哩，彼此的形勢是互成犄角形，九龍不僅形勢險隘，可泊巨艦，抑且地形又凹入，爲一天然的避風港。若以軍事地理上觀察，九龍的確優於香港，兩地是分不開的。英國在獲得香港之後，以一島孤懸，難以發展，又與淸政府交涉，一八五八年，英國駐廣東領事巴克斯，便以個人名義，要求租借九龍。一八六〇年，四英哩的九龍半島尖端，遂由私人租借一變爲公開，英國即在九龍增築砲台，駐紮軍艦，以爲屏衛。及至一八九八年，廣州灣成了法國的租借地，英國又開拓九龍北部，訂立租借條約，爲期九十九年，從此九龍的全半島及附近諸島嶼，都爲英國的開拓地區。

香港在水道方面，在柴灣地方，有兩座砲台。一在鯉魚門的南岸，即香港島；一在鯉魚門的北岸，即大陸側，西水道方面，在灣竹石匠島附近，計有中央砲台，東南砲台，和西南砲台等六座。北端更有北部砲台。九龍方面，也有砲台多座。

地理小識

▲香港全島幾盡爲山阜盤紆，羣山相聯，彼突此兀，岑巒所擁，形成高原，就地勢觀之，中部最高，東西則漸次低降，山之最高者爲維多利亞山，（俗稱扯旗山）高一千八百二十三英尺，次爲乍架山，高一千七百三十三英尺，又其次爲奇勒山，高一千四百三十英尺，又其次爲歌賦山，高一千三百七十五英尺，又其次砵甸乍山，高一千零二十二英尺，此外又有山谷，西有黃泥涌谷，掃桿埔谷，與南之香港仔谷，鼎足而三。

▲香港有三峽，西有琉璜峽，界乎靑洲與香港之間，急水門峽，爲入珠江之要道，東有鯉魚門峽，爲入港之要隘。

▲香港四週，海灣羅列。東有大浪灣，石灣。南有加列灣，鴨巴甸灣，深水灣，利保路士灣，士丹利灣，大潭灣。西有先地灣，大口灣，大水灣，瀑布灣，奇勒灣，西灣，北有西灣，海灣，鯉魚門灣，筲箕灣，鰂魚涌灣，域多利灣，銅鑼灣，灣仔。

香港地圖史話

欽之

英國正式佔有香港島的第二年一八四二年皇家工程隊就開始本島的測繪工程。根據這次測繪成績而製成的地圖是由工程師柯寧遜担任的，於一八四五年出版，是四英寸一里的大圖，據吉斯布在一九三二年三卷的「香港自然界」季刊上說，直到十五或二十年以前，柯寧遜的地圖仍是本港通用的僅有的測繪地圖。

一八四四年出版的「納米書斯號航程及作戰史」下卷，附有一幅香港島的地形略圖，據沙雅氏在「香港的誕生青春成年」一書上說，這幅地圖是本港最早的地圖，作者是貝爾乾斗。圖上已經有域多利城的重要建築物所在地及島上幾座高山的高度。扯旗山的高度，這圖上所計的數字是一八二七尺，這與今日所測量的一七七零尺相差五十七尺。

柯寧遜的地圖，因爲製作年代太早，已無法適應後來日益發展的香港市政府的需要。一八六零年，爲了登記建築物和公私地段，政府將域多利城一帶繪成了更大的一批新圖，是以表明每條街道及每座建築物的所在地。九龍半島是一八六零年才割讓的，因此柯寧遜的地圖當然不會將九龍包括在內。關於九龍的地圖，直到一八八零年以後，方由當時的工務局加以測繪，因了九龍的移山塡海工程不斷的在進行，這樣製成的地圖不久又不適用了。

九龍新界是在一八九八年訂約租借的　在這以前，關於這一帶的詳圖，中英方面都沒有，唯一可用的關於這一帶地方的較大的地圖，竟是由義大利神父們測繪的，這是一寸一里的大圖，據說是根據英國海軍航海地圖製成的，範圍包括整個新安縣，因此香港九龍及所謂「新界」都包括在內。這圖附有中文本和英文本，雖然很簡略，但在當時是唯一可適用的地圖。

英國租借新界以後，爲了要劃定邊界和確定鄉民的田地範圍以便收稅，便亟亟的開始了新界土地的測繪工作。這工作是印度測量隊在兩名歐籍人員指導之下進行的。工作的主要目的本是爲了明瞭新界田地分佈的情形，但後來也就根據測繪所得製成了地形圖，這張地圖的比例是二英寸一里，有田地居民的地帶比較準確，高山和荒地就很有出入，舉例說，大嶼山北面的赤筋洲島，高度該是五百尺，這圖竟作一千尺。

當然，這樣的地圖在軍事價值上是一點沒有用的，於是本港軍事當局便開始了新界地圖的正式測繪工作，這工作結果便是製成了比例二寸半一里的地圖，完成的時間是在第一次歐戰前，香港也包括在內。說來使人不解，這幅地圖的九龍大陸部份繪測得極好，但構成香港的主體部份香港島，所表現的成績竟十分低劣，連經緯線的位置都弄差了。第一次歐戰使這種測繪工作暫時停頓，直到一九二四年才正式繼續。這時，空中測繪方法已經被利用，於是香港便開始了最新科學的地圖測繪工作。這次工作便完成了香港九龍和新界租借地二萬分之一的大地圖，差不多三英寸等於一里。

目前香港公開發賣的最詳細最新的大地圖，便是這種二萬分之一的詳圖，這批地圖共分二十四幅包括整個新界及香港四週的島嶼在內，正式空中測繪工作開始於一九二四年，一九三零年出版，一九三八年又加修正。目前市上發售的是一九四五年最新修正的。香港本島及九龍半島尖端部份屬於第十九頁分圖，這是本港中外市民所急切需要最好的地圖，可惜不容易買得到，早幾個月從英國運來了一批，每幅售價二先令，第十九號分圖立刻一搶而光了。

目前市上所有的其他香港地圖，大都是以這圖作底本的。因了縮繪方法不合科學，所以在地形上大都是不正確的，僅可以辨別地名而已。上述的二萬分之一的地圖，唯一缺憾是沒有中文說明，使一般的中國市民參用的時候有點麻煩。

關於香港域多利城市區的部份地圖，因了市政上需要，本港政府從一八四三年以來，就先後測繪過多次，但大部份的初期地圖到今天已經變成僅有歷史價值的東西了，與朗基氏所編纂的「中國通商圖錄」，其中關於香港部份，曾紀錄了不少初期的香港市區地圖。插圖中有一幅是柯寧遜的香港圖的域多利城部份，編者以柯氏原圖作爲標準，以紅線與據一八六二年愛爾夫斯氏的一幅新圖表示海傍地形變遷的狀況。在紅線以外，編者更以紅色虛線表示一九二三年（即該書出版時）的海傍地形現狀。這比較是有趣的，我們可以看出自今日的皇后道以北，自西至東的整個海傍地帶由移山塡海形成的經過。

愛爾夫斯氏於一八六二年所測繪的市區圖，相當精美，現在大英博物院輿圖室裏還藏有一幅，長六十五寸半，闊四十二寸半。在他的地圖上，今日的德輔道已漸漸的形成了，但整個干諾道還在海中。

大嶼山與蛋民

劉樸士

一

距今百有餘年，香港原是荒島，漁樵棲息，未解文化，生斯食斯，等同世外桃源，罔知秦漢；致令文獻不足，史料難徵，鑑往知來，豈容湮沒？不佞爰稽往籍，摭拾舊聞，姑述一二，就正大雅。

香港環擁島山，如杯渡，屯門，官富，及老萬山等；而「大嶼」爲羣山之一，往籍紀載，頗有可稽，其關於有歷史性者，以與蛋民之關繫尤切，故具篇述之。

二

大嶼山原屬東莞，（或稱新安）「案；東莞原與新安合縣，後析爲二：曰東莞，寶安」在海濱羣山中，地頗廣袤，蛋民「案；蛋民近代稱漁民，不佞行文爲徵引舊籍，原稱故從之」逐水而居，源流頗遠，廣東通志郡志云：

「大奚山一名大漁山，又名大嶼山，爲急水，佛堂二門之障：周圍二百餘里，有異鳥見，則大風生。山下有村，多鹽田，宋以爲李文簡食邑。」

郡志簡略，未嘗及與蛋民有關者，僅述其名稱與往蹟而已。至於其民俗如何？則有下一則之別籍紀載。

南海古蹟記云：

「大奚山在新安南大海中，一曰稠州。（案；稠州名稱之來源，待考）山有三十六嶼，山民業魚鹽，不農。宋紹興間，招其少壯置各軍，號衆，遂墟其地。今有數百家，徙米，牧豬羊，射麋鹿，時以所有，至城，易鹽米去。」

從上一則觀察，在宋時之居民，仍屬原始時代生活，自給未能自足，蓋有未受教化者。至於大嶼山與蛋民有無歷史性之聯繫？試看下述一段有趣之紀載。

東莞鄧淳「嶺南叢述」盧亭條云：

「大奚山三十六嶼，在莞邑海中，水邊巖穴，多居蛋蠻種類。或傳係晉盧循遺種，今名盧亭，亦曰盧餘。似人非人，獸形鴂舌，椎髻裸體，出沒波濤，有類水獺，往往持魚與漁人換米，或迫之，則投水中，能伏水三四日不死，仍復如舊。率食生物，以魚鮓爲饔餐。其捕魚，使人張罾，則數人下水，引羣魚入罾內，既入，引繩示之，則衆罾並其人以上。正德中，其人入水時，偶值颶風不能起，潛游數月，至香山，見罾以爲己物，乃坐其中；爲人所獲，執以赴官，或識之曰：此盧亭也。初獲，言語不通，久之，稍通語，詢之，信然。」

鄧氏所述，未免有荒誕之嫌，所謂「盧亭」云云，與野人而獸者，奚異！然所稱爲：「蛋蠻種類，或傳係晉盧循遺種，今名盧亭，亦曰盧餘。」是說蓋有所本，盧循爲晉朝人，晉書卷七十有傳，（傳文從略）未有言明盧循是蛋民，而唐劉恂嶺表錄異有云：

「盧亭者，盧循前據廣州既敗，餘黨奔入海島野居，惟食蠔蠣，壘殼爲墻壁。」

從此一則所述言之，盧循是野居，並非水居，固不是蛋民之證。其後顧炎武天下郡國利病書廣東人所引後山叢談云。

「晉賊盧循兵敗入廣，從舟遁居水上，久之，無所得衣食，生子皆赤體，謂之盧亭。嘗下海捕魚爲衣食，其人能於水中伏三四月不死，盡化爲魚類也。」

叢談所述，似涉神話，當非蛋民來源之據，而鄧氏叢述本之，蓋有未得其史實矣。

要之，蛋民云云，即如周去非嶺外代答所稱：

「以舟爲室，視水如陸，浮生水上者，蛋也。」

又范成大桂海虞衡志蠻條稱：

「蜑，海上水居蠻也。」

至於廣東之有蜑民，遠在漢代，卽如晉書陶璜上疏所云：

「晉時廣州南岸周旋六十餘里，已有不少蜑民。」

是則大嶼山之有蜑民，來源已久，而蜑族之繁殖已遍及閩粵海岸各地，信而有徵，蓋不徒以附會臆斷爲言，晉書陶疏所稱，則大嶼山其尤者矣。

三

關於蜑民之起源，人口，教育，風俗，信仰及其生活各問題，吾國向乏有系統之記載。而散見於說部筆記者，又語焉不詳，識者病之。一九〇九年美籍婦女特杜（Drew）來華，在蜑民中傳基督教已二十餘年，曾著有「南中國艇船傳道報告（ReqortsofsorthCHINAboatmission）」一書，敍述廣州香港傳道經過，可供參考。近人陳序經先生著有：「蜑民的研究」引證淵博，議斷精審，堪稱佳作。

蜑民生活，爲一般人所經常談笑者，厥有蜑家妹鹹水歌，編歌謠者，每高道之。爰摘錄其有合於香港地方性者，如次：

女唱：番人「識當」唐人坐落；兄哥，「哥歪」二字趕兄台。

（註：識當爲Sitdown，哥歪爲Goaway也）

男答：香港姑娘無個咁氣；姑妹，眞心從此結合佳期。

女唱：上東落西携帶小妹；兄哥，帶埋小妹去到江湖。

男答：上東落西欲携小妹；姑妹，海波浪大我姑難行。

女唱：香港生涯還要到底；兄哥，有妻懷念莫把妹爲題。

男答：香港花街情太重；姑妹，誰知今日大不同。

女唱：香港賺錢大馬路散，兄哥，哥你風流不顧妹凄涼。

男答：香港生涯容易散；姑妹，散極留香養妻兒。

蜑民鹹水歌，語近於狎，大抵皆男女酬唱之辭，觀風識俗，見微知著，蓋爲有心人所應提倡蜑民教育而改善之。

四

不佞述竟，離題已遠，竊有不能已於言，而有感於懷！大嶼山，森林菁茂，漁業豐富，蜑民麕聚，果能經之營之，拓植之，啓槊之，勤，植，飛，潛等物，咸聚於斯，其利甚溥。蜑民，吾種族也，敎化之，改善之，雖水居，柔異！此亦國民生計之一道也，盍起而圖之。

小記大嶼山

陳劍

在香港附近的島嶼，有一個島比香港島還大上兩培，它與香港聳立在珠江口，恍如一個是哥哥，一個是弟弟，它便是大嶼山，這嶼沿岸村子很多，最著名的是西北的大濠，東涌，沙螺灣；西岸的大澳；南岸的同福，長沙，杯奥；東南岸的梅窩。山中有新闢的昂坪，在鳳凰山下，僧寮齋堂很多。鳳凰山高三千餘尺，爲香港與新界的第二高山。廣東通志載這山有神茶一株，據說有消食退暑的功能，但不可多得，土人於清明日採下，名鳳凰茶。舊說大嶼山上分三十六嶼。據已故的許地山教授曾考據它的地名說：「這「嶼」意義很晦，到底是指山上分三十六嶼呢，還是大小有三十六個嶼呢？福建人名小島爲嶼，大島爲洲爲山，「大嶼山」的嶼字，廣東地名上很少見，也許原是「大漁」，否則初名這山的必是福建人或海賊。」大嶼山週圍島嶼很多，不知道所指的「三十六嶼」的範圍多麼大，若說大嶼山分爲三十六嶼，那麼，這「嶼」字應是「峯」的誤寫。但大嶼山的山峯高過一千尺的又沒有那麼多，甚至連名稱都沒有。所以「三十六嶼」還是一個疑問，這裏的東涌汎和大澳，每日有和香港來往的輪渡，交通是很方便的。東涌有一座舊寨城，廢炮幾尊仍在原處。我們欲想看一看百年前的香港是怎樣，就不妨到大嶼山一遊。

維多利亞城

蘇福祥

維多利亞城是英國人在香港島上建立的一個都市，這個名字是用來紀念英后維多利亞的，因為香港是在英國維多利亞皇后的朝代改隸英國版圖，作為英國皇家殖民地。

維多利亞城的範圍並不包括整個香港島，這個城的所在地是香港島的西北部。因為這個城雖然有城之名，却沒有城牆，不比九龍城那般，建設了城牆，十足一個中國式的城，所以維多利亞城的界線，根本不容易分辨清楚。其實，英國人最初建築維多利亞城的時候，也不曾劃定它的界線。

究竟維多利亞城原來的界綫是怎樣的？最初，灣仔也不列入維多利亞城，西營盤也是維多利亞城範圍之外，西環却是堅尼地城。那末，最初的維多利亞城祇是中區的繁盛區域。後來維多利亞城逐漸的擴築起來，市區逐漸的擴大，劃分為四環九約，到如今，除了香港島南面海岸的地方以外，北面的市區，都列入維多利亞城範圍內了。

維多利亞城是逐漸擴大的都市，就着地勢而建築的。因為香港根本就是祇有幾個山的小島，海岸不闊，維多利亞城不能不建築在山上。維多利亞城不純粹是一個山城，這裏分作三個區域——海岸，半山和山頂。海岸區域是商業區和華人住宅區，半山區域是高等住宅區，住的是外國人和一高等華人，山頂以前是禁區，中國人不輕容易能够在那裏建築房屋居住，這禁例到戰後才撤銷。

建築物顯示出維多利亞城的建築是逐漸完成的。維多利亞城有着最新的現代建築，如銀行區的大廈，也有古舊的中國式建築，如荷李活道和灣仔道到而今還保存着中國式的房子。街道也有新舊之分，英皇道是最新式的鋼筋三合土馬路，同文街，蘇杭街這些路中心開有一條明渠的古老街道還像從前一樣擠滿着行人。

維多利亞城也有「唐人區」，在香港的早年，華人區域並不與外國人區域混合的，外國人跟中國人做生意，也要到華人區去。中環，上環這些地方就是華人區，到而今還是一樣擠着中國人。事實上祇是華人區才是最繁盛熱鬧的區域，在那裏，從早到晚都保持着熙攘的景象，一切的景色充分的表現出「唐人街」的色彩。華人區的熱鬧景象便成為外國遊客喜歡看看的地方。

因為是一個山城，維多利亞城的街道並不完全平坦的。這裏有斜坡的路，也有石級的路。香港的居民習慣於跑斜路，他們跑路的姿勢也有點特別，他們要搖擺着他們的雙手來保持着身體的平衡。不過，跑不慣斜路的人們，初到這裏來，跑路的時候也感覺相當的困難，雖然經過若干時間以後，他們逐漸習慣了跑斜路了。因為這裏有石級路和斜路，所以「轎子」在這裏，還不曾給時代淘汰了。

又英國人為維多利亞城取名的時候，曾引起一度劇烈的爭辯，因為有人主張喚它作皇后城（QUEEN TOWN），一部份主張將它喚做維多利亞城，後來終於請示英廷，才決定採取維多利亞城的今名。

四環九約

香港地段分為兩種，一曰環，一曰約，東由灣仔起，西至堅尼地城止，劃分四環，計為下環，中環，上環，西環（後有將香港仔及銅鑼灣併入，則為六環），由銅鑼灣至堅尼地城止，復劃分九約，計為堅尼地城，石塘咀，西營盤，上環，中環，下環，灣仔，鵝頸，銅鑼灣。茲將四環九約地段列下：

四環

下環　由灣仔道起至軍器廠止

中環　由威靈頓街西頭街口起至瑪利球場止

上環　由威靈頓街西頭街口起至香國家醫院止

西環　由干諾道西起至堅尼地城止

九約

第一約　由堅尼地城起至石塘咀止

第二約　由石塘咀起至西營盤止

第三約　西營盤全段

第四約　干諾道西東半段

第五約　由上環街市起至中環街市止

第六約　由中環街市起至軍器廠地段止

第七約　由軍器廠起至灣仔道止

第八約　由灣仔道起至鵝頸橋止

第九約　由鵝頸橋起至銅鑼灣止

筲箕灣的傳奇

陸新大

筲箕灣，這僻處本港東隅的角落，在不大被人注意之中，已慢慢地走上建設的途徑。過去，這裏是充滿了神奇傳說的荒僻地區，是智識落後的漁民聚集之處，工商業更落後得很。現在，大工廠陸續在建立中，一幢幢的新式樓宇，也在鳩工興建，市區拓展，人口日衆，將來的發展，正未可限量。

一位年逾七十的老居民，和記者詳談幾十年來的興替史，眞有滄海桑田之感。據說：筲箕灣最初是給人喚做「餓人灣」，只是海盜盤踞的地方。因爲地形的關係，使它變成了一個天然的避風良港，漁民常在這裏灣泊，後來並將家屬移居上岸，外處的人也來這裏開設些小商店，賣些漁船用具，日用品，衣料什物這一類東西，『好人』漸漸多，才把海盜趕跑。這些商店，陸續在東大街設立，形成了目前的雛型。現在的東大街，已經成爲筲箕灣的商業中心，全灣有六百餘家商店，其中以中藥店爲最多，估六份之一，其次布疋店十餘家，金鋪五家，而專做泥菩薩和拜神用具的衣紙店也特別多。還可以看出，這些商店還是以漁民來做大的主顧，靠神吃飯的也特別多。

筲箕灣的社會組織，最初是非常簡單的，只有一個街坊値理，但並沒有一定的會所和沒有經常的工作。而街坊總理的誕生，更是奇怪，每年在譚公廟內擲卜而定，正的副的總理，都跟勝卜多寡而定名份，賢愚不肖，品德良歹，在所不計，故此全無建設。到現在，筲箕灣已有商會設立了，擁有會員二百餘家，現任理事長譚仲良，是天天金鋪的老板。據說他十九歲的時候，便在筲箕灣開金鋪，那時全灣只有一家麗新金鋪，他恃着牌子老，不把這靑年小伙子看在眼裏，在營業競爭中，麗新金鋪份縣出『麗情街坊重，珠寶壓雙天』的對聯，來表示他們對天天金鋪的輕視，但在譚老板慘淡經營之下，天天的營業一日千里，卒之麗新也要關門大吉。

因爲過去這裏是智識落後的漁民麕聚之區，教育非常落後。但在街坊們極力提倡之下，已有六間小學開辦。但是街坊們的意思認爲擁有七萬餘居民的區域，竟沒有一家公立學校，私立中學也沒有一所，居民子弟要升學，就非「上環」不可，實在太不方便，也在進行向當局請求，在這裏設立一家中學。

香港開埠以後，筲箕灣的原住民，獲得英瑪利皇后的特許，准他們享有九百九十九年的地權。現在享有這種特權的原住居民，也還不少。至於後來拓展的地區，只有七十五年的地權而已。

現在的筲箕灣，交通已經相當便利，但在最初的時候，除了靠兩條腿之外，便只有搭船。那時是距今約五十年，有一家舜記公司，派一隻廣英小輪，每天來往中環與筲箕灣之間三次，時間是上午八時半，中午十二時半，下午四時半，由筲箕灣啓航。當時的居民除了因爲商務關係必要往來外，「上一次環」相信不下難於現在的過一次澳門。

因爲居民的流動性很少，莠民不易混跡，所以這裏的治安一向都很好。本港光復以後，許多區域都常有搶劫事件發生，但這裏還沒有發生過。警察在這裏，比任何一區都較清閒。

古詩當中的漁歌唱晚，現在還可以在筲箕灣偶一看到。每當夕陽西下，碧海流金，或是皓月當空，水天一色，常有三兩漁舟，在海中此唱彼和。有時興之所至，就是在黑夜之中，也會亮着大光燈，吭着喉嚨，你來我往地，唱個不休，這便近於賭賽，雙方都想用歌詞唱到令對方折服，來贏取那空洞的榮譽。這天眞的好勝心，常常令到她（或他）們聲嘶力竭，達旦通宵。因爲漁民們多將家眷遷到岸上長住，做丈夫的又爲了衣食，大部份時間要出海捕魚，青春少婦長年纍月地獨守幽閨，就是飽受舊禮教薰陶束縛的女子，也每每情難自遣，而做出令道學先生所認爲不齒的事件，又何怪她們百份之百的文盲，而習慣上無形中認爲「應當的了」所以，在過去，她們幾乎大多數除了丈夫之外，都另有一個或以上的情郎。這些贏得她們芳心的倖運兒，她會推心置腹，解衣推食的對待他。把他招待到自已的家裏，待如上賓，賠上了她自已的肉體和物質，然後，向同儕表示自傲。因爲她自已以爲，最低限度，她有了足以勾引一個情郎的姿色和風韻。同儕們對

黃泥涌攷

吳灞陵

黃坭涌，是一支水勢頗大的溪流，而且又是一支流域頗長的溪流，尋源溯流，其範圍非常廣大，黃從坭涌峽，下坭涌村，村的下面是黃坭涌谷，谷的四面都給黃坭涌團繞，過跑馬地，出鵝頸而入於海，黃坭涌水塘就築在牠的源頭。

現在黃坭涌谷闢成一個偉大無比的跑馬場了，黃坭涌谷這個名字也改成「快活谷」了。還有，一條環繞跑馬場的黃泥路，也改名黃坭涌道了，黃坭涌村也給改成摩登的住宅區，不再住着那些土頭土腦的黃泥涌土人了。

黃坭涌使人懷念，黃坭涌村更使人懷念，在二十五年前，一條古老的黃泥涌村依然是吳姓和葉姓的村民在那里安居樂業，雖然他們只是拏石頭做牆壁，拏木塊做瓦蓋。而二十五年後的今天，黃坭涌村就變成華麗的景光街，毓秀街，禮發街，昌明街……了。

在黃坭涌村的另一端，是一片田圃，兩姓村民，種稻種菜，養鷄養豬，日出而作，日入而息，自食其力，怡然自得。後來，村變成洋化的住宅區，這一片田圃也跟着同一命運，變成今天的晉源街，聯興街，桂芳街……了。

村的裏頭，不愁沒有食水，因爲那里有一口井，週圍大概有八九尺，水源極爲豐富，「取之無盡，用之不竭」。現在，自來水替代了井水了，井已經給人看作「不合衞生」的傢伙了。

在黃坭涌村不曾開闢成現代的住宅區以前，村裏設有一個街市，用竹葵葉蓋搭而成，裏頭只有豬牛肉類和鮮魚，沒有菜蔬，因爲鄉下人自己會種植瓜菜，街市不需要這些。

在廿五年前香港政府決定開闢這塊地方的時候，通知全村居民搬到指定的地方去住，假如你以爲生於斯長於斯食於斯，不肯離開這個地方，香港政府就每月補回四十二元給你，一直支付到黃泥涌村開闢爲現代住宅區成功那天，這一個悠長的日子，大概是三個年頭。

當整條黃泥涌村拆平以後，香港政府給予原住民以優先領地的權利，不管誰，凡是能拏錢去領地的，都可以領回原有的土地，自己拏錢去建造洋房，現代化的洋房，假使沒有這樣的能力，一經發展，那末，香港政府會在黃泥涌村最端的田圃，給你建造些簡單的小型房子，酌量給回你房住。當時香港政府建造了幾十幢那樣的房子在那田圃的地面，就是現在那幾條叫做晉源街梓芳街聯興街……的房子了。這些房子的建造費，當時是每幢九百塊錢，可以說是廉價的房子。

這一排房子，都是一層兩房的房子，最適宜於原住村人的需要，所以吳葉兩姓的村人都要回這些房子來居住，因爲他們沒有領回土地建造洋房那樣大本領，只好住他這樣簡陋低廉的小屋，比起衞往陋牛的地方居住好得多也，他們的鄉下和他的房子雖然改觀，可是他們的生活，他們的習慣還是照舊一樣，門前堆滿柴草什物，鷄犬不驚，兒童喧鬧，晚上也依舊散落在門前坐坐，說拍談天，充滿了極度濃厚的村鄉風味。

後來，住的問題在香港嚴重起來，房租高漲，這些村民們也把他們餘下來的地方出賃給別處來的人居住，大概增城籍的人佔多數。

（上文接七四頁）

她，如果她那個情郎確是相貌不凡，也會表示羨慕之意，絕不認爲這是不道德而加以鄙蔑。

至於那位虛有其名的可憐的丈夫呢，也許是他自己心裏明白，長時間地令她獨守孤幃，是對不起她，或者甚至這一套已經成爲毫不足怪的老例。當他滿儎歸來之後，對他的妻子一樣地執行他丈夫的職權，她也循規蹈矩，安安份份地做着妻子應做的工作，至於那位臨時的丈夫呢，他也會很識相地暫停往來，偶或和那位眞丈夫碰頭，也只有互許於心，不了了之。

因爲有這樣的事情，所以在戰前，筲箕灣是沒有被稱爲「阻街女郎」這一類女性的。一個陌生的男子，如果想在那裏尋芳獵艷，一定會失望，一定要有識途老馬爲之帶引，他知道那一位怨婦是希望得到異性的慰藉，便帶到她家的裏去，如果目成心許，往往有意外的收穫，而不令來客化一個錢。因爲她們有的是丈夫的飯吃，並不是靠出賣肉體來維持生活。正如魚玄機所說的：「易求無價寶，難得有情郎，」如果她認爲你是有情郎，意想不到的倖運便會蒞臨你的身上。

但是在戰後，爲了房屋缺乏，許多人擠到這裏來，居民的份子日益複雜，「阻街女郎」也有許多選定這一塊純樸的地點來做她們的「基地」，這一來，什麼都變質了。眞的有心想做入天台的劉阮的人，也有魚目混珠，無所問津之苦。行見這些風流韻事，即將雲散風流，徒留下一些美麗的傳說，給多情自用的現代名士來幻想而已。

長洲

吳灞陵

長洲在香港版圖的羣島裏，可以說是一個中型的海島，因爲在羣島裏有比牠大也有比牠小，可是牠的繁榮程度要比別島來得强，除了香港不計，大嶼山比牠大得無法比較，但大嶼山西部的大澳，也趕不上牠。

香港範圍裏有幾個被稱爲漁區的地方，香港本島有筲箕灣，香港仔，赤柱，新界大陸有大埔，西貢；新界羣島有塔門，大澳，長洲，蒲台等等，但除了筲箕灣和香港仔兩城之外，只有長洲是熱鬧的，大概因爲這一點，造成長洲的繁榮。

長洲的島形，顧名思義，我們曉得是長形的東西，不過牠東西兩面的海岸參差不齊，而且其東部花瓶，南氹，龍蝦這一帶，是突出的部份，東部的東灣和西部的長洲灣又既深且廣，更使長洲形成一條織腰，然而，牠的南北兩端的距離，足有兩英里之長，東西兩端，最狹之處不足一英里之四分一。牠所以能稱爲「長」的，大概因爲這個原故。

新界的島嶼有一個共通的情形，面島的東面風浪太大，居住的區域一概選擇在島的西面，長洲也不能例外，漁船固然在西便的長洲灣停泊，住宅商店也面臨長洲灣開設。一萬至二萬的人口都是居住在這島的西面。島上的南北兩面，各有山邱，北便的土人叫北便山，南便的土人叫南便山，以前，因爲有了岐視的存在，南便山上星羅棋布的洋房，沒有一所是中國人的別墅，直至太平洋戰爭結束以後，這種岐視才宣告消滅，但南便山上已變成一派頹垣敗瓦，景況荒涼，不但沒有中國人，外國人的影子都沒有了。

因了長洲是漁區，讓我先來談談牠的漁業。

據說，長洲雖然有了居民百年，但在民國四年以前，長洲還不曾給人們注意，只有些漁夫樵子，構廠結網，散居洲上，像一個世外桃源，偶然也會有十數漁船，路過其間，修帆曬網，並不繁榮。直至民國四年以後，因了香港日形進步，人口漸衆，需要魚類的供應較多，才逐漸成爲漁船的集散地，因爲漁船多，需要繁，具有生意眼的人，都來到島上開店，專做漁人的生意，形成長洲今日的繁榮。在戰前，有過一個極爲繁盛的時期，大家甚至叫長洲做「小金山」，這可見長洲之繁榮程度爲其他島嶼所不及了。

據有資格的漁人說：長洲能夠成爲最有價值的漁區，是因爲牠具備下面那幾個條件：一．港灣水深，在潮長的時候有七尋之深（每尋等於五華尺），就是潮水退落的時候，也還有水六尋，因之，大小漁船在灣里停泊都不會受到潮水漲退的影響。二．潮流緩慢，漁船出入長洲灣，絕不須顧慮潮水漲退緩急，毫無時間限制，隨時進出。三．長洲灣像一個向西的U字形，南北兩面崗陵起伏，東面商店民房的背後，也高出水平，在颶風的季節裏，足以減輕風力的襲擊，漁船都可以到灣裏避風。四．距離漁場比較近些，只要一天半天的航程，便能夠開到擔杆山列島，萬山羣島附近的所謂「陸棚」地帶作業，如果颶風告警，他們很快就能夠回到安全區域。五．距離香港本島只有一小時的輪船航程，關於漁獲物的運輸，漁業用品和糧食的供應，都極便利而充足。因這種種關係，長洲便形成一個最理想的漁港。

從漁人口中曉得：每年，漁獲物最大宗的，要算鮮魚（十一月至三月），黃花（九月至十一月），鮫（三月至四月），鯧（同上），狗棍魚（全年）這幾種。

他們獲得一條魚之後，以前是首先賣給魚鋪或「欄家」，然後轉運香港交給「大欄」，再由大欄賣給「欄仔」或辦貨客，欄仔又賣給零售魚商魚販，若是辦貨客就運到港外其他地方，現在是由漁政署施以合理的管理，制度不同了。

說到長洲的商業，他是和漁業有唇齒相依的關係的，所以，由於漁業的興盛，商業也隨之興盛，凡是民生日用，長洲都小規模地具備起來。商店林立，集於大新街，興隆街也成爲旺市。商人們十分團結，近年組成長洲華商會，會址在海旁。

因爲漁船在長洲灣集散，修理設備少不得，向來有三家船廠，戰前木材豐富的時候，裝船業務極爲發達，造船工人有一千之衆。

長洲的農業，可以說是絕無僅有的，由於地勢關係，可耕的面積少之又少，因而出產無多，只是些瓜菜之類，還不夠本洲的需要，要靠附近梅窩貝澳各地出產的農品來供應。

一個居住着近兩萬人口的小島，其文化如何至堪注意。首先，我們曉得洲上的教育是相當發達的，官立長洲小學校，已經有了相當歷史，也相當著名，校舍堂皇，校舍面前便是一個硬地球場，四週還有些花木，距離鬧市稍遠，是一個適宜讀書環境的學府。

此外，有全洲居民公立的小學一家，由東莞，惠潮，寶安三會館聯辦的小學三家，私立長洲女學一家，長洲免費夜學一家，私立漢川幼稚園一家，先不管就學的人數多少，只看看這學校的數字，便知道長洲的教育狀況還差強人意。

醫院有長洲醫院和長洲方便醫院。長洲醫院面臨東灣設立，建築也極爲新型，樓建兩層，窗開四面，內設馬禮信紀念堂，留產室，手術室，病室，兒童病室，門診處等。留醫大概能容納一百人左右。在民國二十三年以前，聖約翰救傷隊爲了便利長洲居民求醫，特在東灣海濱設立贈醫處，留醫的約四十人，候診的不知凡幾，後來由救傷隊首長莫理士與胡文虎接洽，由胡氏捐助大部份建院費，其餘由各方善士捐助，到民國二十三年十一月二十一日落成開幕，到現在已經有了十三年歷史。

長洲全景

在戰前，長洲已經有電力供應商戶，淪陷期間斷絕供給，直至最近才有人投資十五萬港元經營這種事業，仍然叫長洲電燈公司，短期內可能有電力供應，據說：將來電燈公司還利用餘力，設立製雪廠，供給漁民作冰鮮之用。

島人對於宗教的信仰，仍然以「拜神」爲主，有洪聖廟，天后廟，北帝廟等，但以北帝廟爲主，洲之西北方有玉虛宮，就是奉祀北帝的廟宇，廟貌甚爲壯麗，每年北帝誕日，島人便在廟前蓋搭戲棚，演戲酬神，附近各處島人都來看戲，一時熱鬧。

娛樂方面，長洲有一家長洲戲院，是一般島人晚上消遣的唯一地方。游泳的機會比較多，因爲長洲四面是水，有幾個海灣適宜游泳，著名的東灣，其餘西灣，蒲魚灣，南氹等，都可以游泳，每逢假日，香港的學生界，文員……等，都會到那裏玩半天。在各海灣中，以東灣爲大，沙灘相當好，距離市區又極近，人多趨之，因之凡遊長洲的，沒有不到過東灣。

番鬼塘

在英國人來香港之前，香港附近早就有歐人的足跡。大澳南有一塊地方名喚「番鬼塘」，這名字在英國人佔據前一百多年就有了，「番鬼」是指荷蘭人而言。在二百年前，荷蘭商船曾寄碇大澳港，船上人私自上岸邊搭寮居住，因而得名。荷蘭廢墓或就在那附近。荷蘭人是受滿清政府特別優待的，是因爲他們曾幫助清兵滅台灣鄭氏的原故。他們的商船來到廣州，卸貨之後，不駛回澳門，卻停泊在大澳及雞翼角的東灣或西灣過冬。那時，遠行的船也像現在中國的漁船一樣，在相當時間必得拖上沙灘，把附着船底的動植物去掉，和修補損壞的地方。船隻不在澳門修理，而在大澳一帶，受這樣特別待遇的，恐怕只是荷蘭而已。雞翼山上有廢砲台一座，是建自清朝的，西人每誤認爲荷蘭營壘。在雞翼角與大澳中間有二澳村，村北有島上最大的瀑布名「水嗽嘈」，風景極幽美，可惜樹木少些，若用人工整頓，當會成爲很好的風景區，水嗽嘈瀑布從山上瀉下，曲折很多，每曲有潭。全瀑高千餘尺，所以又叫做「萬丈瀑」。

香港仔與鴨脷洲

楊飛

「香港仔」是香港島的一個相當繁盛的漁村，當英國人還未到達香港的時候，中國的漁人已經集居在「香港仔」建成一個富庶的漁村。

「香港仔」位於香港島的南面，海灣雖然不很深，可是，在當年的木漁船看來，還海灣已經是一個良好的港島了。英國人初到香港的時候。他們的軍艦和漁船，都是木製的帆船，最初，他們駛靠香港島南面的「香港仔」，他們誤會整個島都是叫做「香港」，後來，他們發現了這個錯誤，於是把這個島叫做「香港」，「香港仔」卻改名了「鴨巴甸」。基於這個原因，日本佔領香港的時候，把它的名改作「元香港」

「香港仔」對岸的一個小島，土名叫做「鴨脷洲」，這個名大概是根據它的形狀而改定的。「鴨脷洲」形狹長，像一條鴨舌，「舌」，廣東人叫做「脷」，所以叫「鴨脷洲」。

在英國人統治香港的初期，「香港仔」成了「香港」的一個背瘡，因爲那時候，「香港仔」是海盜的巢穴。英國人經過了很長的時間，才剷平了海盜而奠定了「香港仔」的和平秩序。

經過百年以後，「香港仔」到而今還是一個漁村，雖然在這漁村裏也參差的矗立着一些新建築物。「香港仔」的漁艇，到現在還構成着「香港仔」的美麗漁村畫圖。在漁汛過了，漁民閒暇的時候，「香港仔」桅檣林立，「漁舟唱晚」的景色，頗爲動人。

「香港仔」的海鮮，是能夠吸引着都市人的好東西，週末假期，不少都市人爲着吃海上鮮到「香港仔」去的。

鴨脷洲與香港仔的距離，眞可以說得是「一衣帶水」。你站在香港仔的堤岸，直望過去對面的山屋，便是鴨脷洲了。中間的距離，只不過是一海道，倘若把那些弋艇連起來，也可以架成一座浮橋呢。

香港仔　余本作

鴨脷洲最初不過是一個荒山，有人煙的時候，還比香港仔爲遲。後來由坭沖積愈多，漁民們也開始在這塊土地上建立他們的「世界」了。但直到今天，還未有電燈設備，居民仍是點着火水燈，遙望對面香港仔的燈色輝煌，眞如兩個世界。

住在這個小洲上的人口，大約有四千人，但也流動得很，有漁船返港的時候，便會突然增加一批人，到漁汛的時期，卻又減少一批。他們的生活，仍是保留相當濃厚的原始方式，大部還是「日出而作，日入而息」。衣裝也樸實，還是戴上那頂竹織帽，赤着脚，女子從不塗脂抹粉。

這裏有八十多家商店，大部都是經營與漁民有關的生意，但也有四家金鋪，一間酒家，四間茶居。大的鋪子，多集中於鴨脷洲大街，其次是洪聖街，惠豐街，平瀾街等。但這裏的生意並不好景，整條大街卻給那些魚菜攤檔佔據着，因此一個初到的人要找一間商店的招牌，就相當吃力，因爲通給那些篷帳遮蓋了。

因爲居住的都是純樸的人民，所以這裏的治安非常好，眞可做到「夜不閉戶」。說起來也許沒有人相信的，住有四千多人口的鴨脷洲，只有一個警察駐守。住民都有傳統的思想：「生不入衙門，死不入地獄」因爲有許多紛爭，都憑街坊調解，非到爲不得已時，不往香港仔警署報案。自然，這裏也沒有搶竊小賊和拘捕阻街女郎的。據說「三餘別墅」是這裏形而上的最高仲裁機關，許多的大事小事，都由這裏解決，住民們對它的信任，比高等法庭還要高。

漁民與神，似乎有不可分離的關係。在這個小洲上，就有三間廟宇：洪聖廟，觀音廟，譚公廟。其中香火最盛的是洪聖廟，每年陰曆二月十三洪聖誕的時候，可眞熱鬧非凡。聽說該廟今年香燭開投，竟達五千八百元，難怪入廟的甫踏進門便有人叫「添香油」了。廟祝還傳說昔年張保仔曾送給這個廟一枝簽語，文云：「中秋好明月，缺月又還圓，只怕東來雨，大家半掩門」。含義如何，讓你自己試猜猜吧。

青山史話

吳雲

坐了車子在貫通九龍半島西岸的公路上，沿着海邊山崖而行，走了一小時多以後，便可以走到青山。這裏被大海夾着的斷崖形成了開曠的沙灘和向東北展開的平地。海岸線向北深入靜靜的港灣，港灣之西有獨立峯從海面筆直的巍然屹立。挺出巨嶺的山頂彷彿如城堡。外國人喚他做Castle Peak。這個地方現時雖喚做青山，但因韓愈有詩云：『屯門雖云高，亦隨波浪沒』，可見原是唐朝的屯門故址，這座有特色的山峯，自古以來就成爲由海上駛入珠江河口的一個目標。

誰也知道，廣東從極古時代已成爲中國對外海上交通的中心了。但知道屯門是駛入廣州的中外船隻的停泊港口的人，却就未必很多。唐朝著述如『古今郡國道縣四夷述』一書曾說過：『自廣州東南海行二百里即至屯門。乃帆行二日又至九州石，（即海南島東北角的泰耶婆島）』。又宋朝周去非所著的『嶺外代答』，卷三『航海外夷』一節中述自巨港，經交趾洋，以至中國境界的情形說：『其欲至廣州者，則自屯門而入，其欲至泉州者，則自甲子門（廣東省陸豐）而入。』

如此，屯門之名自唐朝始已出現於歷史上了。屯門這個地名，顧名思義，大概是指設了屯田防衛的兵而言。說不定這些屯田兵是担任管轄這地方一帶的屯田的。在邊戍西北敦煌的玉門關担任警備流沙的兵士，同時，這裏海濱也一樣有唐朝的屯田兵來守望越過南海而來的船隻的帆影，把這些往事追憶起來，誰能不起懷古的幽情呢。又在唐朝末葉曾於廣州建立首都樹起王朝來的南漢王，他的後宮裏就收容過波斯的美麗妃嬪。這些異國的美姬大概在她們坐了大食（阿拉伯）船渡至廣州時，一定曾在這兒的青山海濱停過一夜船吧？

青山寺前之牌坊

時代遷降，迄乎明朝，據新安縣志說正德十一年有番夷佛郎機（葡萄牙）入寇，佔據屯門的海澳海道，後由汪鋐出師討平之。正德十一年等於西歷一五一六年。又據葡萄牙文獻說，西歷一五一五年保爾希，阿爾華列斯所統帶的中國遠征隊，曾在達曼登陸，於海濱樹立一根刻了葡萄牙徽章的石柱，於此來做對華貿易的根據地。不消說，達曼就是屯門之訛，這個根據地一直繼續了五年之久。可是，到了正德十六年（一五二一年）正德皇帝晏駕之後，明朝的對外政策便起了變化，拒絕葡萄牙外交通商的請求，決意派出水師來包圍屯門的根據地，陷入危境的葡萄牙人雖起而奮鬥應戰，可是已經來不及了。據葡萄牙文獻所記，僥倖得了童貞聖母的保佑，乘暴風雨脫出重圍的葡萄牙人，就逃到馬六甲去。第二年，葡萄牙船隊重來此地，也一樣給中國擊攘敗退，自此之後，葡萄牙便北上看中了寧波，復南下轉入澳門，決心放棄『達曼』了。

到了明末，珠江河口便失去通商交通的場面，不斷的受到海寇和外國船來襲的苦惱，屯門附近的土地就曾經幾次做過那種戰場。由青山海濱只隔一衣帶水的大嶼山，荷蘭因協助明朝討伐海賊有功而特許在島上築了根據地，也是在那個時候。鄭成功的父親鄭芝龍與海寇劉香幾次交戰的戰場大概也是在這兒附近一帶吧？接着，中英發生了貿易關係，由印度把鴉片運到中國來的帆船，便傘伶打島以及

第三章 地理

港內三小島

程摯

香港港內有三個小島，面積不很大，卻分佈在這個美麗的海港裏，這三個小島是「昂船洲」，「加列島」，和「海心島」。

「昂船洲」是三個島中最大的一個，位落海港的西面，朝着油蔴地——旺角——深水埗的避風塘口。這個島是長形的，遠望有點像一條船，有些人說「昂船洲」的得名是由於它的形狀，但也有人說因爲這島附近風浪很大，帆船駛經這裏，很容易翻船或觸礁的，所以土人叫它做「昂船洲，這個島，現在已經成爲一個軍事基地，從前，島上的沙灘是開放的，在泳游的季節，許多弄潮兒女都到這裏來作海浴消遣，但自從改成了軍事基地以後，這些沙灘也封閉了，艇船沒有許可證的，也不准駛靠這島了。

這島的英文名字是（STONECUTTERS' ISLAND）。英國人把它改作「打石匠島」，大概因爲他們初到香港的時候，這個小島和香港島一樣的荒蕪，島上只有三幾戶爲着採石便利關係而在這島上築寮居住的打石匠。爲着易於辨認，他們索性叫它做「打石匠島」了。

「加列島」也是英國人改的名字，大概是紀念一個英雄戰士或有功官員吧，改名的原因，無從考據。這島面積比「昂船洲」較小，位在銅鑼灣和灣仔距離間的燈籠洲對開海面，島形圓，好像一個燈籠，大概土名就是燈籠洲，後來因爲這個小島成爲英國海軍的物業，島上居民要遷到對岸，再經若干年後，提起燈籠洲，就指這島對岸的那塊地方，很少人知道這島原來就是燈籠洲了。在地圖上，這個島也列名「加列島」了。

「加列島」一直由英海軍管理，直到戰前三幾年，海軍才移出這島，不過，這島面積很小，而且是一個獨島，像饅頭般浮在水面，不夠開闢，沒有什麽用處。後來由英國游艇會承受了，闢作會場，在戰前，英國商人多自置游艇，參加了游艇會，每逢週末假期，在海港內揚帆遊樂。游艇會有時也舉辦比賽，規模雖比不上英美等國家的游艇比賽那麽偉大，可是白帆片片，隨波起落，環集這個蔥綠的孤山，增加了港口的美麗。

「海心島」是三個島中最小的一個，位在九龍土瓜灣對開的海面，島上沒有山崗，祇是幾塊大岩石，可是卻有一所面積很小的天后廟。大概因爲早年這裏附近都是漁村的關係，所以島上建有天后廟。到而今，每年陰曆三月廿三日天后誕，還有許多艇艀，到這島來進香的。

在平時，這島很甚冷落，不過，在夏天裏，這島又成爲附居民的海浴場，雖然這裏沒有沙灘，但因地方幽靜，許多愛尋幽探勝的人們，都來這裏找到消遣，在游泳的季節，土瓜灣岸邊，有小艇渡客到海心島去。

（上文接七十九頁）

屯門灣來做鴉片走私地點。到了鴉片戰爭以後，香港割讓給英國，加之海運已入輪船時代，對外接觸的場面便又遷到香港去，於是屯門舊的港灣只有帆船停泊，因此就變成今日閒靜的漁村青山了。

韓愈是否到過青山

喬

青山有韓愈題字『高山第一』，傳爲韓退之謫官南來舟次青山所題。曹受培在他所寫『重摹韓文忠公碑記』中有這樣的紀述：

『高山第一』四字，字大逾尺，在新安縣之屯門。屯門一名杯渡山，又名青山，縣志所謂青山之巔，鐫『高山第一』四字，相傳爲韓愈題者也，其旁有『退之』二字，字畫蝕殘，隱約可辨。又碑後有『兩巖雖云牢，木石互飛發，屯門雖云高，亦總波浪沒』二十字，首尾款識，剝殘已盡，不知題者爲誰。唯『兩巖』四語，見於昌黎集送元協律詩中，蓋以狀颶風掀簸之勢者。豈當時謫官南來，由廣渡潮，舟行遇風，於此小泊，遂乘興登臨，濡染大筆而爲之耶？志又載，宋蔣之奇杯渡山紀略，亦引屯門二語爲證，獨題字缺而不載，豈以韓書流傳已久，無待致詳耶？余於已未仲冬，探勝至此，剔苔剔鮮，摩挲者久之，概念名蹟之可珍，乃掄工摹刻，置之青山禪院，以餉遊者，而識其大略於此。其兩巖二十字，及退之款識兩字，模糊太甚，工無可施，徒滅沒於荒烟蔓草之間，以系思古之概而已。

這樣說來，韓愈是不是真的到過青山題過字，還待更正確的考證。

香港仔與赤柱

吳占美

環繞着香島的村鎮，最富有詩情畫意的漁村，要算香港仔了。這裏有鄉村都市化的情景，風光是別饒風味的。它純粹是一個漁港的村鎮，所以建築物比不上淺水灣那麼新式美觀，可是慕名而往的遊客，每天都是絡繹不絕。它為甚麼能永遠吸引着那些遊客呢？假如你願意化半天的時間，到那裏去遊遊，你便可以領略到它的特色了。

那裏完全是樸素風味，沒有半點都市的浮囂，海鮮是全港最著名的，在都市裏買不到的，在那裏都可以隨意地吃個痛快。名貴的海鮮，剛從水裏拿上來的青衣，火點，石斑價廉而物美，適勝你在都市飽飫葷肉，而另換一個口味。酒家設在岸邊不遠的地方，樓小而雅潔，假如你厭倦杯中物的話，更可以買醉樓頭，更可以到海心的漁艇上，惺忪的睡眼，斜倚江干，欣賞着這漁村的景色。

當夕陽西墜，天空是一片錦繡般的晚霞，和蔚藍的海水相照映，點點風帆，從遠處駛來，爛光瀰漫，益有無限的詩情畫意。入夜，漁舟唱晚，隨着柔柔的海風，送到岸上，使你心情愉快，感到別有一個珠江的風月。

香港仔一名鴨巴甸，它取名跟香港歷史很有關係，因香港的山峯，是像一條裙帶，香港仔便是處在羣峯環繞的當中，是一個天然深成的港灣，在香港還沒有開埠前，完全是海盜盤踞的險地，古式的砲台遺跡，現在尚留存着，是供遊人的憑弔。海岸對面是鴨巴甸山，天主教堂的神道研究院，設在山嶺上，紅牆綠瓦，濃厚宗教色彩，頗見壯觀。

循香島道，行前不遠，便可看見香港仔兒童工藝院，內裏教着一班失學的兒童。假期日，院裏是供人參觀遊覽，院長是一位慈祥的神父，他會很細心告訴你，他如何地教養着這一班無依的羔羊。

這一個清新的印象，使你感到都市的煩囂，富有詩意的漁村，誰會領略到大自然的賜予呢？

× × ×

赤柱，也是香島的一個漁村，雖然沒有香港仔那樣比較繁榮，可是這裏也另有一種風味。

曉明的天空，輝映着蔚藍的蒼海，海水撲擊着嶙峋的岩石，這裏矗立着一座深灰的小山城，這就是遠東的第一監獄，依山面海，四面碉樓，形勢極其雄壯。這裏有寬闊的草地，有新型的別墅在岸邊矗立，天風海濤，會令你心懷俱靜；在山顛的黃麻角砲台，扼香港軍事的咽喉，可惜自香港淪陷後，經過了炮火的洗禮已經毀壞了。在環繞半山的路，都是潔淨的柏油路，交通是特別便利的。這裏有聖士提反學堂，也有兒童感化院，凡是犯罪的兒童，通通都交由這裏教育着，還有孤苦無依的流浪小童，也另外的由第二個感化院管理，他們的日常生活和醫務，是不錯的，此外還有教會的學校是幾個中國籍的神父主辦的。

赤柱的市區，不過是一條很窄狹的街。帶有鄉村的風味，不過市場的設備，和水喉等，卻帶有都市化。這裏的海鮮，也和香港仔齊名，不過遊客是很少到的，在巴士車站前，還有一間新型的小樓宇，點綴着古色古香的漁村。區外一派桅檣，還是用海捕魚的漁船，當夕陽映着這景色，蘊有無限的詩意。

當明月當空，照着寧靜的柏油路，忽然一陣的海風，吹拂着崗上的松濤，你徘徊月下時，你會感到身在畫圖，或者在浮光躍金，靜影沉璧，泛着小舟，穿插着桅檣隊裏聽互答的漁歌，使人心魂俱淨。

這裏差不多是漁民的社會，他們終年累月的，都在驚濤駭浪中，度着可憐的歲月。然而在魚價着賤的時期中，尤其是在戰亂生活的香港，誰會意想到在驚濤駭浪中苦命的漁人。

擁有別墅的海外寓公，這裏雖然不及淺水灣那樣多，可是也着實不少。這裏的地價，同樣是尺土寸金，不過非寓公們是買不起的。

赤柱不獨是軍事上的咽喉，而且是香港漁村之一，當你欣賞着松風海濤，你自然感到赤柱風光的清絕！

西貢一瞥

煥文

本港大漁港之一的西貢，在港內慣作旅行生活的人士，誰也不會對它感覺陌生的。這一個小墟市，隸屬於新界南約理民府，是九龍半島東北隅最大的墟場，它和華界的沙魚涌一衣帶水之隔，普通帆船航駛，祇需六小時航程，便可抵達。所以在淪陷期間，這地是本港對中國內地的交通孔道，這期間形成了這地的畸形繁盛，直至香港光復後，才消失了它的光彩，現在它依舊寂然無聞地隱沒在半島的一個角落。

這地市內的面積約有二百餘畝。全墟約有五百人家，人口統計約二千餘人。街道計有『德隆前街』、『德隆後街』，『西貢正街』，『西貢大街』，『西貢道』、『海旁街』、『西貢橫街』等街道，各種形式的商店都有，不過大都作小本經營，因此市容不十分熱鬧，間或有些外來遊客，點綴一下，才見有些生氣。唯一的遊客休憩處，『中央樓』算是有樓閣的茶寮；其餘兩家都是較小的規模。唯一的場廠，祇有小型船廠四所，祇能製造木質漁船，在四月至八月的漁汛期間，是船廠的『旺月』期，廠內有僱工五六十人工作，平常因生意清淡，工作人員祇有十數人至二三十人不等。

在風平浪靜的日子裏，大小漁船騈集用網捕魚，它們常都找尋利便於捕魚的場所下碇，因此，在這期間，西貢港祇見一水灣環，帆檣影寂，但當暴風雨疾作的時候，大小漁船，紛紛港內躲避，一時織纜連江，靜寂的西貢頓形熱鬧，墟內的商店，大都祇作漁汛，和漁船麕集底有期限的生意。

墟內有公立學校一所，教會主辦的學校一所，教堂一所，福音堂一所，是當地人士唯一的進修場所，附近村鄉不少，最大的要算『沙腳尾』和『北港』兩鄉，各都有人口二三百人，也各有學校設立，其餘三五家人的小村也不少，週圍共有百餘村落。每天早上八時至九時，墟內充塞墟的村人，倍見擠擁的。

這地的交通，戰前有小輪開走花頁，現已停航。在淪陷期間，一般走難的人，都由這地僱舟至港灣外的『北潭涌』，轉渡船往沙魚涌，現亦間有人運輸，因此在墟上可覓見內地的出品，從前由九龍往西貢的大路，祇有由現在的『稅關道』通往將軍澳的大路，然後轉入小徑經『黃竹洋』地的山路可達，惟自淪陷後，日寇因軍事上的需要，徵集民伕數千人，以九個月的時間，開闢了一條公路，以便通車，這路是由『大埔仔』地點開築。但崎嶇迴環，狹窄陡峻，乘車至此，膽小的乘客都會捏了一把汗。現正進行開闢另一捷徑，把彎曲的公路改直，減少危險。每天由九龍城開往西貢的貨車，有七八輛不等，川流不絕，每客單程收費叁元。日寇築成這路，沒有柏油舖蓋，在雨大時，泥濘難走。迨本港光復後，始由駐軍會同多部隊再加鋪築，雨大均無礙行車，不過路面仍舊狹窄罷了！

西貢港週遭，小島拱立，綠水漣漪，風景美麗，對面『大環』灣和『沙下』兩地的沙灘，潔白可愛。是水浴季節『弄潮』好場所，將來也許會發展爲水國的良好場所的一天的！

「大包米」

小文

旅客從遠洋乘船到香港來，當船駛進了鯉魚門，便可遠望到九龍海上貼近尖沙咀的尖角的地方，矗立着一座小山，山上豎著兩枝旗桿，一枝旗桿上懸掛着那艘輪船駛進港口的船所屬國家的國旗，另一枝橫掛着一枝橫桿，構成一個十字形，橫桿下掛着兩種指示潮汐和風向的信號球。

這座小山的設備，是爲進口輪船通訊，那些信號球都是專供進口輪船的船長和領港人參考的，普通人看來，當然不曉得牠們是代表什麼，雖然有些不明白的人會誤會那些就是報告颶風的警告信號。其實，天文台懸掛風球的信號塔建在距離不遠的天文台上。

這座小山，英文的名稱是『訊號山』（SIGNAL HILL），中文的名稱是怎樣，縣誌及其他史地冊籍沒有記載，所以沒辦法稽查，不過，土名叫『大包米』，大概因爲它面積不大，四週都是平地，一峯獨立，看來好像一袋米，所以才把它叫着『大包米』。『大包米』的位置就在半島海岸東側，緊接了一條彌敦道和一片草場，山腳的馬路是漆咸道和中間道。

在這座小山上，以前曾經有過一座『時球台』，每天報告標準時間。那座『時球台』是一座很小的紅屋，屋頂豎着一枝旗桿，報告時刻的那個球貫在旗桿上，依時依刻的自動升降，正午的時候，那球剛升到旗桿頂端。後來，時球台被廢置了，那個報告時刻的球，也拆了下來，祇剩下那座小紅屋。

鯉魚門閒話

程摯

名作曲家狄桑夫人，於去年十月路經香港的時候，曾經作了一個歌曲，叫做「鯉魚門」贈給這裏的兒童保育會。

這歌的內容，除了對「鯉魚門」的讚美歌頌以外，還解釋着「鯉魚門」的命名意義。根據狄桑夫人在歌詞裏的解釋：鯉魚是指在那裏捕得的一種魚，而「鯉魚」在中國人新年宴會中是必有的一種肴饌，中國人喜歡「鯉魚」，因爲取吉祥之意，「鯉」諧讀「利」，開年時候吃鯉魚，可卜一年的幸運。「鯉門」就等於「利門」，那就一大利之門」。她在那歌詞裏，還引述了中國的古代傳說，那就是「鯉魚躍龍門」的神話，她說「鯉魚」跳過那裏的海峽，化了形，變成了一條龍。因此，「鯉魚門」可以說是「魔術的峽」！

狄桑夫人在中國蘊居了三十多年，結交了許多中國朋友，對於中國人的風俗習慣並不陌生，曾經根據採風問俗所得，撰作百多枝有關中國的歌曲。從她這一闋「鯉魚門」歌看來，她對於中國人的生活習慣和神話傳說，顯然已經採集得很多，不過，她和其他外國人講述中國故事的一樣，爲着增加故事的趣味，不惜把從各方面搜集得來的一些有趣的事情，拼湊在一起，因而造成穿鑿附會的故事。

以「鯉魚門」來說，它的名字的起源，很難考據。「鯉魚門」當然是土名，但那裏是否很多鯉魚，抑或那個海峽的形狀肖似一尾鯉魚，究竟由於那一個原因才改那樣的名，當地的土著都很難有詳細清楚的回憶。狄桑夫人的歌所述鯉魚門得名的故事，或許是她請教中國朋友的時候，從她的朋友那裏聽得來的。然而，那樣組織的故事，顯然有些不盡不實的地方。

關於「魚躍龍門」的傳說，在中國可算是時代傳遠了，在香港這個名字還未見諸中國史冊的時候，「魚躍龍門」這個典故，已經在中國書籍上看得到了。由此可見「魚躍龍門」的故事，斷不是在這裏的「鯉魚門」發生的。因爲「香港」出現在中國的史冊和地誌裏，祇是宋末元初的事，把「魚躍龍門」的典故的發源地，移到香港的鯉魚門來，顯然有點牽強附會了。

研究外國的風土人情，這是一件不輕容易的工作。採風問俗，如果工作不能夠深入的話，很容易受到道聽塗說的影響，而失掉了其實性。這，在外國人研究中國的時候，或者中國人考察西洋人的風俗習慣，都很容易犯了同樣的毛病。試看外國電影或者小說，他們描寫中國人，有時候也還抄襲着他們前代的人對中國人的偏頗的滑稽的繪型。這不單是對中國沒有清楚的認識，而且含有侮辱的成份。

狄桑夫人當然不是寄意歪曲事實，她的錯誤或許僅由於喜歡這樣趣味化的故事，有意或無意的造成了這樣的錯誤，她是值得原諒的。不過，爲着真實，我們不得不指出她的錯誤，或許可以作爲狄桑夫人採風問俗的參考材料。

石澳

大風

石澳是香港港島的最南端，也是香港最東邊的地方，輪船從東面進口，必先經過石澳，波浪比淺水灣大得多。石澳是以香港游泳去處馳名的，因爲它有潔淨皎潔的沙灘，沙質的幼潔，和面積的廣大，都非其他沙灘可以比得上。每年游泳季來臨，便爲「弄水」者的好去處。它的優點不祇是在沙灘，它的風景也是吸引遊客的因素。當太陽吐紅色的時候，和太陽西落的一剎那，反映着彩霞的海水，波浪的濤湧，沙灘的壯觀，都可以代表濱海的南國風光。

石澳和其他海灘不同之點，便是漁業不甚發達，它雖然被香港漁民遺棄，卻是業餘釣魚家的樂場，因爲這裏慣常產生大魚和各種奇怪魚類，便是專代客搜求怪魚的漁民，也集中在這裏追尋他們意外的收穫。在石澳的山頂上，遊客常看見坐着一個老年人，他是常在看海潮的經驗，能看見潮湧的海潮，就能辨別出它是海流的現象，或者是大魚賣弄身手。每當有大魚來的時候，即鳴鑼示衆，大家划小船合力追捕，捕到大魚賣得的錢，由大家分配，本來他們以捕魚爲生業，但現時卻以它爲副業，他們的生活是大部份依靠夏天泳客來維持，他們在夏天蓋搭棚帳，租賃給泳客。但是在夏季的末期，政府卻將石澳蓋泳棚的權利出投給商人合辦，這對於他們的生活的一個重大的打擊。

九龍租借史話

葉林豐

位置在香港對岸的九龍半島，成爲英國領土和租借地的經過，是先後經過兩個階段才完成的。第一階段，是經過簽訂一八六〇年的所謂北京條約，以尖沙咀爲起點的這個半島的尖端，包括旁邊的昂船洲小島在內，正式割讓給英國，成爲英國的領土。這一次所割讓的領土的面積，官方最初的記載是二英方里又三分之二。但後來又有記載爲四英方里的，這記載的出入，是因爲海岸和鄰地逐年被填沒，面積無形中擴充了。加之後來租借了新界，有些新租得的區域也被劃入九龍範圍之內，形成今日之所謂老九龍與新九龍，所以在面積的數字更有出入了。

第二階段，是九龍半島尖端併入香港範圍以後，英國覺得這對於香港的商業發展及軍事防禦工作仍不敷運用，便靜候機會再向北發展，這時機終於在一八九八年成熟，這時正是光緒二十四年，甲午戰爭失敗之後，門戶大開，形成列强要瓜分中國的局面。俄國租借旅順和大連，德國租借膠州灣，法國租借廣州灣。這時英國本已要求租借威海衛，但看見法國租借了廣州灣，又立刻提出要求，租借九龍以北的一大塊土地和香港週圍的若干島嶼。當時的滿清政府已是驚弓之鳥，對於列强的要求可說是有求必應，九龍半島的租借條約自然很順利的完成。這一片的租借地的面積相當廣大，自當時新安縣屬的深圳河以南，東起大鵬海，西迄深圳灣，包括這兩個港灣的水面以及香港島前後左右的大小島嶼，全部的面積共有三百七十六英方里，當裏面二百八十六英方里是大陸，其餘九十英方里是各大小島嶼面積的總和。這一片的租借地，便是今日之所謂新界。

新界的界限，也就是今日香港政府領土的北面界限，據一八九八年九龍租借條約所附的地圖，（見Jona Mac Murray, "Treaties and Conventions with and concerning China"卷一第一三零頁），自馬士灣與深圳灣間劃一直線，在這一直線以南，北緯二十二度九分以北，東經一百十三度五十二分至一百十四度三十分之間，這區域以內的大陸，水面和島嶼，都是屬於香港的，新界北面邊界與中國領土的分界，當時的地圖僅劃了一條直線，但在條文中却聲明詳細的界限，待日後雙方派員會同測定。後來，第二年三月間，雙方派員勘定，樹立木樁，北面的邊界便以深圳河爲界，河北爲中國的深圳，河南爲英領新界。這條河兩端的港灣，即西面的深圳灣和東面的馬士灣，在界限上屬於英領，但在條約上却註明，中國的戰艦，仍得繼續使用這一帶的水域。

在這條約上，與還領海權同時聲明由中國保留的，便是九龍城內的統治權。一八六〇年九龍半島尖端割讓香港時，這一小片土地的管轄範圍，在中國官方的報告上雖說是屬於新安縣的九龍司（見夏燮：「中西記事」及「夷務始末」卷六所載咸豐十年奕訢等人的奏摺），但九龍城城治並不在內。等到一八九八年的擴大九龍租借條約完成，新安縣屬的轄地已經去了三分之二，九龍城也包括在內，於是便有保留九龍城城內治權的聲明。

九龍城昔日之城基

我始終不明白，那麼大的一片土地已經讓給人家了，對於九龍城（實在僅能稱作寨，說不上城）這豆腐乾似的一方土地怎麼又珍重起來？這是英國給中國人留一點面子呢，還是當時滿清官吏爲了欺矇皇帝所要的一種花槍？我曾化費了許多時間去研究這一點地方治權被保留的動機，至今還不能得到滿意的解答。因爲從當時的情形看來，清廷當然是不稀罕這濱海荒僻之區的土地和人民的，這從英軍去接收新界時，錦田一帶鄉民事先毫不知情和事後對於滿清政府的憤慨可以看出。

一八九八年的租借九龍條約，對於九龍城城內中國治權的保存也並不是毫無附帶條件的。（請參閱八十六頁所附載的『展拓香港界址專條』。）條約第二項上說明：「所有現在九龍城內駐紮中國官員，仍可在城內各司其事，惟不得與保衛香港之武備有所妨礙」。至於出海的通路，中國官員可以繼續使用九龍城海傍的原有碼頭和通達新安的道路，且城內官民任便行走，中國兵商各船渡艇也可以自由在這個碼頭來去。

當時香港政府準備在條約完成的第二年（一八九九）四月十七日正式接收新界，可是在這日期的前兩天，英方軍隊開入新界準備接收工作時，英軍卻與錦田鄉民發生衝突。據摩斯氏在他的大著「滿清帝國國際關係史」卷上說，根據當時出版的英文報紙記載（North China Herald, April 24, May 22, 1899）就爲了這種擾亂，英方認爲中國官方協助不力，便根據條約上關於九龍城主權問題的附帶說明，於五月十六日將九龍寨城內的中國官員驅逐出境，同時並將深圳及邊境其他鐵路地帶佔領了六個月。

去年九月間，當寶安縣政府擬在九龍城內恢復設治時，香港政府曾發表聲明，表示一八九八年條約上所聲明由中國官吏保留之城內治權，由於「一八九九年，中國官吏在九龍城內行使治權，被認爲保衛香港之軍事需要有所抵觸，因而中止。自該日起，距今幾將五十年，英國當局在九龍城內，業已行使非獨有治權，一如在其他新界地區」云云。香港政府這裏所根據的「有所抵觸」和「自該日起」便是上面摩斯氏所提到的訂約第二年五月十六日驅逐九龍城內官吏的這一措施。

其實，既成事實是一件事，條約是一件事。中國放棄九龍城內的治權至今已近五十年尚無意恢復，這是中國政府的錯誤，如果當時滿清政府對於自己治下的官吏被人驅逐出境並未抗議，那是當時滿清政府的昏庸和懦弱，但這一切並不能使條約本身有甚麼改變。

一八九八年的九龍城租借條約，中國代表簽字的是李鴻章，英國是竇納樂。除了錦田的一幕不幸事件外，前後經過可說進行得很順利。一八六〇年的第一次割讓九龍半島尖端經過，情形便大不相同，內幕很曲折的了。那時正是所謂「英法聯軍」之役。英軍因了「亞羅」號事件，進攻虎門和廣州，擄去粵督葉名琛，屯兵香港，準備再大舉北上，香港地方小，容納不下從印度調來的作戰部隊，於是便看中了對岸的九龍。當時的九龍土地在主權上本是屬於中國所有，可是既然發生了戰爭，英軍便也不理會這許多，便登陸尖沙咀一帶當作紮營地。等到廣州問題局部解決

殿後掘山採石面目模糊

後，由於當時駐紮在九龍的一位英國軍官的提議，英方便向當時新來的兩廣總督勞崇光商洽要租借九龍尖沙咀的土地。這件交涉全是由那位著名的廣州英領事巴夏禮主持的。這真是借不借由你，兩廣總督勞崇光居然並不將這件外人要求租借土地事件向北京報告，就直接爽快的接納了巴夏禮的要求，將九龍尖沙咀租借給英國，作爲屯兵之用。戚柯爾寧氏在「中國問題辭典」上記載，當時的租約，包括昂船洲在內，訂明每年租金一百二十鎊。政府守土大員可以自作主張將土地租借給外國，而且是用來屯兵準備北上攻打自己政府，這難怪當時英國陸軍大臣錫伯特說，「中國人真是世界上最蠢的人」！

因了這個原故，一八五八年的「天津條約」中英部分，英國便有意不提到九龍問題，直到三年後訂立北京條約時，英國才提出廢除與廣東當局訂立的租借九龍尖沙咀的契約，要求將該地段割讓給英國。也就是有了這次，北京的滿清政府才第一次知道這一塊土地已經事先租給了人家。奕訢，桂良等大臣關於這事的奏摺上說（見『夷務始末』卷六第十七頁）：

「英國所增三條，一係東九龍司地方，併歸英屬香港內……查九龍司地方，據該國聲稱：已經兩廣總督勞崇光批准允租，則與給與無異。但事無實據，何可憑信，惟其地與香港毗連，係海口餘地，非內地要隘可比。……

因爲並非「內地要隘」，所以給了人家也無關重要，這就是當時滿清大臣對於土地主權的代表觀念。

鄂拔蘭氏的「巴夏禮傳」（The Life of Sir H. Parkes）關於巴夏禮私下向兩廣總督租得尖沙咀土地的經過，記敘得很詳細。從巴夏禮本人寫給他的太太的家信上，敘述幾日時間就將這件交涉辦好，使那位中國大官蓋了印，畫了花押，鷄犬不驚，他自己也似乎很自負。

官式的割讓九龍半島尖沙咀與英國，據諾頓凱希氏的「香港法律法院史」（The History of Law and Courts of Hongkong）卷二所載，係在一八六一年正月十九日舉行。當時從廣東有一位大員來九龍舉行一種授土的典禮，英方的代表是總督羅便臣，伊利近、巴夏禮。巴夏禮是精通華語的，他擔任了通譯，他將一袋盛有九龍泥土的紙袋遞給中國代表，中國代表再將這一袋泥土授給香港總督，便成完了九龍土地的官式讓與權。

展拓香港界址專條

溯查多年以來，素悉香港一處，非展拓界址、不足以資保衛。今中英兩國政府，議定大略，按照粘附地圖，展擴英界，作爲新租之地。其所定詳細界綫，應俟兩國派員勘明後，再行劃定。以九十九年爲限期。又議定，所有現在九龍城內駐紮之中國官員，仍可在城內各司其事，惟不得與保衛香港之武備有所妨礙。其餘新租之地，專歸英國管轄。至九龍向通新安陸路，中國官民照常行走。又議定仍留附近九龍城原舊碼頭一區，以便中國兵商各船渡艇，任便往來停泊，且便城內官民任便行走。將來中國建造鐵路至九龍英國管轄之界，臨時商辦。又議定在所展界內，不可將居民迫令遷移，產業入官，若因修建衙署，築造砲台等官工，需用地段，皆應從公給價。自開辦以後，遇有兩國交涉之事，仍照中英原約香港章程辦理。查按照粘附地圖，所租與英國之地，內有大鵬灣深圳灣水面，惟議定該兩灣中國兵船，無論在局內局外，仍可享用。

此約應於畫押後，自中國五月十三日，即西曆七月初一號，開辦施行。其批准文據，應在英國京城，速行互換。爲此，兩國大臣將此專條畫押蓋印，以昭信守。此專條在中國京城繕立漢文四分，英文四分，共八分。

大清國太子太傅文華殿大學士一等肅毅伯李，經筵講官禮部尚書許。

大英國欽差駐劄中華便宜行事大臣竇。

九龍城

潘孔言

按一八九八年北京條約，有關於九龍城之條款稱：「……所有九龍城內駐紮之中國官員，仍可在城內各司其事，惟不得與保衛香港之武備有所妨碍，仍留附近九龍城原舊碼頭一區，以便中國官商各船渡艇任便往來停泊且俾城內官民任便行走」。等語，九龍城卡係屬我，已無不可移易之鐵案矣，但據歷史事實，因新界鄉民曾武力反抗英軍之接收，英官遂指九龍城中國官吏協助不力，將其逐去，但條約上所規定我方之權益，未經取消，我外交當局過去亦曾聲明決不放棄條約權益。

九龍城內面積，尚無確切的測量，大約總在七八百畝以上，城牆用花崗石砌成，倚山面海，由山腳到山頂，下廣上狹，狀如鐵鉗，港九淪陷後，雖經日人拆毀，但土垣猶在，偶臨憑弔，令人增無限滄桑之感也。在我國官吏被逐出時，城內居民僅有五十餘戶，男女居民約一千人，皆為種田捕魚及泥水木工等，向皆未向港政府納稅，港政府亦未予以干涉，就此相安，居住下來，直至一九三三年，香港政府以城內屋為貧民窟，地方不潔，有礙衛生，乃於是年六月以衛生條例辦法，通知城內居民遷往飛機場附近之狗蝨嶺居住，其佈告云：「新界南約理民府為通告事：照得（一）汝等現在所居之屋地，限於一九三四年年底由政府收回，至於搬遷該屋費用，政府為周恤起見，給予損失費二百五十六元與至九仙。（二）政府將指定狗蝨嶺地一所，如汝等欲承領者須於一九三三年九月以前到本署掛號可也。（三）該新屋地價不另收費，惟每年徵收地稅每英畝二百元（即每一分地徵收二元），其建造費不得少過五百元，當該屋上蓋未曾建造完妥，不得將屋地出賣，或按揭等事。（四）各經註冊之豬寮，亦由政府補置搬遷損失費與其業主，且另有新地一處，特為建築豬寮之用，如欲承領者，即按轉照徵費用，今特出示，俾衆周知。一千九百三十三年六月十日」。

但城中居民不願遷徙，並無依照於九月以前去掛號，南約理民府乃於翌年再行佈告云：「為通告事，照得舊年六月本府經已曉諭汝等九龍城之屋，於一九三四年後不得續批，並要搬遷別處，且由政府補置屋價及給予屋地，不另取地價，如此辦法，諒無苛待，再者，本府另有新辦法，即政府將來在舊年指定之新屋場地上代建新屋，不取價值，及准予註冊立案，地稅則照該區域平常徵收，又如現在領有豬寮執照者，政府亦代為建築新豬寮，不另收費，以上辦法，如汝等由收到此佈之日起，一星期後，不肯聽從治行一樣本府從前頒發者，則作為拒絕本府所擬辦法，切切此佈。一千九百三十四年六月二十日」。終因居民不願搬遷，並無前去掛號，港政府亦無可如何。後來城內居民舉出代表向中央政府請願，及向兩廣外交特派員刁作謙要求依約抗議交涉，此事遂拖延下去，而未有實現。直至一九四〇年港政府始強硬執行，將城內各屋強行拆卸，全城的住戶五十餘家，一掃而空，當時全九龍城建築完整者，祇尚有老人院一所，龍津義學一所，[illegible]居一所。一年之後，港九淪陷，全城即遭拆毀，面而又完全不同了。在投降後，居民又逐漸回來，就以竹木架搭臨時屋宇以為寄棲之所，而惜字亭，砲台衙署，九龍司署之斷垣殘址，依然尚存，然而荒涼滿目，真有不勝荊棘銅駝之感也。

昔日之九龍司衙門

龍津義學

行者

「龍津義學」是九龍城有名的古老建築，因為他是和九龍寨城同時在清道光廿七年（一八四七年）建築完成，有年月可以稽攷的。

這一建築物在當時，規模相當壯麗寬敞，款式像從前的所謂「書院」一般。門前有小階，從石級上去，左右是石柱，石鼓。門上有石額，刻著當時新安縣知事王銘鼎所寫的「龍津義學」四字。門的兩旁鐫有門聯：「其猶龍乎，卜他年變化蛟騰，盡洗蠻烟蛋雨；是知津也，願從此源尋流溯，平分蘇海韓潮。」裏面共分三「進」，前「進」左壁，嵌著「九龍司新建龍津義學敘」，中間是驛地，後「進」是講堂。

龍津橋亭現存之磨匾

當時對面的大照壁，橫寫「海濱鄒魯」四個大字，每個約有丁方五尺大小。旁邊有一座魁星閣，共兩層，高闊更多，是光緒二十三年建築物。

這義學，彷彿就是當時的鄉公所，因為凡是九龍司的鄉業事務，都在這裏會議，九龍司各鄉長都來出席。民國以後，九龍城人士曾在這裏辦過「九龍城公立高初兩等義學。」

壁上的紀文，也是王銘鼎所作，書法像皇甫君碑，裏面有關九龍城歷史的記載，全文如下：

「有因時制宜者用，約繼夢、倫經營，即事求治，而招攜懷遠之意，以寓經世濟之才，斯乃其難也。粵東瀕海擊士，人文與中州相埒，會時之所萃者，番舶之所聚集，富庶又甲於他省。新安地濱海邊，邑雖有官富司、猶瀕海邊耳。然衣之緣曰邊，器之緣曰邊，器敝自邊始，衣敝自邊始，則凡官邊地者，稽其厥職，宜什伯中土，而厭薄之，獨何心歟？道光二十三年，夷務靖後，大中丞揆情入告，改官富為九龍分司，所畫宜於邊，築城建署，聚居民以實之，雖備內，不專為禦外，而此中禀承廟謨，計安海宇，誠大有濟時之識於其間，而非苟為勞民而傷財也。今年余奉調觀事巡檢，許君文深來署，有龍津義學之建，前將資君鵬年，通判顧君炳章，請大令顧庚及君許捐銀若干為解始地，租歲可得若干以資生徒，仿古家塾之制，擇其尤者居焉，人必齊備。嗟乎，此真即事求治，能以無形之險，固有形者也。今國家民教罪殷，武功耕運，無遠弗屆，九龍民夷交涉，人情貨貨而雜詩類，有以鼓舞作興；則士氣既伸，而外與亦得觀感於絃誦聲明，以柔其獷悍之氣，所為漸被涵濡者，豈淺鮮哉？落成，司人以文請，既滋愧許君能助我不逮，而重為司人深無窮之望也。記之俾勒於石」。

碩果僅存之龍津義學及老人院

九龍城居民三次被迫遷經過

吳灞陵

香港政府工務司在去年十一月二十七日通告九龍城內居住着的一部分木屋居民，說那一塊地是「官地」，要在十四天里搬遷，並要把那塊地皮整理清潔，否則即行代拆。

查攷過去，香港政府的主管機關要九龍城裏的居民搬到別的地方，前後已經有三次了。

關於九龍城的管治，過去，有一個頗長的時期，形成一個三不管的地方：第一，因爲九龍城這一地方，區域太過渺小，人口又不很多，沒有收入，不能設官治理，廣東官廳對於九龍城的中國主權，老早就很像不過問；第二，香港方面，因了條約關係，也不過問；因此，九龍城裏的居民，只好自己過自己的活。

到民國二十二年（一九三三年）六月十日，新界南約理民府就通告城裏居民，叫他們在九月以前，全部搬出，得酌量給回建屋費，並且指定九龍城外的狗虱嶺（在慈雲山腳）地段，爲他們建築房屋之用。當時南約理民府要九龍城裏居民搬遷的理由是：九龍城無人管理，居民不講究衞生，城外市區的衞生建設，恐怕要受到影響，因而要把城裏的房屋拆掉，加以清潔。在事實也許是這樣，可是，九龍城的居民，多數是貧苦人家，叫他們搬走，實在是沒有辦法，何況還要起屋？而且，他們又明白所住的地方，是一塊中國國土，因此，他們對於南約理民府的通告是不肯依從的。

當時甘介侯做五省外交特派員，因了這一事件之發生，特根據條約，和英政府交涉，英方終於取消原議。

三年以後，是民國二十五年（一九三六年）十二月廿九日，有英警二人，華警二人，工人五名，到城裏門牌第二十五號民屋，實行督拆，于是又惹起一番交涉。

當時，有九龍城居民代表盧鐘和楊偉雄二人，在當天上午十點鐘，用長途電話向兩廣外交特派員刁作謙報告，刁氏即將情形報告外交部，卅一日，刁特派員繼續和英國駐廣州總領事費理伯談判下面那兩點：一，前英國駐華大使曾覆牒聲明，以後不致再有強迫居民遷居事，但于十二月廿九日忽又強拆毀居民屋宇，顯有違背覆牒明文，亟應履行前約；二，關於九龍城之管理，應繼續談判，早日恢復該處之我方行政權。

一方，盧鐘和楊偉雄二人，在三十一日那天，往廣州去，請見刁特派員，由秘書凌士芬氏接見。請願結果分爲三點：一，香港政府違背前英國駐華大使覆牒的聲明，已經由外交當局向英國駐華大使提出嚴重抗議，同時和英國駐廣州總領事費理伯進行交涉；二，由九龍城代表將英警督拆的民房及其門牌號數攝影清楚，以爲進行交涉的充份證據；（三）對於已被英警督拆的民房，當向英方交涉，對屋主補回相當損失費。兩代表對這三點表示滿意退出之後，再向廣東省政府主席黃慕濟氏作同樣請願，由秘書長岑學呂接見，答應把請願各點轉達主席，其後省府也咨函刁作謙氏從速切實辦理。但這一交涉的結果，沒有完滿解決，而抗戰即已發生，後來日軍在廣東登陸，侵陷廣州，這事件就一直成了懸案。

九龍砦城遠望全景

侯王廟文獻

行者

九龍城侯王廟，是香港最著名的廟宇，遊客沒有一個不去瞻仰過，關於侯王廟的紀載，以前也有過不少文章，然而大都「一鱗半爪」，很難看見一個全貌。在日本人不曾破壞九龍城若干名勝古蹟以前，筆者曾蒐集了許多關於侯王廟的史實而爲之保存，現在試把這些資料整理在下面：

遊玩侯王廟的道路，以前要從九龍寨城外西便的「廟道」進去，這是一條用麻石砌成平坦整齊的正路，入口處有一個牌門，上刻張壽仁所寫「廟道」門額，背面也有「鶴嶺鍾靈」四字石刻。廟道在清朝道光廿二年（一八七六年）重修一次，在日本不曾連石頭都掘去以前，已經破壞得可以。因市區建設的擴展，嘉林邊道已成爲侯王廟的唯一「廟道」了。

廟道牌門的右邊，原豎有一個路碑，寫着：「此路右直上侯王廟處，左九龍仔深水埔」。門柱左右又各有一個光緒二十一年（一八九五年）豎立的石碑叫「廟道橋路碑記」合起來讀，可以知道今日湮沒了的許多正確地名。全文是：「維新安縣治之南，有九龍焉，背臨大海，香港蔽其前，深圳環其左，左有大鵬之嶺，右有大奚之山。一帶村落，遵海而居。雖僻遠而往來九龍通道者，不知凡幾。崖谷峻險，十里百折，負重而上，若踏利刃。盛夏水潦，窮冬雨雪，深坭積水，相輔爲害。躋顛迂延，顚踣騰藉，行者苦之。自九龍以東，大坳，三坳，牛池灣，將軍澳，蠔涌闊等處，其路橋皆已次第收功。而惜於九龍之西，尚未經始也。於是茂才張君靜山，請於協戎陳君，少尹黎君，相方視位，傍侯王廟建牌門以壯觀，負陰抱陽，於風門坳築石牆以障缺，復集衆人之力，從寨城門外轉風門坳而西，乃闢乃築，乃宣乃理，剖巨石，搜大木，理其堅剛，平其峻險，隨山之曲直以休人力，順地之高下以殺湍悍。跨石橋，砌石路，甲午夏舉事，迄乙未秋而功成。是役也，計用石工若干，土工若干，灰料若干，所費不多，而爲利已溥。萬夫呼忭，莫不如意。孟子云：民未病涉，詩云：周道如砥，其是之謂歟。此雖未足以畢利物濟人之恩，其用心可知也。自中外通商後，風俗日壞，凡與戎居接境，耳濡目染，鮮有不移者。況九龍本華夷雜處，獨能講明正學，以教化斯土，又議倡建善堂，稍有裨補於世道人心者不遺餘力，以期事之有濟，然後知國家薰蒸之深，雖在遐邇，且能樂善不倦也。豈特伐木通衢而已哉。吁！可謂克自樹立者矣。工既訖功，願勒諸金石以示來世，使後之興者各竭其心力以匡所不逮也，而惠於是邦，乃屬記於余，余嘉其志之擧有是也，敢拜手而爲之記云。甲午科擧人三水梁殿元惠綱甫拜撰，里人張壽仁靜山氏書丹。」

侯王廟旁邊的「鵝」字石和「鶴」字石，過去最爲遊客欣賞，鵝字石上鐫刻着張壽仁所寫的鵝字，一筆寫成，毫不勉強。鵝字兩旁，刻有光緒十三年（一八八七年）東莞黎慶堂所寫的對聯：「古石昔鵝摹逸少，名由鶴仰侯王」。在鵝字石的右邊，是「鶴」字石，字體跟鵝字一樣大小，寫的人署名鳳山，兩旁作着謝梓廬的對聯：「道古仙岩歸鶴嶺，侯王顯赫韻龍疆」。

廟的規模並不大，但重修已經三次，每一次都刻有碑記。第一次重修在清咸豐九年（一八五九年）碑記已經全毀，無可稽考。第二次重修在道光二年（一八二二年）有羅世常的「重修侯王宮碑記」全文抄在下面：「余客九龍之五年，道光二年也，適揚侯王廟榱桷朽腐，衆儀重修杯卜首事八人，隨發緣簿簽題，莫不切子來之忱，欣欣樂助，不越月而廟貌煥然。謂非神之威靈感人之深，而能如是乎，謂非人之誠敬服人之切，而能如是乎，是宜立碑記之，以垂不朽。或者曰：捐貲建廟，在在皆有，無足多也，又何紀爲？余曰，不然，先王以神道設教，所以覘人心也，心慢神則無不慢矣，心敬神則無不敬矣，非無不敬也，推敬神之心，遂以敬君父，敬師長，敬親友，亦如是已耳，是不無敬也，夫碑或有時而湮滅，而此心此敬斷不可湮滅者也，是不可以不紀也。且試登斯廟之亭，左望玟杯之石，右瞻銅鼓之山，前王台，後仙嶺，松風謖謖，澗水流香，其間之士女，探春花，獻秋實，以光几筵，以充籩豆，自宋迄今，數百年如一日，又安知非侯王助法護宋，本此敬心以敬君父而能起後人誠敬之心若此乎，烏得謂出誠敬之心捐貲建廟無足多也，子試思之。或曰，誠是也，請書以爲記。」

第三次重修則在光緒五年（一八七九年），有一重修楊侯王宮碑記一說：「蓋以鍾毓秀鍾，瀧津巒護，地靈人傑，華采壯觀，緬我侯王宮之落成也，奐輪媲美焉，棟宇維新焉，踵事增華而聲靈赫濯焉，示因鳩工告竣，鳥革翬飛，郁香火之輝煌，而丹流碧棟，燎雲箐之綺麗，而紫映彤庭，幸此日開映玉，麻擬流金，殿宇巍峨，原資集腋成裘之力，而館宇豁達，深藉解囊不吝之功，然創建雖非異常，而寶勸深堪獎表，所以鐫碑誌事，琢石勒名，庶均沾澤，而同人錫福無疆，斯共濟和衷，而姓字永垂不朽云。」

以上各碑記，其內容都僅限於述說廟的重建經過，一字沒有提到侯王是何許人，也沒有研考到侯王的歷史，後來有一個九龍寓公叫陳伯陶的，在史地方面考出侯王的來歷，寫了一篇侯王廟聖史碑記」，刻石安放廟裏，爲侯王廟生色不少，全文抄在後面：

「九龍砦西北有侯王廟，甚靈異，相傳神楊姓，佚其名，南宋末忠臣，始封侯，晉封王，故稱曰侯王，余曰，此殆楊亮節也。史稱楊淑妃生益王昰，俞修容生衞王昺，德祐二年，以淑妃弟亮節修容弟如珪提舉二王府事，元兵入臨安，亮節等負二王步匿山中七日，張全追及，遂走溫州，至元十二年五月，昰即帝位福州，冊楊淑妃爲太妃，亮節居中秉權，秀王與檡自以國家親賢，多所裨正，遂犯妃嫉，羣將俱憚之，當時勞苦功高，爲朝廷具瞻如是，自是而後，亮節遂不見於史考。是年十一月，元兵破建寧，宋主避入海，十二月，次惠州甲子門，十三年二月，次廣之黶蔚，四月次官富場，九龍古官富場地，疑亮節道病卒，葬於斯土，土人哀之，立廟以祀，史蓋失載也。宋世外戚多封王，亮節脫二王於險，又輔政，則生封侯歿封王，亦恩禮所必至，海濱樸魯，故不能舉其名及封郡耳。不然，如珪與亮節俱提舉，亮節尤用事，十四年十一月，劉深追宋主七洲洋，執如珪，史有其文，如亮不死，後必爲元俘，史當特紀之矣。况從二王海上，史別無楊姓者，焉有晉侯而王，烜赫如是，而史闕文者乎？余故曰，此殆亮節也。嗚呼！南宋之亡，諸臣崎嶇海上，有死無貳，皆知不可爲而爲之者也。史稱朝臣言秀王有劉更生之忠，曹王皋之孝，宜留輔以隆國本，乃遣之出兵浙東，被敗而死，因加亮節以惡嫉之名，然福州一隅，不圖進取，何以立國？景炎神幼，不克親征，非秀王親賢，孰總師干，以係民望，奈何以此爲亮節罪乎？余謂亮節之忠，爲宋外戚所罕有，雖老死，而其英魂毅魄，血食茲土，到今不衰，有以也。因詳考諸書，爲之碑以告士人，且復爲迎神送神之曲，以侑之曰：朝潮兮富場，神之來兮被髮纓，前朱鳥兮後白鷳，背負黃龍兮，相戲而蜿蜒。鳴金鐃兮伐銅鼓，小海唱兮公莫舞，蒼霧兮堆盤，神飲食兮闔猗，驅颷母兮掃攙鬼，福我民兮壽無有害。右迎神。夕汐兮淺澗，神之去兮朱旗殷，目煌煌兮氣英英，火輪小兒兮御風以俱行，沈香炷兮烟縷黑，巨砲噴兮浪花白，海鰌兮峨峨，神其醉兮委佗，射旂頭兮乘箕尾，食茲土兮享於世世。右送神。按統一志稱，宋行宮三十餘所，可考者四，其一爲官富場，新安縣志則云，土人因其址建上帝廟，今宋王台之東南，有村名二王殿，旁有上帝廟，廟後有址猶存，即其地也。縣志又稱，楊太妃女晉國公主溺死，鑄金身以葬，名金夫人墓，旁爲耿迎祿墓，詢之土人，則云在宋王台西，墓舊有碑，近因牧師築堂其上，遺跡遂堙云。耿迎祿墓縣志不詳爲何許人，疑亦隨宋二王南奔，死葬於是者，因並記之，俾後之覽者有所考焉。伯陶又識。民國六年歲次丁巳六月。」

關於侯王廟

行者

新界的侯王廟，在大陸方面有兩間，在島嶼方面有三間，這三間都在大嶼山。

一間在沙田的大圍村，從大埔道上去沙田，在將要到達城門河橋邊，向右邊一望，那便是大圍村，道旁有路進村，侯王廟便在這村裏。地點和沙田著名的車公廟很近，因爲到沙田遊玩的人，只知有車公廟，車公廟的聲名把侯王廟蓋住，所以遊人多不知到這裏有一間侯王廟。

一間在凹頭的米埔，凹頭在元朗墟和錦田鄉之間，當我們從凹頭往上水之際，我們能夠在馬路旁邊瞻仰到這間廟宇。規模極爲細小，所以不大著名，但據說這廟的建設是用以「塞水口，擋山勢」的。什麼塞水口呢？原因從米埔向后海灣西望，一片平原，后海灣的水勢，洶湧然像向這平坦的地方侵進來一樣，因此鄉人建這廟來擋「煞」。

一間在大嶼山的東涌，面臨東涌灣，頗近沙灘。照筆者所見，凡是瀕海的地方建立的廟宇，多是天后廟，獨東涌灣頭的却例外的是侯王廟。牠的形式和外貌，都已十分古舊了。

一間在大澳的寶珠潭，和大澳相隔一涌，涌上有小洲，廟建在洲上，三楹一列，門額刻「侯王古廟」四字，裏面有一口巨鐘，重一百多斤，爲康熙三十八年（一六九九年）所鑄，距今已經二百四十八年。廟後舊有一幅高牆，以前是大鵬營武士的練習射擊場，阮通志所載：「大澳楊侯廟後，建牆十丈，於嘉慶二十二年（一八一七年）竣工。」就是指這一體而言。廟前榮隄，一直通虎山尾，隄畔有些林木，風景不錯。

一間在石壁圍，這是大嶼山南部一個荒涼滿目的村落，在戰前，屋子已經大多破壞了，像經過什麼兵災一樣，其實這村因爲形勢關係，沒有發展可能，村中人多數出外謀生，所以弄得這樣蕭條。但村裏仍有兩間廟，一間禮拜堂。洪聖廟建在海濱，侯王廟建在村裏，規模比洪聖廟略小，香火也很冷落。

大嶼山有這樣多侯王廟，大概因爲楊亮節留在大嶼山的足跡特別多的緣故吧！

九龍城白鶴山脚的侯王廟，香火之盛，超過香港九龍其他廟宇，因爲善男信女一致承認侯王這種異常靈應，所以廟內廟外都掛滿「酬答神恩」的紀念物——扁額或對聯，表示他（她）們的誠敬和讚頌。正門的門楣掛起「惠及遐方」這扁，就是同治七年一賞換花翎即選都府郭耀汾，賞戴藍翎候選游府郭耀榮」送出的。又有一個，題着「至誠前知」四字，是「廣東大鵬協副將賴衛遴」送的，官員尚且這樣崇敬，何況商民？所以「灌灌厥靈」、「恩光遠蔭」、「宮殿重輝」、「侯保扶持」等等扁額掛滿四壁。我們在官吏題額之中，最注意的是「折衝鋤盜」這四個大字。年月是光緒十四年，署名是一班「信官」：大鵬協副將何長清，中軍都司司徒驥，右營守備陳朝光，左營守備梁鴻謀，千總賴國芬，外委楊綉展，外委黃勳高，記委賴國寶……等。

因爲題詞的特別，引起好奇心，問起九龍城的老居民，找到一個神奇的解答。因爲光緒十四年間，廣東有幾股土匪，其中有一股是爲一個首領綽號「花旦滿」的指揮的。花旦滿這名字雖然這樣溫柔而又香艷，可是其人很兇，在鄉下橫行，打家劫舍，無惡不作，治安當局曾經屢派兵圍剿，可是此賊狡猾，常常因爲他的耳目靈通，官軍不曾開到以前，早就聞風而逃了。後來政府當局懸紅緝捕，有人拿到花旦滿這人的，給他一萬大元，以爲重賞之下，必有勇夫，花旦滿一定難逃法網，可是花旦滿太兇狠，終於沒有誰敢向他下手，後來，官家對他緝捕極緊，他雖然兇，但也愛惜自己的性命，假使萬一不愼給部下造反，或給偵探威脅，也難於保全首領，不能不早爲之所。其時澳門這一塊地方已經給葡人割據，不但成爲東方「賭城」，而且是廣東土匪的逋逃藪，花旦滿看中澳門能夠掩護他，也借澳門來維持一下，使官中人奈何他不得，等官方注視之力稍下去時，再出活動。大概花旦滿的活動範圍，是在寶安中山一帶，因之遭受他的騷擾的鄉村地方很多，連九龍也在裏面，負責九龍地方公安的首長，對於花旦滿的緝捕，當然也不遺餘力，務達目的，爲民除害。大鵬協副將何長清是這地方的首長，因爲花旦滿神出鬼沒，一籌莫展。其時，運用外交手段來辦一件事情，已漸漸爲政府當局所採用，據說，何長清這班「信官」，曾向侯王座前請求指示機宜，結果，請由主管當局用外交官和九龍官吏合作，由九龍官吏派出差弁，到澳門去，探悉花旦滿的居處，會同當地警察，突然掩捕，於是這著名大盜就給引渡回九龍當地，執行死刑，除去地方大害。何長清等認爲是侯王指示之功，特送扁恭頌。

龍津石橋

行者

談起「九龍碼頭歷史」，追溯起來，眞有無限滄桑之感！現在不但找不到九龍碼頭的故址，連九龍碼頭前身的「龍津石橋」遺物，如碑記，土砲等，也化爲烏有！惟有文獻不能毀滅，我們實有蒐集保存的必要，下面那些，就是我們要珍重保藏的史料。

當中國政府割讓九龍給英國而保留九龍寨城那豆樣小的地方之際，同時在條約訂明保留一碼頭一座」，以爲九龍寨城通海之用，這座碼頭，就是那著名的「龍津石橋」了。

這橋根據文獻攷究起來，知道牠長六十丈，闊六尺，橋柱二十一條。淸同治十二年（一八七三年）勳工，淸光緒元年（一八七五年）完工；經過十八年後，因爲潮汐往來，砂石沖積，橋和水的距離，一天一天遠，沒有辦法不把牠加長，於是在光緒十八年（一八九二年）續作木橋，加長二十四丈，橋的盡頭，作丁字形，寬一丈二尺。

因爲年復一年，不加修理，橋身的木石，漸漸散失，終於僅存一小部份石橋，交通當局爲了便利居民渡海，馬上利用這殘餘石橋建築起一座「九龍城碼頭」，給香港渺離地小輪公司的香港九龍綫小輪灣泊。

龍津石橋有一個碑，紀載橋的來歷，是洗斌所書，而爲廣東有名文人何淡如（又雄）所作，全文是：「新安地瀕邊海，九龍山翠，屛峙南隅，環山居者，數十萬家。自香港埠開，肩相摩，踵相接，估船番舶，甲省東南，九龍趁集日影。蜑人操舟漁稻，橫流而渡無虛期，地沮洳阻深，每落潮，篙師無所施。同治歲癸酉，衆醵金易渡而梁；計長六十丈，廣六尺爲磴二十有一，糜金錢若干，光緒乙亥橋竣，夫除道成梁，古王遺軌，然工程浩葉，往往道潰於成，謀夫孔多，職此之咎。今都人士，一乃心力，以告厥成功，使徒時濟涉之區，成今日津梁之便，垂之綿遠，與世無窮，此豈地之靈歟，抑亦由人之傑也。銘曰：吐霧橫漢，鴛鴦浚衢，在天成象，在地成橋。杖擲虹飛，受書溪曲，抑桂攀丹，乘揚襆絲。斬蛟何處，騎虎誰人，高車駟馬，于彼前津。石昏神鞭，杵驚仙搗，乘鯉汇晏，釣鯨烟島。帽簪插杏，詩思吟梅，風人眺覽，游客徘徊。緊彼雌霓，臨江炫彩，翊此滄溟，櫂船困海。乃邀郢匠，乃命揮工，絙牽怪石，斤運成風。役馬完隄，斷鼇支柱，未雲何龍，屹立江滸。鹵潮碧暈，鹹汐珠閏，魚鐙掩月，螢火沉烟。黃竹肩籍，綠荷包飯，彼往經營，此來負販。蘭橈剪浪，桂楫凌波，震天水調，月夜漁歌。陵谷雖遷，滄桑不改，鞏於金湯，萬年斯在。」

後來，龍津石橋加上一節木橋，又竪一碑，記載經過，全文寫在下面：「天下事有致力於此而收效輒及於他事者，其機不數覯，要惟好行方便者往往得之。九龍濱海龍津石橋，創於同治癸酉，間津者咸便利之。顧地爲巨浸所朝宗，潮汐往來，沙積多停蓄，自成橋後，歲月積漸，滄桑改觀，邇來橋之不逮於水者，殆猶今之視昔焉。於是商於是地者，謀所以善其後也，仿招商局碼頭之制，續作橋廿四丈，又於其端爲丁字形，寬一丈二尺，其製精而其費較省，且易石而木，泊船時亦無兩堅激撞之患，其爲用亦更適，計糜題捐洋錢一千七百有奇。至渡港小輪船以斯橋之利其載運也，每船願月輪碼頭租銀若干。會樂善堂施濟所需，捐款不悔，至僉謂碼頭租欵宜屬之樂善堂，永資挹注，蓋藉斯地之財，即以濟斯地之用，實一舉而兩善具焉。昔莊子有言：以鹵莽耕者，天即以鹵莽應之；玆則以方便行者，天亦以方便應之，人事所感，即天心所感，即天心所錄，斯可以識其大凡矣。是不可以不記，且爲之銘曰：長虹飲川，波湧雲屬，架木爲樑，用拷龍是

龍津橋頭舊日之土砲

宋王台史話

潘孔言

宋皇臺爲香港唯一古跡，從前經過香港的人，無不以得遊宋皇台爲快，惟今已台石容留，荒涼滿目，古跡已爲日敵拆毀，日敵當年强行拆毀此具有六百餘年歷史之建築物，夷平附近民房，擴築機場，淪陷區民衆，固莫能抗拒者也。動工之際，由所謂日本大法師宇津木氏偕中國比丘僧尼，舉行祭台禮，故意隆重其事。日當局並揚言並未予毀滅，只將之遷移而已，其實宋皇台並未劃入飛行場範圍，岡亦非高，無礙飛機昇降，日敵此舉，殆另有存心，不欲使此漢家遺跡，觸動其征服民族之宗族觀念耳。

據南宋史，端宗皇帝景炎二年，帝舟在泉州港，招撫使蒲壽庚作亂，帝走潮州，景炎二年正月帝在惠州甲子門，七月遷潮州淺灣，十一月，元劉深以舟師襲淺灣，帝舟遷秀山，（按即東莞虎門），十二月，帝舟遷井澳，元劉深襲井澳帝舟遷謝女峽，景炎三年夏四月帝崩於硇洲，（又名海洲，在廣州灣口外海中），帝昺即位，張世傑以硇洲不可守，帝舟乃遷至新會之厓山，翌年春，元張弘範襲厓山，宋師拒戰失利，陸秀夫負帝沉海死，宋亡，此即南宋覆滅之一段傷心史也。宋帝於景炎二年，由泉州而潮州惠州東莞，後由東莞而硇洲，厓山，兩年之間，東西播遷，悽涼已極。其移蹕九龍，即在此時，後人就其駐蹕之處，築台以留紀念，即宋皇台是也。景二年，即公歷一二七七年，距今爲六百七十年。今則故台已毀，只餘刻有宋皇台三個擘窠大字之巨石，遜置山邊，供人憑弔。

昔日九龍城之宋王台

另一神話傳說，謂宋帝溺斃後數日，附近香港赤灣海岸，發現黑物一團，鄉人趨前視之，原來是烏鴉一羣，見人來即沖天飛去，海面浮現童屍一具，鄉人謂爲溺斃之宋帝昺，屍體飄流至此，鴉爲衆靈所感，張翼護之，乃出屍於水，於天后廟之後，掘地埋之，今仍存荒塚云云，究無故實，僅爲流傳市井閭巷間之神話而已。

（上文接九十三頁）

，如雅爾之平，匪彝壁之續，衮沾觀夫善堂，樂斯人之得欲，合職市以用傘，慰成功而相告，銘貞石以勵來茲，擬龍閣之頌於錫。巳卯科舉人揀選縣知縣麥拔楷謹撰。光緒十八年歲次壬辰仲秋吉日。」

上面兩碑，不是放在龍津石橋的橋頭，而是放在「龍津亭」裏。這座亭子，建築在龍津石橋之前，即九龍大街街口，九龍大街即後來的隔坑村道，現在一切都成陳跡。

龍津亭是跟龍津石橋互有關連的一座建築物。亭的形式極爲古舊，分上下兩層，作古代天壇模樣，四面有門，構造工巧。亭上有石額，刻着南海潘士釗寫的「龍津」兩字。

這亭子，可以供行客休憩和避雨，也能夠藉以迎接官員，所以也有人叫牠做「接官亭」，因爲年久失修，清同治十三年曾重建一次。

一九三〇年，香港政府積極建設九龍，一面填築啓德濱，一面開闢西貢道，衙前圍道，太子道，這座亭子才給毀滅，但是，當時商民請求保存亭裏兩座石碑，與乎鎮守龍津橋頭那座砲臺的四面尊大砲（其中一尊，刻有「嘉慶十四年吉日新造，靖字第三十六號，二千觔砲一位，匠頭萬鑪鑪鑄，字樣。）香港政府答應了，於是把大砲和石碑放在九龍城警署前西貢道口的三角形草地上，三面圍繞鐵鏈，並加刻一塊銅碑放進去，寫着「世事滄桑」四字，下面還有幾句話：「此碑乃香港政府於一千九百三十年由通至九龍舊城之水埗門樓遷至此地，各砲爲守該水涉砲台之軍用品，今留茲以保存古跡。」

宋王台史話補

行者

孔嘗先生在本書所寫宋王臺史話，引起我的興趣，把蒐集所得，一「補」在這裏。

宋王臺的位置，在馬頭涌一座小閣上面，這座小閣英國人稱爲 Sacred Hill（聖山），高一百一十四英尺，周圍有百碼大小，距離九龍寨城大約有半英里光景，東邊與九龍灣的西北角相接，南邊與馬頭角只隔一涌，西邊爲譚公道，北邊與較杯石的宋街，帝街，昺街相接，西南邊原日是二王殿村。

英國人取得九龍半島以後，開山填海，建屋築路，可是他們對於這個具有幾百年歷史的古蹟，極力設法爲之保存。而日本人一佔領香港，便把這座古蹟毀滅。

保存宋王臺的請求，是由九龍居民發起的。到一八九八年八月十五日，立法局華人代代何啓，支持九龍居民的請求，建議制訂律例，將宋王臺保存。他的提案大意說：「英屬九龍有地一段叫宋王臺，又叫宋王堂（因爲刻在石上的臺字筆畫減省，看去像堂字，所以有人叫宋王堂），和牠的週圍地方，爲公衆利益計，以後這一地段不得租賃給別人作爲建築屋宇等之用途，特建議永遠保留，作爲後人考據古蹟之用。」何氏並詳細指出：（一）宋王臺有六百年歷史，應予保存；（二）九龍開闢之後，保存這一地方爲居民遊玩之地，實屬有益。何氏這一建議，得到護督布力少將和議，通過執行。於是，由香港政府撥款建築石墻，圍繞其地，並且豎立碑誌，禁止採石，碑上刻中英文「此地禁止採石保存宋王臺」。因爲香港政府有此措施，宋王臺給保存四十五年之久，到一九四三年纔爲日本人毀掉。

又據附近故老相傳，宋王台初建時，有工匠名豆皮光，性粗魯，工人多畏之，凡繁重之工作，多遣其担任，但豆皮光無怨言。

一日近黃昏，工友多閒散，豆皮光獨留後，正於宋王台下砂礫堤涉之際，忽於其下發現一穴，似爲人工造成者。探手其內，暖氣濕人，斫石斷錢，擷得一匣，雕刻精緻，古色盎然，四週復嵌以龍文鳳爪，知爲名貴品，攜歸啓視之，竟得八寶物，此八寶，除古匣外，一爲古龍宋硯，色如白玉，旁細以翠龍，栩栩如生。一爲巫山古硯類，玉質，青絲滿擘，個中露出瑰麗縹渺奇景。一爲長形白色之玉，彩光爍目，冷暖接時。一爲沉香佛，刻製奇巧而有異香。一爲裸體男女春像，作男女二人，互相摟抱，五官齊全，四肢畢肖，爲豬肝色，一爲龍紐印，長約六寸餘，執處刻五爪金龍蟠紐其顛，龍身爲金色，印色爲赭，印底有宋朝文字，信爲宋帝之私印。一爲五龍環，環之大小，恰爲匣大，放置匣底，環身五龍仰首，作朝主之狀，龍鱗甲爪角，纖毛畢現，疑之作金玉盤，長如聲鏡，據聞豆皮光得之，分售於洋商，獲款十餘萬元，遂成爲小康家。

自題宋王臺秋唱圖

選樓

一鞭殘照上烟蘿，驢背詩人自囈歌，黃葉疏林秋色好，海天還屬宋山河。

鼎湖龍去石猶存，三字摩崖映鯉門，一曲水仙杯酒酹，白楊風颭國殤魂。

離離禾黍故宮秋，叢見降幡出石頭，終古難消亡國恨，怒濤嗚咽向東流。

漁樵閑坐話南朝，鴉點長堤柳拂橋，繪出蒼涼天水碧，白頭詞客亦魂銷。

宋王遺跡

宋王台，二王村，梳妝石

小文

宋末孱王帝昺等都曾逃難到九龍，所以在九龍遺下了一些給後人憑吊的遺跡，最著名的就是九龍灣畔的「宋王台」。據說宋帝昺逃難到了九龍，給元兵追到這個小崗上，因為她是個真命天子，命不該絕在這裏，所以崗上的巨石，突然裂而分二，讓宋帝昺避匿在縫裏，逃過了元兵的搜索。後來，當地的土人，為着紀念宋帝昺，把這小崗叫做「宋王台」。英國人統治了香港九龍以後，這個宋王遺跡一直給保存着，而且曾經一度修葺過，被看作一個有價值的古跡。直至香港淪陷了，日本人盤據着香港，為着擴築啓德機場，連這個古跡也給毀棄了。到而今，到了宋王台的舊址，也再看不到這個古跡了。

除了「宋王台」以外，宋王孱王在九龍還有一些遺跡。九龍城馬頭涌地方的一條小村落，據說宋帝昺都在那裏住過一些時間，所以那條小村落後來被土人改名「二王村」。宋帝昺逃難皇帝，究竟是否曾在那條小村落臨時設立行轅，史籍已經無可參考，不過，根據宋王曾經在「宋王台」躲避過，「二王村」距離「宋王台」不遠，土人的傳說，也許不盡是無稽，最低限度，宋王也許到過那條小村落，這個推斷，也不是絕無根據，因為土人頭腦簡單，如果他們不知道宋王曾經到過那村落，他們後來斷不敢把那村落叫做「二王村」。至於是否宋王兩個逃難王帝都曾在那裏住過一些時間，那就很難斷定，因為土人也許會誤會當時隨護幼帝的一個大臣也是王帝。

「二王村」位落九龍馬頭涌，即今之馬頭涌難民營所在地，在當時，那區域有許多村落，如「馬頭圍」，「馬頭角」等，即「宋王台」山腳也有一個三家村。「二王村」不過是其中之一。後來，英國人開拓九龍城區域，這些村落都遷移，「二王村」當然也不在例外，「二王村」原址已被墳平，現在除了馬頭涌難民營之外，還有許多現代建築物呢。到而今除了那些老土著之外，恐怕許多人不知到「二王村」的舊址，或者甚至不知道那裏曾經有過一條村落叫做「二王村」呢。

九龍城寨也有宋王的遺跡，那裏有一塊方石叫做「梳妝石」，據老土著的傳說，那塊「梳妝石」是宋王后逃難到九龍城寨時用來作梳妝的鏡子，元兵追到九龍城的時候宋王一行已經去了，他們遍尋不獲，以為情報錯誤，懷疑宋王這一羣逃難者不曾到過九龍，後來找得了那塊「梳妝石」，發現了宋王后的遺影，才認定宋王一行曾經到過這裏，後來跟蹤追向崖門去。這個傳說顯然帶有神話色彩，不過，許多的民間故事都不能脫離神話的氣氛的。

戰前，筆者曾經到過九龍城寨，土人曾經帶我去看那塊梳妝石，祇是一塊長方形的石塊，外表已經給年代風雨剝蝕了，根本看不出有什麼人像的影子。戰後，九龍城的城牆已給拆毀了，再度登臨，徒生「河山如舊，景物全非」之感，連那塊土著傳說中的宋王后梳妝石也不再見了。

九龍城詩抄

蘇選樓

暮春游九龍城廢署有感

（原載宋台秋唱集）

余前三十年客游，寓協戎署中，邑人賴濼石提戎，陳宜山協戎，持曾宦斯地，丙辰避亂重來，此署已頹廢，不勝今昔之感，淒然有作。

幾日蕩游航，龍城認故鄉，（九龍原隸東莞）管絃鳴盛地，顧曲有周郎。（時多演戲，余曾偕李若星到聽。）

將軍能下士，樽酒寄賓情，（謂陳協戎留飲署中）不道紅羊劫，河山一戰枰。

鯉門資控禦，胡馬竟南來，春色漢宮盡，蠻花隨處開。

城郭纔如故，人民半已非，傷心令丁鶴，訪舊幾觀歎。

登九龍城放歌

（原載瓜廬詩賸）

陳伯陶

鯉魚風緊蛟人泣，鯉魚門開巨鯨入，飛雲蓋海鶻鷁騰，直拍九龍城下濕。九龍之山高插天，九龍城與山鈎連，龍頭龍從列戰格，下瞰滄碧環深淵，猗時置戍防海賊，海賊未平夷患亟，已悲戍卒化虫沙，復見饑臣槃鷄肋。石城何盤盤，憑眺慘我魂，千山鱗甲忽破碎，玄黃血濺紛龍奔，迢迢南望衛纏軸，左走東瀛右西竺，回看直北是福州，諡地弓得萬人哭；城邊野老長苦飢，我亦寓公歌式微，內蛇外蛇鬭未已，橫流滄海吾安歸，吁嗟乎橫流滄海吾安歸！

九龍城惜字亭

潘孔言

富有歷史意味之九龍寨城，已於香港淪陷期中爲敵軍拆毀，現在城中建築物猶有存者，惟都已丹靑剝落，頹廢不堪，城北角之惜字亭，僅留殘址，尙幸碑銘猶在，作亭者誰，猶可按碑而得。在此亭成於淸咸豐九年，（即公歷一八五九年），爲署大鵬協副將張玉堂捐廉所建，張爲武人而能文者，擅拳書指書，亭之柱聯及嵌壁題字碑銘等，皆其拳興指之遺墨也。張生平愛惜字紙，故建此亭，雇人沿街拾字紙而焚之於亭中，並自撰一銘以記建亭之緣起，此銘亦用指書，字體秀麗而靈活，有如龍蛇飛走，嵌之於亭之中央，幸無殘缺，惟已爲蘚叢所蔽矣。玆錄原銘如下，是亦九龍史料之一也。

「敬惜字紙銘」：文帝敎人，敬惜字紙，談覽文中，力闡厥美，自古名賢，惜者凡幾，食報榮身，寶膺福祉，推藉一書，彰彰可紀，乃有愚夫，任其拋棄，或抵灰塵，或包餅餌，或糊窗櫺，或借床第，甚至穢汚，殘踏踐履，疾病災殃，其應甚邇，余本書生，投筆而起，雖云荒經，時還讀史，從仕卅年，謬膺重寄，敬字築爐，隨處悉備，玆任九龍，倍深克己，地適夷樓，如履虎尾，寫敬可行，闢諸夫子，單騎赴盟，艱險不避，六載從公，冰淵自矢，戎政餘閒，偶遊村里，見字多遺，行行欲止，拾歸焚之，願稍慰矣，惟是四方，街衢巷市，檢拾需人，必求專理，披閱輿圖，有地尺咫，築鋪捐廉，義學鄰比，雇募爲名，賃租積累，檢字雇工，費出於此，督造雙爐，在寨城裏，外建一亭，重簷迴倚，石柱雕砦，匠作營修，工人携籃，往來巡邏，土掩沙藏，棄殘破毀，檢拾勿遺，須惜寸楮，浣之香湯，灑之淨几，付之靈烟，歸之海涘，工如意乎，吾則更爾，亭爐已成，私心竊喜，嵌壁大書，揮之以指，惜字有銘，冀嘵鄰裡，伏望羣公，體僕斯旨，久而行之，功德無已，咸豐九年歲次己未仲秋署大鵬協副將張玉堂撰書。

〔按〕銘中有「地適夷樓，如履虎尾，寫敬可行，闢諸夫子，單騎赴盟，艱險不避」句，蓋對香港而言也，時香港已割歸英方，但九龍寨城仍得由中國設官管治，張副將即受命而來之守官，故有如是云云也。厥後英軍擴展至新界，錦田村民起而反抗，英方認中國駐官協助不力，乃迫逐之，九龍寨城自此時後，始不復有官駐守，成一廢城，人事代謝，滄桑興感，撫今追昔，能勿慨然。

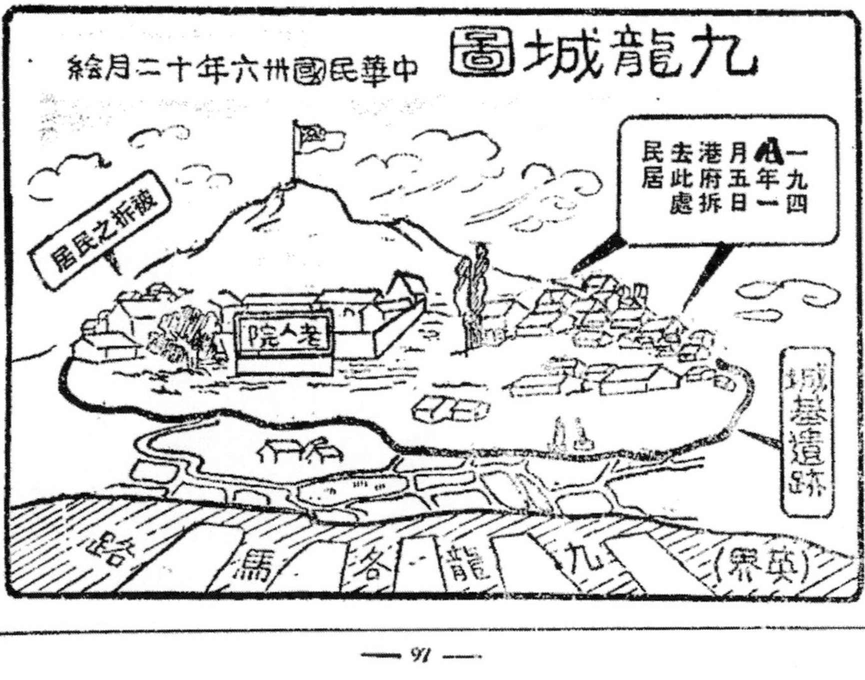

九龍城事件的交涉

記者

九龍城事件是戰後中英間最不幸的事件，且事件的經過，不僅港僑耳熟能詳，即世界亦爲之轟動，筆者自無複述必要。惟有發生事件的時間和中英兩方的交涉文件，站在香港歷史的觀點上，却有紀述之必要，玆分誌如下：

一，一九四七年十一月廿七日，港府通令九龍城居民將所建木屋自行拆毀，限兩星期內執行。中國外交部兩廣特派員郭德華當即表示異議。

二，十二月五日港府發表聲明，在九龍城享有管轄權，十六日港府缺席判決居民必須遷讓。

警察舉牌示衆如不離開即行開槍

三，一九四八年一月五日港警施行強力拆屋，被毀民居四十餘間，翌日繼續強拆，共毀民居七十四間。

四，一月十日中國外部次長葉公超邀港僑特派員郭德華訪港督葛量洪提出交涉，事後港府發表聲明，否認九龍城有管轄權問題存在。

五，一月十二日港警再度出動拆屋，當場槍傷居民張忠武等六名，並送醫院療治。十三日九龍法庭判決居民代表朱沛堂，劉致夫二人各苦役三月。

關於中英雙方的交涉文件：

一月二十四日英國政府發表對九龍城事件致我駐英大使的覆牒，其全文如下：

大使閣下：查貴大使最近迭次照會關於勒令擅居九龍舊城佔居公地者遷移事，一月十三日又承貴大使參事官以備忘錄送到本部，列舉四點，提請注意。

查關於九龍舊城治理權問題，貴國政府與本國政府向持分歧見解，諒貴大使亦有同感。本部長於此不擬討論及之，惟仍欲指陳，除由一九四一年十二月廿五日至一九四五年九月期間外，事實上香港政府在該六英畝半之九龍舊城地方，由一八九九年起，從未間斷行使其完整之治理權，迄今幾已五十年矣。

最近發生之事件，實際情形必須作爲有述上述背景，本部長礙爲貴大使略陳之，以供參證。

查該地原住有中國人約六十五名，除三或四名外，彼等於一九三五年至一九三七年，業經自動遷入香港政府予以交換及改良之住所。迨英軍光復香港時，獲悉日人經將城牆拆毀，將所得物資以助建築啓德機場，並已有人擅佔該地，幷架設寮屋居住，繼以從公衆社會觀點，以該地寮屋狹迫，參差紊亂，既乏正常潔淨設備，公共健康，顯屬堪虞，復易發生火險，香港政府，乃決定將此等寮房拆卸，蓋亦出於正常行政上之措施，預防火災及疾病之威脅也。乃于十一月廿七日發

武裝警察到處列陣掩護拆屋工作

工務局職員監督工人進行拆屋

出勒令遷移通告，凡五十四戶，其通告滿期定爲一九四七年十二月十一日，惟是估居公地者，不遵照通告辦理，乃由法庭發出傳票傳訊，並提出交換地點，以備彼等選擇，并任其將寮屋材料，移往所選擇之地點。此案件於十二月六日提堂，并由法庭發出迫遷命令。於十二月十七日，在報章上刊載法官命令及交換地點通告之譯文。又於十二月二十二日及二十九日，將中文譯本派送各估居公地者。一九四八年一月五日，乃執行驅逐并拆卸木屋，尙無若何事故發生。

查一九四八年一月七日，畹運香港之廣東省寶安縣長，偕其員司衞生及警察首長，到來「寨城」視察，立於中國旗下開會，并對羣衆致詞，此舉被中國報紙解釋爲重新確定中國主權。有木屋多間，蔑視法庭命令，又在原址非法重建。一月十二日，警察執行職務前往拆卸時，遭遇抵抗，當警察隊徒步向狹路前進「寨城」時，噪聲大起，并有逾百人列陣擲石抑之，警察數員被擊，羣衆所爲，顯屬早有預定計劃，於喧擾中，警察努力喝止無效，乃有用其手槍向地鳴擊警告之必要，無奈以此種警告均無效果，乃施放催淚氣，方收所期效果，驅散羣衆，警察乃得依照任務，將木屋拆除，隨後發覺有六人受傷，五名傷勢輕微，一人爲槍彈傷肚腹，大略爲流彈意外所傷者，本部長於此，亦感遺憾。根據最近報告，即最後所述之傷者，亦已脫離危險時期矣。惟是本部長特請貴大使注意，當時實際情形，警察係在所謂九龍城外被攻擊者，至攻警察之人，有在城內，亦有在城外，但無可能確言其受傷係在城內抑或城外。

當首次執行拆除時，曾有二人因企圖恫嚇拆卸工人與及鼓動估住人民反抗警察執行任務被拘捕，此二人乃朱沛唐，九龍城居民協會主席，據稱係一農夫，與劉毅夫，據稱係一織造廠之股東，彼等於一月十三日，在九龍裁判法庭審訊，以犯鼓動他人反抗警察執行任務，判處每人服苦工監三月。彼等將向高等法院上訴，現悉彼等實際並無上訴。劉毅夫當訊問時，承認彼前曾在中國陸軍第一五六師政治部服務，所有以上所述事實，想貴大使亦將感香港政府業經予估住人民充分通告，予以可資交換地點，不但待至法庭命令發出諸著圈閒後，始於一月五日方由警察採取行動。復次，當日執行拆除，尙無事件發生，嗣以一月七日寶安縣長抵達九龍城視察後，受煽動者及寶安縣之官員，鼓勵許多估住人民隨之而回。

同時誇張迷惑之報導，刊諸某類中文報紙，北顯著如國民日報，據悉，該報係受中國政府之控制當國民黨所津貼者，結果使香港政府之權衡遭受挑釁，於一月十二日採取步驟，再行清除該地區時，於警察護送工作人員往執行任務時，遭遇有組織之抵抗，迫得施用武力，因此主要責任

事件發生後僑胞熱烈慰問

，必須歸諸在香港及在中國之中文報紙，蓋彼等會於前數星期業經調整煽動反英之星火，與及寶安縣長之刺激動作有如上述者，關於此節，本部長願爲調陣述，香港警察於一月十二日業經予以最大忍耐，其實際情形有如上述，所以祇有一人重傷，一人留院治療，四人皮外輕傷者，所有受傷者，業經予以免費治療，其或仍須留院醫理者，亦均予以免費醫理保養，假如各事實能表達於中國社會，予以正確透視，本部長自無懷疑彼等或已對該事件抱爲更和緩之態度，及予以更深客觀觀念。

當九龍城問題正在南京談判中，本國政府對其本身部份，現亦尋求該事件之發生實情，本國政府對於該項談判仍在進行中，并希望不久可將其觀點遞交中國政府，香港總督對中國政府所致

居民開會歡迎粵省參議會慰問團

駐南京之英國大使照會，自有通知。本國政府對其業經及將來繼續注意此項照會，予以滿意，本國政府同時承認香港政府公正決定採取清除該地之臨時平房，以免有危害社會安寧之處。香港政府經予以佔住人充份考慮，採取步驟驅逐之，以符良好行政與及維護法紀，本國政府意見，以爲若香港政府爲全體社會利益計，但因治權問題而不在九龍城採取此項行政上之措施，則殊屬錯誤。如以上所述，本國政府對於治理權問題，如屬需要，將分別予以處理。關於此節，本國政府對「國民日報」所採取觀點，及寶安縣長之活動，以爲該事件無可尋求和平解決者，誠表遺憾。

貴大使如能轉報貴國政府關於該事件上述各實情，并能表達於中國民衆，則不勝感激。苟能如是，本部長敢信行將可爲此事件尋求滿意之解決，而貴我兩國邦交，亦日益鞏固也。

二月五日，我政府發表由駐英大使鄭天錫答覆英國之照會，全文如下：

逕啓者：接准貴部長一九四八年一月二十四日關於最近中國居民被迫遷出九龍城事之照會，誦悉一是，本大使茲奉中國政府之訓令，答復如下：

中國政府茲須聲明者，卽關於九龍城之管轄權一事，中國政府一向堅持其訂於一八九八年中英展拓香港界址專條之解釋，認爲該專條已明白規定，中國保有其在九龍城之管轄權，此種解釋，不但可由該專條之文句中明悉，且有同年爲設立其他租借地所訂諸條約之規定，予以印證。蓋當時中國政府所採政策之原則，卽爲在每一租借地內劃定一特別區域，仍由中國保留其在該區域內之管轄權，而此種辦法之適用，不僅限於九龍城一地。該項政策之表現，舉例言之，一八九八年三月六日中國與德國關於膠州灣所訂專條第一條，及一八九八年五月七日中國與俄國關於遼東半島所訂增立條款第四款中，均有明文，該中俄增立條款第四款，特別規定「俄國國家允中國國家所請，允將金州城自行自理，并在城內設立應需巡捕人等」。

蓋中英展拓香港借地專條有關條文中，雖有「現在九龍城內駐紮之中國官員」一語，并規定此等中國官員行使管轄權時，應不妨礙防衛香港之武備，但所謂中國官員，顯非僅指當時在九龍城內担任官職之人員本身而不包括其繼任人員。

且該專條雖訂有關於香港武備之條件，然並

劫後孤城一國旗

未規定須中國官員在任何情形之下須撤退，反之，該專條又規定：「其餘新租之地，專歸英國管轄。」由此項規定之含意觀之，在九龍城內，英國自不能行使此種管轄權利。

關於貴部長來照所稱：除日本佔領期間外，自一八九九年後，九龍城之管轄權即始終專由香港政府行使一節，本大使茲須向貴部長舉述若干事實，此等事實，貴部長當亦已知悉。第一，中國官員所以於一八九九年撤出九龍城及停止在該城內行使管轄權者，純因其受武力之壓迫所致，當時幷曾提出抗議；第二，自該時後，中國政府不但從未放棄其在該地區內所享之管轄權，且凡遇香港政府企圖佔收此項管轄權時，均嚴厲反對。茲須特予引述者，即一九四六年時，中國政府曾修訂方案，計劃在九龍城內恢復設治，此種計劃之暫予擱置，純係爲顧全中英兩國之友好關係着想。尤憶香港總督當時曾發表聲明，否認中國政府在九龍城內恢復設治之權利，中國外交部發言人，曾立即予以駁斥。

曾生之八十二年祖屋之原來面目

中國政府於去年十二月獲悉香港政府擬強迫中國居民遷出九龍城，幷拆除其住屋之後，即曾請英國駐華大使館警告香港政府，切勿採用強迫手段，當時中國政府即已深知此種手段，可能引起嚴重之後果。然香港政府對於此種警告，竟未置理，仍一意孤行，於本年一月五日及一月十二日，先後實行種種強制行動，此誠至屬不幸。一月十二日，大隊武裝香港警察，配帶盾牌鋼盔及武備，幷偕同多數伕役，進入九龍城，當於施放催淚彈之前，先即開槍射擊居民，因有若干居民當場受傷，其中幷有重傷者二人。

因此中國政府堅決認爲九龍城各次不幸事件之責任，縱然應由香港政府負責。該政府於中英雙方正在舉行商談以求和平解決之際，悍然採取此種挑釁行爲，實此次事態惡化之主因，終至引起以後之若干事故。一月十六日沙面事件，即係其一。就中國政府之觀點言，若將九龍城各次不幸事件之謬誤報章記載或評論，誠屬有失公平。

中國政府對於貴部長所持寶安縣長因前往九龍城勘察，故應對九龍城事件負相當責任之一點見解，亦難予以接受。按寶安縣長之前往該城勘察，幷慰問一月五日被迫拆遷之居民，原係依法負有管理該城責任之縣長爲執行其職務所應從事之最低限度行爲。

除以上所述事實外，本大使尚擬提出另一觀點，希望貴部長予以審量之考慮，爲澈底了解一八九八年關於九龍租借地之條約，則必須憶及諸租借地設立之當時環境。當時中國政府因不能拒絕列強在亞洲大陸爭設勢力圈之要求，遂僅作一最低限度之保留方法，即在其租借地內，劃定一特別區域；使地方政府仍繼續行使職權，換言之，中國爲環境所迫，僅同意遷就有關列強軍事上之需要，而不放棄各該地區之管轄權。今者，九龍已成爲一種過時制度之殘跡，因之凡遇英國政府對於中國政府關於九城龍之最低保留亦不尊重之時，不幸影響之發生，當不難想見。

爲謀防止事態從趨惡化起見，中國政府茲敦促英國政府即行接納中國政府以前經由本大使館及英國駐華大使館轉達貴國政府之各項解決辦法

曾生祖屋被拆後殘址猶存面目全非矣

九龍租借地問題

王鐵崖

近日中英兩方正在交涉九龍城的事件。從九龍城事件很容易聯想到香港問題，更容易聯想到九龍租借地問題，筆者願就九龍租借地問題，略予討論。

九龍位於香港的對岸，香港係於鴉片戰爭之後割讓給英國。九龍分爲兩部份：九龍的一小部份，條約上所謂九龍司，於英法聯軍之役，由兩廣總督勞崇光永租給英國方面，而英法聯軍之後，北京條約則正式規定割讓給英國；九龍的大部份，包括大鵬灣及深州灣，係於一八九八年租給英國，作爲所謂新租之地。割讓和租借，在法律上性質不同。在政治上，已經割讓的土地，在某種情形之下，可以根據種種理由要求歸還，在法律上，領土主權已經因割讓而屬於取得的國家，因而，無所謂領土的退還，而是領土的再割讓，還是割讓。租借則情形完全不同，租借地的領土主權永遠屬於出租的國家，受租的國家僅有租借條約所規定的權利，而且，受租的國家，於租借期限到達之時，或基於其他的法律原因，有返還租借地的義務。

中國收回租借地運動，首先正式見於第一次世界大戰之後的巴黎和會，繼之，在華盛頓會議，此運動發生若干具體的結果。在華盛頓會議之中，中國收回膠州灣，同時，英國在會議之中確定聲明退還威海衛，法國也在原則上允諾退還廣州灣。但是，除了日本堅決不肯放棄旅順大連之外，英國也表示不願退還九龍的意見。在會議之中，英國的代表認爲，各租借地雖然在名義上都屬於一種名稱。但在實際上則有不同的情形，英國在中國就有兩種不同的租借地，應屬於不同的地位。他認爲，九龍租借地必須歸於香港的同樣行政管理，其原因爲：如果沒有九龍租借地，香港就完全無防禦可言，很容易受敵人砲火的攻擊；香港不僅是英國的利益，而且關係及全世界的利益；九龍的租借，純爲香港的安全。因此，九龍租借地應屬於另一種類，對於九龍租借地，應該採取另外一種的看法。

這是當時，或許也是歷來英國主張保留九龍租借地的理由。這是政治的理由，而不是法律的理由。在政治上說，香港之安全，以及其成爲世界貿易的地點，是否不需要中國人民的友誼？九龍的租借是否還爲維持香港的地位所必要的？這些都是問題。中國代表顧維鈞氏在華盛頓會議中就指出，保留九龍並不是解決這些問題的惟一方法。

單就法律的觀點，來討論九龍租借地問題，則九龍租借地問題的解決途徑是顯而易見的。在中國，任何租借地均已在取消之列，而只留下一個九龍。爲香港的安全而在中國堅持繼續租借土地，這不是法律上所可主張的理由。租借地的成立雖不取消國家的領土主權，但無疑的產生損害國家領域法權的結果，任何國家沒有理由以損害他國領域法權的方法，來保護國家屬土的安全。固然，九龍租借條約規定：『溯查多年，素悉香港一處非展拓地界不足以資保衛』，但此規定可以爲當時租借的理由，而不能爲永久保留租借的理由，而且條約所規定的理由也不能變更條約規定的性質。租借是有期限的，而不是永久租借，九龍租借地與九龍割讓地顯屬不同性質，土地的租借絕非土地的割讓。依九龍租借條約的規定：（一）租借期限爲九十九年，（二）九龍城內，中國官員繼續駐紮，行使職權，（三）九龍城原舊碼頭，中國兵商船任便往來停泊，（四）中國可以建造鐵路至九龍，（五）大鵬灣及深州灣水面，中國兵船無論戰時或平時仍可享用。此等規定表示九龍確爲租借地的性質，和其他租借地完全相類似。也和其他租借地一樣，租借期限到達之時，英國有將九龍租借地返還給中國的義務，同時，如果中國有理由要求在期限到達之前收回其他租借地，同樣的理由應該適用於九龍租借地。

民國三十二年中英新約之中未規定及九龍租借地問題。但是，在新約簽字之後，外交部長宋子文氏發表談話稱，中英新約交涉之中，中國代表提到九龍租借地問題，英國方面表示，此次交涉，英國政府未準備交涉此項問題，中國方面乃聲明，保留將來提出此問題的權利。我們可知，此項問題中英兩國之間必須交涉解決。中英新約曾規定，「凡本約及換文所涉及之問題，如果影響及中華民國主權時，應由兩國政府代表會商，依照普通承認之國際公法原則及近代國際慣例解決之」。租借地制度限制中國主權之行使，影響中國主權，而又非國際公法原則及國際慣例所承認的正常態度。因此，如果中英兩國交涉純粹依國際公法原則及近代國際慣例，則九龍租借地問題應該不難合理解決的。

錦田鄧氏鐵門還珠記

吳灞陵

錦田是新界最古的大鄉，從開闢到在現在，大概已經有八百五十年的歷史了。因為錦田完全是姓鄧的人居住，他們的祖先是鄧符（字符協），在宋朝徽宗的崇寧二年至五年左右（大概在民國紀元前八百零六年至八百零九年之間）。現在錦田鄧族已經發展到全新界，像元朗，屏山，又村，龍躍頭，大埔，都已經有了他們的分枝了。

錦田的位置是在凹頭的東南一英里，新田的南方四英里，由元朗向東走大概半點鐘到達。全錦田有六個圍，名字是：吉慶圍，泰康圍，永隆圍（又叫做灰沙圍），錦水圍，新圍，北圍。錦田境內又分為幾個村落，名字是：水頭，水尾，沙灃，清水邊，祠堂，涇埔（又叫做舊埔）。各圍都有堅厚的圍牆，牆高二丈，環繞着圍的是一條寬闊數尺的濠溝，完全是一座堡壘，本文紀載的鐵門，就是吉慶圍獨有的鐵門。

這對鐵門，是錦田有名的古物，到而今也為新界的名勝。那門面積很大，純用精鐵鑄成，雄渾名貴異常壯觀。據鄧氏子孫說，這鐵門是明朝時代鑄造的，已有三百年歷史。在香港史裏，它更有一段可歌可泣的歷史。

當英國與清政府成立了九龍半島及其附近島嶼的租借條約，新界租借地的民眾羣起反抗，清廷一點表示也沒有，將新安縣三分之二的土地（約三百七十六英方里）拱手租與英人，新界的接管，原定一八九八年七月一日開始，但延到一八九九年四月始實行。英兵接管的時候，在錦田圍遭遇強烈的抵抗，於是用砲轟擊鐵圍門，捕殺了一些鄉民。當時有一個軍官，把這鐵門當做戰利品，運回英倫。後來又把它運往愛爾蘭，許為中國鐵手工的代表作。直至民國十三年，（二十五年後），錦田鄉民已安於英國的統治，鄧族的紳耆於一九二四年向香港總督史塔斯爵請發還前被英軍移去的閘門。這個請求獲得批准，可是問題跟着發生了。當年移去錦田閘門的總督和英軍官兵都已死的死，移居別地的都無法尋覓了，大家都不曉得閘門移到那裏去了，向誰查問閘門的下落呢？結果：經過長時間的訪查，才從許多檔案文件中發現了閘門的蹤跡，原來它已被當年的英軍搬到愛爾蘭去了。

鄧氏鐵門面目

但，當這一對鐵門給英國人送回來之後，鄉人曾刻了一塊石碑，嵌在圍門的右方，碑的全文是：「溯我鄧族符協祖，自宋崇寧間，由江右官（？）遊到粵，卜居是鄉之南北兩圍，後因子孫繁衍，於明成化時，分居吉慶圍泰康圍兩圍，四周均深溝高壘，復加連環鐵門，想前人之意，實欲鞏固茲圍，以防禦萑苻耳。迨前清光緒二十五年已亥即西曆一千八百九十九年，清政府將深圳河之南隅，租與大英國，斯時清政府未將明令頒布，故當英軍到時，各鄉無知者受人煽惑，起而抗拒，我圍人民，恐受騷擾，堅閉鐵閘以避之，而英軍疑有莠民藏匿其間，遂將鐵閘攻破，入圍時，方知皆是良民婦女，故無薄待情事，姑將鐵門繳去。現二十六年傳孫伯裘，代表本圍人衆，稟呈港政府，蒙轉達英京，將鐵門發還，照舊安設，以保治安，所有費用，由港政府支給，又蒙史督憲親臨敝村行奠基禮，足見英政府深仁大德，亦為表揚吾民對於英政府之誠心悅服矣。特銘之於碑，以誌不忘云爾。大英一千九百二十五年五月廿六號，中華民國十四年乙丑歲閏四月初五吉日立。」

門裏還有一聯，寫着：「南國樹屏藩，恩留鄒黍；北門重鎖鑰，譽美遼東。」上款題着「伯裘煒堂禎祥列位宗叔台樂觀吉慶圍重光紀慶」，下還「屏山房宗姪英生日勝斗星同鞠躬」，讀起來也是一樣使人感慨的。

汲水門島

吳灞陵

青衣島西面，隔一鷄踏門（又稱咸湯門）海峽，遙遙相望的，是汲水門島，又叫馬灣，因爲牠居於大嶼山的東北方，和大嶼山的東北岸緊接，中隔一個海峽，這海峽叫汲水門，所以就叫汲水門島。至於馬灣一名，有人說島形像馬，故又給人叫做馬灣。島的面積不大，如果和青衣島比較，大概只有青衣島六份一左右而已。

汲水門來歷

汲水門是由西北斜向東南伸過去的海峽，長短大概有一英里，寬狹却不够一英里之四分一，據說是三百多碼，比東邊的鯉魚門海峽還要狹些。水勢向東南直衝，極爲急激，因之有「急水門」之稱，志書上面紀載，也是急水門而非汲水門，只因船舶往來給這枝急水吞沒的太多了，大家都想辦法把那急激的來勢殺和下去，有人認爲「急」字不妙，應把字音相近的「汲」字來替代，這樣在稱謂上稍微更動一下，原沒有多大關係，因之也沒有誰去反對，於是「汲水門」便取「急水門」而代之了。

因了這一海峽是香港九龍和珠江水上交通必經之路，船舶來往，決不會繞過大嶼山西南的鷄嘴角那麼笨，而汲水門島東便的鷄踏門（咸湯門），也不是一條適宜的航路，所以，汲水門的水流無論怎樣急激，船舶們都要硬着頭皮，冒險強渡而過，況且，險只是小型船舶的險，大型船舶仍然安全無慮，至多要嘗一陣劇烈的，鏇盪的「暗湧」的滋味而已。

在汲水門島的西方，正當汲水門要衝的前衞的馬角嘴，稍微向海峽突出，航政當局在這上面建築了一座指示船舶進口的燈塔，（指示船舶出口的燈塔在島南的燈籠洲）塔下就是岩石，急流到這地方就更急，首先對正這個馬角咀作劇烈的攻擊，水聲竟像人的狂號，又像痛哭，據說，每年一到廢曆三月，潮流特別加急，激盪的聲音更大。東下的船舶如果不明水勢，就容易給兇險的漩渦捲入海底，再從燈籠洲這邊浮出海面。

當時，大家除了把「急水門」這可怕的名字改爲「汲水門」之外，並且，極不科學地在馬角嘴岸邊，正對急流的地方，豎起一條石碑，上面刻着「南無阿彌陀佛」六個大字，同時請來一班道士，開壇作法，之後，據說水流的急度從此果然和緩了許多，船舶遇險的事件也爲之減少。現在，這一條神奇的石碑，還屹立

赤灣天后廟舊亦列爲新安八景之一

在海邊不動，只有時給蔓草掩蔽起來而已。

石橋和珊瑚潭

從馬角嘴直過對岸大嶼山的東北角山脚這一段路程的海底，據說從來就有一條天然的石橋把兩岸相互連接起來，只不過牠是隱在水的下面而不是露出水的上面，不能够給我們作爲渡過這個海峽的交通工具而已。

據說在「風水」上來說，這座「石橋」就是所謂「龍脈」，倘若這條龍脈一斷，汲水門島也就不會存在而沉到水的下面去了。據有資格者的談話，汲水門海峽的深度是三十尋，每一尋是四尺五寸，即共有一百三十五尺；但是，從水面到石橋只十數尋，距離海底還有一半路程。

島上有一種幾乎每人都深信不疑的傳說：在石橋的下面，有一個深不可測的潭，潭裏有一棵珊瑚樹，因之大家就叫牠做珊瑚潭，潭裏不獨有珊瑚樹，而且整年整月都有大魚住在裏面，這大魚，就像魚中之王，而這個潭就是牠的王宮。不過，這只是一種神奇的臆測和傳說，事實上不曾有人到這海底探過險。

土人另有一種傳說流行：在石橋下面，有一個深大的石巖，每到夜裏，便有一種十分可愛的光芒，從巖裏發射出來，直冲水面，據土人探查結果，說是一種「珍珠樹」，並有大魚兩尾（一說是大鯊魚），守護在樹的旁邊，不許傷害這顆寶貝。自私的土人聽說是寶貝，都想冒險去把珍珠抓到自己手上，於是他們想出些妙不可言的辦法，想把大魚趕走，首先找到了一批相當大的冬瓜，每一個都烚得熱騰騰，然後逐個向石巖投下，大魚看見東西，馬上引起食慾，一口一個的狂吞下咽，誰料瓜的外層經過海水一浸之後，雖然冷却，但瓜的裏面，還是火一般熱，在大魚腹內，像幾個火球在燃燒，大魚忍不起這種痛苦，馬上離開那顆「珍珠樹」四處亂竄，海面當堂波翻浪滾，土人曉得大魚離開崗位，馬上叫精於潛水的土人，潛下水裏找尋，不料大魚固然給趕走，珍珠樹也無影無踪，黑漆一團，絕無半點光芒！

三塊怪石頭

島上最主要的地方，是馬灣，其位置是在馬角嘴之南，與燈籠洲以北之間，面臨汲水門海峽。是一個深狹的海灣，灣裏的村落，就叫馬灣村，也叫汲水門村。

在馬灣的北岸，有一塊麒麟石，又有一個麒麟門。沿着兩岸向東走去，首先到達麒麟門，這座門像小山城門一般，人可以從門口進出，是石頭天然結構成功的，不是人工開闢而成的。因爲距離這座石門不遠的岸邊，有一塊形狀古怪的石頭，倚山向海的蹲伏着像一頭怪獸，若問牠像什麼獸類，無人不以爲像我國相傳下來的麒麟形狀。牠本來是面對南方的，但牠的頭顱却向西方回顧，不偏不倚，正對那座石門，有這關係，土人便叫石頭做麒麟石，叫石門做麒麟門。我們好奇地扳到石門上面歇坐，像登城遠眺一樣，馬灣全景，盡收眼底。

另外一塊石頭，放在馬灣的石拱頭旁邊，形狀是長身四方形的石條，活像一枚印章，豎在海灘上，並且露出水面，十分平滑，島人叫牠做石印，作爲汲水門島奇蹟之一。

張保仔和天后廟

香港大盜張保仔的勢力範圍，當時曾無孔不入地伸張到汲水門島這一方面來。在正對馬灣村的前面，即大嶼山東北的尖端，最高峯叫做五鼓嶺，據土人說，張保仔曾經在嶺上建築砲壘，居高臨下的控制汲水門，把來往這條水路的船舶都屈服在自已管制之下。

至於馬灣這一方面，張保仔當時也建造了一間天后廟，天后是海神，他雖然職業是海賊，但到處要靠船舶活動，船舶安全，水上人全仗天后的庇護，張保仔及其部屬，自然要迷信到這一事體，因而在馬灣興建天后廟。我記得，廟的門聯這樣寫：「德著莆田，是處有天皆俎豆；澤流急水，由來無日不馨香。」從聯文「急水」兩字推想，可見那時還保存「急水門」的名稱而不曾改爲「汲水門」，這是一座相當古舊的廟宇。來往汲水門的小輪船，向來不能够直接泊岸，必須「客渡」轉載近岸，每客另收渡錢；客渡每年公開出投，投價所得，全數撥作天后廟經費。

美國人別墅

島上唯一特別的建築物是一間美國人的別墅

，主人叫Reed（李德）和他的太太兩個人住下來，孤清清的連一個僕人也沒有，倒覺幽靜得無以復加。據主人自已說，他在少年時代，是個善游獵的人，曾打過老虎，大象，甚至獅子，也曾上過戰場，升級到大佐。他住在島上，是想發展畜牧事業。他曾引導我們進去那四週都是高大榕樹而裏邊一塵不染的別墅裏遊禮。別墅坐北向南，正對汲水門海峽，是一所半中不西的房屋，外面簡樸而裏面雅麗，週遭都張上一層防蠅防蚊的幼細鐵絲製成的窗紗。屋裏有客廳，有書室，有書櫥，有古董，有打獵的東西，這一座別墅及其主人，在日軍蹂躪香港的鐵蹄下變成怎麼樣，還沒有消息呢。

牧場和豬種

倘使李德做了俘虜，其別墅固然不保，便是其所經營的牧場，也必重歸荒蕪，是可想而知的。在他當時的計劃，是想供給整個香港的豬肉而不須從別處運來供應的。他並且注意選擇豬種，想養些不肥也不瘦的豬，適宜於做優美的「火腿」。他曾發揮一種見解：中國農村所養的豬，全是肥肉多瘦肉少的豬，因為豬的營養不良，在一塊方檔不足的地方，日光空氣都感不够，因而瘦弱可憐，變成一只膝隆腹垂的東西，不能够做火腿，他決不想養這樣用途不大的豬。

李德曾經向港政府領到一百二十畝場地，經營牧場，也曾找到外國豬種，和中國豬種混合，產生中西混合豬種，每天放到草原上，聽從牠自已吃草，這樣，養豬這事業纔會合理而經濟。不過，他這計劃無法實現，因為他招募資本不來，政府沒有辦法帮助他，因而宣告失敗。後來他想把這個開設了而不曾成功的牧場出讓，資本家也不感興趣。

鑛藏

汲水門島的面積雖然不大，但你不要小覷牠，因為牠的北部山上，埋藏了不少鎢鑛，一個黃土色的幾百尺高的小山，鎢鑛俯拾即是。大從鑛業家看不起這一個小島，香港開埠一百年，針山鎢鑛也採掘了不少年頭，但對於汲水門島這一鎢藏，竟然沒有人發覺。後來馬士文公司在汲水門島對岸的大嶼山東北尖端開採鎢鑛，設有紅屋，作辦事處，山上也有若干小寮，給鑛工寄宿。大概由于這個關係，鑛工們在地理上聯想所及，以為鑛場和汲水門島一水之隔，一定也有鎢鑛埋藏，於是利用他們採鑛的知識，秘密跑到汲水門島上試探，果然不出意料之外，在北部山上，發現鑛藏，於是傳到土人耳裏，大家都秘而不宣的，自由採掘，把北部山頭，挖得千瘡百孔，整整挖了一年有多，纔給主管當局知到，嚴行禁止，但他們已經發了一筆小財。

當日他們偷採鎢鑛，是跟山主有了協議的，即不論誰人，在他的土地上開穴採掘，每採一斤，卽須繳回地主五分，這樣，地主間接所得也不為少。當時的鎢價，每担能够賣到一百多元，最低也賣得八十多元。

稅關陳跡

在馬灣北岸，有一排一連九間的房屋，相當齊整，這是清政府在汲水門島上設兵防守與乎設置關卡檢查來往船舶的地方。汲水門島改隸香港版圖以後，這一列房屋便變成民居，右邊稅關辦公的地方，也改成學校，我們參觀這些建築物的時候，覺得還十分完整，相信建築的時候並不很遠。

島民

汲水門島上的居民，當然，在香港不曾隸屬英國以前就有了的，原因牠的面積小，在自給自足上成問題，所以，向來就只有幾百人居住。在這幾百人之中，也分成兩個部落：其一是所謂「本地人」的，居住島的南部，有陳曾林幾姓，都是寶安籍人；又一是所謂「客家人」，居住在島的北部，人數比南部較少，本地人就叫這北部做「客家村」。不過，島民雖然分成南北兩個部落，但民情和洽，永遠不採敵視的態度，還是一個最好的現象。

東灣

全島的海灣，以東灣為最適宜於游泳。我們經過一個鐘頭環遊全島之後，轉到東灣去游泳。這灣適在馬灣的背後，面臨鷄踏門，和青衣的錢底灣遙遙相對，使人想起了天體運動，因為附近沒有人烟，我們都實行裸體游泳。灣上的砂，相當幼潔，只是稍開一處有些礁石，隱現在海水的下面，使人不能放心泅遠一點罷了。

坪洲

吳灞陵

首先，我們閱讀寶安縣志，在水部裏頭，讀到下面這樣一條：「平洲，在城西海中。」城西是指寶安縣城之西，當然不是香港版圖裏的那個坪洲。再讀下去，又有一條是：「平洲，在七都下沙村前洋海中，長一二里，橫亘海面。」初時看去，似乎就是香港版圖里的坪洲，因爲這一條紀載，是緊接着「長洲」這一條的，長洲一條所述，完全是香港版圖的長洲，所以我以爲「平洲」這條就是香港版圖的坪洲，但，條下所述有「在七都……」一句，再翻「新安縣志」里的「新安沿海圖」，看到深圳是六都，七都則在深圳的西北，而深圳以南的「長洲山」附近，又沒有「坪洲」的名字，也許這兩條「平洲」紀載都和香港版圖的坪洲無關。這樣，香港版圖里的坪洲，便無文獻可攷了。

坪洲，在我們遊客的眼光看來，實在是一個美麗的地方，雖然牠的面積只有半英里的大小，比起鄰近長洲來要小一半。牠的位置，是在香港本島和大嶼山的中間，但是，它距離香港島的西岸，約莫四英里有多，而距離大嶼山東岸就只有一英里光景。在它的東面，有銀洲，小交椅洲，大交椅洲，西面有大白洲；南面有車公洲，尼姑洲；北面，正對大嶼山東北岸的竹篙灣。如果你所坐的小輪船從西營盤岸邊起程，那末，一句鐘之後，你便能夠置身於這個美麗的小島之上了。

坪洲給蔚藍的海洋四面圍繞着，那參差不齊的海岸，便形成若干個大大小小的海灣，不過，可以稱爲大的海灣，只有兩個，一個位於洲的東面，就簡單地給人喚做東灣，這個叫法，在新界各個島嶼之間，是十二分普通的，凡是面朝東方的，都可以隨便給它這個名字，像長洲，汲水門，大嶼山的雞翼角，都出現一個「東灣」；同樣，凡是面對西方的都喜給它一個「西灣」的名字，不過，坪洲的西灣，却永遠不叫做「西灣」而叫做「坪洲灣」。

東灣純然是一個海灣，沒有船舶，沒有人家，其原因，大概是因爲新界的島嶼里，凡是向東的海灣，都會常常不停受到強烈風浪的打擊，無法建立居住的地方，然而，因了它接受強烈風浪不停地冲刷，都具備一片相當美麗的海灘，十分適宜於我們愛好海浴者的游泳，坪洲東灣就是具有這個優良的條件的。

坪洲灣呢？因爲它的位置向着西方，強烈的風浪不致向它施以無情的打擊，常常是西子湖般，波平如鏡地安靜着，灣的岸邊，也建立了一個坪洲精華所聚的市街。灣里，也停泊了各式各樣的漁舟，漁人們或到岸上購買補給的東西，或把船兒擱在灘邊修補，這樣，水上，陸上便形成一種熱鬧而緊張的氣氛了。

每一個島，除掉無人島外，都有一個中心，比方青衣是在東北一隅，汲水門是在馬灣，長洲是在長洲灣，坪洲的中心就是在坪洲灣這方面了。灣邊就是市街建築，最大的也可以說是唯一的街道，是叫永安街，商戶林立，接往熙來，彷彿像長洲那條大新街一樣。這里有茶樓餅肆，菓菜肉食，洋雜山貨，供應島上居民之外，還要供應水上的漁民，這里雖然不是一個漁區，可是漁船們爲了打魚，常常駛到這里停一停，這樣，就會到市集去拿點補給。

洲上的人，以前是差不多「夜不閉戶」的，因了打仗，海盜會侵進去找根據地，幹過擄人勒贖的事情，治安上曾經走了樣。在日本人不曾侵略香港以前，警察方面並無機關設在島上，只由島上居民自己設立一個自治團，每一商戶每月供給經費一元幾角，置備火器，鎮壓盜風，成績極好，大家都無須担心盜竊。

永安街口外，最使人注目的建築物，是天后宮，火柴廠，牛皮廠，農場，學校，灰窰這些。我們的輪船將到坪洲的時候，我們便遙遙地看見一縷一縷的白烟從灰窰噴出，飄上天空。曉得這個並非無人的島。

我們在永安街上當證一番，走到四十九號門牌那間天后宮瞻仰瞻仰。像其他島嶼一樣，這是島國居民和海上漁家最崇拜的偶像。但坪洲的天后宮，顯然是有長遠歷史而又結構堂皇的一間。門額石刻「天后宮」三個大字，是清光緒丙子（民國紀元前三十六年）孟冬重修時候建立的，門的兩旁，刻着對聯：「地闢煥新猷，幸藉鴻慈通水陸；神靈傳聖蹟，故留廟貌壯山河」。此外又有清光緒二十三年郭乃安的聯，寫着：「帆四海之波濤，舟楫咸沾大化；雨九天之雨澤，人民共頌神光。」裏面天后神座之前又有一對年代較古的對聯，是道光十七年的東西，寫着：「海靜波澂，浩蕩神恩敷赤子；民豐物阜，巍峩母德濟蒼生。」雖然都是讚美天后的老調，但因這些東西刻着年代，可以幫助我們考據，變成文物之一，特全寫下來。

至於廟裏石壁嵌着那塊「重修天后宮碑記」更值得我們珍貴，因為我們若果不讀到它，就不曉得這座古廟已經有了一百多年的歷史，曉得坪洲一百年前已經有了居民，不能不全寫下來以供研究：「原夫天后元君也，先朝活佛，昭代功臣，恩深護國，德重庇民，跡著莆田，顯英聲於朔世，賽流梓里，普惠澤於無邊，此所以母儀稱其廣大，聖道仰其崇高耳。惟坪洲之天后宮，創建始自嘉慶午年，繼重修而迄於光緒丙子歲，春秋歷久，陶瓦漸穿，歲月屢更，屋樑亦壞，尊神不無沾染，塑像又被塵蒙，由是謀諸杯卜，則曰舍舊而圖新，酌之同人，更欲美輪而美奐。

但綢繆風雨，固所宜先，而策劃資材，尙將有待，況地處偏隅，杖由捲海，四分一角，戴水笠天；日鋪戶無多，居民鮮少，倘非集腋，安得成裘？不意閩淵士女，踴躍簽題，各處商民，慇懃樂助；大啓積貯之囊，同揮如椽之筆，情以義起，義以敬伸，因之鳩工重建，鳳閣翻新，頓改規模，騁鶴金輪飛羽，燕然氣象，依稀銅柱披香；則神威與廟貌而維新，人事與天時而濟美矣，然而踴躍輸將，自當姓氏流傳，告竣成功，猶宜芳名並列；合勒貞珉，永垂不朽，是為序。」

牛池灣寫生　趙百則作

這篇序文以下，是一串坪洲値事人名和一串捐款人姓名。最後一行刻下的日子是：「光緒三年丁丑歲季冬月」。攷查嘉慶戊午年就是公曆一七九八年，到現在一九四八，不是有了一百五十年的歷史了嗎？從這一個時間看來，坪洲有了住民以後若干年，統治權才移到英國人的手里，是十分明白的了。

廟里的右邊，照例像別的天后廟一樣，也設有小型木船一只，長度大概是六尺，船上有桅有帆，也有纜索，有鐵錨，跟一只大型的帆船一樣裝備齊全。據說，這是準備給天后廉駕或差遣的：又有一說就是一般水上居民拿來占卜風雨的；究竟這一只小型木船有什麼用途，一時還沒有辦法攷據出來。

洲上的古物，除了這個，就要算那塊「奉禁封船碑」了。這個碑石的建立，是在道光十五年，即公元一八三五年，和現在的時間距離，已經有一百一十二年的悠久了。至於建立的原因，是由於當時坪洲蛋民受盡了所謂「輪僱漁船送營扮商誘緝」之苦，請求當局永遠禁止，故而立石禁示的。現在把全文抄在下面：「署新安縣正堂加十級紀錄十次盛，爲准即立石以垂久遠事，現據蛋民黃勝興，黎正興，李鳳大，馮廣益，高發安，黃勝長，黎淞業，樊創貴，黃四金，張昌喜，黃勝祥，黎金有等呈稱：案奉憲行，每月輪僱蟻等漁船兩只，送營扮商誘緝各按舵手名數，日給口糧，並無苛刻，惟是蟻等獨船謀生，全資採捕，雖奉差固非枵腹，而安家究有不敷，況船內多有孝眷同居，與弁兵雜處，終屬不便，當經蟻等聯呈，叩蒙梁前憲會同吳遊府聯稟督憲，蒙批據稟營縣，公同捐製蝦笋艇二只，以資緝捕，將輪僱漁船，送營誘緝一事，永遠停止，免執累望辦甚好，仰東布政司會同按察司督糧道行縣遵照等因，雖蒙梁前憲吳遊府聯銜示禁，但未蒙立石，永遠禁止，以免日久弊生等情到縣。據此，查本案先據黃勝興等具呈，除批示外，合再勒石示禁。爲此示諭闔邑船戶及諸色人等知悉，所有輪僱漁船送營誘緝一事，前已奉行永遠停止，爾船戶人等，即各安本業，倘有不法之徒，假冒兵差各色，仍有揑稱封船送營誘緝，勒索滋擾情事，許該船戶人等投同澳甲，擒交細解，或指名稟赴本縣，以憑飭差拿究，各宜凛遵毋違，特示。道光十五年七月十九日給示勒石。」

坪洲唯一奇蹟是龍口井，坪洲四面是海，居民的飲料，不能不靠井水，像海南島的情形一樣，從前山水不潔淨，缺乏飲料，等到蘇東坡到了海南，才懂得掘井而飲，井泉才成爲海南島民唯一飲料，到今天，海南島還留着許多「東坡井」呢。坪洲居民就是這個樣子的，全洲一共掘了四個井，永安街天后宮的一個最大，可惜水源不多，大概距離地面一丈有多才有水。但是，在永發山西便山腳豐隆公司門前的左邊，有一個給大家稱爲龍口井的寬只丁方二尺，深一尺有多，四週和底都是石質，但井里的水是不管什麼時候都是一樣豐滿的，即使是拿勺子去取，也是取之無盡的。

在坪洲，好玩的地方，還有釣魚崗和晒網石，在坪洲山的西邊，在山上向下面海濱瀏覽，你會發現兩個漁翁，戴笠披簑的相對無言，在那裏專心垂釣，不，這不是人，這只是兩塊不平凡的石頭，一東一西的對立着吧了。東邊那一塊，是兩塊疊成一塊的，樣子是像快要倒下去似的：西面的一塊，聳立在海邊，十分峻峭，遠看像一座海濱別墅，下面不是沙灘而是各式各樣的大石，風浪天天在向它搏擊，漸漸地蝕成一條寬大的隙縫，裏面大概也是空虛的，風浪打進去的時候，就不斷發出隆隆的聲音，我們身臨此境，彷彿在遊什麼「石鐘山」。這就是所謂「釣魚崗」了。

坪洲除了和香港交通之外，也和長洲交通，長洲在坪洲的南邊，距離約四英里遠，以前每天有帆船來往，叫做「街渡」，沿大嶼山的海岸向南行駛，風平浪靜的時候，約一點鐘，經過東公洲和尼姑洲，可以見到兩洲之間的東公門。從水道的右邊看去，有文角灣，銀鑛灣，都是大嶼山的東岸。由此再向南行，又一句鐘，經過大嶼山的東南岸，和長洲西北岸之間，其風景之佳，也有「輕舟已過萬重山」之概。將到長洲灣右岸有石排突出海上，形如虎頭人們叫它做虎頭石，可稱長洲一景，大概從坪洲到長洲的航程，坐帆船要兩句鐘左右。如搭香港長洲綫中途經過坪洲的小輪，就不必花這樣長的時間了。

水坑口與石塘嘴

永言

乘五號巴士，自大坑西行，至終站，其地名「水坑口」，若乘電車向西行，至屈地街，或至堅尼地城，該處一帶，距今二百三十八年前，以至今日，統稱石塘嘴。五六十年前，水坑口為香港最繁華烟花地，自石塘嘴取而代之，無復當年景象矣。石塘嘴得名，由清乾隆三十六年辛卯（公元一七七一）始，水坑口得名，則自道光元年辛巳（公元一八二一）始也；兩地均於辛年始有地名，為兩地命名之人，均於辛苦艱難生活中得之，由艱辛苦中得名之地兩處，竟能一前一後，成為全香港最繁華之烟花地，亦奇矣哉。依照地方得名先後，追述往事，請自石塘嘴始。

清初，今石塘嘴一帶，皆山也，山多花崗石，俗稱麻石，為上等建築石材，清惠州府客家人，多石匠，聞而集之，結集同業，自沙頭角取道入官富場（今新界大陸及附近島嶼）渡海，至其地採石，沙頭角地界與惠州府界相接連，為今新界及香港與惠州往來必經之路，初採石，自海濱始，越時久，經已採石處，下陷，成一大塘，石匠等稱之曰「石塘」，離海較遠處，石塘面積瀰廣，近海處則狹，自內向海外望，近海石塘盡處，成尖形如鳥嘴。乾隆三十六年，有長樂縣石匠名朱居元者，於其地建村，村名石塘嘴。三十七年，猿虎成羣，傷人甚多，以後頻有虎患，又多海賊滋擾，乃遷居九龍沙埔仔，石塘嘴村廢，嘉慶時，郭婆帶，烏石二，鄭一，張保等著名海盜，侵掠九龍一帶，又遷居海島近赤柱之鶴嘴立村，海寇平定（在嘉慶十五年），朱居元第四子，始至九龍城之附近建大磡村，每歲春秋二祭，原日石塘嘴朱姓，聚集大磡祭祠，至於近年，祀事一如昔者，石塘嘴三字，遂成為今屈地街至堅尼地城地名。

水坑口，原名大坑口，「水坑」二字，粵語也，語意為山澗，澗水流入海處，曰：「坑口」，未開埠前，坑口在今大馬路間，即當年濱海處，清嘉慶末，該處海濱多龍蝦，對岸九華徑村（近荔枝角海浴場）有半耕半漁者數人，乘舟前往採捕，晨出暮歸，頗費時，道光元年（公元一八二一）乃在海濱山麓結茅居住，竪竹欄於海濱，闢數欄門，潮漲時，龍蝦隨潮入欄內，潮定閉欄門，俟潮退盡乃入海捕之，捕已歸，滿身泥濘，呼曰：「速往大水坑口處浴身」，因以「大水坑口」四字名其街，厥後原日水坑，日益狹小，乃略去「大」字，簡稱「水坑口」，越年久，填塞水坑，仍沿用水坑口街名，直至今日。民國後，原日捕龍蝦者某之孫，年六十餘矣，為朋輩述其祖遺言，徵此，則現在無溪澗之斜路，何故名為水坑口，將令人百思不得其解矣。距今五六十年前，水坑口為港中最高等宴集處，秦樓楚館，觸目皆是，有叙馨樓及宴瓊林酒樓二間，筵宴幾無虛夕，中環大馬路之杏花樓及得而康雨酒樓，遠不及也。廣東舉人入京會試，在港親朋設餞筵者，多就宴瓊林，取古代殿試放榜後，賜宴諸進士，稱「宴瓊林」吉兆，自酒樓妓院移入塘西，水坑口一帶，漸次蕭條，石塘嘴遂取而代之矣。

地理小識

▲香港為一海島，四面環海，全島面積約二十九英里，東西相距十一英里，南北相距由二英里至五英里。

▲香港經緯線位置，係在東經一百一十四度五分與一百一十四度十八分之間，北緯二十二度九分與二十二度十七分之間。

▲香港位于廣東省之東南，距廣州約九十英里，與西江入海河口形成對峙，原屬廣東新安縣（即今寶安縣）之九龍司。

▲香港地鄰熱帶，冬不甚寒而乾燥，夏則炎熱而潮濕，冬有東北季候風，夏有西南季候風，香港氣候酷熱，甚少超過華氏九十五度以上，寒冷甚少降至四十度以下，每年平均計之，其氣溫約為七十七度。

大帽山之話

吳灞陵

說起大帽山，縱然你不曾親自爬過上去絕頂，耳邊也會常常聽到這怪偉大的名字，而使你多少現出一點詫異之色吧，原因大帽山是新界大陸一個主山，爲大，也爲高，只是聽，不去爬，當然要詫異，聽了之後去爬，就更讚嘆不絕，你將因此可以在別人面前誇耀一下，你的足跡雖還不曾遍名山大川，但已踏上了新界大陸第一峯。

大帽山之稱謂，雖然還有人頑固地硬叫牠做『大霧山』，說牠頂上常有『大霧』，但，這是一個極大的錯誤，須想，那一個高山沒有雲霧呢？最好是拿志書來做憑據，翻開寶安縣志，就可以看到這樣的一頁：

『大帽山，在城東五十里，形如大帽，由梧桐山邐迤南旋西折，高二百丈，爲五都之嶺，上有石塔，多產茶。』

這樣，我們便明白大帽山之爲大帽山，『形如大帽』，而不是『頂上常有大霧』了。

根據我們的測量，是『二百丈』，英國人就測量到三一三〇英尺。這樣高的山，在香港新界固然雄據一方，在庾嶺以南的廣東，除掉羅浮山，西樵山，和七娘山之外，實在找不到甚麼高山來跟牠比較。

牠不但高於一切，也大於一切。牠的脈絡連綿，縱橫奔放，大概要佔地一百多英方里；向西走，是經白石橋，青龍頭，大欖，屯門，藍地，一直到洪水山爲止；向北走，是觀音山，剃刀型山，大天山，吉水山，轆轤山。向東南走，是針山，走私背山，鷹巢山，烟墩山，獅子山，雞胸山，一直到九龍嶺，轉水牛山，到馬鞍山，一直都是牠的支脈。因此，大帽山統領新界大陸所有的山嶽而成爲主山。

因爲大帽山像一頂覆在地上的大帽，佔地非常廣大，登山的路徑便有好幾條，新界的大埔，錦田，荃灣這三個地方都找得到登山的路徑：

（一）從大埔方面上大帽山，可先越過林村河，進入林村，經過林村石潔河橋，一路略向西南方進行，不久，又過避河橋，（這是一條因改造道路以求便利而建築的）已到林村凹之下了。將到林村凹，還有一條長安橋，過橋不遠，到臥雲亭，（好久以前已經破壞，現在恐怕沒有了。）便上到林村凹，由凹向左面走去便可以繞到觀音山背後，由此直上大帽山之頂。

（二）從錦田方面上大帽山，可向東進以林村凹爲目的，先經凌雲寺下院登照闌前，然後覓取小路，經圓崗，蓮花地等村落，便到達觀音山腳，由此上山，到凌雲寺，從寺的左方『觀音逕』走上去，可以到達林村凹，由林村凹上山，便和大埔登山這一條路殊途同歸，

（三）從荃灣方面上大帽山，有好幾條小山路，大概因爲這方面上山比較好，比較快比較便利，所以無形中便成功山路幾條：

第一條，是到荃灣後，找路經新棟屋村入老圍村，她大概是距離荃灣墟東北約莫一英里，有一條小石路，是從青山道旁邊開始的，沿石路前進，不久就是新棟屋村，有天后廟，棲霞別墅，再行十五分鐘，就到老圍村。

由老圍村向北行，有一條比較大一點的泥路，旁邊有一條溪澗，跟着這條溪流的左方，一直上去便可以到達山頂。不過，這一條路徑，一路都有分歧的路口，稍爲不當心，就會走錯方向，會轉到東北方而去，這樣，在你前面便有許多阻障，因爲一路有許多石塔，小路也斷斷續續，容易使你迷誤，荒廢時光，而且，在將要到達正峯的時候，大概因爲走這條路的人不多的原故，野草蓬蓬勃勃的生長着，高度可以到達人們的胸膛，容易由此發生許多危險；因此，以這一條路登山，我認爲不大適宜。

另一條也是由老圍村開始，不過前面那條是向北，這一條是向西，首先，你越過那一條溪澗，走上對面那個斜坡，跟着小路上山，不一刻，前面有一條歧路，橫在目前，你若由此向右邊那一條行進，便會跟着溪的右邊進去，到溪流的源頭，然後轉往右邊，這里也有一條小路可通至山頂。

但，如果到了歧路的時候，不向右轉而向左轉，便見兩旁都是松林，或波蘿田，走半點鐘左右，你便到達一千三百多英尺的高處；再向北方走去，大概半點鐘，就爬上了二五，五英尺的『假大帽』，由假大帽到正大帽，大約要走一點多鐘，這一段路，都是正正放在山背上面的，所以相當好走，而且一路都可以欣賞風景，沒有時時刻刻都要注意走路的討厭。

第三章 地理

名勝的石

寄萍

提起香港的名勝，石實在佔有一個很重要的地位，很多古跡也是因石頭增加了它們的價值和吸引游客們的興趣，最著名的沙田望夫石，就是其中之一。

從九龍乘火車到沙田，途中看見的山，有鷹巢山，燕墩山，獅子山，雞胸山等，而最惹人注目的，可算是那氣勢雄峻的獅子山了。

當火車走到獅子山的斜角度的時候，你便可以見到那塊兀立山頭的，形狀像一個婦人背負着一個孩子，面向着山上俯視的怪石，那就是名聞遐邇的望夫石，石下這座山，也因此給人叫做望夫山。

說到這望夫石的來歷，則似乎有點怪誕，相傳從前有一個婦人，他的丈夫出外謀生，久久沒有消息，她便天天背了孩子，到山頭上遠望海外帆影，盼望着她丈夫歸來，可是丈夫始終不回，她永遠地站在山巔上，結果化成石頭，成爲香港名勝之一的望夫石。古人劉克莊曾經塡過一首詞來記述望夫石，說道：「望夫處，江悠悠，化爲石，不回頭，山頭日日風和雨，行人歸來石應語。」這凄艷的小詞，更令望夫石千載以下，生色不少。

九龍名勝之一的青山，山頂也有一塊饒有歷史性的石，石作長方形，上面刻着「高山第一」四個斗方大字，舊傳是唐韓愈南游時所書，字旁也隱約的現出「退之」兩個字，碑後有「兩岩雖云牢，木石自飛渡，中門雖云高，亦映波浪沒」一首石刻古詩，上下題款，因爲年代湮遠，都已剝落無餘了。

據新安縣志：「白鶴山在九龍寨城西北，上有游仙巖，巖下三小石如品字，上盛巨石，高約六七丈，廣約三丈餘，聳立雜升，石頂有棋盤棋子，至今猶存。石的陰面刻「遊仙巖」三字，年代湮遠，字跡模糊。昔常有白鶴一雙，棲止石上，故名。」這便是九龍城白鶴山得名的來歷。

至於白鶴山游仙巖下，由三塊小石支撑的巨石，直到現在，不祇石刻的「游仙巖」三字，字跡模糊，石頂上彷彿像棋盤形狀的石紋，也模糊難辨了。

在游仙巖內有一塊石頭，體積很大，一半埋在泥土裏。遊客們把小石向它敲擊時，就發出了叮叮冬冬的聲音，餘音嫋嫋，很是悅耳，這就是人所共知的丁冬石。

丁冬石再上，有一塊石，石面低陷頗像一個大脚印，有二尺多長，分爲兩節，前節長一尺有多，深約半寸，後節長約四寸，只略現痕跡，兩印距離，約有七寸左右，兩印都作橢圓形，驟眼看來，也頗像脚印，這便是有名的仙人脚印古跡。

從仙人脚印斜下，有一塊斜躺在泥裏的長約十丈的大石，由上而下，有一處石面下陷的地方，正對着九龍寨城西門，人可以舒適的坐在低陷的地方，還有地方踏足，這怪石就叫做「金校椅」。

至於侯王廟旁的鶴字石，和鵝字石，更是膾炙人口。侯王廟側，舊有一塊大石，上面刻着大約一丈丁方的一個大鵝字，這便是有名的鵝字石，石上的鵝字，是一筆寫成的，字體作半行草，很夠氣勢，字旁刻有書者張壽仁的名字，他是九龍城的西頭村人，是清朝的秀才。

石的旁邊刻着一副對聯，聯文是：「古石書鵝慕逸少，名山留鶴仰侯王」，是東官黎慶堂所書，鐫石時代是「光緒十三年歲次丁亥首夏中浣穀旦」。

可惜在日敵侵佔香港期間，爲了開闢機場，此石竟被炸碎，移作別用了。

鶴字石在侯王廟的左背後，大小也相當於鵝字石，上面刻着一個鵝字一般大小的一筆鶴字。這個字的執筆者，署名叫做『鳳山』，字的兩旁，也刻有對聯道：「道古仙巖歸鶴嶺，侯王嶺爵鎮龍城」。署名是桂樹黃調華書。

從前，這塊石原本也可以一覽無餘，後來因爲侯王廟擴充，便把這石頭遮了一大半在廟後，現在荊棘環遶，攀登艱難，所給予游客的注視吸引力，已大大減少了。

此外如七姐妹的鱷魚石，大澳的將軍石，寶雲道的姻緣石，和太平山的蟾蜍石，都各有其神秘的歷史，而佔了香港名勝史上的次要地位

第四章 社會

漢西洋服

裁剪合度
工作上乘
唯一優點：
名貴！
大方！
地址：灣仔莊士頓道九二號

亞駱服裝公司

灣仔道一一五號　電話四八七八二

婦女服裝日新月異稍款式不合時尚雖綺羅錦繡亦難顯見其華麗大方也本主人前任職女服裁剪於本港服裝公司專家十有餘年對於女服製作潛心研究精益求精經常在歐美定購最新時款女服專書以作參考改進故所製成服裝不論何人均感適體大方款式時尚且本公司宗旨純正價格公平

並經常搜羅新式花様歐美毛絨綢緞以供顧客選擇故本公司開設數年以來屢蒙各界仕女光顧互相推許介紹聲譽不脛而走然本公司並不以此自滿如各界仕女惠臨指教無任歡迎至希留意爲荷

本主人
亞駱謹啓

國民政府證明第六七四號醫師羅萬里監製

·一分腦力·一寸黃金·

請購服

長命富貴牌

補腦丸

能治一切腦病

功效宏大用者皆知

遐邇知名

神效

清毒水

專治一切骨痛各種毒症

·一瓶見效·每瓶二元

本港各大藥行及各埠均有代售

總發行：灣仔灣仔道一三二號二樓　電話：二七〇〇三

藥廠：銅鑼灣大坑村華倫街十三號

長命富貴藥廠主人羅萬里謹白

香港德輔道中　九龍彌敦道　廣州太平南路

新世界大藥行有限公司

專辦

名廠新藥　醫療用具　工業原料　香油香精　化學藥物　粧飾香品　零沽批發　一律歡迎

廣東

陳李濟大藥行

總行：廣州市漢民北路

抱龍丸　定驚除痰

蘇合丸　救急止痛

理中丸　防癆理咳

支行：香港大道中二〇六　電話：二三六四四

國民晚報

香港報界異軍突起
高尚家庭不可不讀

「國民論壇」言論潑辣，文章幽默
「服務廣告」求事求人，不必化錢

兩大副刊
「俱樂部」藝壇珍聞，無所不包　娛樂消息，儘速報道
「大會堂」名家小說，生活趣味　海外風光，一爐共冶

是知識與趣味混合而成之新型晚報！

百威大藥行

西藥批發

皇后大道中三貳三號

電話：二二六八六
電報掛號零三貳三

中醫 張伯常

寓灣仔軒尼詩道
一七八號橘香園

國民政府考試院檢定中醫師
歷任香港中醫師研究所教授

伍卓琪

醫務所：灣仔軒尼詩道一九六號
保生堂藥行　電話：三一七七八

香港社會滄桑錄

秋雨

香港開埠初期的一般情形

香港開埠迄今已百有餘年，迴憶最初的荒涼情景，中間的迭經滄桑，以至最近十年間，經歷二次大戰，慘遭破壞，重復光明，邁步建設，以有今日，其間變幻，實至巨大，爰就故老憶述，而爲人所樂聞的，摘誌于次：

就現日情形而觀，中環爲商業最繁盛的地區，所有中西各大銀行，各大公司，洋行，各種商店，均集中在這一區域，商店租值的昂貴，不僅大道中，德輔道等處令人咋舌，即在橫街橫巷的商店位置，也比別區租值高出數倍，有人以爲中區的繁盛熱鬧，自開埠之初，即屬如此，相沿至今，不過尤甚而已，其實情形卻剛相反，香港開埠不久，所有商店均設在東區的燈籠洲，即現在的銅鑼灣怡和街，後來日子久了，纔漸漸向西移動發展，這就是向中環方面遷移，因爲政府機關多設在中環，所以那些商店便跟着政府的所在地而陸續開設，因而現在的皇后大道便成爲繁盛的區域，初期有名的怡和洋行也是在燈籠洲開設的，後來才遷到皇后大道，其前門即現在的法國銀行。至於現在娛樂戲院的地位，最初是西商會的會所，後來爲蔣生發公司和幾間猶太人的商店。華人行，皇后大道那一方面，是昔日的高等審判廳，向必打街那一方面，是郵政局的舊址。在必打街和皇后大道中的中間，從前有一間大鐘樓，這間大鐘樓高達五層，不論那一處地方發生火警，就由這間大鐘樓鳴起鐘來，約經三分鐘後，再用鐘聲來表示火警的地點，如鐘響一吓時，即是指火警發生的地點是西營盤，響兩吓時，是指中環火警，響三吓時，即指灣仔以東的地區發生火警。至現在的遮打道與海傍的干諾道，最初是大海的一部份，後來因中區人烟稠密起來，居住的人漸來漸多，政府爲適應人民需要，纔開始實行填海計劃，把這些地帶用山泥填築成地，然後建築店戶，乃成爲現在繁盛的地區。又威靈頓街和德忌笠街一帶，初時均爲洋行所在地，那些洋行，辦事處和居住處是同在一起的，沒有像現在洋行只作爲辦事的寫字處，洋行裏面的人員是另租地方居住的。現在中環街市的位置，以前是銀行公司寫字樓，後來因日久殘舊且有傾圮的形狀，纔由市政衞生局則叫改建爲市場，現在的中環街市的型式，已經改建第二次，第一次僅有樓下和二樓，樓下售賣魚菜，樓上是生果牛肉等。

說到教育，在七十年前，香港大學還沒有設立，故那時是絕無高等教育機關的，現在的香港大學堂地址，以前只是一片荒地，滿種樹木，蔓草叢生，那邊只有一些小道，在當時，旅居香港的華僑子弟，如果想學習英文，只有到全港唯一的英文學校「中央書院」，這所中央書院就是後來皇仁書院的前身，中央書院開辦之初，是中英文兼授的，其上課時間，夏天在晨早六時開始，冬天則在六時半開始，學生往往到達學校時，天色尚未光亮，必得各就已位，排好紙筆墨，取出應用書本後，教師纔上堂授課，當時的課程表，十足像我國的冬烘子日館一般，沒有體育和音樂那兩課的，在這個時候，一般學生的家長，壓根

香港原住民生活之一：轆穀 薰洵作

香港原住民生活之二：浣菜

董洵作

兒就不知體育和音樂是何物，縱學校有這兩課的教材，學生的家長也未必贊成。

至於公共建設，如供給居民食水的水塘，初時只有一個，這就是薄扶林道水塘，其次便是大潭水塘，其餘各水塘是後來因爲人口增加，纔逐漸增建的，工程最偉大的要算城門水塘，它的喉管由九龍透過海底通至香港，這一項偉大工程的興建，完全是因爲人口歷年激增，每年均有水荒現象，港政府爲減少食水恐慌，纔計劃這次工程，它是在戰前不久完成的。

山頂區是指扯旗山亦即太平山的山巔和山腰一帶，在開埠初期，是劃爲禁區的，後來因爲人口日漸衆多，各區住宅差不多都有人滿之患，英國人是素重衛生的，他們鑒於山頂區空氣清新，環境幽雅，向政府建議闢爲住宅區，港府經過一番考慮後，乃決定接受是項建議，將山頂一部份區域劃爲園林住宅區，但規定只許西人卜居對華人則暫不開放，其實在當時交通工具缺乏的時候，汽車和纜車都沒有通行，即使開放與中國人居住，也是無人問津的，連當時請求開放的西人，到了正式開闢爲住宅區後，也很少人願居於此，只有少數政府的高級職員，纔不畏崎嶇，在這區域居停，但因山路傾斜，代步只有轎兜。而那些轎兜用兩人抬扛，還不能輕登容易，須用到轎伕四名，纔可以稍覺不甚吃力，故居住不久，均感不便，敦促政府設法改善交通，直至山頂纜車開辦，然後山頂住宅區始漸漸人多聚居起來。

九龍城方面，當時只有油蔴地與尖沙咀，而尖沙咀不過得洋樓數座，居此者寥寥無幾，油蔴地雖稍多人烟，但亦境況冷落，入夜後行人絕跡，香港與九龍水路交通，雖有小輪數艘行走，但須隔半句鐘或一句鐘始開行一次，居民極感不便。是時電船又少，僱用不易，如乘小艇，則風浪時作，顛簸特甚，凡費時失事，來往旅客，均以渡海爲苦事。

九龍城方面，尚爲中國政府管理，設有中國武官一位，稱「九龍協台」，隸屬於兩廣總督。

關於港九陸上交通，既無汽車，又無電車，唯一代步的工具只有轎兜，其中雖間有馬車，但多屬私人設置，公開租賃者甚少，居民往來各地，只有步行，人力手車，在一八七九年纔開始在市面出現，當時居民簡直視之爲今日的汽車一般。台海上遠航交通，省港之間，初有省港澳輪船公司，兩日開行一次，繼而其中有一輪行走夜班，這就是所謂「夜船」，每日下午六時開行，駛至伶仃洋面，即行拋錨，至十時始再開行，約在翌晨六時，方可到達廣州，至於香港與華北華中等地的海上交通，並沒有定期班輪行走，每年在東北風起之際，即有大眼雞船由天津烟台裝載粉絲及雜貨等物，趁風駛來香港或省城，等到翌年西南風起的時候，然後纔載回貨物返天津和烟台，這完全是靠風駛𦨭行船，非人事所能爲力。這種帆船不只往來中國海，就是遠航大洋，也是如此，如往美國檀香山等地，亦是用幾枝桅的帆船來行走，所謂桅船放洋，就是那麼一回事，其中驚險失事，當然所在多有，但有什麼辦法呢？在沒有汽船行走的時候，人們爲了遠航經商營生，可獲大利，故雖經歷風濤驚險，也惜不把生命作賭注，希冀僥倖萬一，誕登彼岸，達到目的，滿載榮歸。

香港大疫回憶

潘孔言

自一八九四年（即甲午）起，香港鼠疫盛行，患者體上多結核，故又名核子瘟，一名黑死病，傳染極速，起病後數日即死，百不治一，前後一連十年，每逢春夏之交，便爾發作。羣醫束手，死人無算，香港潔淨局因有熏洗屋宇之舉，患是症者，連鄰近左右屋宇皆須熏洗，以防傳染，防疫工作，至爲緊張，當日情形，思之猶有餘悸，茲就記憶所及，略紀如次：

一九〇一年五月三十一日潔淨局會議，決定九龍設一辦事所以管理熏洗屋宇防疫事務，並設防疫人員住宿所，又灣仔筲箕灣鰂魚涌患疫漸盛，擬設小輪一艘，牽引兩船，一載疫斃之人，一載患疫之人，每日運至堅尼地城醫廠處置。

香港政府根據與我國所簽訂之防疫約章，凡患疫者不許離境，以免傳染他方，故華人染疫後，皆不許離港，因此許多華人均紛向僱主辭職歸鄉，以避傳染，並聯稟政府，凡華人染疫者皆准其歸鄉治療，但港府格於成例不准。

凡患疫者政府強制昇送醫院治療，患疫之家，予以熏洗，患疫而死者，其屍須灑以石灰然後埋葬，華人患疫者爲避免上述諸事，故多隱匿不報，在家自行醫理，死後則祕密棄屍街外，政府乃多設巡查隊，以防棄屍事件之發生。

同年六月十四日潔淨局會議，其報告紀錄有云，「九龍倉專請西醫治疫，今政府擬蓋搭蓬廠爲患疫就醫，又另搭一廠將起核之病者移居。」

國家醫官在潔淨局提議，每日輪船搭客到港千餘人，宜另擇地安置之，俟查驗妥乃准放行，其地須能容三萬人者方足用，並派兵巡邏新界，以防患疫者，棄屍者必須熏洗其屋，如疫仍不絕，可照檀香山辦法，焚屋焚物。

潔淨局議員柯士賓，在潔淨局提議云：「前期會議，總督提議准華人患疫者在家醫理，當時予反對之，但及今思之，認爲以准其在家醫理爲宜，蓋准其在家醫理，則患疫者無須隱瞞，政府即可得知患疫之確數，而病人亦可早得醫理，一八九四年迄今，未有妥善之法以治疫，一切辦法，徒使華人反抗耳，政府欲華人不潛逃不棄屍，又欲知患疫之確數，自當委曲從俗，准其在家醫理，並准其留家人三名以服侍病者，華人有病，恆不願離開其家人，若移之於醫廠，則服侍者皆爲生面之人，且醫廠鬼氣陰森，所聞者皆病者呻吟之聲，與死者釘棺琢琢之聲耳，當病者移送醫廠時，強置之於軟轎中，使其家人見之，驚心動魄，無怪華人有病即逃出港外，死後即棄屍道旁也。」

華人議員馮華川謂：治疫七年，未有良法，匪徒無益，而又害之，應准病人在家醫理。華議員陳賡台倡議，華人均怕往醫院，何如照柯君之說試辦數月？但果路醫生反對，不能通過。

是年中環疫盛，熏洗屋宇之例，執行極嚴，六月十五日潔淨局宣佈，由加咸街起至城隍街止，上至堅道爲界，下至威靈頓街爲界，熏屋用時疫粉及藥水，由東華醫院派人協助以免華人恐懼。

惟當時民智未開，市民對潔淨局監督熏洗屋宇之舉，認爲過於騷擾，婦女界尤感不便，有婦女數百人簽名聯稟政府，要求將此舉取消。稟詞中列舉理由多項，洋洋數百言，派代表二十餘人，皆爲大家閨秀，同到華民政務司案前，捧稟徐徐，高聲朗誦。華民政務司蒲氏亦答禮如儀，允代轉呈輔政司審查辦理。至其稟詞中所列理由六項，其思想之固陋，有令人笑不可仰者。如第一項謂：中國婦女，閨範嚴謹，常怕見人，洗屋時出立街前，衆目共覩，實至難堪。一若中國女子祗可藏諸深閨，不許見人也者，是不獨使今之游國美人魚與跳板跳舞女聞而狂笑，即稍爲通達之士，亦將不勝其駭異也。第三項所說：尤爲奇特，據謂未字閨女，深居密室，洗屋時出立街頭，招人評論，將來難於擇配，貽誤終身等語。閨女出街被人評論後，便不能嫁人，寧非天下之奇事？其餘各項所舉，大意亦不外如是，由此一稟詞

覩之，足以想見當時中國之民間風俗爲如何矣●

玆將稟詞原文一字不易錄之如下：

『具稟華人少婦閨女等，爲潔淨局薰洗新例，諸多不便，乞恩變通格外體恤事：竊婦女等生長中華，隨夫寓港，深慕大英樂土，向荷幪幪，久沐國家保護之恩，遠來近悅。乃聞潔淨局頒發薰洗屋宇一事，雖係爲衛生起見，究竟與我婦女等廉恥有關，素仰憲台愛民若赤，不得不據實瀝陳，爲我憲台稟呈縷晰陳之（一）廉恥最重也，中國風俗，凡荏弱婦女，常畏見人。閨範嚴謹，富家尤甚。一遇薰洗，不分少弱，避地街前，露面拋頭，衆目共覩。且防閒人賤役，穢語雜聞，深閨弱質，向問何辜，所難堪者一也。（二）起居不便也。凡屬婦女，私褻等事，多有難言，密室深居，雖係親人，尚多迴避。門前露立，偶有各節，何法可施，遮掩殊難，當衆出醜，所難堪者二也。（三）未字閨女擇配最爲愼重也。平日深居密室，比已嫁者畏羞尤甚，若遇薰洗，一定坐立街前，每易招人評論，將來擇配殊難，有礙終身大事，所難堪者三也（四）胎產堪虞也。懷孕婦人最重體面，一遇薰洗，門前露立，諸多不安，婦人倘遇臨盆，如何舉措，新產婦人，最畏風日，倘若置之屋外，疾病宜防，按此種人，隨地皆有，稍有風雨，更加難言，所難堪者四也。（五）嬰兒宜保也。乳哺小兒，日數十次，倘遇薰洗，定然當街露體，避人哺乳，，殊不雅觀，且日晒風吹，啼哭難忍，所難堪者五也。（六）貧病宜恤也。貧家婦女，各事女工，日博工錢，以資日給，當其薰洗，未免担延，有病女流，坐臥街前，更多苦況，猶慮差役，妄加指摘，再添騷恐，所難堪者六也。以上六節，乃婦女等實在難堪情形，而於胎產患病小兒，尤爲驚畏數款，猶爲可危，故特乞恩變通，格外體恤，婦女等均感恩無盡矣。迫得聯稟台階，伏乞轉詳輔政司蒲大人台前恩准施行。西歷一九〇一年十一月十八日謹稟』

查一八九四年所發生之大疫，數月之間，死者逾五千人，全世界聞之，皆爲震駭，香港爲船舶交通之匯集地，商旅懋遷，雲集駢羅，疫症傳染地方，因之日廣，自日本小呂宋太平洋諸港，以及南美洲，莫不有傳染之慮。而尤以印度爲酷。一八九六年港疫傳入印度孟買，延及各地，廿年來，印人因患疫而死者幾於無可統計，然致香港疫症，則又自雲南而來，港滇兩地，相距約九百英里，滇屬患疫，一八九三年自滇傳至北海，翌年正月，至廣州，五月，至香港，時廣州居民遭其患者達十萬人。

香港之設立潔淨局，溯始於一八八三年，自一八九四年大疫之興，潔淨局始有滅疫設施，至今尚仍其舊，一八九五年，又設置衛生醫官，當時港中僑民居住狀況，惡劣無比，人謂此爲致疫之由，未嘗無因，當大疫時，有日醫像佗賓隆者，在堅尼地城醫院發現一種桿狀病菌，決爲致疫之媒，經後幾經研究，知此種細菌實由鼠子傳播而來，港政府遂懸賞捕鼠，獲者每頭賞洋二分，繼增至五分，不料有等罔利之徒，竟乘機自粵運鼠來港，偽言在港捕獲以圖領賞，既而事洩，港府怒而廢賞格，乃懸鼠箱於街心電桿下，中置火油，令居民殺鼠投箱中，政府按日遣役取而送諸衛生物署施行檢驗，發覺有症菌者，則按址施行防疫工作，頗著成效，近年患疫者已絕少矣。

麻雀牌曾遭禁議

孔言

三十年前，「麻雀」牌戲在香港還未盛行，在酒樓俱樂部裏，祇是玩天九牌和紙牌，民國之後，「麻雀」牌始漸爲香港人所尚，犇且嗜之若狂，蓋因港例不禁，人人皆可公開搓玩，故視作家常便飯。港九兩地，更有不少公開設立之麻雀館，男女混雜，通宵達旦，競作竹林之遊。

猶憶民國初年，華民政務司夏理德曾擬禁玩麻雀牌，當時爲民國七年二月卅一日，華民政務司夏理德召開團防局會議，團防局紳列者有劉鑄伯，陳啓明，何澤生，何棣生，周壽臣，周少岐，老潔平，黃金福，唐溢川，唐麗川諸氏，第一議案即爲擬禁玩麻雀牌。但因劉鑄伯反對，該案卒未獲通過。

夏德理提出該案之理由，據說係因賭博之風日盛，尤以玩麻雀牌爲遺害至烈，有租樓而聚賭者，亦有假住家作賭場而招人赴博者。男女皆趨之若鶩，而女局日見其多，大家閨秀，富室姬妾，因玩牌而致破財喪德，如不從嚴禁止，遺禍將靡所底止。且港例禁賭，麻雀不能例外，故主張嚴禁云。劉鑄伯則指陳麻雀牌爲華人之消遣遊戲，似不宜禁，設有開設女賭局者，禁之當不容緩，但宜派四環更練會同警察嚴緝之，如偵得賭局所在，或可疑之樓宇，可傳該樓租人到署，嚴加斥責，以示懲誡。何澤生亦謂，如查獲女賭局不特傳該開賭之女子，其丈夫亦應予以儆責，勒令悔改，否則遞解出境，夏理德指出此種女賭局，外表如一大家庭，甚難偵悉，必須各紳士協助，方能破獲，討論至此，原提案已被擱置，轉談其他問題。迄今禁麻雀牌之議，再無提出者矣。

第一屆集團結婚

吳灞陵

集團結婚的風氣，在戰後的今天，又逐漸復興起來了。香港的第一屆集團結婚，舉行過已經十年了，當時的情形是這樣的：

主辦香港第一屆集團結婚的，是青年會，籌備委員是傅世仕等。在婚禮不曾舉行之先，開始登記之後，爲了使大家明白集團結婚的種種，特在民國廿五年二月五日發出一篇洋洋二千餘言的宣言，開始說明集團結婚倡於義大利，我國京滬平津杭粵各地已經歷次舉行，大家都感到便利，因此也倡辦起來。次說我國過去的婚制，要因時變通，而且集團結婚也不會違背古禮，可以說是維新，也可以說復古，而能够折衷得宜。再次，對於旅港僑胞婚禮的奢靡予以抨擊而提倡「儉婚」。他說：「按諸本港嫁娶，仍不出舊式婚禮與所謂文明結婚兩途：舊式儀節麻煩，費時失事，耗巨量之金錢，徇無謂之習俗，古禮新知，兩無一當，固無論已，即所謂文明結婚，而禮堂費用，揚厲鋪張，亦寖成奢靡；況中上之家，無論新舊儀式，必以盛筵宴客，所費尤巨；縱屬富裕之家，耗此巨量資財，猶可痛惜！……雖中人與中落之家，懾於物議，且不能不隨俗浮沉，雖撐門第，相沿既久，循至販夫走，皂隸編氓，非千數百金不能了一婚嫁，貧戶財力不足，更不惜舉債以行之，恆有數年或十餘年尚未償其夙逋者！凡此種種，社會人士，無不洞見，奈乎牽於陋俗，相習成風，倘乏團體爲之倡導，收效甚鮮！」

宣言再舉出集團結婚的四大利益說：「……一則省事而節用也。舉凡禮堂布置，結婚證書，與觀禮請帖，拍照等項，均由本會代辦，而每對新婚夫婦，僅費十二元，且免除一切宗教儀式，各教人士，均使參加，其利一也，次則將事之慎重也：凡報名參加者，既須親友事前填表署名，以昭慎重，復請社會聞人爲之證婚，庶幾名正言順，無苟簡之嫌，親友週知，無暗婚之誚，其利二也，次則集團行禮 匪獨集兩家親友於一堂，而萃二十餘家親友於一堂，濟濟蹌蹌，同申慶叙，愉快歡忭之情，何止倍徙，親友無多者，更不嫌患寂寞寡歡之弊。其利三也！次則晚近人士結婚，每重法律效果，但既由本會爲之主辦，復備正式婚書，既有社會聞人作證，復具集團結婚影片，婚事鄭重，無逾於此，法律根據，自然倍生效力，其利四也。」

到二月八日，即正式舉行集團結婚典禮之前一星期報名參加的新人，已經有十六對之多，但因審查資格方面剔出五對，結果只有十一對合格，這十一對新人就在這十三那天練習集團結婚儀

四十年前的電影

孔言

自有聲電影發明後，映畫戲在今日，有聲有色，可謂極盡奇觀，予幼時所見者，皆爲外國之時事畫片，或地方風景片之類只爲一眞像片而不活動者，迨活動畫片到後，觀者驚爲神秘，鄉村婦孺之未曾寓目者，若以此告之，則必詫爲荒誕而不肯相信，蓋此時風氣未開，不特孤陋寡聞之鄉村婦孺如是，即住居城市者，在未曾目覩時亦不信有此也，若今日之有聲電影，繪影繪聲，將伶人歌聲攝入鏡中，完全活現於銀幕之上，直與眞戲無異，此則尤非前人之所能夢見矣。

香港在四十年前已有影畫，其畫片皆來自英國，到港後尚未在戲院開演，只於街邊蓋搭棚廠以招收看客，取價雖分爲一元，五毫，三毫三等，但在當時人視之，已不算平，工人要看一晚戲，已耗去其數日之工資矣。

下錄一段係清光緒三十一年之影畫廣告，文中對畫片之奇妙處極力描寫鋪張，以炫觀衆，就所列畫片事跡而觀，仍係當時之時事實景，而非以伶人飾演者，所稱「京城大火」不知是否指當日我國之北京抑爲英國之倫敦，其廣告題目爲『英國最出色之生動影戲初次到港』原文云：『歷來到港著以此爲巨擘，鬚眉畢現，纖毫分明，且定而不顫，佳景極多，不可勝數，諸君欲擴眼界，盍來觀乎？戲棚在中環街市對面，每晚開演兩次，座位上一元，中五毫，三等三毫，初九晚演京城大火，是眞情眞景，以鏡自始至終，影來毫無遺漏，初起見呼號救火：旋見道路行人狂奔

（下文接一一八頁）

式，晚上七點半鐘在青年會禮堂舉行。這十一對新人就是：（一）鄴國華陳炎娟，（二）許同慶曾淡卿，（三）麥積奇冼瑞英，（四）吳景山蘇瀞，（五）簡駒馮美梨，（六）周芯仁吳少薇，（七）謝美德譚蕙蓮，（八）余燊和俞少芬，（九）李鏡秀周桂芬，（十）蔡子卿黃潔芬，（十一）甄國柱，周碧華。

這天演習，彷彿就是眞的一樣，從頭到尾，都依照正式舉行典禮那個秩序演習一遍，各對新人，在觀禮者的面前演習起來，不免有點扭扭捏捏，新聞記者也就寫下了不少花花絮絮。

青年會的集團結婚籌委會爲了使結婚男女瞭解結婚以後所發生的種種問題，比方：人爲什麼要結婚？結婚在社會上有什麼意義？怎麼樣過結婚的生活？夫婦之道怎麼樣？爲什麼要生兒育女？兩性的生理是怎樣的？這些這些，都是青年未婚男女很想知道的，都是亟待解答的，因此計劃聘請名流學者，在集團婚禮舉行之前，分日演講，給與結婚男女以充分的明瞭，這對於他們（她們）的將來幸福，是有極大的影響，是有極大的作用的。

當時編定了一套演講的題目和日期，（一）二月九日下午七點半鐘曹思晃夫人在女青年會講「敬愛之道」。（二）二月十日下午七點半鐘、許地山碩士在他自己住宅寓里，講「結婚的社會意義」。（三）二月十一日下午七點半，林承芬博士在青年會演講「結婚的意義和婚結生活的探討」。（四）二月十二日下午七時半，施文蔚醫生在青年會演講「女子生理」。這幾個名流學者所演講的題目，內容都是異常豐富而通俗，對於那班結婚男女，都有極良好的啓示。

到二月十五日，這第一屆集團結婚典禮，正式在青年會禮堂舉行，由當任青年會會長歐偉國（上海商業儲蓄銀行香港支行行長）任主席，德高望重的周壽臣爵紳任證婚人，並對十一對新人致詞訓勉，新人魚貫進入禮堂，由於事前經過一番訓練，秩序整然不亂。

當時那班新人，論年歲，新郎最大是三十五，最輕是二十一，論職業，職工佔了八對，新郎之中，有經紀二，書記三，校長教員各一；論籍貫，除了一個江蘇人之外，其餘全是廣東人。

集團結婚風氣既開，社會人士均感興趣，去年十二月廿八日，中華書局香港印刷廠，更舉行了一次別開生面的集團結婚，因爲這些新郎新娘都是中華書局香港印刷所的職員，計新人共五對：（一）俞劍雲，朱伯普。（二）來志恆，董彩珍。（三）許象賢、沈亂生。（四）張惠林，尹舜曉。（五）蔡銀生，陳悅琴。而男女兩方主婚也是由該局的主管人員担任，男方主婚是中華印刷廠廠長趙俊，女方主婚是中華書局的監理鄭子健先生。中華書局這次發起集團結婚方式，也採取新辦法，由書局全體同人，每人科出禮金二十五元，全局有好幾百人，這個數自然相當可觀。把這些禮金全數拿來供婚禮宴會之用，男女家用不着担心籌一筆結婚費，彼此也省得麻煩，又可共申慶祝，聯同歡叙，皆大歡喜。是日來賓到場觀禮的好幾百人，可算極一時之盛。

，火燄漸起，水車馳至，以梯救命者有之，褰毡逃命者有之，水車噴水，火勢沖天，使觀者一時如身臨眞境，如聲在畫中，直至樓屋倒塌而止，誠不可多見之畫也：續演呂宋勇士鬥牛，十三晚演炮攻旅順。」

按：當時中環街市對面原爲空地一幅，曾臨時蓋搭作域多利戲院及和平戲院，即現在之救火局地址，而在最初開演影畫時，連域多利戲院尙未有也。

香港最初的一部電影，也是中國最初的一部，是攝製於一九一一年的「莊子試妻」。那時有兩個美國人名布魯斯基（BROSKY）和雲威藤（VANVEZER）來港攝製新聞片。當時辦淸平樂及鏡非台劇社的電影前輩黎民偉，早已有從事電影業的野心，但他對電影的技術，那時却是一個門外漢，所以遲遲不敢放膽嘗試。

後來得他的友人張錯的介紹，獲識了這兩個美國朋友，有一次有意無意的商談到將一齣「莊子試妻」搬上銀幕，經過幾次實際的商談後，「莊子試妻」眞的從商談中由舞台蛻變爲第一部影片了。當那影片攝製時，因爲沒有女性來應飾莊子的妻子，物色了許多時間，依然還是空着，後來由黎民偉本人易弁爲笄，才能解決了女主角的問題。這部「莊子試妻」才不致胎死腹中，可見電影片拍製事業初期的艱辛了。

「莊子試妻」攝製完成後，黎民偉乃和鄰海濱，陸醒伯和羅家祥等，共同組織第一個製片場的「民新影片公司」，場址是在銅鑼灣天后廟前，卽在銀幕街斜對面。據說港府開闢那條街而命名爲「銀幕」，即表示該地曾設製片場的意思。

四十年來電影院沿革

陳世豐

近十年來，香港的電影事業，異常發達，英美各影片公司均在港設有辦事處，推廣出品的銷路，滬上攝製的國語片也源源運來，作爲向南發展的第一站，同時，本地的製片廠商，爲了適應一般中下階層的口味，亦陸續拍攝各種通俗粵語片，這樣，在各類中外影片大量集中下，香港的電影戲院便應時而生，紛紛開設，把這些影片循環輪迴放映，供給市民一種正當娛樂，使人們欣賞這種世界上的第八藝術。

香港電影戲院的成立發展，只不過是四十年間的事，最初的影戲院的簡陋，和現在新型設備的影戲院相較，眞是有天壤之別，這其間是經過無數的變遷和歷年的沿革的。

在四十年前，香港和九龍只有演劇戲院演出「大戲」（按：即是粵劇），並無放映影片的電影戲院，這時候英美運來的影片，全部都是一二百尺的短片，每屆夜候，即在街頭巷尾或空曠的地方架設臨時影場，這種臨時影場有的是露天，有的是用木架和竹撑起一張帆布，前面是座位，把長凳和椅子攏成一列列一行行，後面沒有戲臺，只有兩個皮箱，一個放着影機，一個裝載畫片，掛起一張白布作畫幕，影場四週用布遮欄，僅留一個觀衆出入的門口，兩個伙計站在門口高聲大叫，「睇影戲咧，一仙一位」，當時進去觀看的人不是爲着看電影，看藝術，只是爲着好奇心驅使，當作看把戲，看怪物，後來影片漸趨改良，美國好萊塢的製片家大量拍攝諸片，片長三百尺至五百尺，臨時影場已不大適合，有些人見得放映畫片，可以作爲一種新興事業，如果建築一間戲院來放映，那一定得風氣之先，大可獲利，於是比照影畫院便首先出現，院址在雲咸街，即今日南華西報之地址，爲一長方形的建築物，只有地下，並無二樓，全院座位有六百餘個，設備簡單，但總比街頭流動影場好得多，而且所映畫片爲奇士東，生鬼發笑滑之諧片，笑料豐富，情節簡單，並不複雜，況且有解畫員百般譬解，維妙維肖，觀衆對於劇情，心領神會，頗感興趣盎然。每屆換新畫，購券入座者甚衆，比照因此營業甚佳。不久，砵甸乍街有一間域多利戲院開張，院之正門在砵甸乍街，橫門通電車路，就是往日屈臣氏大藥房的原有地址，該院爲三層建築，面積頗廣，內部佈置也頗講究，所有帶位雜役，皆穿制服，以示劃一，這是比較比照進步的地方。域多利所影的俱是頭手畫，每晚只映九時一場，當觀衆入座之後，未開映以前，有樂隊奏樂助興娛衆，該院有時又兼演歌舞獨幕劇，或舉行歌唱

香港舞史

吳灞陵

香港之有舞史，到現在不過短短的十八年。民國十九年，華僑葉某，在港創辦中華跳舞學院，這就是香港第一家舞場。民國二十一年，舞跳學院之開設，已有二十多家。使道學先生們大傷腦筋。民國二十二年二月十六日，立法局議員布力架提出質問：一，跳舞妨害風化，警察當局注意到嗎？二，香港九龍跳舞場所有多少呢？營業時間怎樣？三，香港有沒有准許經營跳舞場所的律例？政府有沒有制定律例的意思？跳舞場有沒有數字上的限制？當時警察司胡樂甫這樣答覆他：一，香港九龍的跳舞學院逐漸增加，是實。二，社會上雖有人士不滿意於跳舞學院，但未接到申訴。三，香港共有跳舞學院七所，九龍二所。四，跳舞學院開放時間和開業期限，並無限制。五，政府現在正制訂法例，加以管理。

同年七月十三日晚上，警察突然下令，所有跳舞學院，必須在午夜十二時停止。同月十八日跳舞學院以「收入減少」爲理由，要求延長跳舞時間，但不獲准。

民國二十二年十月十二日，立法局才通過跳舞院管理條例，其中有六大要點：一，凡備公開跳舞用的場所，都作跳舞院論，須領執照——每月二十元，每年一百二十元。二，持照人須填報所聘舞女及其他僱員，十五歲以下者不得受僱或進內跳舞。三，舞女不得在跳舞院住宿。四，延長跳舞時間，須照章納費，一小時十元，兩小時三十元，三小時六十元。五，不許在跳舞院裏賣酒和飲酒。六，在跳舞院裏，不得口出穢言；不得穿袒胸露臂衣服，不得作無禮的跳舞和舉動。

會，以爲調劑，在當時，域多利戲院是一間最高尚最貴族的電影院，觀衆以外國人爲多，差不多佔七成上以，其餘便是高等華人與富貴人家。至于普通市民，那就光顧比照，其他勞苦階層，則只有仍到流動影場，參觀那些短片荷畫，他們自慚形穢，不敢進入域多利戲院的。

除了域多利影院外，中環街市對面，即現在滅火局的地址，從前是建有一間影戲院的，院名爲「奄派亞」，建築形式十足像一間貨倉，上蓋是金字式的鐵架，四週砌着磚牆，院內一切佈置，比不上域多利的華麗，而所放映的影片皆是二手貨，座價分毫半兩毫二種，觀衆十之七八爲中國人，外國人甚少，只有水手和士兵纔偶一光顧，那些洋行大班很少駕臨，惟有域多利適纔合他們的身分。

上述這三間影院各有各的觀衆。在中環方面鼎足而三，街頭的流動影場漸漸受到淘汰，人們開始覺得電影演出的眞切和佈景的偉大，比之粵劇是另有一種看法，由此對電影發生興趣，三院的座位也常常滿座，這就是香港電影戲院初期的情形。

九龍方面首先建立的影院爲油蔴地之廣智戲院，收費五仙一毫二毫，爲對海平民的唯一看當影場所。不久，香港方面的奄派亞戲院改建爲和平戲院，域多利戲院亦同時拆卸，改建爲現在的參核行，也就是滅火局的前身，域多利的主人乃轉移目標向九龍方面發展，在尖沙咀開設景星戲院，再過數年中環新世界戲院落成，但這些都是二等戲院，建築設備未臻現代化，直至皇后戲院開辦，香港的影戲方說得上已具規模，皇后戲院的原址本爲賣古董顧繡物件的商店，，後來有一位經理西片的商人看見影戲發展，無可限量，於是招股集資建築時代化的皇后戲院，落成開業，觀衆踴躍，其他各院營業爲之失色，一般商人知到經營影院可獲厚利，乃集資在華人行對面建築一間娛樂戲院，娛樂舊址是四間灰色的建築物，商店有烏利文鐘錶店，義生發洋服及日用品公司另一間猶太人開設的商店，域士文餐室亦開設於此，娛樂的建築比皇后更堂皇，設備也更現代化，正在這個時候，聲片開始流行，兩院均裝置新式聲機，大量放映有聲影片，娛樂夜有冷氣的設備，一屆炎夏，觀衆更見擁擠，未幾，對海的平安戲院亦着手興建，外表的美觀以及院內傢俱設備更覺華貴，平安與娛樂皇后同爲放映外國影片的戲院，新世界則放映國産影片，素爲人們愛看粵的劇漸趨衰落，電影成爲一般人愛好的娛樂，這是影院的黄金時代。各粵劇院如利舞台，中央，高陞，太平等，也相繼裝設聲機，演劇之外，復映電影，至此影院業更日趨發展，二等戲院更紛紛成立，男女老幼競趨觀看電影，迄至現在，可以說是影院的全盛時期了。（完）

香港的播音娛樂

西舟

曾經有過一位城市學者說過：收音戶愈多的城市，就是愈進步的表示。如果大家同意這說法的話，香港比戰前是進步了。大約廿年前，中文ZEK與西文ZBW廣播台開始在郵政局大廈成立，廣播台自始至今一樣隸于郵政公司轄下的，中間曾有商人圖另設台，但是香港法律並不容許。政府中西廣播台在郵政司大廈期間，比之今日的規模，就是用「小巫見大巫」這話也不能算形容恰當。據說那時候，連唱片的設備也沒有，每天不過由樂國英或二天堂等大藥房借幾只唱片來應付，最初期全港收音戶不上兩百，政府對該台既未予重大注重，收音戶也覺得不甚需要，不過這種情形並不久，有了音樂團體內播音後，居民廣播娛樂的需求被引起，不過當時沒有多大人員願意到播音台去。

十五六年之前，播音台遷到告羅士打酒店三樓去，規模陸續擴充，迄今已成爲廣大居民獲取娛樂與智識的源泉之一，電器店賣各式各樣收音機代替了十年前的留聲機，播音事業發達，使唱片公司與留聲機受到嚴重打擊。

日本人佔領香港，曾利用廣播台傳佈懸毒宣傳，由此可想到在宣傳和教育意義上，廣播台站在如何重要地位。一九四七年度香港政府支出預算書中，廣播台佔的數字是一七六，四〇八元，半數以上唱片被日人盜去或毀壞，就ZKE台說，現有唱片僅約六千隻，ZBW約一萬隻強，因此ZEK不時會在不長久的時間內又播放同一唱片。台方爲了補救這一缺憾，在新唱片未得大量供應時，自行灌片，復員至今，自灌一百多張，很受到收音用戶歡迎。

遊樂場興替史

陳世豐

香港開埠後，居民日漸衆多，娛樂場所乘時崛起，四十年前，各粵劇戲院和電影戲院就鳩工庀材，紛紛設立，居民白天的辛勞疲乏，就在晚間看戲那幾個鐘頭裏消失，娛樂事業對於公衆的健康是有所裨補的。當時有些紳商認爲一個現代化都市的香港，人口既那麼多，興辦娛樂事業，是大有可爲的，但範圍應不僅限於專演粵劇或專映畫片的戲院，他們計劃建築一所規模宏大的遊樂場，裏面除了演戲映畫之外，還包括其他富有娛樂成份的遊戲，以便容納衆多的觀衆，各適其適。然而建築這一所遊樂場，必須有廣大的地段和優美的環境，然後纔可以盡善盡美，正因爲地點沒法解決，這個計劃便胎死腹中。

在這個時候，大規模的遊樂場所雖沒法實現，但卻有一所小規模的私人遊樂場出現，這就是黃泥涌道的「樟園」。它原是一間私人別墅，依山建築，環境幽雅，規模雖小，但裏面陳設簡潔，布置得井井有條，植化頗多，復有盆栽藝景，點綴其間，尤覺生色不少，樟園主人頗好客，每屆週末或休假之日，常約友好到樟園遊玩，並舉行雅集，吟詩，猜謎，下棋，酌酒，騷人墨客頗多留戀忘返，有些朋友以此地花木宜人風景佳勝，實爲熱鬧市廛中不可多得的園地，乃勸樟園主人將之公開，闢爲遊樂場所，公諸市民，一方面既可與衆共樂，一方面又可有所收益，一舉兩得，本來這是最好不過的，但樟園主人以如果闢爲遊樂場所，不免繁雜囂鬧而且內部須改革經一番，亦有失原來雅緻，究不若半公開式，只開放與親朋戚友，其他閒雜人等，則暫不招待，俟將來逐步改革擴充，然後才正式營業。於是，他第一步先把園內整頓，添置一些檯椅，擺列在空曠的地方，另在花旁樹下，安放用人工鑿成的石桌，石凳，並購備酒水餅食花生瓜子等類食物，以應到遊客人的需要，初時到樟園遊覽的僅限於園主人的新交舊好，或經由相識的人的引帶介紹，亦受到歡迎，後來即使是不相識客人也到來進逛了，園主人見得這些人遊園的熱忱，也就亦樂意招待了。這所樟園雖然不是正式開放營業的遊樂場，但它已具備了遊樂場的雛形，可以說是開香港遊樂場的先河了。

過了不久，有志於娛樂事業的人眼見得樟園遊人如堵，絡繹於途，見獵心喜，認爲這一事業大有可爲，乃集資興辦，地點就在樟園左近，即現在養和園棠東那一地段，取名爲「愉園」，它的面積比樟園大上幾倍，裏面所植的花卉尤多，一草一木，都經過人工的整飾，故整齊劃一，頗爲美觀。此外，復有亭台樓閣，水池石山等雜綴其間，益增遊趣，園內除兼賣茶水餅餌外，又設有酒食肆，所售菜式，價目不貴，與外間小酒家價格相等，故客人遊興闌珊，多就此食肆作小食小飲，營業亦頗不惡。每屆炎夏，愉園遊人倍覺擠擁，肩摩踵接，熱鬧非常，電車公司爲利便游客，特闢「愉園」一站，派有電車來往，可見當時遊人之衆，迄今此種掛有「愉園」牌子的電車，仍有行走，但「愉園」已沒有了，使人眞有今昔之感。

愉園雖比樟園較具規模，然僅有花木亭榭，假山眞石等人工堆砌或天然的產物，只可供人遊覽賞玩，至於遊戲玩具，則兩園均付闕如，一般遊客對兩園的批評，俱認爲「遊則有餘，樂則不足」，於是有些娛樂商人爲迎合大衆的要求，乃在西環方面建設「太白樓」，裏面除花卉樹木之外，一切設備均富有遊樂成份，如木馬旋轉機，風槍射擊場，詩謎競猜有獎等，均爲一般人最感興趣，又建築有一池塘，置有舢舨十數艘，供人租用，每當炎暑天氣，月白風清之夜，戀愛男女，輒喜租用，互操木槳，泛舟池中，情話綿綿，款乃聲聲，別具風趣，遊樂場內亦設有食肆，有咖啡紅茶，有中西餅食，亦有鹵味小菜，可供下酒，遊人於遊罷玩畢之餘，多就此間食肆飲茶喝酒，故生意頗佳，太白樓因有遊藝玩具等項設備，吸引遊客特多，電車公司晚間加派車輛行走西環，以利遊客，是時樟園愉園相形之下，倍覺冷落，樟園原為私人遊樂之地，本屬半公開性質，目的不在營業，故無何重大影響，惟愉園則為一正式遊樂場，一切開支，皆靠收入維持，一旦遊客銳減，影響收入甚鉅，其主事人鑒於太白樓之所以能吸引遊客，主要為各種有獎遊戲，於是竊起效尤，在園內增設風槍射擊場及猜詩謎等遊戲，復在報上刊登宣傳廣告，果然，經過此次改革之後，遊客日多，愉園與太白樓遂成為香港居民消閒勝地，兩園分踞東西兩區，歷久各有其基本遊客，營業互相伯仲。

近二十年前，香港人口因受內地戰亂影響，日漸衆多，而商業方面，亦日益繁榮，娛樂場所雖續有開設，但均供不應求，其中尤以遊樂場所最旺盛，每晚皆有人滿之患，是時北角七姊妹方面填海工程完成，空地甚多，娛樂商人乃着眼於此，在七姊妹丘山之地段，闢為遊樂場，取名為「名園」，因建築新式，設備應有盡有，凡太白樓與愉園所有之遊戲玩具射擊場等，名園莫不具備，且其地近海，仲夏月夜，海風習習，暑氣全消，尤為遊人所愛蒞止，每晚遊客之多，駕乎太白樓愉園之上，電車公司為營業起見，又增闢名園路綫，每晚加派車輛行走，未幾，太白樓因人事關係，停止營業，而愉園亦以生意漸趨冷落，主事人宣佈結束。此時碩果僅存的只得名園一家，市民視此為唯一消閒勝地，故名園遊人如鯽，營業鼎盛。已故港紳利希慎以此種遊樂場僅為市民所需要，而全港僅得名園一處，且地點又偏處北角，交通不甚方便，當非市民行樂理想之地，乃計劃獨資創設一規模偉大的遊樂場，建設務求現代化，包羅各種遊藝及娛樂器具，使市民一入其中，如置身樂園，流連忘返。適是時利氏正向政府投得銅鑼灣渣甸山公地，乃立意將此山開闢，先將着石峻峯炸平，砍伐叢林樹木，然後動工建設，亭臺樓榭，因應地形建築，奇花異卉，搜羅遍植，水池石山，塑上一些泥像人物，園中復有劇場，戲院，遊藝場，酒樓茶廳等，落成之日蔚為美觀，定名為「利園」，入門口處為一斜坡通道，可容汽車出入，右側拾級而上，曲徑通幽，轉出即豁然開朗，直達各遊樂場所，園內山上，復有不少羊腸小徑，匠心獨運，極盡曲折蜿蜒能事，每晚演出粵劇，電影，幻術，國技及唱女伶等遊藝節目，有獎游戲有風槍射擊場，飛鏢場，擲藤圈，猜詩謎等，兒童游戲則有鞦韆架，騎木馬等，入場券每位二角，因遊藝豐富，景色宜人，故游人甚衆，比較以前之太白樓愉園及名園有過之無不及。同時名園因地點遙遠及遊藝較少，營業一落千丈，以前游客均為利園吸收而去，名園主事者見無可作為，乃關門停業。由是利園又成為港人唯一遊樂場，營業之盛，打破以前名園紀錄，此時實為遊樂場的黃金時代。

在名園到利園的一段期間，港中復有幾處小規模的遊樂場所出現，如先施公司天台，大羅仙酒店天台，美洲酒店天台，皇后酒店天台等，這些遊樂場名稱上雖然是遊樂場，但並沒有什麼節目，主要是唱女伶和由三數個童伶担任演出的短劇或者白話劇，其中以先施公司比較稍為美備，先施遊藝場包括六樓和天台，除演唱女伶外，還有映畫，幻術，大力戲，及搜羅一些奇奇怪怪的人物馬獸，陳列供應人參觀，如孿生男女，雙頭人，大頭人，長人，矮子，以及孔雀，貓頭鷹，大蚺蛇，老虎，金錢豹，鱷魚等，亦頗為好奇人士所歡迎，故其營業亦頗不惡。

由于世界的進化，人類的進步，思想和嗜好的蛻變，遊樂場漸漸不為人所樂遊，在利園開辦後不久，游泳場，跳舞場，電影院紛紛設立，這些都是時代的玩兒，摩登男女競相趨向。他們在暑天到遊樂場的目的是為納涼消夏的，則改向游泳場來浴海吸海風了，如果是為着看戲或娛樂的，他們改趨電影院和舞場了，至于舊式人家和古老頭腦的人，他們根本就不需要娛樂，遊樂場對于他們是可有可無的，其中有些是愛聽歌伶的，他們又轉到戲院看粵劇和上茶樓聽歌伶了，那麼，遊樂場主要顧客的時代男女既然改轅易轍另有行樂消閑的去處，遊樂場便營業冷落到不堪，正是「門庭冷落車馬稀」了，結果是難以維持的，只有關門之一途，所以，成為遊樂場巨擘的利園，在這種不景氣的情況下迫得停止營業，其他小型的天台遊樂場更加無法支持，也相繼的掩旗息鼓，昔況春絕，這就是香港遊樂場由一蹶不振，而至于消聲匿跡的經過。

迄今多年，中間曾經淪陷，以至於凡百復員的今日，遊樂場仍杳無恢復音訊，當親往昔各遊樂場的舊址，則面目早已全非，只足供人憑吊，如早期之樟園，已成廈屋渠渠，愉園變爲養和園一部，太白樓亦已建爲民居，至名園與利園曾一度由電影公司租作片場，但均以不甚適用而中輟，今則分賃與人，或蓋搭木屋作居停，或建築倉室作堆棧，蔓草叢生，殘破不堪，昔日繁榮風光，已付流水，撫今思昔，誠有人面桃花之感，古語謂「滄海桑田」，世事每多變幻，遊樂場所又那能例外呢！

重慶戲院

除了上述的幾間娛樂場以外，香港有一間重慶戲院，它的歷史也有一述的必要。但執香港途人而問之曰，重慶戲院在那裏？恐怕能夠知道的，爲數極少。我告訴你，這是四五十年前的大舞台，地址在普慶坊，即東華醫院對面，爲富人周東生的物業，後來不知何故，把牠拆毀，改建民房，所以牠的遺址，很少人知。當時香港祇有兩家戲院，一是高陞，另一家就是重慶。太平戲院，則在娼寮由水坑口遷到石塘後，始由商人源杏翹集資建築，相隔頗遠。

重慶戲院的建築，式樣古老，陳設簡陋，設使迄今猶在，也要受到工務局或衛生局干涉，勒令改建的。戲院裏舞台前兩條柱，高掛着一副黑底金字對聯，筆劃挺健，不知出自何人手筆，聯云：「錦幕千重，此地即爲常樂院，霓裳一曲，衆仙同詠大羅天。」則是名孝廉某氏所作。承辦戲院的是商人何夢樓。

炒黑市戲票之風，當年尤烈，重慶戲院的座位，並無編號，較好的座位，開演時早已被人用長繩圍繞着，持票入場的人，欲得較好座位，再要付一次買座錢。否則祇有坐較遠的位子，甚或要站着看戲。入場券價不貴，祇收一兩文錢，買座之錢，却比券價加倍！

當時香港還未有電燈，戲院多祇燃蠟燭，煤氣燈因爲還不普遍，戲院裏的煤氣燈也供點綴而已。一次，公演「包公審郭槐」這套最能叫座的戲，看客擠滿了戲院。纔演包丞相，出現舞台上的時候，蠟燭忽然盡行熄滅，觀衆大起驚慌，說是包公驅逐鬼怪的現象，一時鬼話連篇，騷動起來，經戲院職員盡力鎮壓，重燃蠟燭，秩序始告回復。又一次，公演劇本爲「清官斬節婦」，劇情述一個乞米養姑的節婦，含冤莫白，開演不久，忽然烏天暗地，大雨滂沱，觀衆又說天也爲那節婦哭了，當時觀衆知識水準很低，說來可哂。

重慶戲院演的是廣東戲，當時戲班雖多，但因各屬地方安靖，他們都下鄉開演，很少來港，所以「重慶」和「高陞」兩院，各出手段，羅致戲班，後來「重慶」戲院停止營業，大概也是爲了戲班難覓的原故吧。（孔言）

石塘憶舊

孔言

香港早年，花國錦簇徵歌買醉之場，乃在水坑口而非石塘，後來中上環商業漸盛，政府始令所有妓館移遷石塘咀。妓館西遷之後，酒樓亦隨之遷移，冷落之石塘，驟形熱鬧，頓改舊觀，當時有觀海酒樓者，乘時而起，新張啓事，居然駢四儷六，廣事宣傳，茲雖事隔多年，猶能憶及，錄之以見當日之風光旖旎，最饒撩人欲醉也。

啓事云「原夫劉伶軼事，能解五斗之酲，李白狂豪，拚買千金之醉，故禮邱爲部，騷人每藉謳懷，食譜茶經，逸士因之寄意，東山絲竹，韻事猶新，北海樽罍，遺風未遠，斯則及時賞乎行樂，不減風流，作興雖是逢場，都成雅劇者矣。石塘咀觀海樓者，門對青山，地臨綠水，廳分左右，菜列中西，亞字闌前，水映長天一色，玻璃窗外，雲借瀑布齊飛，可謂佳景宜人，真若韶光愛我，伏望嘉賓惠好，良友紛來，或把袂臨風，少評蟻綠，或舉杯邀月，細嚼珠紅，聲妓前陳，名花定知有主，海籌交錯，觴政莫問誰司，豈不快哉，信可樂也。客如不遝，好撥雲挂杖而來，僕亦多情，必掃徑澆花以俟，特見頌成雅德，是所望於魯公，著就食經，敢云爲之做主，時當鴻發，敬佈蕪言，旬擬調鳴，聊登竹報，尚祈早光是禱。」啓事末註云「本樓設有手車六輛，於每日下午五點鐘晚上一點鐘常在水坑口接載貴客往來」，接載人客而用手車，可見當時香港尚未有汽車，即有亦僅爲少數人之自用車，尚無公共汽車公司之開設也。石塘咀最盛時爲一九二〇年以後，蓋是時爲第一次世界大戰和平之後，香港商業蓬勃而有生氣，造成了石塘之繁榮，故其時，乃有金陵廣州等酒樓之崛興，燈紅酒綠，熱鬧非常，今則遠遜當年矣。

香港的賽馬

程摯

香港的賽馬，到而今已經有九十年以上的歷史了。遠在一八五七年，英國倫敦「泰晤士」報的特派駐華通訊員科克（George Wingrovecooke）曾經寫過香港賽馬情形的通訊，那一篇通訊，繙譯出來，是這樣的：

『如果要看良好的，停匀的，舊花樣的賽馬，其中沒有橫衝直撞，勒馬乘韁，而每一匹馬都是爲着競勝而出馬的，恐怕到香港來，才可以看得到了。一個倫敦人斷不會看得到這遙遠的小島賽馬日那樣的熱鬧刺激。這是商人們唯一的假日，他們花了很多的錢，從世界各地採購來了許多馬匹，訓練牠們競賽。當我們第一次看見「快活谷」裏的賽馬場，我們幾乎忍不住的嚷着，這是整個世界裏最優景緻的地方。司令台，看台，馬廐，草場和一切的設備，加上那使人不忘懷的午餐和香檳，一切一切，都是第一流的。一

香港賽馬場

快活谷」和「維多利亞城」相距間的一英里半的馬路上，在賽馬日那天，擠擁着車輛，騎士和行路人。』

經過了九十年以後，今日賽馬的熱鬧情形，幾乎和科克當年所描寫的差不多，不過，經過了一場大火災之後，賽馬場的建築已經改成現代化了，鋼筋三合土的建築物代替蓆竹編紮的看台。一切的設備都隨着時代改善了。雖然或許不能如科克所說「是整個世界裏最饒景緻的地方」，但平情而論，賽馬場可以說是香港還個小島上的美麗地方。

除了建築已變成現代化以外，賽馬場今日的景況，有點和當年不同的，就是今日賽馬會的會員包括許多國籍的人士，當年出賽的馬匹，主人和騎師都是英國人，現在却有不少中國和其他國籍的人做了馬主和騎師。每兩星期一次的賽馬，吸引着盈千累萬不同國籍的男女，

四十年前烟民統計

潘孔言

四十年前，即一九〇八年，英國人討論封閉香港鴉片烟館問題，卜力爵士爲這問題，曾致函太晤士報，（是時卜力已卸港督任）發表這樣的批評：「據香港輔政司調查各烟館的情形，一九〇六年，香港（新界在內）居民共三十一萬九千八百〇三人，十五歲以外者占二十六萬二千三百八十四人，鴉片公司將鴉片賣與各烟館，然後由各烟館零售，若將烟館封閉後，該公司亦可將鴉片直接賣與烟民，公烟館計共一百〇五間，二烟館共九十八間，吸二烟者共七千二百二十八人，在烟館吸公烟者七千二百三十七人，在家吸公烟者一萬〇八百四十四人，若將各烟館封閉，則鴉片公司每年所受之損失爲四十萬元，現香港商務比前顯有遜色，稅餉收入因之銳減，況現正擬加增淸淨局各費，而九廣鐵路又需用巨款，若封閉烟館後，照章賠償鴉片公司損失，則政府無此財力……」。按，此項報告，完全係關於吸鴉片者的統計，特別標明十五歲以外之數字者，大約係因十五歲以外的人，才抽鴉片的緣故，又原報告數字並無男女區別，想當包括女性在內。

戰後香港禁煙，煙民數字當已無從統計，惟事實上港九兩地私烟館林立，雖屢經警察人員破獲，然因黑社會勢力之不易肅清，故私設煙窟尚如「野草燒不盡，春風吹又生」也。

擠滿看台在那裏尋求刺激。賽馬已經不是當年的洋國商人的專利的娛樂，實在已變成了香港的一個愉快的節目。

香港大賽馬之狂熱情形

尋求刺激是人類一種慾望，今天，香港雖然已經有放映各種類電影片的電影院，雖常有鏡頭緊張的足球比賽，雖然有音樂和舞女都能够吸引人的跳舞廳，雖然有水門汀的「溜冰場」，雖然有使人留連忘返的美麗海浴沙灘，雖然有……、切一切使人可以滿足的渡過週末假期的消閑去處，但是，賽馬的刺激特別緊張，比較其他娛樂所有的刺激特別能够使到尋求刺激者感覺滿足，所以許多人們都不肯放過每兩週一次的尋求刺激的機會，因而造成賽馬場的熱鬧場面。

在這個世界上，香港賽馬會的組織雖然不算得是規模最龐大，香港賽馬場的面積和設備雖然不能够說是最大和最完全，可是，在世界賽馬史上，香港也佔了一頁。最低限度，香港保持着遠東的美麗賽馬場，能够吸引這裏和遠東其他地方人士對這賽馬場的注意。

清光緒卅一年的餐單

潘孔言

戰後物價騰貴，高出戰前六七倍，更有高至十倍的，若油若米是也。到餐館吃餐，戰前三二角錢可以果腹，今則非一二塊錢不辦，且此係就戰前數年物價與現在物價比較而言，若追溯數十年前物價與現在物價爲一比較，其距離之遠，眞如兩個世界，幾令人不敢置信，偶檢舊報，見有清光緒三十一年之鹿角酒店餐單廣告，茲爲轉錄如下，單中所開食料之豐與取價之廉，比之今日各餐室所售者正不知相去若干倍也，一般老饕覩此，其亦饞涎欲滴否？

光緒三十一年二月鹿角酒店餐單

小餐九毫菜色如下

（一）雞肉津絲湯　（二）焗鮮魚　（三）牛扒　（四）炭仔會鷄　（五）番茄蛋　（六）燒豬排　（七）拾火腿　（八）凍肉　（九）架厘蝦　（十）拾炭仔　（十一）椰菜　（十二）飯布甸　（十三）夾餅　（十四）架啡　（十五）糖茶　（十六）牛奶　（十七）之士　（十八）鮮果

大餐一員菜色如下

（一）吉士豆湯　（二）炸魚　（三）燒白鴿　（四）炸西鷄　（五）火蝦巴地　（六）路粉鴨肝　（七）燒牛肉　（八）拾火腿　（九）凍肉　（十）架厘奄列　（十一）拾炭仔　（十二）會羅蔔　（十三）糖果布甸　（十四）杏仁餅　（十五）炸蛋絲　（十六）架啡　（十七）燒茶　（十八）牛奶　（十九）之士　（二十）鮮果

香港華僑體育發展史

李惠堂

余生也晚，對香江僑胞之從事體育，究發軔於何時，茫然未識。髫齡聞諸叔父老娓娓談運動掌故，津津有味，心焉嚮往，因略知本島青年之士，對新時代體育之隨習，實不出五十年間事。

遜清末葉，海禁漸開，歐美之風東來，英之足球網球三木球曲棍球美之排球籃球壘球田徑游泳諸式運動，遂藉青年會與學校之媒介，爲吾僑莘莘學子所認識追隨，奠定新時代體育之興趣基礎，比及鼎革，國人思想澄清，深恥病夫之辱，知非强民强種，不足以競存於今世。於是學生以外商賈亦蓬勃以興，爭以運動競技爲風尚，離校學子，亦相率組織體育團體互作友誼切磋，藉以喚起守舊頹廢之同羣．而優秀份子更得選其一手一足之超卓技能，出席全省全國以及於遠東大會，風氣所趨，聞鷄起舞者接踵相繼，體育會社如青年會，孔聖會，琳瑯幻境，南華體育會，中華游樂會，精武會等紛紛以球技國術互相號召角逐，而學校中以運動著名者亦比比皆然，如皇仁，聖約瑟，聖士提反，拔萃，灣仔，育才等校其間校際爭逐之劇烈，興趣之濃厚，方諸今日，不遑多讓，香江早期體育之發達，已爲吾國造就不少國際代表良材矣。

談香江體育者靡不知港僑之目光與興趣咸集中於足球一道，其普遍性與吸引力，遠非其他運動可望其項背，今日足球競賽之能萬人空巷，港僑水準之能雄視東亞，非無因也，余幼即愛蹴鞠之學，廿幾年復身歷戎行，故球壇之興替盛衰，滄桑百變，幾盡親聞親見，歷歷如在目前，了然於胸臆中而不能磨滅，因知校際足球錦標，實始創於一九〇五年，民國四年，孔聖及琳瑯兩會濟精銳於一爐，成今日名聞遠東之南華，競逐於本港乙組循環足球賽，是爲僑胞與歐西人士正式抗技之嚆矢。比年以來，賴前驅者之提携啓迪，後學者之努力追隨，不特水準逐漸提高，風氣亦日趨普遍，以迄於今，足球團體風起雲湧，由乙組稱霸而至雄冠甲組，由一隊參加而至一二十隊，由千百觀衆而至一二萬人，前者嚴禁子弟之家庭，今且極盡獎勵誘掖之能事，一般達官貴人，販夫走卒，以及於深閨婦女，亦羣起而趨之若鶩，且多能辨別藝術之優劣，深明欣賞之道，其間社會心理家庭風氣之巨大轉還，實吾僑體育日趨普及日益進展之最大樞紐，洵年來演變中最顯著之好現象也。

「特別銀牌」爲香港球賽爭奪之錦標

夫香江華洋雜處，僑居外人或英美軍隊，無不癖嗜運動，且因地理優勢成爲交通要衝，外來體育使節，絡繹於途，從國際性之友誼角逐，遂引起社會特殊興趣，此香江體育發展之較他地爲事半功倍易於推進者，良有以也。足球以外，田徑游泳排球籃球網球棒球諸運動，亦以從習較多，人材輩出，出類拔萃者用能代表吾國躋登國際競技場合，一顯好身手，他如曲棍球三木球欖球等，則以國人興味未濃，隨習無心，青年人士，亦望望焉去之，因嗜好不同，發展遂戛戛乎難，然時至今日，吾港僑體育之能昌明發達，社會風趣之日益提高，澈底認識體育建國建民之要義，樹興廢起頹之先聲，足爲國內諸大都市之倡導楷模，是則體育界披荊斬棘之前輩，亦可笑臉相覷，點頭稱善，認爲早年心血精力之未虛耗，寶貴光陰之未浪擲耳。

香港球賽與球迷

程摯

足球雖然雖是發祥於英國的一個體育競賽，但而今已經成為世界化的一種體育運動。在遠東，足球賽已經成為比較籃球，排球還得更大擁護的一種競技，英國式的足球運動在遠東發展，的確可以說得「方興未艾」。

香港更可以說是遠東足球運動的發祥地。在香港變成了英國殖民地之後，遠東人接住在香港的英國人接受了足球比賽的玩意，跟着這一種體育運動便傳播到遠東各大都市去。不過，因為歷史環境的種種關係，足球運動在香港還把握着大份發展的機會。

香港中西球賽常見之緊張鏡頭

足球競賽在香港已經成為一種通俗的體育運動，這裏的居民，不論國籍，不論年齡，不分男女，對於足球比賽，總能够有多少的認識。單看足球比賽吸引着各階層社會的觀衆，便可以知道這裏的人們對於足球競賽是怎樣熱烈的支撐。

雖然這裏的足球賽的觀衆，看球的目的大多數祇尋求刺激，這，可從球藝不高強的球隊比賽時觀衆特別寥落的現象，獲得證實。除了那些職業看球者（包括體育記者，球隊主持人和球員）以外，一般看球者誰不爭着看那些球藝高強，力量相當的球隊比賽？為的是實力相埒的球隊，才能在比賽過程中演成緊張的場面，給睇

高爾夫球場

程摯

英國人統治了香港以後，一方面把這個荒蕪的小島闢成一個現代化商埠，一方面把英國的生活搬到這裏來，使這個東方小島變成了小倫敦。

英國人愛踢足球，足球運動逐漸的也在香港發展起來，倫敦方面有大賽馬，到而今，賽馬已成為香港的一個熱鬧的週末秩序。倫敦人到了香港，除了天氣感覺有點不同以外，在一般生活上來說，怕恐不會覺得陌生。

甚至英國人愛玩的高爾夫球，在香港也可以說玩得到。這裏的地方雖然比較英國少得多，可是，在這裏，我們還有三個相當可以的高爾夫球場，在戰前，那些懷念着祖國生活方式的英國商人們，週末假期到郊外的高爾夫球場玩高爾夫球的，人數倒也不少。

高爾夫球場是在九龍新界的粉嶺。香港島的深水灣也有一個相當美麗的高爾夫球場。市區內——其實可以說是近郊的——有兩個高爾夫球場，一個在香港島的快活谷，一個在九龍尖沙咀打靶山側。

這四個高爾夫球場，設備倒也不錯，尤其粉嶺的高爾夫場，那裏分設三個場——一個十八洞的，兩個九洞的，曾經在那裏玩過高爾夫球的，都同聲讚美，說它堪稱世界上美麗的高爾夫場。

高爾夫球運動，在這裏不能够像足球一般成為通俗的運動，球場問題當然是其中一個原因，但最大的原因是是：高爾夫球是貴族化的遊戲，而且沒有足球那麼緊張。

求刺激的觀衆們以滿足。

香港的看球人可以分作三種，第一種是職業看球者，他們是報館裏的體育記者，爲着要寫球賽的報道，他們不能不看球。第二種是尋求刺激者，他們選擇了他們認爲賽程裏可有緊張精彩鏡頭，買票入場，在那裏飽眼福。第三種才是藝術欣賞者，他們就是球場附近山頭屋頂的看客，他們不賭錢，也沒有買門劵的錢，但他實實在在看足球競技，也許他們自已都說不出愛看球賽的理由，但每次「大場波」他們都不會放過。爬山，遙望，雖然吃力，日炙雨淋，也許難受，可是，他們都不怕，都不後悔！把他們列作是球藝術欣賞者，也許不是過份吧。

因爲是球競賽已經成爲一種能够吸引觀衆的玩意，現有的球場，在容納觀衆這一點上說，顯然覺得狹小了。每逢有「大場波」上演，球場裏看台上擠滿着看球人，球場外還有不少不得其門而入，却還在那裏徘徊，希望可以碰得入門的機會。那些爬山頭屋頂，實行「高瞻遠眺」的「迷」兒們，當然不担心到購買門劵的問題，但許多迷哥迷姐們，乘興而來，滿以爲可以作座上客的，却要敗興而返，眞寃枉盛也！

看足球可以說是賞心樂事，同時也是一件苦事，苦的地方何在呢？購門劵忘是比輪購「虎給米」或「公價洋服」還要辛苦艱難，輪購公價東西或許一樣要有耐性，要能够抵受擠迫，到底不會落空，輪購「看足球門劵」情形却有點不同，有時候輪了半天，輪到售票窗口，却遇到門劵沽清，不得其門而入，眞是寃哉枉也。看一塲球，不過九十分鐘的時間，輪購門劵，却要花兩倍至三倍的時間，比如下午二時半開始售票，你能够不在二時半以前到球場外邊站班嗎？就算時間，假定二時到達站班到開賽的時候，豈不是已經了三個鐘頭嗎？

爭雄球塲之健兒

看球的迷哥姐們，對於購門劵的艱難辛苦，雖然怨聲載道，但大家明白輪購制度是公平的，如果自己肯化時間去輪的話，總比較黑市制度存在還有把握，所以大家祇管嚷着辛苦，大家還去看球。有些球迷把「看球」看得比吃飯還重要，球迷的名並不錯定的，香港的足球運動，就在這些球迷熱烈擁護下發揚光大的。

香港社會的矛盾

陳劍

香港社會，光怪陸離，矛盾現象，觸目皆是。信手拈來，有如下述：

香港有很多「酒店」是沒有酒賣的。

香港法律禁止「雞多籠小」，却不禁止「人多屋狹」。

香港街道取名最文雅的「歌賦街」，却是一般人認爲最下流的去處。

香港最多人數是中國人，最短的街道却是「中國街」。

香港的「綠衣」（俗稱咩察），穿的却是黃衣。

香港的蕭頓「兒童」遊樂塲，却成爲失了「赤子之心」的人們的遊樂場。

香港的金銀找換店找換的却不是金子和銀子。

香港西文報的讀者却多不是西人。

香港最大的建築物容納居住的人却最少；最狹隘的建築物容納居住的人却最多。

香港的商會却有「教育家」參加；香港的學校却有「商人」參加。

香港最忙的人沒有趕忙的汽車代步，最閒的人偏有趕忙的汽車夫趕閒。

乘飛機環遊香港是最短的旅程，收的費却是最貴。

香港的紳士生前穿的是最時髦的洋服，死時却穿三十七年前的遜淸滿裝。

香港的神權

潘孔言

香港接受歐風，雖比內地爲早，可是，還底現代化的都市裏面，却充滿無數古舊的風俗。正如陳白沙先生說：「爛脚佬著新鞋，爛頭佬戴新帽」。這兩句笑話，來作她內相的形容。

單就神權一點來說，舊曆二月初二土地誕燒炮進香的熱鬧，和七月燒衙衣家家戶戶喧嘍的情形，眞令有識之士有點詫怪。觀音誕和天后誕尤爲香港迷信婦女所必參加的神典，她們雖抱着一種祈福禳災的心理去拜神，但其中實有神棍從中舞弄，用種種方法去引誘和蠱惑她們。九龍黃大仙本來就是廣州黃沙黃大仙的前身，但因爲廣州要破除神權，把他驅逐，所謂善男信女們迎接來港，沐以香湯，裝以新裳，奉之上座。竟能引動全港無知識的男女，爭來膜拜，肩相摩而踵相接，奔走若狂。近來當局恐防太招物議，才把牠封閉，非得許可，不許進內。但是，所謂善男信女們，一串一串爭往膜拜依然如故。他們因爲「仙」壇緊閉，不得其門而入，祇得在門牆之外，焚香禱告。而在這裏一帶的解籤者和賣香燭者，依然一檔一檔，無異曩昔。神權吸力之大，於此可見。

香港神廟尤有一種特殊怪象爲別處所無者，即每一神廟可以兼祀許多神，例如北帝廟明明爲祀奉北帝而設，但廟內除北帝菩薩之外，更有觀音，有華陀，有某某娘娘，某某大仙等，使入廟拜神者隨其所好。要拜北帝則拜北帝，要觀音則拜觀音，甚而要拜華陀，要拜某某娘娘，某某大仙，都無不可，於是舞神棍者便可左右逢源，而猛敲其「上香油」之鐘鼓矣。

有時因某一菩薩已被人拜厭，不再足以號召，於是又可以別神爲號召，他於神廟之外，高標一張「某某菩薩行台」，或「某某大行仙台」字條，，而於廟內加設一個「某某菩薩」神座，或「某某大仙」神廠便得。究竟有沒有靈神降臨，他又如何管得。

太平山街百姓廟，就召力甚大，香火極盛，據聞廟中所祀的爲四方雲集的無主孤魂，大凡死而無所依歸者，後人乃將其神主送廟供奉，俾其享受四方人士的祭祀，而百姓廟就因此而得名，隔鄰之簡公佛，他香火之盛，也能與百姓廟爭衡，他號召力何爲若是其大，眞是莫名其妙。

九龍侯王廟本爲崇奉宋室忠臣楊亮節的忠烈而設的，然試問入廟拜神的有幾人有此觀感，他們拜神祇在求神祈福，不特沒有一些崇拜忠烈的印象，恐怕連楊亮節的事跡也絕無所聞，如此拜神，豈不大違建立是廟者的本意。

抑尤有奇者，香港神廟，竟有等於開設商店，租賃屋宇而爲之者，他可以隨時關閉，隨時遷徙，有樓上神廟而樓下商店者，更有樓下神廟而樓上私寨者，因此有做菩薩生意之稱，在戰前若干年前，港政府爲取締此種「菩薩生意」起見，曾訂立一管理神廟則例，凡稱爲神廟者，必須爲專於祀神之屋宇，且必須取得政府之許可，始能開設，但日久玩生，此種則例久已不爲神棍所遵守。

東華醫院管理的廟宇，每年開投司祝，收入不菲。計荷里活道文武廟、三千八百五十元。灣仔道東洪聖廟，六百餘元。油蔴地廟街天后廟，三千八百五十元（後減爲二千五百元）。旺角山東街水月宮，三千八百五十元，（後減爲二千五百元）。甚至廟街天后廟附屬之社壇及福德祠，每間亦數百元。總計每年收入，竟達萬元以上。做廟祝的能出如許高價投承之，當然有所取償。就這一點來看，便可映出香港人信神的風俗爲如何了。香港政府據說是要保存華人的信仰，這種迷信風俗，在所不禁，做廟祝的祇要遵守法律，若無軌外行爲，政府是向不干涉的。

東華醫院這一筆廟嘗收入，向係撥作辦學的經費，辦學本來是啓廸民智的事業，而提倡神權，則爲閉塞民智，一方啓廸，一方閉塞，這也是香港矛盾的現象，令人莫名其妙的。

香港的「買辦」制度

鄺勢南

「買辦」大概是香港特有的一種人事制度，這種制度何時始創，雖有可資稽考的材料，但它至少有六七十年的歷史。

買辦制度的創設，初時自然十分簡單，而且可以肯定地說，它起初不過因爲來香港做生意的英人，不懂中國話，但他們保要和中國人做買賣的，所以不能不找一個中國人來幫他們的忙，所有一切和中國人的交易關係，都經過那個中國人料理。這就是買辦制度形成的起因，照英國人制據香港已有一百年來推測，買辦制度的成立至少就有幾十年了。

買辦制度對於一間外國商行的作用，完全是在乎那間外國商行與中國人所發生的商業關係上面。譬如說：外國商行有甚麼貨物賣給一家中國商店，或者是一家中國人商店想向某一家外國商行購買或訂購一些貨物，都不是直接能够發生交易上的關係的，而必須通過那外國商行的中國買辦。這是什緣故呢？問題就是在那買辦對於那外國商人和那中國商人兩者間的需要上面，因爲前者不會懂得後者在商業上的信用和其他一切情形，而後者亦不曉得洋商一切商業習慣（指初期），所以當中外商人彼此間感覺有一種居中的人的需要時，買辦制度就漸漸牢固起來了。

這制度發展至到今日，使許多人變成爲香港的富戶，香港受獲英國賜予爵士銜頭的，其中有一個就是從買辦出身的，但經過這次太平洋戰爭後，買辦制度似乎漸漸搖動起來，有幾間大洋行且已實行廢止這制度，把從前的買辦改調其他的

買辦的助手：「經紀」

陳子多作

位置。不過，好幾間大洋行還保留着這種特殊階級的人物，可是，買辦制度至少在名稱上發生變化了。他們已經把買辦改做華經理。至於在實質上，買辦和華經理不過是名義上的差別罷了。

買辦的實質究竟怎樣的？上面說過。買辦是洋商和中國商人做買賣時的一個居中人物，這個人的事務跟住那洋商的生意增多而繁雜，他自己一個人幹不了就要拉其他的人來幫手，這些人因爲是做那買辦的助手，所以歸買辦自己聘來，也歸他自己節制，薪金亦由他支給。至於買辦的入息怎樣呢？他不是採薪金制的而是看他經手的生意多少，扣除一定的佣金來做他的報酬，他就拿報酬的一部份來支給他的助手們，餘下來就是他自己入息了。所以，買辦入息豐厚與否，祇要看那洋商生意多寡而定。

買辦的職責也値得一提的，洋商與華商往來，它可以不必顧慮到那華商的信用怎麼樣，祇要它的買辦甞識認爲可靠的就行，萬一那家華商賓的倒閉的話，它所欠到那家洋商的賬項，就得由那個買辦担承。這就是買辦對洋商的最大責任。這麼說來，買辦的權力是相當大的，但責任也相當重大。

上面說過買辦的名稱現時已變做華經理，這種變法雖然是名義上的關係，但它不能掩飾着那種制度在其本上有了動搖的趨勢，所以這制度能維持多久呢？沒有人能肯定它不會再發生變化，變化得把這制度抹得一乾二淨呀。說到它要發生變化的原因，大槪是現時在香港做生意的洋商，那個沒有多年的歷史的，那個不曉得中國商人做生意的情形，而且，戰後做生意似乎看輕了商業信用那幾個字，如果你銀行裏沒有存欵，你休想人家信你一筆貨錢，反過來說，你銀行存了大筆現金，誰個不願和你發生關係呢？所以中間人的作用，目前已不比往時那麼重要了，這怕是買辦制度會發生變化的一個主因。

香港方言的複雜

陳世豊

中國方言的複雜，世界各國無出其右，不只省與省間言語不同，就是一省之內，縣與縣間言語也有差別，甚至一縣之內，亦有幾種方言。這種錯綜複雜的方言，構成人與人間的隔閡，生出無數歧見，造成地方觀念，狹隘思想。根據調查，全中國省份方言之多，首推廣東，究竟廣東有多少種方言，迄今尚無正確統計，因爲一縣之內，就有幾種不同的方言，已經是很普遍的現象。香港臨近廣東，來此謀生營商者尤以廣東人爲最多，這差不多包括全省各縣各鄉的人在內。這裏的居民，除廣東人外，還有其他各省的人，以及全世界各國各色各種的人，所以香港的方言，比中國還要複雜。

香港最流行的方言是道地的廣府話，還是日常口有道，且有聽的最普遍通行的言語，其次便是英語，國語。這裏有一種爲人熟知的現象，就是謀生經營大都跟着方言結成集團，形成行帮，這正是同氣相求，同聲相應，物以類聚的道理。

先說廣東方言，在香港流行的有潮州話，瓊州話，中山話，東莞話，四邑話，順德話，九江話，南頭話，肇慶話，下四府話等。尚有一種客話，亦頗普遍。這裏所謂潮州話是包括潮汕海陸豐在內，瓊州話是包括海南島各縣在內，中山話可以石岐話來代表，還有一種龍都話，則是縣屬的地方土談，與石岐話相差頗遠，四邑話包括台山，恩平開平新會等縣在內，順德話以大良話爲標準，東莞之外另外有一種石龍話，南頭話即寶安縣話，下四府話即指南路各縣，至於九江話，僅是南海縣的一種地方土談，南海話和廣州話差不多，唯有縣屬九江話纔有些特別。

其次，說到國語，在十年前，香港說國語的人很少，後來經過「八一三」燃起抗戰的烽火，華北華中各省的人爲了逃避戰亂，紛紛南來香港，作海外寓公，這些人多數是說國語的，他們和廣東人混雜起來，以外省人學習複雜的廣東話是一件艱難吃力的事，比較起來，廣東人學習國語容易得多，所以爲了溝通言語間的隔閡，廣東人便紛紛學習國語，同時僑校方面，因爲國語是全中國最通行的語言，於是在課程表內加列國語一科，使每個學生都能說國語，久而久之，國語竟大行其道，商店夥計，市場販子，皆能够說些普通應用的國語，國語在港由此奠立了基礎，與國語大同小異的普通語，本來已有一部份人熟習，此時也應時而出，與國語同樣爲本地人與外省人溝通隔閡的工具了。除國語普通話外，外省方言在港通行者爲浙江話，其中以上海話最盛行，稱

九龍兒童遊樂場

古月

九龍兒童遊樂場設在尖沙咀漆咸道，與九廣鐵路不行，面積不很大，一個長方形的草場，設備也很簡單，中央是一個長方形的亭子，裏面擺着長條的有靠背板凳，亭的外邊，設有鞦韆架和滑板，另外有一塊小沙地。不過，這個小小的地方，就是兒童們的樂園。早晨，兒童們吃過早餐以後，就由母親或「亞媽」們帶到這個遊樂場來，享受一下可愛的陽光，呼吸一下新鮮的空氣，天真的在草場上跳躍一下，或者在沙地淘沙，或者由母親或者保姆扶持着，玩一會兒鞦韆或滑板。這個遊樂場雖然設在所謂「洋人住宅區」，可是，非洋人的兒童，到這裏來也不會給拒絕的。所以，每天夕陽初下的時候，這裏發現各種族的兒童，在歡欣地享用大自然的賜與。

破壞的戰爭，連這一個唯一的兒童遊樂場也破壞了，到而今，僅剩下一個空亭子，和一片草場，再沒有鞦韆架，也沒有休息的椅子，兒童們只能在這殘存的亭子和草場上遊戲了。

作爲一個現代都市的香港，祇有一個兒童遊樂場，顯然是不够的，而且那個唯一的兒童遊樂場是設在一般人心目中認爲「洋人住宅區」的尖沙咀，能够享受的只是鄰近地方的兒童們，所以，鑒於人口的稠度以及地區的形勢，在一般人的眼光中，香港簡直沒有兒童遊樂場。何况，在復員三年以後，這個唯一的兒童遊樂場，還不曾修建呢。

建話廣西話亦具相當勢力，至如湖南，江西，山東等省方言，雖然也不時可以聽到，但這幾省旅港人數甚少，究不通行。

至於外國語，主要的當然爲英語，此外，如法蘭西，葡萄牙，印度等國語言，亦佔有相當勢力，在淪陷期間，差不多每一個居民都學會說幾句的日本話，但隨着日寇投降，日人遁迹變作俘虜，被遣送回國後，已經音沉聲絕，不再成爲市面上一種通行的言語了。

由于香港居民的複雜，世界各國各種各族的人士，皆有在此寄跡，各種不同的語言，時常聽進人的耳鼓，眞可以舉行一個語言展覽會，馬上一呼即集，立觀厥成，不須廣事徵求，也不必費時召集。這是世界上任何地方都沒有這般現成，和這樣齊備。此地語言既有多種，人們日常嘗接往來少不免就有幾個國籍不同的人，所以作爲一個香港人，起碼就要懂得兩種以上的方言，然後才可以在商場上多招徠一些生意，在社會上多認識幾個朋友。

凡是方言，都有團結性的作用，顯示出地方觀念的濃厚，劃分一道與別種方言不同的鴻溝，它又在就業與經營方面帶有引誘團聚的作用，舉例來說，拉手車的是海陸豐人，他們是說潮州話的，他們集中在一起的時候，大家用土談來對話，有說有笑，融洽無間，假如一個廣府人混進在他們拉車的隊伍裏面，言語不同，說話扞格，就算不受他們排擠，自已也覺沒趣，枯寂苦悶，在這種孤獨無伍的環境裏，只好放棄拉車爲生，另尋職業，這樣，無形中拉車夫只有說潮州話緣的可以担任，他們已經形成一個集團，別種方言的人是無法插足的。同樣的例子，充當苦力的多是東莞人，市場的魚販是南頭人，收買什架的是新會七堡的李姓等，又如中山人經營洋貨，九江人之銀錢業，四邑人之建築業，肇慶人之搭棚業，西樵人之洋服業等，都是因爲同聲同氣，方言相同，物以類聚，人以羣合，向同一事業靑眼，以求易于發展，這種于方言相同，而就業同趣的情形，差不多各行各業都有此種事例，還有因方言相類而結成團體，以謀合羣互助的，如江浙同鄉會，崇正公會等，崇正公會是一個客人的團體，不論何縣何地，凡是說客話的人，都可以加入，如所周知，客人是最團結的，他們無論在任何一處的公衆場合裏，凡遇有客籍人士，就不顧在旁的是甚麼人，他們彼此就用客話來交談，倍覺親切，這是注重方言的表現，又凡打鬥衝突口角，雖不相識，有時一方因爲言語的關係，常常獲得旁觀者以方言相同的緣故，挺身而出，拔刀相助，由此可見方言的重要了。

香港人與上海人的交談　陳子多作

香港之夜

樂秋

香港是美麗的，尤其在夜間，山上，半山間點點的燈光，市區內霓虹管放射的五色光芒，海上綴結小舟閃爍的燈火，好像天上的星宿，顆暗顆明的，閃閃爍爍，確是一幅美麗的圖畫，眞的，夜的香港，已經獲得不少人贊美，詩人們也曾經爲之詠哦。

當太陽漸漸在西方湮沒的時候，月亮在另一角落冉冉上升了。這是夜的開始，夜的香港，就在萬家燈火齊放光明的時候，揭開牠的面目。

富商巨賈，紳士淑女，應該是應酬的時候了，他們和她們穿着得很爲整齊，戴上應有盡有的飾物，坐了自置的私家車，最低限度也雇一輛「的士」，風馳電掣的在大酒家門前停下來，跑來一個侍者替他們開啓車門之後，便大踏步的走進電梯裏面，載他們到各層樓去，盛筵擺開，嘉餚美酒，盡情吃個痛快，在舞場裏，奏起爵士音樂，男女一雙雙，一對對，翩翩起舞，樂聲快促起來，步伐也隨着急迫，歡笑與樂聲齊和，男的女的，在充滿色情狂調中，只有肉慾交流，實際上是人間地獄，有錢的男人，付出代價後，就要所有收獲，主要的是肉慾刺激，那些舞孃跑上火山，置身舞海，爲的是什麼呢？除了金錢以外，還有別的東西嗎？

在騎樓底下，在黑暗角落，三三兩兩，面塗厚粉，唇染血紅的女人，打扮得花枝招展，騷態迫人，向着過往的行人，睇送秋波，盡情挑逗，那就是所謂「阻街女郎」了。她們之中，也分作兩種「營業」方式，一種是「中」，另一種是「西」，前者是專接中國人，後者是接外國人，在灣仔的蕭頓球場，在中環的新世界戲院左右一帶和中區必打街遮打道，都是她們活動的地盤。

漫談「香港人」

蘇福祥

怎樣才算是「香港人」？當你聽到這個問題，你或者會不加思索的回答道：「香港目前雖然是英帝國的皇家殖民地，但在地理上香港是中國的一部份，最初香港是中國的領土，這裏的原住民是中國人，因此，香港人簡直是中國人。」

這樣的答案當然是有事實根據的，但是，我們且撇開這樣的辯證，轉而談談今日所見的現實。經過了一百多年的英國人統治以後，到今日還保持着英帝國皇家殖民地的地位，香港的主權顯然還屬於英國，因此，這裏的中國籍居民，雖然因為條約和中英兩國諒解的關係，享有在這裏居住的自由，但嚴格來說，還裏的中國人不能够說就是香港人。

還裏土生的人當可以說是「香港人」了吧？是的，在這裏出生的人當然不會被否認了他們的「香港人」資格。英國人接管了香港後，對當地人民發出第一張文告裏的許諾，後來也有不少隨着環境的變遷而修改了，享有在這裏居住的自由的中國人，如果犯了地方法律或者被地方當局認為是一個「不良份子」，隨時有給放逐的可能；祇有那些領有「香港出世紙」的，才有「生於斯，長於斯，死於斯」的權利，縱使犯了彌天大罪，也祇能判處死刑或終身監禁，却不會被押解出境的。

不過，作為「香港人」的在這裏出生的人，並不就是「公民」，因為他們並不能够像其他現代都市的公民一樣享受得到一切公民權益。這裏雖然也有代議制度的「立法局」和「市政衛生局」，可是，「立法局」和「市政衛生局」的民衆代表是政府委任的而不是公民選舉的，這些委任的民衆代表也許能站在民衆立場講話，但事實上他們不是公選的民衆代表。

戰後，英國政府給予香港的人民以更大的自治計劃，民選的市政委員會也在積極籌備中。不過，根據前任香港總督楊慕琦爵士於一九四六年八月三十日對香港人民廣播有關民選市政委員會的組織計劃，並不是每一個市民都具有選舉權和被選權，選民資格擬定須在選民登記日期以前十年內，曾在香港居留滿六年，有閱讀及書寫英文或中文的能力，以及在這裏置有相當產業，例如每年繳納差餉滿二百元或繳納地稅五十元者，或則具有充當法庭陪審員的義務，或根據陪審員法例第四條而獲豁免充當陪審員義務者。從這擬定的選民資格看來，甚至在這裏出生的道地香港人，也不一定能够獲得選舉或被選舉權，換句話說，他們並不一定可以得到有選舉權和被選權的公民資格。

以彼金錢易此愛情・『香港人』浮繪之一　陳子多作

此外，香港目前已經頒佈了地方稅法，根據地方稅法，每一個市民都有納稅的義務，祇要他的收入達到需要納稅的標準。但是，納稅的義務是要負担的，但社會保險制度卻還未見實現。怪不得反稅的人說：香港人有公民的義務，沒有公民的權利。

在這裏，雖然有許多自認「香港人」的人們，可是他們根本享受不到香港公民的資格。作為香港公民的人必須具備香港公民的特定資格，除了在香港出生之外，他還須要擁相當的財產。不然的話，他就和其他的外國人一樣，除了不會被押解出境的唯一優待之外，再無其他的特別待遇了，

摩囉街今昔

杜慧

摩囉街，這是中環區一塊另具風緻的地方，顧名思義，這當是一塊囉摩人往過的地方，因此把這街叫成摩囉街，那已是二三十年前的舊事了。根據住在這街上的老居民的複述，那時有三四十個摩囉（印度）人住在這裏，他們的職業是看更，航海，和開小食店，每當日暮天晴的仲夏，人們便會在街頭巷尾，發現這些白衣裹頭的人物，坐在那籐椅上，抽着那長長的銅煙管。

時光是一個可怕的魔影，這些摩囉人便在中國人的逐漸增加中，他們反而消聲匿跡了。記得在二十年前摩囉街便無形中變成一塊收買舊貨的市塲，例如：舊書籍，報紙，古玩，鐘錶，留聲機，爛銅爛鐵和舊傢俬，一堆一堆把街道都塞滿了，而每一家舖子的地位並不嘗大，所以貨物往往擺得重樓叠閣，而這些貨物是必須等待合適的顧客，然後能够出貨，所以這一來便越堆越多了。

不過，這是一樁很奇特的買賣，有許多人的機件壞了，你可以到那裏去逛逛，也許可以廉價的獲得零件，每一個學期開始的時候，便有很多學生們拿着他們的書單，到摩囉街的舊書舖裏找尋便宜的教科書，價錢比買新書往往相差到一半或三分一的，所以學生們都樂於到這裏來找尋，投機的商人，大量地屯積着流行的教科書，一年的生意，都靠着這春秋二季的開學期間的生意，他們都懂得點英文，而且善於招徠顧客，所以生意很不錯的。

可是戰爭帶來了厄運，在淪陷期間，人們都賤視書籍，於是大量的書籍都拿去當作爛紙賣或柴薪燒，許多平時賺錢的書商，便受了這次戰爭的影響而破產了，有很多不能放棄故業，去改做別種謀生的行業了；所以，過去在摩囉街上盛極一時的賣舊書業，現在已變成十分淸淡，祇有四五家仍然在那裏維持原來的行業，可是戰後因爲書籍經過大量燒燬以後，市場已很少貨色，可供收買，於是舊書業便因之影響，一落千丈了。

現在的摩囉街上，我們祇看到舊傢俬店，古玩店，和舊銅鐵店，如果讀者有這麼閒情，到這條街上去逛逛，也許會買到點便宜的舊貨的。

在古玩店裏，那裏陳列了無數的古瓶，古玉鐲，古瓷器，和其它精巧名貴的小玩意，如獅子，觀音像，佛像，小玉屛風，銅猺銅貓等雜物。自然，這些都不是實用的東西，祇有等有錢而有閒的人物去購買，不過那種古色古香眞或僞造的中國國粹，也是值得我們瀏覽的。

根據那些古玩店的老板的解釋，在這些東西中，有些已是遠在明宋時代的品物，在悠遠的歲月裏，不知經過多少變亂的波折，而沒有散失毀壞，結果仍然陳列在他們的貨櫃裏，這實在難能可貴的事。

在這街上的店舖裏，除了上述的古物外，還有其它實用的東西，據記者所見最名貴的可算是那些琉璃花的電燈罩，吊在他們黑暗的店子裏，實在生色不少，據說這些燈罩，大的計價要到二三百元，小的也要一百幾十元，這些都是富貴人家的裝飾品，可惜那些富人們又已覺這玩意不時髦了。

古字古畫也是這裏常有的貨色，明朝文徵明的字跡，也常會在這些店子裏出現，可惜價錢並不便宜，所以便成爲奇貨可居了！可是如果不是獨具鑑別能力的顧客，很易被人以假混眞，買了假貨。舊的留聲機，相機，打字機也常會在這些舊貨攤上發現，有些會以很便宜的代價而能獲得一件名廠的貨色，雖然式樣往往是有點古老，可是用起來還是一樣的！

舊的傢具和皮箱，也是很便宜的，一隻七八成新的鐵箱，可以七八十元買到了，一副從舊翻新的床，櫃，梳化椅也可以一二百元買得。

總之，如果讀者有耐心經常去逛逛，也許會得到意外的收獲的，因爲這是一個便宜的舊貨市場。

香港的黑社會

吳占美

在整個社會經濟制度，尙未有達到理想的階段時，每個國家的大都市里，都少不免有黑暗的組織的存在，甚至文明最發達的美國都市像紐約，芝加高，三藩市……等，不是一樣的有這種非法份子（流氓賊黨之類）威脅着社會的治安嗎？這些份子，無疑的是社會秩序的影响者，也是文明都市裏遺害人羣的蛀虫！

香港的字頭友與三合會，同是給人們認爲黑社會的組織，不過考三合會的起源，自太平天國失敗以後，清廷政治腐敗，革命的怒潮，不可遏止，一般使義屠狗之輩，激于義憤，紛紛結黨集會，企圖搗亂清軍，行刺清廷官吏，三合會的組織，便是其中之一了。同時在民國還沒有成立的時候，三合會與哥老會，洪門會等，都是革命力量的主幹，曾經爲革命盡了不少的力量，但是內部智識貧弱，組織不健全，成立不久，便告解體。

後來被流氓地痞之類利用「三合會」的名目，在社會上爲非作歹，所以傳流到今天，社會一般人士，大多數都認爲現有的社會下層組織，都是三合會人物，其實眞正的「三合會」，老早已不存在了！

但現在香港下層的組織，又是什麼一回事呢？不錯，目前的香港確有不少這樣的組織存在，他們分佈的範圍，也很廣泛，詳細的數目，根本無法調查，不易統計，因爲這是非法組織，它不能像其他的團體，一樣地公開設立，他們大多是分設在都市的黑暗角落，不大惹人注意，或以巧立名目表面稱什麼武術館，某某社，某某俱樂部之類！

還有一些更非法的組織，社會上的人，普通稱爲「爛仔會」，這些份子，完全是無賴和歹徒，他們在某區域內，勾結着一羣人在下層社會穿插着，烟窟，私娼，地痞茶居，便是他們經常留戀的地方，他們每個館口，都有他們的領袖（爛仔頭），盤據着，指揮他的爪牙，四出活動，敲搾勒索，一般小販工人苦力，便是他們魚肉的對象，那些沒有特殊勢力的市民，往往會被逼而「踴入會」——每月繳納會費，來供養這一羣寄生虫食肥！市面上的篤友和泡哥，也是有組織的，每個區域和範圍，都有着勢力的畛域，施用着威逼恐嚇的手段，吸啜着一羣良民的膏血，這所謂「字頭友」是搗亂社會秩序可怕的人物，等如寄生虫寄生在人體里一樣，都市要是沒有這種人物，警察的工作，也就可以停頓下來！

在報章上，常常可以看到，什麼字頭友向某人勒索，威脅入會，糾衆毆人，諸如此類的新聞，而且在另一個角落的社會里，有着不少安份守已的善良市民，擠受着字頭友的壓迫，在他們的淫威下過活着，爲願存着生命的安危，祇有屈辱求全，任由這些遺害社會的寄生虫，吸吃他們的血汗！

究竟香港目前有多少這種可怕的人物，他們的組織是怎樣的，爲什麼他們有這樣大的潛勢力，爲什麼負責治安的機關，不能够澈底消滅這些黑組織？這些問題，祇要你看看下面的敍述，你便明白了；黑組織又名爛仔館，普通的人，都稱它爲「字頭友」，所謂字頭友，從沒有統一的聯合系統，每個組織都有它獨有的範圍和規則，在西區有名的黑組織，要算「和合圖」，「和利和」，「和勇義」，「勝堂」，東區的「同耳」，「單耳」，「兩點脚」，「有下巴」這幾家，他們每個組織都擁有黨徒過萬人，爪牙分佈到每一角落，如碼頭苦力，街邊小販，黃包車伕，都有着他們的會員，其實四出作祟的，不是被迫加入的會員，而是主持黑組織里面的人物，他們大都是沒有固定的職業，於是藉着名義向他們的對家敲搾，勒索，就是這種人物了，爲了他們常常拿出某有勢力的黑組織的名義，作爲勒索敲搾的武器，於是人們便稱他們爲「字頭友」！

但主持黑組織的人物，他們的爪牙，也往往造成社會罪案上的「綫人」！所以警方會利用他，把重要罪犯，緝拿歸案！

所謂「字頭友」，顧名思義，知道他有着他

的「字頭」，可以向人示威，假如他要「起字容」，而發覺對方沒有憑藉時，他們就迫你就範，踢你入會，繳納會費，這是他們一種經常敲搾的行為，但這種勒索起源，常由黑社會的人物，藉故嫁禍某種罪名於對方身上，於是乘機挑釁，約對方「班馬開片」，（即打架），他們之間，有着固有特別的名詞，為雙方不願打架而自願撤退時，他們稱為「散水」，繳費稱「磅龍」！

他們講數的時候，在不言中的，假如你不是內行的話就算你在中間，也不知道他什麼葫蘆賣什麼藥，在抽烟的時候，對方將一包捲烟，拔出了三支來，依着次序排高低，假如受接的人，表示態度強硬的話，就拔最長的一支，大家情願和解的，就拔中間不長不短的，還要把長的按下去和那短的一樣長，假如自認不及對方，只好拔那根最短的表示對人家妥協，從這三支香烟中，已經解決了一件事情，在談判決裂的時候，就只好抽一根「開片煙」，所謂開片烟，不過在抽的時候，火頭一樣平的，這就表示回去班馬訴諸武力，到這時候，已經無可談判了！

由于他們在黑暗里的環境，所以一切的黑暗，都看得出來！

「文雀」與「武雀」

香港黑社會中，有所謂「文雀」與「武雀」。這兩個名詞我們驟然聽來，會有點莫明其妙。假如你不是內行的話，當然像丈八金剛，摸不着頭腦了。所謂「文雀」與「武雀」，就是香港社會治安破壞者，是沒有建設的寄生虫。普通人稱為「爛仔」。但是「爛仔」的範圍也可以分多種；打家刧舍的，偷竊拐騙的，都包括在內。他們也有組織的，所謂「字頭友」便是這些組織的份子，社會上為什麼會有這種不良份子生存？這完全是物先腐而後虫生的社會問題。以這樣的方式生存的人物，非正式的統計，直接間接不下二三萬人。分佈在港九每一角落。他們的組織，彷彿像軍隊一樣，有首領，有部屬，亦有命令。他們出動的時候，就等如得到了命令的軍隊，襲擊某一個區域似的。市民給他們強搶或剽竊，這完全是他們的「戰績」。

文雀的出奇制勝，其中有意想不到的奧妙。不過大多數是用釣魚似的手法，來誘你上釣吧了。他們的方法，不一而足，有以女人為餌，有以金錢為餌。一言蔽之「投其所好」。假如你有些小利，便沒有不上釣的。所以俗諺說：「光棍佬教仔，便宜莫貪，」假如你不貪小便宜，那麼，他們就出「功夫仔」了。像現在香港的「文雀」就是這一類。所謂「文雀」這名詞帶有點幽默性當你想到一隻小鳥覓食的時候，也便可以想到一個小手剽竊人家囊裏金錢的情形。他不比老鷹有犀利的咀和爪；像武雀似的刦奪，只好用他的機智，在你冷不提防的時候，妙手空空，神不知，鬼不覺，予取予携，這比較武雀來得「斯文」，所以叫做「文雀」。

他們的組織很嚴密，各有各的活動地盤，不能越雷池一步的，同時他們經過了一番訓練後，才出來活動。一個經已有相當經驗的「文雀」，他的門下，有不少「門生」，這一批所謂門生，多數是流浪街頭的小童，利用他們靈便的小身體，而且目標小，不會令人怎樣注意。訓練的時候，用竹紙濕了水，在牆上黏成一個口袋的模樣，然後把東西放下去，用手帕蒙了眼睛，假如一下取出了這件東西，而紙袋不壞的，那就算畢業了。同時傳授許多分散人們視線，與注意的方法，故此每逢出來「發財」的時候，總有兩三個人做呼應，他們的暗語，叫做「九二友」和「九三友」。前前後後的擠迫，分散了你的視線，利用機會，探囊取物，往往垂手而得，假如在內衣袋的話，他就用「割」的手法，一個磨得像小刀似的鋒利銅錢，只在口袋外一割，已經得其所哉了。

他們剽竊得人家的東西回來，照例把時間與地點記住，假如三天內遇到了有力者講數，就原物交回，或成數交回。如果在三天以外，「遲來三日馬家郎」請你老兄見諒了。這是所謂江湖的「發氣」。

社會固然有奉公守法的人，可是却不能澈底消滅了這一類的寄生虫。所謂野火燒不盡，春風吹又生，而且這些文雀與武雀。正是「做慣乞兒懶做官」呢。

四十年前的女子茶檔

東山

現在，女招待已成爲一種正當的女子職業，每一間酒傢茶館：餐室，差不多都雇有女招待，招呼人客，這已是一種風氣，許多人以爲香港的有女招待，是近十餘年間事，殊不知遠在四十年前，即已有女招待出現，不過當時風氣閉塞，人們的頭腦古舊，思想腐化，對於這種女子職業，認爲是靠以色相招徠，傷風敗俗，莫此爲甚，對於當壚紅粉，不分皂白，强指爲淫女蕩娃，致使潔身自愛的婦女，相率斂跡，不敢把壺提鐺，出現人前。而在當時，確實也有一些不知自愛的婦女，以提壺爲名，賣淫爲實，授人以隙，貽爲話柄，結果，這種女子職業，便如曇花一現，瞬即幻滅，直至後來風氣一開，約在距今廿年前，女招待始再重現色相，在各茶樓酒館，提壺奉巾，殷勤服役，以迄今日，遂和男性侍役，並肩執業，同等操作。

女子獻身提壺工作，是開始在一九一〇年，即清宣統二年，那時西營盤第四街有所謂「茶檔」出現，這種茶檔主要的營業是賣茶，兼售一些餅食，像現在的茶樓一般，但是主持茶檔的並非男性，却完全是由妙齡女郎負責，她們打扮得花枝招展，在華燈初上的時候，就坐在茶檔那裏，等候客人光臨，所以有「女子茶檔」之稱，她們所售的也叫作「大姐茶」。這些女子茶檔的營業，不卜晝而卜夜，每當夜候，附近的男子們時間，就聯羣結隊，相約往飲「大姐茶」去，那些當壚紅粉，個個都擅長口才，伶牙俐齒，談笑風生，引得那些狂蜂浪蝶，每晚如蟻赴羶，擁集茶檔那裏，泡一壺龍井或水仙，叫一兩碟餅餌，就坐上幾個鐘頭，尤其在暑熱天時，那些女子茶檔更加營業鼎盛，每個提壺大姐，都忙個不了，她們週旋這些客人間，必須面面俱圓，八方玲瓏，否則，在茶客間，往往就發生拈酸吃醋，爭風吵架的事件，凡到那裏喝茶的，俱是年青的小夥子，他們醉翁之意不在酒，而在乎山水之間，他們是抱有獵艷的目的而來，每個人的心目中都有一個對象，企圖在淺斟低酌之間，運用一些手腕，甜言蜜語，獲得對方的垂青，得償他們的大慾。

那些經營這種茶檔的女子，其中當然大多數是爲着贏利，纔肯拋頭露面，笑臉迎人，招呼週到，但也有少數和一些受僱充當女侍的，她們有些是新寡文君，有些是懷春少女，也有一些是貪圖金錢快樂的淫娃，春花秋月，心懷蕩漾，經不起異性强烈色情的挑逗和誘惑，初時雖然只不過口角生風，打情罵俏，但不久，則愈弄愈兇，她們在衆目睽睽之下，任由色膽猖狂的男子，捏面握手，恣情調戲，馴致路人側目，鄰里訕笑，她們依然無所畏忌，致有女子茶檔是私寨，喝大姐茶是打水圍的流言，風流艷事，愈傳愈廣，有心世道者紛加抨擊，認爲女子茶檔是賣淫的場所，有傷風化。後來港政府以輿情如此不滿，經派員調查，也認爲傷風敗俗，遂下令禁止，這種女子茶檔由此便壽終正寢，消聲匿跡，風流雲散。

女賣貨員小史

孔言

商店用女職員之風氣，近年始吹到香港。數十年前，女子固不肯拋頭露面出而執役，商店亦無僱用之者。香港商店之僱用女職員，當以先施公司爲鼻祖。

先施公司開業之初，原設何東行側，規模不大，普通洋貨店而已。總理馬應彪爲澳州華僑，頗好模仿西人習尚，首先僱用女子賣貨員，藉以招徠顧客。惟其時風氣未開，婦人女子都深閨靜處，遇陌生男子，輒含羞答答，避之若浼，先施公司竟僱用女員，無怪轟動一時，市民稱異，公司門前，不期而集者，凡數百人，皆呆看店中之女職員，驅之復來。繼且傳遍全市，來看女職員者川流不息，圍得水洩不通，氣得此頭腦新穎之總理哭笑不得。乃往投訴華民政務司，請設法維持秩序，免礙生意。結果華民政務司蒲魯賢派出更練四名，到公司輪流守護，但公司不能禁人進內遊覽，更練亦無權將之驅逐，馬氏又請政府開導羣衆，當時華民政務司總文案爲中國老學究區鳳池，深知中國社會習慣，一時不易改革，勉强而行，更恐鬧出笑話，因勸馬氏暫時擱置僱用女賣貨員之計劃，馬氏然其說，立將女員遣散。後來風氣漸開，女職員已不爲衆異，今則百貨商店幾無一不有女職員者矣。

香港墳場概述

錢魯炳

香港公衆建設，都是根據現實需要而設立的。坐葬棺柩的公衆墳場，有架啡園（加路連山墳場），雞籠環，柴灣，石澳，深灣，赤柱，何文田，長沙灣，土瓜灣，等地段。在昔日不幸死亡的市民，政府因他居住的地點而規定葬地，不能任意選擇。葬地並不是永遠的，下葬到了七年的時候，就要由死者的家屬人向當局申請自行檢骨遷葬，假使過了限期還沒有人認領，當局便代爲處置，移葬在各墳場所附有的葬骨地段內，或遷葬在鴨脷洲，鑽石山，這兩塊地就是金塔墳場，專供葬骨而又是屬於永遠的。

在一九四一年的時候，當局也曾宣佈封閉各公衆墳場，此後港九各棺柩一律須埋葬九龍牛池灣，也許是爲了容易管理和整頓市郊的緣故吧。

錄當日市政衛生局佈告一如後：

（一）由一九四一年一月一日起所有下列各墳場不准葬棺。

計開：

雞籠環東西兩墳場

柴灣及柴灣坳墳場

加路連山墳場

（二）和合石墳場現因未有定期開放，對於本港各棺柩暫遷牛池灣七號墳場安葬。

（三）海上運柩，由本港海旁運柩至牛池灣七號墳場費用概由政府負擔，並將各運輸站分列如下：

鴨巴甸華人永遠墳場

（甲）每站設備運柩船泊於下列地點：

筲箕灣碼頭

銅鑼灣威非路碼頭

湯諸幾道碼頭

石塘咀水街尾碼頭

（乙）右列各地點設有殯喪亭以便喪主及仵工上落棺柩之用，但不能存貯棺柩。

（丙）仵工須負責抬棺落艇而落棺工作須照下列地點所規定時間之前辦妥：

筲箕灣上午八時一十五分

銅鑼灣上午九時四十五分

湯諸幾道上午九時三十分

石塘咀水街上午九時

所有葬紙須由仵工交與艇上舵工

（丁）下列各點包括在海旁各處落棺地點：

（一）筲箕灣區以太古糖房東便爲自理棺柩區域。

（二）銅鑼灣區孖士道摩理臣山道山光道之東至太古糖房爲東院施棺及自理棺柩區域。

（三）湯諸幾道區孖士道西爲自理棺柩區域。

（四）石塘咀水街尾區爲自理棺柩及東華施棺區域。

（戊）設有汽船在銅鑼灣起拖各運柩艇到馬頭角碼頭，所有棺柩由艇運上貨車至牛池灣七號墳場由政府辦理，仵工毋須隨往。

（己）運柩艇返回原處地點由下午一時至五時接收各棺柩以便明早運往墳場。

（庚）所有喪主及仵工不得乘該運柩艇或車往墳場。

（辛）政府担任用貨車運棺柩到牛池灣七號墳場及埋葬，倘死者之親屬欲自行理葬者須于是日下午二時起齊手辦理。

（王）如遇五號風球掛起時，各柩則停止運輸，並可以在加路連山墳場埋葬。

（四）每具棺柩須付唛片一張，註明死者之姓名年歲性別住址，及由何人付寄，欲葬何地，分別開列清楚。該唛片連同葬紙由生死註冊官或公衆殮房書記發給與喪主或仵工，須將唛片綁在棺柩之頭上，若無唛片該棺不收落艇。

（五）現政府墳場分爲三段（牛池灣之墳場亦分三段計開：

甲段　地段免費　開塚五毫

乙段　地段一元　開塚一元

丙段　地段二元　開塚一元

（六）保留各團體原有墳場，仍以舊例給與華人天主教團體福建商會團體潮洲團體。

赤柱墳場

（七）香港仔墳場給與薄扶林村及附近之人民爲葬地。

太平洋戰事發生，香港陷落日本人的手裏，在這日治時代當中，各公衆墳場，除了毗隣於軍事地點以外，其他盡行開放，並沒有區域的限制，可由市民自行選擇，在光復後兩年期內，仍然沿着辦理。

到了一九四七年十月一日，當局才再度宣佈封閉，市政衞生局佈告第一條：『由封閉日（十月一日）起以後凡埋葬華人屍體除私家墳場及確屬香港仔鴨脷洲深灣赤柱石澳等居民仍准就其所屬之墳場埋葬外，一律應轉用九龍牛池灣新九龍第七號墳場』其他一切辦法，也是依照一九四一年所施行的條例辦理，所不同之點，墳場地段，現在祇分爲甲，乙二段，收費也比前不同，現在『甲段收費一元』『乙段收費五元』免費運柩船也祇得杜老誌道碼頭（專備運自理棺柩）水街碼頭（專備運醫院施贈棺柩）兩處地點罷了。

私家墳場之中，華人永遠墳場，並不屬於任何團體的，這是昔日各殷富紳商所倡設，初期祇得『香港華人永遠墳場』一所，地點在鴨巴甸（香港仔），這時候港人有欲購買這裏的墳地，須有當地衞生局給予的死亡註冊證，還要有墳場值理或紳商名流介紹的，無疑是有資望的人，才有購地的資格。後來這墳場再闢地於荃灣，名爲『九龍荃灣華人永遠墳場』購地的條件也沒有從前的限制，可是：地價已叠次的提高了。現在鴨巴甸墳場每段地收費一仟元，荃灣墳場每段三百元，購地以一段爲限，同時也可多購一段或數段，但是除了一段以外，其他各段須雙倍付值，和一般營業相反，這是他的特異之點。荃灣墳場建設相當好，收費也比鴨巴甸墳場便宜，也許是這裏的餘地多和地點還在荃灣的緣故吧。

其他私家墳場，有屬於教會的，—天主教—基督教—回教—也有屬於團體的，—福建商會—潮州商會—他們自行管理，收費各有不同。

此外尚有類似臨時墳場的義莊，是東華醫院所附設的，地點在鋼綫灣，建築也相當宏敞，並有碼頭的設備，爲了利便外埠華僑運柩回原籍經香港暫時停留的需要。由於這裏的公衆墳場並不

赤柱墳場後之刑場

戊午馬棚遇難中西士女之墓

是永遠葬地的緣故，港九居民也不少借這裏作臨時寄貯棺柩的場所，待時候運回原籍去。

還有火化場三所——掃桿埔火化場（在東華東院道）——雞籠環西便墳場火化場（在域多利亞道）——九龍火化場（界限街）——是市政衛生局辦理的，由一九四七年十二月十六日宣佈開放，火化屍體每具須繳費二十元，華人是向守習俗的，先人的遺體，多是厚加殮葬，所以火化場是極少華人開用。

以上所述就是香港公私墳場的大概情形，這裏還有歷史性的公墓——遭風白骨墳——馬棚遇難者公墓——西安輪船罹難先友總墓——它的歷史性和事實發生經過情形，在本書史實文內當有較詳報道，現在只將當日港人所築留爲後人憑吊的遇難者公墓概述如後：

遭風白骨墳：在一八八零年（光緒六年庚辰年）建於雞籠環東便墳場的牛山間，全用白石築成，題爲：「遭風義塚」，墓前有亭一座，上書「庚辰亭」三字，左右豎立碑文，敘述其經過情形，大意說是六年前（同治三十年）八月十二日，香港遭遇風災巨變，海面溺斃多人，事隔多年，還有遺骨百餘具，暴露於仰船洲，當時人們將這遺骸檢拾裝在這裏，築墳紀念。

火燒馬棚遇難者公墓：在加路連山墳場裏，築於一九二二年（民國十一年壬午），爲了紀念一九一八年（民國七年戊午）火燒馬棚遇難者而建立的。在當日遇難者報名爲六百一十四人，這裏所埋的屍體是五百九十餘具，立有碑文誌其事實的經過。整個墳場全用白石水泥築成，墓碑刻命字，題爲：「戊午馬棚遇難中西士女之墓」，左右更有石刻遇難者的姓名籍貫，墓前兩旁建有休息亭和寶塔各一座，還有石櫈，石欄圍繞着墓前的四週，建築的工程，相當偉大。

遭風白骨墳

西安輪船罹難先友總墓：在雞籠環墳場西便（東華墳場）裏，福建墳場的左方，是一九四七年四月開治建築的，起因是這年二月四日那天晨早的時候，西安輪船開往廣州市，還未啟行離開碼頭，船上發生大火，傷斃二百餘人，焚成焦炭不能辨認的屍體八十一具，由東華醫院備○埋殮葬在這裏，墓碑題爲：「西安輪船罹難先友總墓」，碑刻有罹難者的籍貫姓名，墓前有祭台，左方建「案寶閣」，右方是「休息亭」，亭裏設有石檯石櫈，建築也頗壯觀。本文脫稿的時候，工程還在繼續進行中，爲了要加築石壆的緣故。

本港墳場的墓門，常有嵌上一些對聯之類，以爲點綴，雖多俚俗可笑，但亦竟會爲人所樂道，如天主教墳場的墓門，就刻着這樣的一副對聯：「今夕吾軀歸故土；他朝君體也相同。」文義淺陋，不知出於何人手筆。

四十年前

潘孔言

到荷里活道的盲妹館聽盲妹唱戲，只收一枚銅仙的坐價。

由中環坐人力車到石塘嘴，車資五仙，講價，可減至四仙。

商店掌櫃，月薪三元，已算很高。

市面熙來攘往的，甚少見到穿華麗衣服的閨女。

街邊賣報紙的，多數是綁足的鄉下婆。

妓院中常常發現三寸金蓮的妓女。

第五章

經濟

廣東省銀行

香港分行

經營銀行一切
業務枝行遍設
國內海外全省
鄉鎮均可通滙

滙兌迅速
服務週到

地址：遮打道五號
經理室：二四叁三四
電話：業務部：二四四七六
叁二八七八
出納課：二四五七零

香港

景福銀號

專營一切金銀業務

香港上環永樂東街七十號

電話 經理室二四八七三 營業處三一六一九

香港金融

陳樂天

香港的幣制，自始即以銀爲本位。英國人於一八四二年正式統治香港後，一八六二年設立造幣廠，鑄造銀幣，流通市面。至一八六四年，該廠出讓於日本大阪造幣廠，始行停鑄。一八九六年二月二日，香港政府正式頒佈，以墨西哥銀元（Mexican Dollar）爲本位幣，而以英國銀（British Dollar）和香港銀元（Hong Kong Dollar）爲相當標準貨幣。此外還有輔幣五種，即十文銅幣及半毫，一毫，二毫，五毫（即半元）等四種銀幣，每一毫銀幣的重量是七分二厘，十文銅幣是在倫敦鑄造，其他四種銀幣皆由孟買造幣廠鑄造，因爲昔日物價低廉的關係，一兩文錢亦有物可購，於是中國的一文銅錢亦在市面流通，無形中成爲香港的一種輔幣，這幾種硬幣，香港人另外有一種叫法，把銀元叫作「大銀」，銀幣稱「毫子」，銅幣名「仙士」，後來銀本位取消了，政府收回所有白銀，輔幣改以鎳幣替代，分半毫，一毫兩種，旋又收回鎳幣，改印五分，十分兩種紙幣，這是香港幣制的沿革的簡史。

香港的金融組織，計有銀行，銀公司，銀號，錢莊（錢檯或找換店）金銀貿易場，票據交換所，股份經紀交易行等，這類金融組織，開始在一八四五年，東藩銀公司在港設立支行並發行紙幣亦爲銀行成立發鈔的嚆矢。其後銀行銀號各類的金融組織相繼設立，風起雲湧，使香港成爲華南金融的中心，迄今銀行約有三十家，銀號錢莊等約有二百五十家，重要銀行俱是外國人經營，至于銀號錢莊等則皆爲華人開辦。

銀行最早成立者爲渣打銀行；創設的日期爲一八五六年二月一日，其次爲匯豐銀行，成立於一八六六年，又其次爲有利銀行成立于一八九二年，這三大銀行均爲英國人資本，皆有發行紙幣權。渣打銀行的資本金爲三百萬鎊，一八五三年取得紙幣發行權，紙幣的面值爲五元，十元，二十五元，五十元，百元，五百元，共六種；匯豐銀行資本金爲一千五百萬元，公積金三千四百五十萬元，一八六六年取得發行權，計有一元，五元，十元，二十五元，五十元，百元，五百元共七種；有利銀行資本金爲一百八十萬鎊，公積金八十三萬鎊，一九一一年取得發行權，計有五元，十元，二十五元，五十元，百元共五種。三行發行紙幣的數目以匯豐銀行爲最多，其次爲渣打銀行，最少爲有利銀行。在戰前，各行的發行額是每月公佈一次的，但光復後，這種公佈已經終止，因爲香港淪陷的期間，日本人曾強迫匯豐銀行經理簽發大量紙幣，尤其是面值五百元的大鈔更多，港政府爲着人民的利益，雖然宣佈一律通用，加以收回，可是流傳既廣，一時頗難估計確實的數目，同時爲適用戰後某種財政金融政策，停止公佈發行紙幣的數字也屬一種必要的措施。

金寶銀行與匯豐銀行

陳釗

香港最初發行紙幣之銀行，創於前清道光二十五年（一八八一年）。當時該行業務，大部份經營雅片押匯，六年後該行一度得港府核准，發行紙幣五萬六千元，實爲香港第一次發行之紙幣。其後亨利白勒爵士到任，禁止雅片烟毒，該私人創辦之銀行，乃宣告結束，時爲一八九一年，該銀行之壽命，僅得十年而已。

至於有香港銀行的銀行稱之匯豐銀行創立於一八六五年，其創辦人爲蘇達蘭，初以國際合作爲號召，聯絡英商怡和仁記及德，美，波斯商家數人，發起組織該銀行。其時各國商人對華貿易，日有起色，而銀行需要，尤爲迫切，故皆踴躍投資。該銀行於一八六五年創立時，第一任總理爲法國人，其董事之中，亦有德商代表在內，由此可以想見匯豐銀行成立之初，悉本國際合作精神，故其規模甚宏，雖不久各國股東陸續退出，顧根基已固，無處撼動，八十年之間，逐漸繁榮，不特曾一度操縱遠東金融，即英政府對華政策亦間爲其左右，此實爲始創者所弗及料也。

匯豐銀行之資本總額，因其則例數度之修改，法定資本總額，在一九三三年統計，已擴充至港幣五千萬元，分爲四十萬股，每股港幣一百二十五元，實發出十六萬股，繳足資本港幣二千萬元，其中一部份爲英鎊股，每股十二鎊半，（按當日每鎊值港幣十元。其所以分英鎊股與港幣股者，蓋因匯豐總行設在香港，與英本國不能不發生關係，故以一部份股票在倫敦發售也。

香港幣制沿革

劉樸士

一八四二年，砵甸乍氏繼義律爲駐華英使兼商務總監，當香港闢埠之初，百廢待舉，華洋雜處，貿易集中，亟應規定暫行通用幣制，俾資遵守。於是衡度地方情勢，便利居民習慣，是年三月二十九日及四月二十七日，乃有規定以英國貨幣，中國用兩秤計算之銀錠，西班牙及墨西哥銀圓爲本港暫行通用貨幣之公布。祇以頒行未久，品流龐雜，僞幣充斥，市面騷然，旋由首任縣知事威廉堅善於同年七月出示禁止。

一八四五年五月一日，當局爲改正地方通用貨幣制度計，由當任輔政司布魯士公告報行，其文告云：

『縣知事布魯士爲佈告事；現奉總督約翰戴維斯命，案奉英廷一八四四年十一月二十八日諭令核准，前駐華欽使兼商務總監砵甸乍，爲規定香港暫行通用幣制，經於一八四二年〇月二十九日通令佈告在案。茲特制定簡明規則，明定本港合法通用貨幣，使人民在市面上買賣交易，有所遵守，以免糾紛。至商務上交易往來，仍可不受本規則之限制，用將規則開列如左：（一）下開硬幣爲法定通用貨幣，西班牙及墨西〕銀圓及其破碎銀屑，印度勞啤及其破碎銀屑，中國通用銅錢（即貫錢）。（二）所有上開銀圓，不論價値低昂，或屬爲任何種類，或是否完整，或已打印，如各有同等質量，即具同等通用之效力。（三）規定每銀圓等於二勞啤又四分之一。（四）規定每銀圓等於銅錢一千二百枚，每半圓等於銅錢六百枚，每勞啤等於銅錢五百三十三枚，每半勞啤等於銅錢二百六十六枚，每四分一勞啤等於銅錢一百三十三枚。（五）其他貨幣未列入上項規則之內者，但不能作爲本港合法通用幣，但得在市面找換之。（六）第四款規定之銅錢，得向商務總監公署或庫務司署領換，惟不得逾五十元。

再者，香港已劃歸英屬深治，英廷特授香港總督綜治本港一切軍民事務，本年四月五日業已佈告週知在案。關於本港幣制事宜，原無特制條例規定之必要，凡屬英國通用貨幣，不論爲紙幣或硬幣，一律認爲本港之合法通用貨幣。以前於一八四二年三月二十七日四月二十七日公布之暫行法貨幣制度，特予宣告撤廢。自後本港法定通用貨幣，爲英國通用金銀幣，及上開第一款之所規定者，仰商民人等一體遵照。此佈。英國一八四五年五月一日示』

一八五三年四月二十九日，英國女皇域多利頒諭，英國貨幣得在香港通用，准由是年十月一日實行，但不得逾四十司令以上。當任香港總督佐治般咸如旨公布施行。至一八六四年，立法局通過是年第一款條例：凡關稅收及政府出納，概以英國貨幣爲法定通用幣。同時復建議創辦香港造幣廠，經立法局通過，是爲一八六四年第二欵條例。

越二年，（一八六六）該廠籌備成立，廠址在東區銅鑼灣，開辦費四十萬元，常年經費爲七萬元。遂定期於一八六六年五月七日開幕，並先由當任輔政司馬沙出示布告，文告云：

『輔政司馬沙爲布告事；照得香港造幣廠現定五月七日開幕，茲將去年十二月二十日總督麥當奴會同行政局員，關於此事之議決案公佈執行。計開：（一）香港造幣廠定五月七日上午十一時開幕。（二）免費代鑄英國通用銀圓，以一個月爲限，如有舊銀圓銀錠銀條銀屑，均可收受代鎔代鑄新幣。（三）如屬銀圓須先鎔成條錠者，則徵收費用按所値十分之一。（四）如交來代鎔之舊銀圓，其銀質比英國通用銀圓爲低者，則徵收費用按所値十分之一，所餘之雜金屬退還原主。（五）代鑄量額不得少過五千安士。（六）如欲免費代鑄新幣，仰將鎔鑄品自行送至東區銅鑼灣香港造幣廠，逕晤廠長乾打氏先行接洽。此佈。英國一八六六年四月二十日示』

同年十月二十日，英廷財政部大臣制定規章，核准香港造幣廠鑄造銀圓及半圓等輔幣，總督麥當奴氏於翌年（一八六七）一月十二日公佈實行，是爲香港輔幣發行之始。

香港造幣廠自一八六六年經營至一八六八年春季，因耗費繁重，收入不敷，以至虧折過鉅，乃有停辦擬議，遂於一八六八年六月宣佈停辦。將廠址物產機器，盡行出售，計地產估六萬五千元，機器售與日本得價六萬元。計該廠開辦不及三年，竟虧累達三十四萬元。

按造幣廠自在一八六六年五月宣告成立，因爲廠址設在銅鑼灣的海旁，建築之前須要把海濱填好，才可以建築樓宇，於是填海工程一項，花了九千英鎊，廠的建造費花了二萬五千餘元，食水供給也用去三千五百元，開辦費一共耗去四十萬元，廠中的機器，固然向英國定製，就是廠裏的職員，也要向英國聘請前來支領英鎊薪水，常年經費七八萬元。

先是，中國內地所流通之銀錠銀角及貫錢，零碎龐雜，用者病之，自香港造幣廠所鑄之銀圓流通，漸已流入南中國各地，國人咸稱便利，故流入之量頗濃多，而該廠未幾又告停鑄，於是本港貨幣頓形短絀。港府有見於此，亟應設法調劑，免感窒礙，乃有批准香港上海滙豐銀行印行一元紙幣之舉，首次於一八七二年發行，是爲香港印製紙幣之始。

一八九五年二月二日，英廷樞密院撤廢香港一八六四年第一款條例，另行頒布香港合法通用貨幣法令，由財政大臣會同理藩院大臣，訓令香港總督威廉羅便臣氏公布施行，其文告大意謂：

『第一條，（一）墨西哥銀圓爲法定通用貨幣。（二）一切款項交收，除因合約上另有條件規定者外，一律適用法定幣制。（三）英國銀幣及香港銀幣爲法定通用貨幣。第二條，香港總督得隨時請命英廷財政部及理藩院，核定英國及香港銀圓爲合法貨幣外，禁止其他貨幣通用於香港。第三條，香港總督得隨時請命英廷鑄造發行香港輔幣。第四條，款項交收概用銀圓，毫幣不得超過二元，銅幣不得超過一元，輔幣劃分半圓，二角，一角，五分等銀幣，及一分銅幣。』

同時當局以本港銀行業有核准發行紙幣者，乃由立法局制訂發行銀行鈔券統制法一款，是爲一八九五年第二款條例，是年三月二十日公布施行。同年八月二十三日復制定第七款禁止打印毀損英國銀圓條例。

一九一二年七月一日，當任總督亨利梅氏頒布第十一款禁止輸入及通用外國銅幣。一九一三年八月一日頒布第十三款禁止通用外國鈔券條例。又同年制訂之第十五款禁止輸入及通用外國銀圓貨幣條例，此條例延至一九四四年三月一日公布施行，於是香港之幣制乃告劃一。

一九三一年一月十三日總督貝璐氏依據一八九五年香港幣制法令第四條銅幣（條文見前）一項規定：布告發行新鑄一分銅幣。照前令辦法，凡因款項交易搭附銅幣，每次不得逾一圓，此種新銅幣，其體積與重量比舊幣較輕而小，沿用已久，寖假而以一仙之紙幣代之，以迄於今。

匯豐銀行過去對華的投資

小記

匯豐銀行創立之經過，同文另有敘述，但該銀行創辦時之揭櫫口號，雖以國際合作爲號召，要考其與我國政府之經濟關係，最初係於光緒三年（一八七七年）與滿清政府建立經濟關係，左宗棠平定回疆，需款善後，由匯豐銀行借銀五萬兩，以温州，廣東，上海，漢口四處海關關稅及稅票爲抵保，此爲匯豐銀行投資中國政府之第一次。光緒五年（一八七九年）清廷修築頤和園，由匯豐借款一千六百十五萬兩，担保品爲關稅及稅票。光緒二十年（一九九四年），日本出兵壓迫韓國，我國出兵往援，軍用之費，倉卒草撥，復向匯豐銀行舉借庫銀一千萬兩，担保品同前，年息七厘，九八扣，期限二十年，前十年付利，後十年償本，訂有合同廿一款。翌年光緒二十一年（一八九五年）復向匯豐借英金三百萬鎊，由總理衙門與戶部發給海關債票爲憑，該債票須由總稅務司簽字，合同十款，年息六厘，九二扣，期限二十年，前五年付利，後十五年償本。以上四項均爲匯豐銀行單獨投資於中國者，此雖已成過去歷史，然亦頗堪回味。其後歷年由該銀行歷次直接或間接，或聯合歐美各國，貸款與我國，該行對於我國財政經濟，過去實有深切關係。

小額輔幣史話

吳灞陵

回憶香港之使用小額硬幣，早在開埠之初，當時物價不高，一文錢也能夠買到一種東西，所以當時小額硬幣小到是一文銅錢，因爲地理上和中國接近，過於密切，居民又大多數是中國人，所以中國銅錢就給香港定爲法定通用貨幣，也就是香港使用小額硬幣最先的一種。

在一八四五年五月一日開始改正通用貨幣制度，訂定六條簡明規則，其中規定每一個西班牙或墨西哥銀圓（兩種銀圓都是香港法定通用貨幣），等於中國銅錢一千二百枚，每一勞啤（香港法定貨幣）等於銅錢五百三十三枚。這種中國銅錢，商民可到香港庫務司署或商務總監公署領換不逾五十元的數目。因爲當時香港沒有造幣廠，不能夠自己開鑄小額輔幣，銅錢又這麼好用，所以就採用牠來做香港的小額輔幣。

後來，經過二十年的悠長時間，物價有點轉變了，商民覺到單是用一文價值的銅錢來作輔幣是不行的，應該依十進的辦法，鑄十文一枚的銅元，與乎十銅元一枚的銀毫，在使用上才能夠便利，因此，中國當時的銅元單毫，雙毫等，都在商場上交易出現。香港政府當局也在一八六六年五月七日開設了一所香港造幣廠，來鑄造銀圓，就在這年的十月二十日，更獲得英國財政部制定規程，許可鑄造銀圓，半圓和毫銀等等輔幣，香港政府就在一八六七年一月十二日公布施行，這就是香港自己發行輔幣的起點。

經過二十八年之後，是一八九五二月二日，英政府另行頒布香港合法通用貨幣法令，香港的輔幣制度才十分完整，劃分爲半圓（大家叫牠做中圓），二毫，一毫，五仙，（以上銀幣），一仙（銅幣）這五種在一切交收上，概用銀圓，毫幣不得超過二元，銅幣不得超過一元。

香港自己既然有了一種小額硬幣來作輔幣，自然不再需要外國的貨幣在香港市上流通，因此，在十七年以後的一九一二年七月一日，頒布三種條例，禁止通用外國貨幣，所有以前通用的各國貨幣和中國的單毫雙毫銅元等，除中國銅錢之外，一概不許再在市上流通。由於這次貨幣制度之劃一，引起一場顛火的風波。

一九一三年十月頒布禁止通用外國銀鎳貨幣以後香港電車公司首先奉行，不再收受中國銀毫，華僑社會立即發生抵制電車運動，一致不搭電車，這一事件從一九一三年十一月開始，一直堅持到一九一四年才獲得解決，電車公司在營業上不免受了相當損失，當時香港通用那種銅幣，面積甚大，在使用上，數字一大，就笨重異常，商民頗覺不便。一直使用了三十六年之後，港政府當局才想出另一辦法，就是把舊銅元收回，發行新銅元。是一九三一年十一月十三日，香港總督貝璐布告發行一種新鑄的小型『香港一仙』，牠的體積比較舊幣小得多，在攜帶上的重量大爲減輕，人人樂用。大概來說，牠是比較一毫銀幣稍大，大約有一個雙毫一般大小。既有一圓銀幣和紙幣，又有一毫二毫和五仙的銀幣，相輔而行，在使用上，確實有輕便得多的感覺。

香港的小額硬幣，一天比一天完善起來了，可是，因爲環境受到影響，到一九三五年的十二年前，隨香港的幣制變更而再變更，從原來的銀質，變成鎳質，因爲中國當時受了美國收買白銀的影響，突然在十一月四日宣布放棄銀本位，白銀收歸國有，採用紙幣代替了銀幣，香港在地理上是和中國息息相關的，假如中國放棄了銀本位而香港依然用銀本位，那在金融上就會呈現一種紊亂狀態，不能不變更幣制，適應環境。

就在中國變更了幣制的後五天，香港政府馬上放棄了她的銀本位而和中國採取同一步驟，宣布禁銀出口，白銀收歸政府所有，除由庫務司發行一元紙幣代替了香港銀圓之外，對於銀質的小額輔幣，像一毫五仙兩種，也採用鎳質來替代了銀質。這種一毫鎳幣，法定每枚重量是二・五九一克蘭母，五仙鎳幣法定每枚重量是一・二九五克蘭母。在交收方面，照例不得超過兩圓，即一毫鎳幣每次不得超過二十枚，五仙鎳幣每次不得超過四十枚。

這種鎳質輔幣，仍舊可說『輕巧』，但是，物的體質比較銀質的地位佔得多些，放在口袋裏，多一點就不方便。此外，銀質的貨幣，常常有人假冒，拿銅質來製造，鎳質一般以爲是不致有人冒鑄的，然而不然，雖然是鎳質，市上也發現過許多是假的。

這種小額輔幣，不管是銀質，鎳質或銅質，每一年一到農曆年晚，總是感到缺乏的，原因香港大部份人口是華僑，華僑習慣慶賀農曆，新年碰到兒童是要給封包的，廣東人叫作「利市」或「利是」，這種東西是拿小額銀幣或銅幣來封包的，所以大量應用，致令這種小額輔幣一時缺乏起來。

滙豐銀行大廈

鄺勢南

雄峙香港的滙豐銀行大廈，是一座十四層的巍峨建築物，它高達二百四十多尺，堪稱做南中國最偉大建築物哩。

它的建築是在民國廿三年十月十七日由當任香港總督貝璐爵士奠基的。費一年的時間完成這偉大的工程，建築費差不多一千萬元。

滙豐銀行大廈實在的高度是二百四十七尺五寸。面積五萬六千方尺，總計重量七萬噸，等於世界最大的一條洋輪的重量。

它開幕那一年是民國廿四年雙十節日，這就是說由奠基以至落成化了一個年頭的時間，而由打樁以迄落成則耗時兩年。開幕之日，原定請當任總督修頓爵士主持典禮的，後以他政躬違和，就由護督史美舉行。開幕時燃燒的爆仗一串是有二十丈以外，它的長度破本港所燒的爆竹的長度紀錄。

滙豐銀行之雄姿
上圖為該行新址
下圖為該行舊址

滙豐銀行大廈開幕那年，董事長是杜威路君，他是本港西商很有名望的人，是天祥洋行現日的總經理。該行正司理是祁禮賓爵士，祁爵士已經在香港淪陷時期病死赤柱集中營，他從新行址落成後做該行的正司理一直至他逝世那天。說到滙豐銀行歷史，它在該新址落成前已經有七十一年的光景，到目前一共有八十多年。

滙豐銀行經營的手法頗值敘述一下，記得該行新址開幕時候，祁爵士嘗說他有一位朋友對他說，謂以如此偉大的建築，將使膽小的人躊躇不敢入內作小交易，祁爵士又謂他到遠東已有三十多年，有一少年對他說，謂於前夕（開幕前）遇見他（祁氏）的「大班」，並對「大班」說彼不敢將小存款貯放於該行之內，恐妨該行拒而不納，他的「大班」乃對該少年道「我親愛的朋友，敝行絕無太小或太大的東西」。祁爵士這番說話自然是得體不過了。還有一點，當日被邀列席在禮台上的人，有該行最久的顧客十名，計上海兩名，廣州三名，香港兩名，一是馮香泉，一是黃耀東。你看滙豐銀行經營的手法怎麼樣高明，無怪今日想存款在滙豐銀行的人那麼多哩。

滙豐銀行的設備最值得一提的是保險庫，內分設貯寶室四個，共有大小貯寶箱七千二百二十一個。保險庫全部是鋼鐵構成的，它的鋼門全是用電力啓閉，堅固異常，雖然使用火攻或暴力毀爛，亦不能啓開。

昔日之上海滙豐銀行

滙豐銀行本身業務佔居大廈的全部地下，和它的閣樓，其他的層樓是出租作寫字間。大廈內部在夏天有冷氣供給，冬天則有適當的暖氣。

說到滙豐銀行業務的狀況，它在一九四六年賺了九百六十萬二千七百零三元，那時它所擁有龐大的資產，計現金就有七百五十萬英鎊，證券一千二百萬英鎊，墊支二百萬英鎊，債券八百五十萬英鎊，應收期票三百萬英鎊，一九四五年的純利二十萬七千八百五十五鎊三司令一扁士，這年賺錢較少，原因是香港剛在光復之後，銀行業務尚未完份恢復。但至昨年，情形已自不同，該

港幣雜話

少文

「港幣」的價值是相當穩定的，雖然「港幣」鈔票的發行額已經比較戰前增加兩倍半，但因準備穩固，不曾發生通貨膨脹的惡現象。

「港幣」是香港的法定通貨，但它的流通地域不僅限於香港，在澳門，廣州以及香港鄰近區域如寶安，中山各縣，都流通着「港幣」。雖然各該地方的法律都禁止行使外幣的，但民間爲省卻先到錢莊掉換的麻煩手續起見，索性就把「港幣」看作通貨。「港幣」流到香港以外區域的數目，雖沒有統計，但據估計約佔發行額半數以上。因此粵省金融當局認爲相當嚴重，但又沒有一個可以防止的辦法。

「港幣」單位是「港圓」，在一九三五年正式宣佈取銷銀圓本位以前，「港圓」與「英鎊」的比率，漲落靡定，但自從香港政府于一九三五年頒行「通貨法例」，設置外匯基金，並指定發行鈔票的銀行把當日作爲鈔票準備金的白銀和將來發行鈔票所須備的英鎊準備繳付以後，港圓和英鎊的比率，一直維持着一先令三便士的價值，戰前戰後，都沒有怎樣大的變動。

「港幣」的鈔票面計分「五百元」，「一百元」，「五十元」，「十元」，「五元」，「一元」，「一角」，「五分」，「一分」。五元以上的鈔票，由滙豐銀行，渣打銀行和有利銀行這三家發行鈔票銀行負責發行，一元以下的鈔票，則由香港政府發行。

在戰前，自宣佈廢除銀圓本位以後，香港的通貨都是鈔票以外，還有鎳幣的輔幣，鎳幣的面額分「一角」，「五分」兩種，直到戰事發生後，這些鎳幣已經蕩然無存了，香港政府聽說正在考慮復鑄鎳質的輔幣呢。

在外匯交易上，香港是英鎊集團的一環，除了上述那三家發行鈔票的銀行外，獲准經營外匯交易的銀行計有下列的幾家：通濟隆銀行，大通銀行，萬國寶源銀行，運通銀行，荷蘭小公銀行，安達銀行，華比銀行，法國東方滙理銀行。中國銀行，交通銀行，廣東銀行，上海商業儲蓄銀行，東亞銀行，華僑銀行，廣西銀行，中國郵政儲金滙業局，農民銀行，中南銀行，聚興誠銀行，國貨銀行。

工商則例

▲雜貨鋪只准存五十磅以下之炮竹，需在鋪面之飾櫃內，不得存放樓上，凡重量超過四百磅以上之炮竹，須存於用磚石或防火質料建築之倉庫，此倉庫須距離四週屋宇街道五十英尺。

▲凡用反光或幻燈電影等方法，由屋內向屋外地點，或向天空映出告白，均在禁止之列。

▲香港錢債條例規定債權人不得請求法官將負債人拘禁，以爲執行錢債轉輾之判決。

（上文接一四五頁）

行去年盈利一千六百五十九萬五千零七十九元，比一九四六年時，多獲利約七百萬元，該行去年業務繼續擴展，去年內賬項增加約二千三百萬鎊，發行鈔票增加一千二百餘萬鎊，來往賬項及存戶亦增加一千餘萬鎊，資產項中。現金增加一百二十五萬鎊，債券增加一千二百萬鎊，收款票增加一百二十五萬鎊，投資增加二百二十五萬鎊，墊支增加五百二十五萬鎊，惟活期存款則低跌二百萬鎊。戰前，民國廿九年的純利共一千三百九十九萬九千八百六十九元九毛九仙，廿八年的純利共一千三百三十五萬三千九百六十五元四毛八仙，廿七年的純利共一千五百二十九萬六千六百二十一元三毛二仙，廿六年的純利共一千五百四十三萬二千二百一十六元八毛四仙。照上面所舉的數字，它每年就獲得一千幾百萬元的純利。

滙豐銀行在戰時就把它的總行由香港遷往倫敦，光復後才遷回來，目前董事會主席兼正司理是摩斯先生。它的資本額是二千萬元，現已發出和繳款的資本金也是二千萬元，擁有六百萬英鎊的準備金，它現有分行四十六個，另外還有因戰爭關閉到現在還未復業的分行有六個，它就是烟台，大連，漢堡，哈爾濱，蘇拉巴亞和橫濱。

滙豐銀行照例每年召集股東大會一次，去年開的是一三一屆的會議。每次在股東大會席上，它的董事長照例發表一篇冗長而扼要的演詞。那演詞不單獨涉及它本身的銀行業務，而且還討論遠東以至世界的局勢，特別是關於遠東方面的情形，其中尤以關於我國的爲甚，因爲它的投資和利益大部份是關係我國的。

香港銀行區

程摯

香港雖然是一個面積很小的島嶼，可是，經過了一百年的英國人慘淡經營以後，到而今，已經成爲遠東一個重要商港。

我們祇要看到香港的銀行數字，便可以知道香港在遠東的經濟貿易上所佔的地位是怎樣的重要。除了發行鈔票的地方性的銀行以外，世界上在遠東方面有權益關係的國家，他們的銀行都有在香港設立分行的。因此造成了香港在遠東金融經濟上的重要地位。

銀行區大廈觸目皆是

在香港的銀行羣中，香港上海匯豐銀行當然是位居羣龍之首，它可以說是地方銀行，和「印度新金山渣打銀行」，「有利銀行」一起發行「香港鈔票」。中國的「中國銀行」，「交通銀行」和「農民銀行」都設有分行在這裏，「中央銀行」雖然還沒有在港設立分行，但也有一個辦事處，其他的中國銀行在港設有分行的，計有「中國郵政儲金匯業局」，「中央信託局」，「廣東省銀行」，「廣西省銀行」，「福建省銀行」等多家。這裏的華資銀行計有「廣東銀行」，「東亞銀行」，「上海商業儲蓄銀行」，「西南興業銀行」，「華僑銀行」，「鹽業銀行」：家數相當的多，恕不枚舉。美國銀行在港設分行的有「萬國寶通銀行」，「運通銀行」和「大通銀行」。其他國家的銀行計有法國的「東方匯理銀行」，比利時的「華比銀行」，荷蘭的「安達」和「小公」，以及葡萄牙的「西洋海外匯理銀行」等。

這些銀行集中在香港的維多利亞城裏，東西以皇后道和畢打道爲界的一個區域裏。這個區域可以說是香港的銀行區，地位的重要等於美國的華爾街。

銀行區又名「禁區」，這「禁區」的意義並不是說什麼「紫禁城」，或者「戒嚴區」，不過是對汽車而言，汽車駛進這區域內，是不准胡亂響號，不然的話，就會給交通警察干涉的。

銀行區裏，白天的時間是忙個不了的，銀行裏的職員以及到銀行交欵提款的人，都現出忙碌的模樣，可是，辦公的時間過了以後，銀行區也寂寞起來了。晚上經過銀行區，頗有對陰森之感。

香港銀行區鳥瞰全景

國際市場

利源東西街的今昔

如文

國際市場的買賣　林擒作

誰也知道利源東西街是一個百貨總匯的露天市場，他的貨式比甚麼百貨公司也不遜色，反過來百貨公司還沒有得發賣的東西，它早有得應市。雖然，百貨公司裏邊的貨物也是任人觀覽的，但是總沒有利源東西街的露天市場那麼無拘與方便，只要自己動心，便可隨手拿來飽覽一番，物主人決不會在你耳旁囉嗦的，如果口袋不名一錢，或不滿意，大可以放下便走，物主人亦不會白眼相向。這裏沒有衣冠之別，衣衫不整的到這裏來也一樣受歡迎。價錢相宜，不在話下，同一件物件在公司裏和利源東西街比較，總會差上兩分利錢的；因爲他們共同有一個經濟觀念，不規定做幾多分利錢生意，只要有錢賺雖一角幾分之微亦不拘。

利源東西街不但是受薪階級小職員，中下階級熟悉的地方，甚至大家的小姐太太和一些不紅不白的舞娘也留下很多的足跡，的確，如果不認識利源東西街的人，我敢肯定的說一句：他在香港居留還不到三個月的日子。

一九四一年前的利源東西街，雖然同是一樣在熱鬧的市區中心，但是因爲它是屬於橫街，過路人是不會溜進去的街道。所以一些靠做門市的商店是不會向這兩條街上來打主意，因此只有讓那些不靠門市生意的商店佔據了這兩條短街：如金山莊呀，出入口莊呀，印刷館呀，油墨舖呀，報社呀這類的商業佔據了它。所以在熱鬧的中區裏這兩條街道靜寂得相當可以，跟現在的熙來攘往和比肩接踵，是不可同日而語。

香港光復的時候，盟軍帶來好多新奇的東西，而海上的水兵也覺得這海島上有很多東西沒見過。因此一時沒職業人都翻了他家裏一些古舊的綉花衣裳跟盟軍去換一點新物資，換來的東西就在大馬路與電車路兩旁擺賣。後來新奇的貨物越來越多，而久矣只有賣沒有買的海島人士都因爲勝利了，和過好日子了的觀念，而多購買一點東西。有此供求的關係，故一時找不到職業的人都多轉業小販。一條皇后道從西邊的高陞戲院起至大酒店止，德付道西邊從上環街市起直到大酒店止。文咸東街整一條街都給小販佔據。這樣一直維持到香港軍政府結束，到民政開始，香港當局爲着了市容，便把所有大街的小販趕歸橫街營業，這麼一來，小販們便把目標轉移到一些夠熱鬧的橫街去，中環的利源東西街，永吉街，昭隆街，皇后戲院側邊的橫巷等，便爲小販衆矢之目的。通通擠到這些小橫街來，這樣便安定了一時。因爲一時不受到警察干涉，小販們便以爲有了固定的營業地方，便把業務擴大。但不久皇后戲院旁邊那條小巷又遭警察的取締，因此一來更把利源東西街擠擁了。利源東西街的地運到此可算發展到最高峯了。

時至今日，利源東西街已成爲香港的國際市場，已經毫無疑問。

五大華資公司史略

小記

香港華洋雜處，商業幅輳，車水馬龍，市面的繁榮，握東亞牛耳，但撐持這繁榮的表面，除娛樂場所外，而我們幾家華資公司，與有助焉。此等公司，昔之爲隨香港繁榮亦可，謂其創造香港繁榮亦無不可，蓋均具有悠久歷史也。溯香港開始繁榮期間，近在五六十年時代，而在此五六十年間，乃誕生此種具備環球貨品或專售國貨公司等，以新姿態出現於香港，時至現在，已有數大家，均有分支公司於國內各地，資本由小而擴大，成爲華人大企業之一環。其具備歷史性之深遠，資本之雄厚，于此可以證見。現就各公司創辦時期之史略，分別錄出，以見香港華資商業發展之概要。致其營業狀況，則非本文所論列矣。

永安公司　初發軔于澳洲之雪梨埠，名永安果欄，其時郭樂郭泉昆仲及歐陽民慶，梁創，馬祖星，孫智興，歐陽品，容子榮，彭容坪，郭順，郭朝，郭創英諸君，集資一千四百金鎊，專營果類，輸出澳洲土產，輸入我國國貨，相與戮力奮

業日進，至前清光緒三十三年，再集資本金萬，

公推郭泉歸國蒞香港，就皇后大道一六七號，組織百貨商店，即以永安公司名之，還辦環球貨品

「爲食街」是平民的「經濟」消費地　　吳靄帆作

「◆兼營金山莊，出入口生意，舖址僅得一間，夥友僅有餘人，規模之狹小，迨如現在市面之洋貨店耳。寖且增加資本爲六十萬元，遷出現址，至是方由少數人所組織之永安私家有限公司，乃正式成立。是時公積金已達一百二十萬元，繼續擴大爲有限公司性質，於民國五年增加股本爲二百萬元。業務更進，迄民國十九年，公積金已超過二百萬元，今當更不祗此數。其聯號有上海永安有限公司，永安水火保險有限公司．上海永安紡織股份有限公司，永安人壽保險有限公司，永安商業儲蓄銀行等。並附設大東酒店，維新織造廠，貨倉等業務。

先施公司　乃創自馬應彪者，蓋當一八九四年，其由澳洲旋港，以港地未有不二價公司設立，引以爲憾，乃于一八九九年倡組此類公司，籌謀數月，得澳洲華僑蔡興，馬永燦，郭標，歐彬，司徒伯長，馬祖容諸君之贊助，又得香邑齊敏良，李月林，王廣昌，黃在朝，及美洲華僑鄭幹生等之襄助，計澳內地外僑，共集十二股，集資本二萬五千元，先在大道中自置樓宇一所，從事修葺購置器具，已耗去港銀二萬元，所餘僅五千元，以之張羅貨品，陳於西櫥

一千九百年元月八日成立，此爲先施公司誕生日也。斯時僱用之夥友僅二十五名，皆鄉間之青年男女，聊作商務之實地練習，然一般社會人士，皆詫該公司爲新奇無匹，而竊議其爲不永年之商店者，時竟有一部份股東提議收盤，所持理由謂：公司賣貨員聘請女子充任，非獨新奇，且歷練未深，其不虧本者幾希矣。然因馬應彪氏之極力堅持，議遂寢。不料是年八月間，颶風驟起，竟將其二三樓吹塌，不能營業，還得遷移，暫在永安街賃舖一所營業，但以出世未久之商店，遽遭挫折，兼以同事多屬青年，經驗尚少，維持實易，因有此種原因，遂影響於股值亦爲之大落。迨一九零四年卽先施出世之第四年，建復舊舖，生意方漸有起色，爲有限公司，其時並得由澳洲返港之陳少霞君及先後得夏從周，許敬楓，馬英燦，馬永燦，馬祖金，孫文莊，勞仲諸君力起贊助，隨另賃德輔道通連干諾道之舖位一連六間，初次發展營業，數年間獲利四五倍，一九一零年又集資四十萬元，開設廣州先施公司，開設僅三年，亦獲利兩倍。一九一三年港公司並購地德輔道中現址，從新建設，乃有今日之盛也。

大新公司　成立於民國元年，亦爲一澳洲華僑蔡英輝，及蔡昌，蔡子輝，梁耀均，鄭元舒，黃杏林，黃仲森，陳麟等所倡組者，資本四十萬元，至戰前已達四百萬元，復設一支行於廣州西堤兼營酒店業，卽亞洲酒店，另有一分店廣州市惠愛路，有酒菜部及游樂場，爲游樂場之巨擘。其業務之盛，可以概見。民二十五年，又復另行集資六百萬元在滬成立分公司，事業茜盛。

中華百貨公司　成立迄今僅約十九年，其營業方針與各公司相同，歷任總司理陳少霞周日光二氏，均爲公司業之企業家也，運籌帷幄，業務亦頗發展。

中國國貨公司　「中國人用中國貨」，在全面抗戰開展後，更爲國人所認爲共通目標，所以中國國貨公司因而產生。此公司乃由上海廠商所組織之「星五聚餐會」會員所發動者，在滬上聯合著名工廠九家，就於民國二十一年「九一八」紀念日，舉辦「九一八」國貨商場，各以出品陳列發售，顧客非常擁擠，成績良好，在此一次試驗成功，證明國人愛國觀念，究勝於崇拜洋貨心理。遂於民二十二年春，初在滬濱成立上海中國國貨公司，資本初僅國幣十萬元，但營業蓬勃，認股者踴躍，不久增至二十萬元，公司範圍逐步擴大，此均爲香港中國國貨公司前身也。迨我國政府遷都重慶，一般來港之實業家及銀行界鉅子，認爲有在港設立實業機構之必要，爰於民國二十七年十月，有組織中國國貨公司之議，經二閱月之短促籌備期間，同年十一月二十日成立，推定杜月笙君爲董事長，胡士澄君爲經理，業務一日千里，後更在九龍及澳門兩地，添設分銷市場。九龍分銷場因香港之戰被掠一空，戰後已予停辦，稍假時日，或不難恢復舊觀也。

柏供行

緒

說起柏供行，相信有許多人不知道的，它是在現在皇后大道中滙豐銀行面前的汽車停擺場，那塊地段在一九三八年拆卸了。這座建築物雖然不能夠跟現在的華人行，娛樂行等大廈比較，可是，在十多年前，倒是十分有名的，那時候，滙豐銀行的現址，仍然是一座頗有歷史性的大會堂。

柏供行的建立，有這樣的原因：一八七八年十月，立法局——當時譯作定例局——議員庇利羅士，（卽後來庇利羅士中學所紀念的人）曾捐出一千鎊，給與政府，建築「柏供士輝」大臣紀念石像，但政府當局認爲柏供士輝在英國並不是一個怎樣了不得的人物，似乎不須要爲他建立石像，結果把庇利羅士捐出來的一千鎊改爲香港醫學的經費。後來又改爲庇利羅士學校，庇利羅士的初意始終不能實現。但是，庇利羅士認爲柏供士輝的名字不能埋沒，於是把自己所置位落大會堂對面的一座樓房，改名「柏供行」，藉以紀念這個英國大臣。

柏供行這座樓，建築簡陋，又淺又矮，不過當中環中央市場對面那座消防總局大廈還未落成以前，華民政務司署，曾經一度設在這座「柏供行」，市政衞生局也曾假這大廈的樓下西便作辦公地點。一九二五年大罷工風潮發生後，香港政府實施華文報紙新聞檢查制度，最初各報的新聞稿就是送到柏供行裏華民政務司署檢查的。

香港老洋行

小記

隨着香港的歷史而來的，是那些老洋行，商號的歷史，有些是繁榮而成功了商場的驕子，有的却在競爭中失敗了，無論他的命運如何？他們都給這英國殖民地帶來了繁榮，給社會生活以改進。因爲洋行站在商業中的主流，所以它們的勢力直到現在仍然存在，在若干老洋行歷史裏，也常可以反映出香港初期的商業狀況，也可以找出香港繁榮到今日地步的一部份原因。

香港最老的洋行，當然是算渣甸洋行了，它的歷史回溯到一七七二年，那時創立渣甸洋行的是郭斯君，所以當初喚做郭斯洋行。一七九三年改爲畢路行，一八一七年改爲麥尼行。一八三四年經兩個名喚渣甸和麥地臣的英國人主持後，才改用今日的名稱。早年的對華貿易，是以澳門爲基地，由麥尼主持，他是東印度貿易公司的外科醫生，後來和麥地臣合作，接辦了這洋行，經營成了遠東最有聲譽的英商行，它的初期業務是出入口，後來發展爲船務，主要目的在運輸它本身的出產品。它同時經營保險業，廣州保險分行，則遠在一八〇四年已開始。渣甸和麥地臣當時遇着一個劇烈的競爭，那時有許多商人都同樣地在印度公司保持專利權，直至一八三四年專利權方結束。渣甸洋行於一八四三年英國佔領本港後，它由澳門遷來香港，一直維持業務到今日。

第二間最老的洋行便是旗昌洋行（Shewan Tomsand. Co）了。追溯到它的歷史，早在本港歸英之前，遠在一八一八年，它的前身羅素洋行已在廣州開業，這本是一家美國商行，由羅素創立的。一八二四年又改組。它與我國通商的歷史，可追溯至一八〇三年，那時美國行柏堅士公司，是由柏堅士上校在廣州開創的，某後乃爲羅素公司合併，後來業務漸次發展，直至一八五〇年乃來香港設分行，至一八九一年又改組，由西雲公司接收，改名西雲公司，至一八九五年，有一英人名湯斯的參加乃始改今日的名稱。它經營的業務，有船務，保險，鋼纜，士敏土，電器等，在遷至現在的地址之前，曾由皇后道移至德付道，即今交易行之前址，在那裏經過多年，乃遷塈佐治行。此外，下列各洋行，也是本港有深長歷史的洋行。

（唎行）（Giblwingston and Co.）在那些開設於廣州，及香港割讓與英國然後遷來的許多商號中佔一地位，該行在一八三六年，由東印度公司的幾個職員在廣州設立，後來發展到澳門去，來港第一年，地址在皇后道，歌賦街之下，一八四五年地址則爲鴨巴甸街，後來又建立菲埠分行，業務蒸蒸日上，在過去百年中，保持他的努力和商業上的發展。

（太平洋行）威路文（Gilman）的名字在本港早年紀錄中已有載述了，經理威路文君R. T. Gil-man是鄧脫行的試茶師，一八四一年左右在廣州經商，不久到香港來，和保文君合辦「威路文保文公司」，後來保文君告退，就改爲威路文公司，即今名太平洋行（Gilman and Co.）是。在初期，該公司在漢口上海福州和日本設有支行，原主威路文君在一八五五年返國，但仍保持股份，一八六二年的股東除威路文君外，有赫申君，阿斯頓君，維查君和晏連君等，五十年代時，該行又與倫敦洛士，（Lloyd's）行合作，代理香港福州等地生意，該行以對華茶貿易的基礎，積極發展各種生意，在本港一直經營至今，一九一七年改爲有限公司。

（於仁保險公司）廣州於仁保險公司，又是一間有百年歷史的老商行，一八三五年，鄧脫公司，（該號數年後遭逢不幸）在廣州建立第二間保險商行，結果祇得一個存在，及因有東印度公司之專利而增加代物，他的基本合作者爲鄧脫行，渣甸行，端納行，羅素行等，前三者爲英商，後者爲美商，後來合資經營，改用今名，一九三〇年廣州華人發生事件，英人奉命遷澳，於仁行亦遷往澳，後來和其他商行一起遷來本港，他們的進步是本港有名的事業之一。

（屈臣氏公司）屈臣氏公司，原名香港藥房，他的歷史亦與英國佔領本港史同其悠久，香港藥房在英佔本港數月後，即開業，最早之一個醫藥專家與該號聯絡者爲楊醫生，Dr.(H.Young，他一直住到一八五〇年，最早的紀錄還有一位「彼得」楊醫生，屈臣氏一八五八年來港，乃改今名，該號地址更改多處，好像其他的老商行一樣，在皇后道建立多年，一九〇四年遷至今址，由藥房發展從事各種活動，屈臣氏汽水製造廠，爲本港製造業的先驅之一。

（連卡剌佛）亦爲本港有名的大商行之一，於一八五〇年建立，行址初在海旁，後來即遷到今渣甸洋行的西面，創辦人爲連君，（T.A.Lane）是一間船公司老闆，於一八四八〇來港營商，和卡剌佛君Ninian Craufurd合作經營，新行舍不久建立，業務日見發展，由德付道伸展至皇后道，交易行的建立，對於該行並無妨碍，一九〇五年之前在上海和日本已成立支行。

香港的報關行

澹雲

香港是一個商業貿易的轉口站，報關行的業務一向都說得是不錯的。戰後，因爲鄰近各地對於進口貨運限制更嚴，商人們爲避免自已去辦那些麻煩的手續，樂得委託報關行辦理，結果造成報關行的繁榮。

報關行是靠服務來掙錢的行業，當然許多報關行是忠實的，不過，也有不少報關行兼做替商人瞞稅走私的勾當。在復員後的幾年間，這裏的報關行，不少已經發了大財，老闆們住着最華麗的洋樓，駕着最新型的汽車，過着最優遊的生活。報關行所吃的可算是「詭計飯」，隨時隨地都要動用腦筋跟「行家」展開爭奪戰，以爭取多量的顧客。爲甚麼承辦貨物比他家昂貴？怎樣可使貨免稅？怎樣繳報可以納稅較少？怎樣向各方面聯絡？用甚麼方式進行聯絡？這些問題，老是縈迴在每個報關行負責人的腦海里。他們的腦袋，確有勝人一籌之處，無論甚麼「難辦的」，「難運的」貨物，他們可用人情和金錢兩種利器，劈開道鐵關。進而打通整個鐵路交通線，航空綫和水面交通綫。雖然有時金錢及人情也行不通的，但一經過他們的鴻籌碩計，就一帆風順的通行無阻了。

怎樣可以免稅？及如何向各方面聯絡呢？現在姑舉兩個簡單的例子吧。例如：有些藥粉，是必須經過化學査驗纔能檢驗出來的，他們把握着這個焦點，在貨物未搬運以前，先用技巧的方法把商標剝下來，于是一批人押運貨物，另外還有專家運輸商標，一俟到了起貨的地方，纔把商標黏上，這樣就可以免稅通過了。一個在辦公廳里做事看來十分嚴肅十分清廉的官員，在冒險家看來，是認爲難於聯絡的，但報關業中人頗得聯絡的手段，却不覺得怎樣困難，但光是懂得聯絡手段，有時容或不濟，所以必須因人制宜，因時制宜，因地制宜，倘若你不懂得這些手段，祇是用金錢來拉攏他，是最蠢不過的，如果事機不密，人們會指他貪汚，而他本人看來，也認爲有損他的尊嚴與名譽，不由會跟你斷絕聯絡，甚或向你大罵一頓。這些報關行，深知此中底蘊，不會幹這些蠢事情的，他們就用送禮的方式進行聯絡，譬如夏天到了，而這官員的屋子還缺之一把風扇，那麼他們就會買把漂亮的風扇送給他，用這樣的方式向他聯絡，不但別人不敢說他貪汚，在他也樂於接受的。室內佈置齊備了，他們又懂得把易於變錢的東西送給他，如他有一位女公主，就送金鍊給她，諸如此類，不勝枚舉。

他們毫不掩飾地坦白承認他們是：騙政府，瞞海關，欺騙船公司，搾取苦力的，而唯一不欺的對象是顧客。倘若口頭答應了承辦手續費若干，而後來才知道一時大意估價蝕了，有時候也寧願蝕本去實踐前言的，雖然有時蝕本過多，支持不來，祇得關門大吉。他們的作風，很有「撈家」的精神！然而他們既知道他們的職業有時要騙政府，瞞海關的，但還瞞着良心幹下去，爲的甚麼，當然是個錢字！

香港的雨遮業

知白

雨遮是人生中必需用具的一種，它雖然比不上柴米油鹽的那麼天天要吃要用，但它却是一種「不時之需」的不可缺少的用具。例如遠足旅行，烈日當空，如果沒有一把可以抵抗陽光的雨遮，便會大汗淋漓，倍增辛苦，又如海濶放棹，春日游湖，佳麗相隨，輕舟蕩槳，雨遮更有它的詩意的情調，至於大雨滂沱，雨衣也失了它的效能的時候，雨遮便是天之驕子了。

英國前外交部長艾登，他出入官邸，或游歷他國，手中總不離一把雨遮，雨遮已經成爲他生活上的良伴，而且與邱吉爾的雪茄，已經成爲英國政要中特殊的標誌。英國雨遮比較有名，但行銷遠東的爲數並不多，原因是香港的製遮業也相當發達，在遠東銷場上，香港因爲工資廉，運輸便，所以能夠大宗出口，在南洋各地擁有廣大的市場。

本港製遮廠歷史較爲長遠的，要算上環文咸東街的時來遮廠，它創設於公元一八六九年，到現在已經有七十九年的歷史，它的出品是以雙狗爲商標，在中英政府都有註册，它所製的雨遮款式相當多，男用女用都有，它在營業上的號召方法，是「如有損壞，免費修理」，因此在本港和南洋都有很好銷路，在遮業同行中，它是歷史最悠久的一間。

第六章

交通

陸海通有限公司

為諸君解決下列各問題

食—陸海通飯店 德輔道中二九五號 電話：二六三六一

住—陸海通旅館 干諾道中一五〇號 電話：二一九九五

住—六國飯店 告羅士打道六七號 電話：三〇三八一

住—彌敦酒店 九龍彌敦道三七八號 電話：五六六〇〇

行—六國汽車公司 電話：三三六六六 電話：三三一一一

康健—陸海通藥行 九龍彌敦道三七六號 電話：五六六〇〇

娛樂—皇后戲院 大道中三十一號 電話：三一四五三

消遣—容龍別墅 九龍新界十八咪 膳宿均備休養勝地

香港德輔道中二九九號

英京大酒家

喜酌 壽筵 羌酌

廣州四大酒家

聯開百席

玉砌金堆

金鑾大禮堂

營業部電話：二七九三三

◇高樓五層◇一連九間◇天然空氣◇清涼舒適◇

廬山餐廳 加設夜茶 鹹甜點心 冷熱飲品 衛生設備 全港第一

竟是人間清暑殿 恍如天上廣寒宮

原桌翅席 歷史悠久 四大名廚 親自出馬 外賣同價 專車送到

七彩舞池 音樂歌唱

十大美人 招呼安當

社團讌會 冠冕堂皇

四大名廚 主理廚政

Sun Wah AUTO PARTS & ACCESSORIES Co.
250 HENNESSY ROAD HONGKONG TEL. 33473
CABLE ADDRESS "SWADCO"

香港

新華汽車材料行

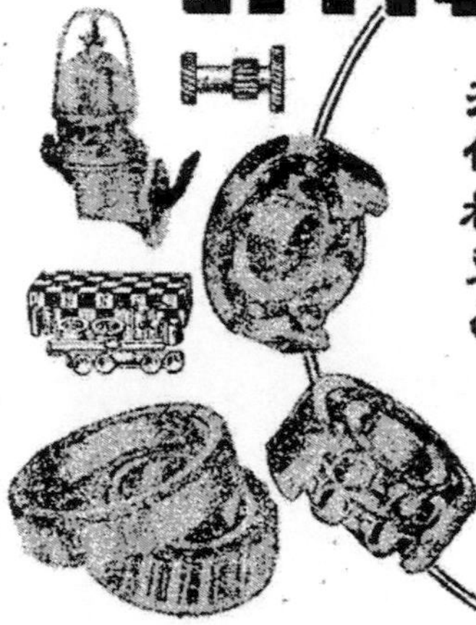

專營歐美各國名廠汽車材料五金工具蓄力電池膠輪等大宗現貨發行零沽價格克己

軒尼詩道二百五十號

電話三三四七三

中文電報掛號二四五二

新麗

機器洗染專家

特點

平快靚

不縮水

不脫色

不變樣

專洗染

絨口絲髮

綢緞織錦

狼毛裘褂

名貴衣料

▲總廠 美國紐約九十街三四一號E

▲枝店 香港灣仔莊士敦道五十四號

THE HONGKONG CHIAP HUA MEY. CO
(1947) LTD.
Head Office: 16, Queen's Road, Central Hengkong.

香港捷和製造廠有限公司

本廠精製各種銅片鋅片鉛片一切建築材料方圓扁竹節鋼筋角鐵交通用具五金日用製品風燈檯燈零售批發一律歡迎

營業部：香港大道中十六號

電話：三四二七一 二〇七七八

灯塔牌

風燈

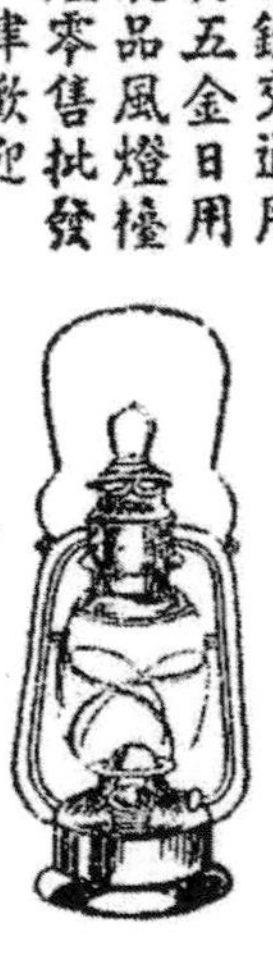

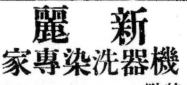

新皇宮大旅店

九龍油蔴地吳淞街三〇號至四〇號

房舍寬敞◇設備趨時
招呼週到◇租值廉宜

電話：賬房五〇二五九
二樓五八七〇九
三樓五〇二八三
四樓五〇三四〇

經理黃大釗謹啟

天天老金舖

金飾金條買賣◇價極公平廉正
精鑲珍珠鑽石◇巧造新型首飾

▲筲箕灣東大街八十六號 電話：二六三壹一

國府
檢定
中醫

梁學治

軒尼詩道
二三九號
永壽堂

中英政府註冊牙科醫師

許日初

醫務所灣仔莊士敦道一壹六號二樓

廣九鐵路興築史

潘孔言

廣九鐵路為粵港交通的大動脈，亦即粵港緊榮的樞紐，深圳以上為華段，深圳以下為英段，全路長一百一十英里，華方稱廣九路，英方稱九廣路，在華段未興建前，英段早已竣工通車，清光緒三十一年，中國政府始向英國借款一百五十萬鎊，興建華段，經過四載有餘的艱巨工作，直至宣統三年八月始告竣工，其借款合同大略如下：

（一）借款一百五十萬鎊以廣九鐵路作押。

（二）每借款百鎊實收九十四鎊。

（三）當年行息五厘，由售票日起計。

（四）先建單軌，惟須預備雙軌路基。

（五）八個月內不能興工，合同作廢。

（六）廣州設立總局，由粵督派一督辦，而佐以一英國工程師，及一英國總管理人。

（七）給公司各人酧金三萬五千鎊（即酬料所扣佣金）作為造路期內酧勞之資。

（八）津貼公司每年一千鎊，至借款還清時為止。

（九）借款以五十年為期，十二年半之內但付利息，不須還本，以後則本利攤還。

（十）廣州與九龍接軌一事，由粵港另訂章程辦理之。

以上即為借款合同之大略，合同訂妥之後，該路遂於光緒三十三年即西曆一九〇七年八月分三段一齊興工，第一段由大沙頭至仙村，第二段由仙村至橫瀝，第三段由橫瀝至深圳，三段共八十九・四份之一英里，因購地遷墳等事頗費時日，由第五十八里至八十五里之間，皆屬高地，又有低地十餘英里，須築高堤基以防水患，故工程頗為浩大。

由第三十二英里至四十一英里共築大橋七座，計開，仙村橋五拱，每拱長六十英尺，石廈橋三拱，每拱長六十英尺，石灘橋三拱，每拱一百英尺，又兩拱，每長十六英尺，北江橋四拱，每拱長六十英尺，唱水橋三拱，每拱長一百英尺，石龍東橋三拱，每拱長一百四十英尺，又兩拱，每拱長六十英尺，東莞橋四拱，每拱長二百四十英尺，又兩拱，每拱長六十英尺。

全段車站十五所，停車處十一所，車頭之附車可載水三千五百加侖，載煤五噸半。

清宣統三年八月十三日即西曆一九一一年十月十四日舉行通車典禮，翌日即正式通車，行車合同：每日開直接快車二次，車費全程頭等龍毫五元四毫，港銀九元二毫，二等龍毫貳元七毫，港銀二元五毫，三等龍毫一元三毫半，港銀一元二毫半。

通車典禮在深圳舉行，晨九時由大沙頭開車，十二時半到深圳，中西人士乘車者三百餘人，粵方由交涉司李濤芬及勸業道陳望曾代表粵督，港方由白布政司代表港督，儀禮甚盛，禮畢，原車開回廣州，翌晨即開始正式通車，以長僅八十餘里之鐵路，工事竟達四年之久，方告完成，信乎建設之不易也。

四十年前的交通

孔言

四十年前之香港交通，不特載人之汽車絕少，即運貨之車，亦祇以人力牽引：「鄉大夫」一到港，見馬路上汽車風馳電掣而來，即佇立奇觀，驚為奇跡，蓋向未嘗目覩也，載人工具，除東洋手車外，以龍飛馬房之觀音兜車最為時髦，更有一種以花旗大馬牽引，亦稱金山大馬車，下錄當日「龍飛馬房廣告」一段，可見當日香港的交通情形也。龍飛馬房告白：

茲者龍飛馬房常有時款雙單觀音兜車，又有雙單街馬車出賃，如貴客光顧，請由德律風間四百三十二號便是燈籠洲龍飛馬房，或請移玉步到百步梯下便宏昌金舖內打德律風亦可，若有貴客在石塘嘴或要雙單觀音兜車，或要無篷馬車，或要金山大馬觀音車，可問酒館打德律風間四百三十二號，即龍飛馬房，價甚相宜，至於雙單街馬車一擺中環街市口，一擺水坑口，夜晚一擺石塘嘴義益街口，一擺會芳園對面，價錢可面議。

廣九鐵路修約小史

吳灞陵

廣九鐵路是聯繫廣州香港的一大動脈，實際上，牠不祗這樣單純，還可以接通歐亞兩洲，成為一條國際鐵路，其價值是非常之大的。但，顧名思義，以聯繫廣州九龍為主，因而我們現在要談的就在這一點上面。

因為是聯繫廣州和九龍，所以發生了國際關係，分成華英兩段，從廣州到深圳，屬華段，從深圳到九龍，屬英段，隸屬既然不同，辦理自然不能一致，彼此之間，就要訂了一個合約來分配車利了。

在民國二十一年以前的廣九鐵路合約，是遠在民國三年那個時候所訂的，在車利的分配上很不合理，因為廣九鐵路全長一百二十一英里，華段佔九十九英里，英段只佔二十二英里，照理，華段應佔車利百分之八十，英段佔百分之二十，但事實上華段只佔百分之六十五，英段則佔百分之三十五。由此一點，引起了修改合約這一進行。

幸而那個合約以十八年為期，民國二十一年四月期滿，當即由主管當局進行修約，務求車利分配之合理。當時在民國三年訂約簽字的，是劉承暢，他是當時的路局車務處長，對於這一件事情的經過，非常明瞭，修約的工作最好由他担任。鐵道部長顧孟餘，看中了他，特派他到廣東來，接任廣九鐵路管理局局長之職，以便就近辦理，但是，不知什麼原故，劉承暢不能到任，事情一擱就擱了一年有多，才找到相當人選，由當局派定胡繼賢，李祿超，錢樹芬，胡棟朝，李卓波這班人，做修改廣九鐵路合約委員會委員，負責和英段路局辦交涉。

胡繼賢等奉派後，經過幾個月進行，召集過好多次會議，反覆研究，這才擬定修訂廣九鐵路合約原則草稿，送請廣東省政府察核，經第二一一次省務會議議決照原則通過，並派胡繼賢負責和英段磋商，英段方面對於修約這事，也不表示反對。中間經過波折雖有，到底順利完成。

那個修訂廣九鐵路合約的原則，是廣九鐵路修約史上一個重要文獻，我特別把它鈔在這裏：

竊查鐵路運輸，無論一路之自行運輸，或數路之聯合運輸，其行車費用，以及車利收入，均皆以里程為比例，里程遠，則費用大而收入多，里程短，則費用少而收入亦少，此普通之原則也。乃華英兩段現行之聯運辦法，其車輛數目之配置，則以里程比例計算，定為華段四而英段一，而車利之分配，則不以華段取百分之八十英段取百份之二十為比例，而以華段取百分之六十五，英段取百分之三十五計算，天下不平之事，孰有過於是者？此應另行訂聯運合約之理由一。

五年以來，時局變亂，本段營業收支比對，虧損頗多，迨至民國十七年時局安定，往來旅客漸多，收入亦因而漸增，惟是年仍不敷支出者一十二萬餘元，至十八年增收車利四萬元，十九年增收十一萬元，二十年增收二十四萬元，二十一年增收三十五萬元，此區區之數，以之添補車輛，修理路基，更換枕木，尚感不足，借欵本息，多年未付，債台高築，甚為非計，若不將應得之車利，兩段公平支配，則清償無期，而欲以盈餘整頓業務，加增收入，亦不可得，此應行另訂聯運合約之理由二。

或謂英段建築費頗巨，似可多分車利，不知建築山洞，所以縮短里程，縮短里程，所以減少行車費用，不築山洞，則路線延長，初時建築費較少，而後來行車費反多，是初時山洞建築費雖重，而後來行車費反輕，兩相權衡，不特可以彌補，且有過之而無不及，此各鐵路建築山洞之大原因，亦為各鐵路本身之事也。查該路自一九一一年起，至一九三二年止，二十二年中所有營業收入，年約一千零四十七萬九千餘元，皆按照華段百分之六十五，英段百分之三十五之比例分配，於是華段僅得六百八十一萬一千餘元，而英段則得三百六十六萬七千餘元，今假定當時以里程計算，則華段當得八百三十七萬九千餘元，英段當得二百一十餘萬元而已，以故華段之損失甚大，而英段多得之一百五十六萬七千餘元，對于山洞之建築費，已將獲回其半數，英段之大占便宜，亦已久矣。或又謂英段資本較重，車輛設備充足，華段資本較少，車輛設備缺乏，當向英段借用，故英段多分車利，不知華段車輛缺乏，借用英段車輛，向照約納回租金，並修理車輛，亦各自為政，華段並未有便宜，行車費及車輛數目，均照里程比例計算，故營業收入，亦應以里程比例計算。

上陳各節，均認為應訂立新約之重要原因也。推於修約範圍之外有請政府注意者數事，此數事者，雖不在修約範圍之內，而間接則於修約有關，當設法使車利收入增加，將來英段所分之利，較多於現在所分之利，則英段自然樂從於修約也：（一）借款購買車輛。華段缺乏車輛，無可諱言，向英段租車損失，為數亦鉅，惟有借款購車，加開車次，則收入自增，租金亦可免除，現擬購機車三輛，客車十二輛，已向中華公司提議，未得充借款項，嗣向鐵道部申請，亦未得要領，此宜注意一也。（二）縮短快車時間。廣九鐵路有水道競爭，欲操勝算，惟有縮短快車時間，縮短時間，必須路基堅固，欲路基堅固，必須更換枕木，添置鋼軌，此宜注意者二也。（三）籌設負責運輸。九廣路客多貨少，原因固多，而在運輸一事，路局未能負責，以致商家棄陸就航。欲圖補救，必須籌設貨倉，及其他一切手續，此應請注意者三也。（四）籌備公路聯運。現在沿廣九路各縣，多有興辦公路，頗著成效，惠樟公路，與本路樟木頭站相接，本路經與訂立聯運合約，已有成效，每月約收車利五千元，而英段正擬加入，其餘各縣公路聯運，亦當從速進行，此宜注意者四也。

負責修約的人就依據這個原則來進行，折衝樽俎，經過一年左右，到廿三年九月，雙方訂定全部新約，定名『廣九鐵路華英兩段聯運合同』，簽署的兩方，一方是國民政府鐵道部部長顧孟餘，一方是香港總督貝璐，九月十五日正式簽字，十月一日雙方同時實行，以五年為期，期滿失效，如雙方同意，情願繼續辦理聯運時，要在期限屆滿之前三個月商議續訂或改訂。

新約內容是這樣的：（一）關於車利分配：甲，由九龍開廣州直通快車華段應向英段收回運價收入百分之七二；乙，由廣州開九龍直通快車英段應向華段收回運價百分之二八。關於意外損失：甲，倘有意外發生（指軍事）時，發生之一方須即通知對方，由通知之翌日起，所有雙方數目，暫停核計；乙，如有意外損失發生（指路員失責）時，應由該發生之一方負責賠償。（三）關於修路責任：甲，某方橋樑路基損壞，應由該方負責修理；乙，如不能決定某方負責，由雙方決定之。（四）關於車輛分配：華方負責十八輛，英方負責十六輛。（五）關於借用車輛：甲方車輛不足時，可向乙方借用，給回相當租值。

廣九快車有專名

吳灞陵

自從經過一次侵略戰火以後，廣九鐵路遭受了一次大破壞，路基弄得不很堅固了，橋樑涵洞都是臨時修復的性質，因之目前的行車速率，不敢怎樣加增，最高最高，都要四點半鐘左右才能夠走完那一百二十一英里的全程。比之戰前，差一點多鐘。回憶十五年前的民國二十一年十一月一日，廣九鐵路的行車速率，已經增加到差七分鐘才夠三點鐘就走畢全程這樣快速了。比方：九龍開上午八點十五分的快車，十一點零八分就到達廣州了；現在，九龍開上午八點二十分的快車，要十二點五十分才到達廣州。

現在的廣九快車，雖然沒有戰前那樣的高速度行車，可是，每天對開的直通快車是六班，和十多年前一樣了。不過，從前有一個利便搭客的辦法，就是把所有各班快車都加以一個固定的名稱，以便記憶，而免誤認，民國二十四年一月廣九各班快車的固定名稱是這樣的：中午直通快車叫做『飛車』，上午八點三十分由香港開的叫『飛箭』，下午四點五十分由香港開的叫『飛星』，上午八點十五分由廣州開的叫『飛鷹』，下午四點三十分由廣州開的叫『飛龍』。這樣，來往搭客定購車票，或寫信向路局有什麼詢問，都可以利用這些固定名稱來指出了。後來，這些固定的名稱。不知如何取消不用。

電車創辦過經

陳世豐

香港陸上的交通，電車佔最主要的部分，車起筲箕灣，西至堅尼地城，這一段綿長的路線，都由電車行走，電車行車安定，無顛簸搖擺之弊，而且有軌道可循，行人知所趨避，不致如汽車往往因閃避路人，發生互撞顛覆的慘劇，電車可以說安全第一，同時收費廉，沿途密設停站，上落方便，故爲市民所歡迎。戰後，電車的乘客特別擁擠，爲戰前所未見，可知它是市民唯一的交通工具。

電車開駛至今，還不足五十年，但它的發展比較其他公共事業迅速，這雖然因爲適合市民的需要，但電車公司組織的健全和經營的得法，也是其中要素之一，電車公司是英國人創辦，遠在六十餘年前，即已入稟香港政府，請求准予承辦全港電車交通，至一八八二年，有軌電車事業條例始由政府正式頒佈，所謂「有軌」，是包括纜車和電車在內，政府頒佈該條例後第二年，開始劃定路線，計共六段，規定第一段路線爲單軌，長一英里許，由內地段第四七一號大佐治街起，經海傍東（即現在的軒鯉詩道），灣仔道，大道東，至灣仔街市止。第二段路線爲雙軌，長約一英里半，銜接第一段線，經大道東，大道中，大道西，至內地段二一九號止；第三段路線爲單軌，長約半英里，銜接第二段路線，經大道西，至內地段路第一八七號止（即英人水手館）；第四段第五段路線爲單軌長四英里許，銜接第一段路線，由內地段第四七一號，經筲箕灣地段第七號止；第六段路線半爲單軌，半爲雙軌，由陸軍兵房所在地西南界之南花園道交界處爲起點，向南行，陟山直上，經堅尼地道，梅道，寶雲道，及白高特順道，至域多利山峽第五三十號地段之北爲終點。

落伍的黃包車

這一條例，並沒有規定只准行駛電車，如第一段至第五段各路線，規定行走的車輛，可以獸力，汽力或機力推動，第六段路線，因爲是山路斜坡的關係，則規定須以機車或機力發動拖曳纜車行走，所謂獸力，是指馬車，在當時馬車頗爲盛行，它是市民往來遠近的交通工具，至于汽力，則指汽車，機力即是機車，在這個時候，汽車和電車尚屬發明不久，尚無一定的名稱，直至後來汽車和電車運來行走市面，人們根據前者是以汽力推動，後者是以電爲動力，就分別定名爲汽車和電車，政府規定獸力一類的車不能充分供應，就用馬車來輔助維持交通。

入稟政府的電車公司，最初是由四家私人公司聯合創辦，那四家經政府先批准的爲畢奇利寶臣，大衛沙宣，雲仙史蔑，嘉活曉士。創辦人原定爲世襲制，他們的後人都有承繼權，這四家創辦人組成公司之後，首先開辦第六段路線，那就是現在的山頂纜車，而該公司亦定名爲山頂纜車公司。

山頂纜車的工程，是在電車事業條例公布後第三年，即一八八五年，開始建築，歷時三年，至一八八七年方纔完成，是年五月卅日，正式通車，爲什麼先開辦上山電車，而把平地電車放在最後呢；這大概因爲在山頂方面，此時已劃作歐林住宅區，卜居在此的幾盡爲西人，白天到外邊辦公晚上回家休息，都要行走一段陡斜的山路，當覺吃力，當時汽車甚少，僅有馬車行走市面，然而馬車只能來往平地，不能上斜陟山，政府爲利便那些山頂區西人出入起見，乃命令先行完成纜車，全段路線長四千七百英尺，而上下車站兩端的直線距離爲一千二百零七英尺，第一停車站爲堅尼地道，第二站爲寶雲道，此外，軌道分作兩線，經梅道，白蘭特順道，上落兩車即在此相遇，以便讓路，更上經叢林，過山坳，地勢頗平，路勢略趨右方，復爾斜峭，以山頂站爲終站。

山頂纜車初期營業狀況不佳，影響電車的開辦，除山頂地區的第六段路線外，其餘五條路線停止興築，港府有見及此，乃在一九零二年將電車條例修正，把山頂纜車和市內電車路線劃分淸楚，規定一八八二年第十二款爲山頂纜車條例，一九零二年第十款爲電車條例，另行訂定建築電車路綫條例，在五月十四日頒佈，山頂纜車公司於是改組爲股份有限公司廢除世襲創辦人制度，同時，香港電車有限公司亦組織成立，港政府批准該公司承辦建築全港電車，總辦事處設在倫敦，負責雇請工程師及訂購車輛，英國工程師抵港後，即將全路劃分地段，分段勘測設計，擬具整個工程計劃，由一九零三年開始建築，架設電綫鋼軌，工程頗鉅，至一九零五年七月，始告完成，旋即開始營業。

電車設有頭等和三等，而沒有二等，戰前車費頭等一毫，三等五仙，戰後則增加一倍，頭等二毫，三等一毫，這對于平民雖然不是重的負擔，但因人口衆多，乘客激增，電車公司的收入則爲數甚鉅每月約達百萬元比較其他公私經營已屬難得，最初行走的電車只是像火車的卡車一般，並沒有上層，後來因爲乘客擁擠，行走的車輛最多增至九十餘輛，仍有供不應求之象，公司方面乃聘請專家研究，加裝上層，增設座位，對于行車安全，是否有無影響，經過數月縝密研究，週詳設計，然後在原有的車頂上，添裝一層座位，分爲樓上樓下兩層，樓上爲頭等，樓下爲三等，這就是現在的電車型式，復員後，車輛減少，乘客增多。公司當局又鑒于車上滿座時，乘客的踴躍爭登，或在車門擠迫，或站立梯口，而在車行未停站前，隨意上落，這些都是對生命有危險性的，公司雖曾屢予勸告，並出示禁止，但乘客却置若罔聞，熟視無覩，不顧勸告，甘冒危險，擠迫跳車如故，電車公司爲着乘客行車安全，乃在上落處裝設閘門，派員專司開閉，電車停站後，即開放任人上落，俟座滿開駛，立乎關閉，乘客欲在中途上落，已無可能，而危險意外事件，也就減少了。

即將行駛九龍之雙層巴士的剖面

電車創辦迄今不過四十餘年，它成功發展的迅速，遠超於其他公共事業，這是組織嚴密和辦事人努力的結果，可惜，電車路綫是固定劃定，而且只能在平地行駛，不能再事延展，同時，車輛數目亦只能增至百輛，行車的密度已甚接近，不能再予增加，否則車輛行車距離過密，影響行駛的速度和其他車輛的交通，這樣，車輛既已到不能再增的數目，而乘客亦到不能再容的地步，電車公司的發展，可說已達到它的飽和點了。

纜車小史

陳釗

香港纜車是當地能吸引遊客的一大工程，來港的遊客，多有慕名來看山頂纜車究竟是什麼樣子，其實牠既不是火車，也不是電車，而是用一根很粗的鐵索把一輛裝在鐵軌上的車廂吊上去，直達到山頂。坐纜車遊山頂也是遊客一個好去處，坐在那裏前看的是青葱的太平山（因爲纜車的坐法是背海面山的），倘是回眸往下看，可以見到中環海面，和來往的船隻在海裏波動着，還可以看見香港最美麗的一部份，這便是堅道公園的一角。

纜車是在一八八五年興工建築的，那時負責設計的工程師，爲着求最安全的辦法，曾跑往舊金山，和保勞，列芝和蒙德里等地，參攷那裏的爬山鐵路。直到一八八八年才能正式通車。

最初車頭是用蒸汽機來發動的，至一九二六年才改裝「活特李安納」（WARD LEONARD）式的電發動機，用五千英尺的鋼纜兩條，捲着旋轉的鼓形輪上，另裝有一個活動的齒輪來調節這兩條鋼纜，使牠們活動一致。

當有一輛纜車開行的時候，另一輛也同時行動，上下的方向不同。那就是這兩條鋼纜在鼓形輪上的作用，當一輛車被吊上去時，另一輛就被放下。在開車司機的面前，裝有一副指示針，指示着上行車與下行車的位置，牠也有像火車分路一樣的岐路，當兩車到中間的時候，那就分開兩路，後來仍歸到單行的軌道上。

全程大約需時十五分鐘，上山的斜度，普通的角度是四十五度。最斜的地方，是八十度左右。在十五分鐘裏高度的改變，是會使你感到不大舒服的，行到一半的時候，有些乘客是會覺得頭昏，或耳膜被塞，這全是由於空氣密度的影響，因爲到了相當的高度，空氣稀薄到一定限度，有如乘飛機升到高空一樣的感覺。

載汽車橫渡港九的小輪

香港的第一輛汽車

凡

遜清光緒年間，中國各地，仍未有汽車，而香港一地，在宣統二年間，始首有汽車出現，第一次乘汽車者爲殷商朱某之少東。朱爲新會人，居於廣州市西關十一甫，固西關之富室鉅族也。朱氏所業爲茶莊，老舖在杉木欄。朱爲七房嫡嗣，七房人丁微弱，而財產獨厚，其祖母生特，愛之如珠寶，遂縱之，且朱因好動而多金，每出入隨其遊者衆，凡一切遊樂事，皆習之，若游泳，足球，駕單車，騎馬，放鷂等，無不熟習。宣統二年間，朱父從美洲購得汽車一部回港，初擬運回廣州，後以廣州未闢馬路，頗難行車，遂將車留港中。朱聞其攜汽車回，乃即來港，求其父授以駕車術，每日在跑馬地學習，未匝月，其駕車技術，已能嫻熟，居然於大馬路電車路間，往還自得，靈活異常，每與三五儕輩，駕車遊環中通衢，斯時僅有此一輛汽車，人每睹燈光，即知朱至，預爲讓路。匝月後，督憲署始有第二部汽車出現，故在香港乘汽車，以朱氏爲第一人。

香港的電話

衛士文

從舊報紙堆裏，偶然發覺了下面一段舊聞：

「香港電話公司於一九二五年成立，開始工作，當時係採用舊式電機。往來通話，須由公司駁綫，手續極爲麻煩，對於電話交通，異常不便，計此種架錶工作，歷時數年，至一九三〇年五月，公司爲適應潮流，乃改裝自動電話，自是而後，電話交通，因而便利得多」。

這段舊聞告訴大家知道我們享受自動電話的利便，已經有十八年的歷史了，就是因爲它的重要性，所以業務一天一天的展開，初辦的時候是要賴人力接線的，到了一九三〇年五月一日，港九的電話業遂進入了一新階段，由駁線變爲自動了，在香港失陷之前，港九電話的數字，達到一萬七千戶有奇，以當日的居民數字——移民局報告一九四一年香港居民約有一百六十餘萬人——來作一個統計，大抵每百個人，即佔電話一具了。

香港電話有駁線和自動兩個階段，電話公司也有兩個階級的，老居香港的人們，或許還能記憶，現讓我介紹出來罷，初期的電話公司名稱是：“China & Jpan Telephone and Elnectric Co., 它是英京電話公司的一個支部罷了，到了一九二五年乃改組爲：“Hong Kong Telephone Co., Ltd 股份公開買賣，華人佔有股份的，也有被選任董事的資格，華人周壽臣和羅旭和兩爵士首被選任首任董事，迄今二十餘年，周羅兩位都還是董事呢。

初期的電話公司是設立在雪廠街，即今之西洋會館，開辦時用戶祇得五百，你試猜第一號電話的用戶是誰人呢？是督轅嗎？如果你猜是督轅，你錯了，第一號電話是“Hong Kong Telegraph” 士蔑西報呀，第一位總司理誰呀？他的名字是Harri-son 夏利臣，他是個英國爵紳，聞說在英倫也有相當權勢的。

電話公司爲保障其利益起見，初期亦仿照洋行辦法，採「買辦」制，第一位買辦是當今華經理衛文綽之尊翁衛明階，當初辦時電話業務不大發達，「買辦」方面不獨要負資金錢上的損失，還要派員四出勸人安裝電話，又要印刷標語說明裝備電話如何有利，那會預料到今天電話的求過於供呢？

記者嘗訪問電話公司五百名職員中，知道服務電話公司最長久的，是一位葡籍婦人施圭雅夫人了Mrs Sequeirar。據她對記者說：她在一九〇三年已入電話公司服務，當時她還未結婚，她的職務是駁線生，到今天她是詢問處和長途電話管理處的領班，電話公司的檔案，遠年的都散失了，然而施夫人的記憶力還不弱，她也是電話公司的備忘錄，有時查及電話公司的歷史，她便能和盆托出，不假思索呢。

說來也是奇怪，公司中的西人職員，我們暫不計較，華人職員方面，多是世襲的，例如現任華經理的衛文綽，他是襲蔭其尊翁衛明階的，就是機械房方面，廖姓，劉姓，陳姓，梁姓佔了若干人，機房中百餘職員差不多都是那廖，劉，陳，梁四大家族的人，這和衆是好的，彼此工作者都是兄弟，那會不合作不努力呢。

我現在更告訴你一件幾乎令你不會置信的事情，機房裏想和外間通電話並不容易的，整個機房祇有兩個電話（電話號碼，我是知到的，不過機房的負責人不願將它發表出來，免被人家打擾呢。）古語有句說，賣花之人戴竹葉。機房的工友們祇有爲大衆服務，而自己卻得不到方便，世事是往往如此的。

據說電話每分鐘呼號二千次，那就是說每分鐘有四千個電話機在運用着，電話公司機房在德付道中交易行樓上，機房裏另外設有溫度器來調節氣候。最近因爲現有地址不敷應用，已在九龍方面另建一座十八層高的大廈，月前已經動工，大約尚需一年時間，即可完工搬進去。

長途台的工作也很忙碌，最近港穗通話，每一刻鐘都有人通話哩！

香港最初的飛機

潘孔言

香港之有飛機，實始於清宣統三年，即公歷一九一一年，演飛機者爲遠東飛機公司，表演之地點，爲沙田車站附近，事屬創舉，故華人之往觀者極爲擠擁，入場觀者須購券，但華人爲好奇心所驅使，券價雖貴不吝也。開演時因天色不佳，遂致延期多日，始能起飛，但飛高僅數十尺，飛還僅半英里，然當時觀者已驚奇不置，今之高飛入雲重洋遠渡，固非當時所能夢見也。茲將當日試演情形，擴錄如下，亦一極有趣味之史料也。

九廣鐵路局爲便利港人乘車往沙田看演飛機起見，特開專車來往，共在報紙上刊登之廣告云：「啓者，本月（三月）十八十九二十等一連三日，在沙田站附近演放飛機，本鐵路特備專車來往沙田，每日於下午十二點二十五分，一點四十分，在九龍站開往沙田，及由下午五點五十二分，六點五十分，七點四十五分，在沙田開回九龍，頭等來回車票收銀二元一毫，二等一元一毫，三等三毫五仙。」

今日之空中小姐

十八日爲第一次表演，是日天氣清和，春光明媚，至下午以後，首二三次火車啓行，中西士女往觀者極衆，機場設於沙灘之上，有西樂一隊在場奏演助慶，場中搭有大棚一座，祇供藏貯飛機之用，飛機在內，不許人觀，各人急欲一覩飛機之形樣，一擁上前，但四週圍以竹欄，雖欲逼近窺覩，亦不可能，棚側有建築排列藤椅座位，爲頭等座位兼沽酒水之處，遠望數十丈，有竹亭一座，竹欄覆以紅布，爲港督之座位（是時港督爲盧押），側列藤椅數十張，爲長期票座位（即連看三場者），另沙灘邊兩處則爲二三等座位。兩點鐘既屆，港督蒞止，大棚乃啓，飛機出焉，數人推之，徐徐至沙灘正中，良久不動，無何，港督偕數人行近飛機，察覽一回，機上之車葉轉動數秒鐘之久，港督遂離去，機師語衆云，飛機不畏雨而畏風，因是日風力太勁，機力恐難相敵，設有翻覆，險不可言，故展至明日，各票仍可復用云云。查此機長約二丈，闊五尺，重八百磅。

及至翌日，昌興輪船公司懸一藍旂，表示天色仍不佳，不能開演，代理人安記洋行亦在報上登出啓事，其文云：「啓者，昨十八日飛機之所以不起者，因風大危險，非關機器之事，迨後五點鐘時，風勢稍靜，已將飛機試演飛起矣，至十九日，又接天文台報稱，風勢更大，早已懸旂不演，爲此佈告，如下日風勢平靜，則諸君於十八日曾購入場票而未得觀者，無論何日再演均即可將此票入場也」。港人急欲一觀者，頻以電話詢問飛機代理人開演日期，據云，倘見昌興公司升起紅旂，即爲開演日期云。

至二十六日，下午天氣晴和，昌興公司高掛紅旂，港中人士看演飛機之興致復濃，乘車前往者八九百人，無不興高采烈，以爲必覩飛機起飛矣，詎至兩點鐘後，潮水大漲，沙灘爲水淹沒，又不能開演，港督於三點鐘到場，旋即離去，各人又大失所望，紛紛離去。

廿七日天朗氣清，昌興公司復高掛紅旂，港督又偕中軍穀刺氏乘車往看，因前兩次表演不成，觀衆失望，故是日往觀者大減，祇三百餘人而已，至一點十五分，機師溫頓賓駕機而出，直飛天空，約半里許，惟因風力仍猛，高度僅及六十尺而已，翌日飛機公司又登出啓事云：「飛機曾連日在沙田演放飛機，因失於地利天時，致未獲完全效果，以擘來賓，本司理人深爲歉仄，現擬另籌辦法，以斯再得機會，務快觀者之目而酧各界之盛意也，遠東飛機公司司理人柯化謹啓。」

山頂與登山電車

鄺勢南

香港堪稱為一個具有無限景色的海港，你要鑑賞它的山光海色，就非爬上太平山巔不可，這裏，有一條登山電車，把你由山脚載到山頂去。

山頂電車是始業於一八八八年五月，到現在將近有六十年的歷史，這條電車是便利居住山頂的人家上山下山，它建築時候，山頂上段不過有樓房二十多間，在馬嘉仙峽區的不過十間八間。那時山頂區可算是人跡罕至的地方。

電車的終點現時設在花園道下段，但還沒有伸展至山脚最低處，所以搭山頂電車的人須要步行登山腰。山頂電車公司在一九零二年就有一個計劃，要把終點移到雪廠街，當時的股東嘉多利先生答允出資三分一來完成這計劃，其餘的部份發行新股份，但這計劃後來不幸中途放棄，所以直至到現在我們還要多跑幾百碼斜坡乘搭登山電車。

登山電車由山脚起規定停留有幾個站，這是堅尼地道，寶雲道，梅道，柏嘉道以迄山巔終點，高達一千三百零五尺。你在那處下瞰港海的景色，你就覺得香港可愛的地方在那裏了。

你如果在戰前登過太平山的，舊地重遊，當然是不勝今昔之感。登山電車終站的山頂酒店，係附近區域建築物最早的一間，它的歷史開始於一八七三年，比較山頂電車還要老幾年，這間酒店是一位山頂居民施敏思開設的，施氏是山頂電車創辦人之一，也是山頂區歷史發展中一位重要人物。他把酒店於一九二二年賣給香港大酒店公司，但至到一九三六年才將之拆卸改建。

由登山電車終站到扯旗山岺的一段路程，在許多年前其間有一家別墅叫做「柯士甸之臂」是山頂一位住民柯士甸先生建築的，他是香港的輔政司，這間別墅是便利登山頂的人，由電車下來拾級往扯旗山嶺去的途中，跑進別墅，叫一些飲品小憩才前進的。這間別墅到一八九三年給堪富利公司買掉，改建為酒店，也叫做「柯士甸之臂酒店」，但到了一八九一年，這個建築物又轉入陸軍當局手裏，改作柯士甸山兵房。這一間兵房在這次戰爭中，給炮彈毀爛了，木材給人們拆去當柴燒了。

登山纜車

山頂區還有一個住客叫做比理羅士先生的，這位先生的名字大家都怕很熟識罷，他養了一隻駱駝，也是全港獨一無二的一隻畜牲。比理羅士很喜歡遊山打獵，常常招至親友們到山頂狩獵為樂，他那隻畜牲，是從印度買來的，每日由山頂下山被領到街市去買東西，後來牠有一天不知怎樣跌下去葬身在薄扶林道水塘附近，比理羅士先生和山頂區的兒童失去了一頭寵兒。

山頂區幾十年來一向是英國人住居的地方，外籍人士是不准論居的，中國人祇有港紳何東爵士能夠在那裏建了一別墅居住，其他各國人士，休想染指，到了去年香港政府那幾個法規修改，取銷這種限制，所以，以後山頂區才准非英國人居住和購買地產屋宇。

香港政府開放山頂區給非英國人居住，自然是有一些原因，但，在戰爭期間，山頂區屋宇破爛不鮮，為鼓勵重建新樓起見，把它開放給非英國人居住，這怕算是其中原因之一了。

登山電車這個名字是戰後改的，它以前叫做纜車，大底它是用纜來扯上山的所以叫做纜車。它也是用電行的，所以現在改稱電車。假如你從未搭過這一條車路，不妨化五角錢到山頂看看香港現時的山光海景。

海盜 香港海上交通的破壞者

——招商局愛仁號輪案故事

吳雲

香港初期，海盜猖獗，船舶被刧，司空見慣，故早期香港的海上交通，至爲不靖。惟有數十年後，仍不時有海輪被刧之事發生，近之如萬福士輪，遠之如招商局的愛仁號輪，都是顯著的例子。

愛仁是招商局的海輪，行走香港，汕頭，上海和北洋綫。這次被刧，（一九二七年十月）據說是風傳船中裝有銀條。當時化裝船客的海盜，本已經將愛仁號刧得，威逼船主將船駛回大鵬灣，可是在駛近大鵬灣時，却給英國潛艇L四號無意發現。

這時香港英國當局對於海盜已經竭力加以防範，不時派出軍艦巡弋演習，這天L四號潛艇也是參加演習的，傍晚時駛回香港途中，機件忽然發生碍障，被迫停在大鵬灣附近修理機件。事有湊巧，被海盜刧去的愛仁號，恰在這時熄滅了燈火向大鵬灣駛來，給L四號碰見，L四號看見來船熄滅航路燈，向大鵬灣駛來，覺得形跡可疑，便用信號詢問。愛仁不答，反增加速度向大鵬灣駛去。潛艇知道來船一定與海盜有關了，立時用無綫電向港方報告，一面下令準備一切，不久，香港的回電來了：

「命令停駛，必要時加以炮擊」。

接到了命令的潛艇，立時用空砲向愛仁號警告，砲彈掠過船頭落在海裏，海盜依然拒絕停航，於是潛艇下令用實彈轟擊，一砲擊破甲板，一砲擊中機房，引起火災。

在愛仁號初被潛艇發現時，海盜還想用武力脅迫船員駛入大鵬灣，可是當潛艇用實彈轟擊後，一面引起火災，一面又引起水災，船員和乘客大起混亂，海盜已失去駕駛全船的能力。接着，潛艇駛近了，愛仁號船上的火災已不可收拾，海盜看見已經絕望，有的便拋了武器混入乘客羣中，有的紛紛跳海逃命。愛仁號便在這大混亂中，一面焚燒，一面緩緩的下沉。

這次慘案，海盜，乘客和招商局三方面都遭受莫大的損失，玉石俱焚，事後調查，乘客二百三十八人，獲救者若干，海盜除溺死逃脫者不計外，一共拘獲十五名，後來都處了死刑。

這次海盜案，各方面的損失雖然很大，但有一件事却值得注意，即L四號潛艇却因了截擊海盜有功，獲得奬勵，牠的艦長哈拉罕少校，並且因這英勇的行爲，於一九二九年由威爾斯親王授以D・G・O・勳章。

至於海盜這次刧得愛仁號的經過，據當時的傳說，是這樣的：

海盜一共二十餘人，先一日由大鵬灣駕帆船來港，在筲箕灣上陸，一切似乎已預先由在港的海盜機關準備好，二十餘人均扮作大輪搭客，陸續上船，船上本有無綫電及防盜的鐵柵裝置，白天均有印度更練看守，夜間則各處入口下鎖，祗有一條路可通上甲板，可是也是鎖好的，由一名印度更練看守着。

海盜在船上佈置了內應，這天午夜，在全船都已入睡，連那唯一的印度看守也入睡的時候，船上接應的人打開了鐵門，一個海盜將沉睡的印度兵一刀殺死，一點聲息都沒有，其餘的海盜一鬨而入，分頭佔領駕駛台，機器房和無綫電室。

船員沒有一個來得及抵抗。機師突然覺得有一支手槍抵住了他的腰眼，命令他舉起手，駕駛台上的值夜大副發覺有兩個黑影在身傍出現，隨即有兩桿槍對住了他。舵手被人從背後用槍抵緊，叫他不要回頭，同時命令他說：

「改變航綫，駛向大鵬灣」！

無綫電員和休息中的印度兵都被鎖入空艙，在臥室中沉睡的歐籍船員都一個一個的被喚醒，加以拘禁。

爲了提防在途中被其他的船隻所發現，海盜將愛仁號的全部燈火熄滅了向大鵬灣駛去，準備在黎明時加以洗刧，絕想不到冤家路狹會遇見了英國潛水艇。

三輪車興替史

古月

三輪車在香港，也有過相當長時間的歷史，不過，乘客三輪車的使用，却自日本人佔領香港的時期起。在戰前，三輪車的使用，祇限於載運貨物，不准載運乘客的，所以，在那個時候，祇有商店自置的運貨三輪車，沒有載客的三輪車，馬路上所見的三輪車也不很多。

在日本佔領香港的時間，交通工具缺乏得可憐，香港原本有不少汽車的，可是在戰爭時期給破壞了不少，日本軍隊刼掠了不少，能够享用汽車的，除了日本官和附敵的「新貴」們以外，平民簡直可以說是沒有的，後來更因汽油缺乏的關係，那些能够享用汽車的人們也不能够不放棄使用汽車。作為公共交通工具的「巴士」和「電車」，在日本人勉強經營之下，雖然恢復了維持交通的責任，可是，車輛數目很少，後來更時開時輟，當時的人口雖然已經減到二三十萬，但車輛還是供不應求的。因為機械化的交通工具過度缺乏，那些原始的交通工具如轎子，黃包車甚至用人力拖曳的「木頭車」，也都受歡迎了。半機械化的「脚踏車」和「三輪車」，更成為天之驕子，在那時候，能够乘坐「三輪車」或「脚踏車」的人們，也算得是威風的了。

「三輪車」在香港淪陷時期由貨車改變成載客車，一直到了現代，還不曾失掉公共交通工具的資格。本來香港的交通管理則例規定「三輪車」不准載客的，但因在復員的初期交通工具的缺乏現狀，也是相當嚴重，所以，政府當局對「三輪車」和「脚踏車」的載客營業，不予立即禁止，後來香港的交通工具逐漸的增加了，安全成了問題的「脚踏車」就遭遇到它的最後命運，雖然

五十年前的香港黃包車

香港的郵電

非虛

香港與外間的郵電交通，在太平洋戰事未發生以前，是堪稱很發達。到香港光復了三年的今日，雖然港政府極力求恢復舊觀，可是，受了外在條件的限制，香港的郵電交通，仍然未能恢復戰前的狀況。香港的郵政局初時是直接隸屬英本國政府的，後來到了一八六零年，始改作隸屬香港政府，香港發行第一張郵票，是在一八六二年十二月八日。香港郵政局到了一八七六年，纔加入萬國郵政協會，香港的電訊局，首先設立的是大北電報公司，這是北歐三大電報公司所組織的。遠東第一條的海底電報線，是香港上海綫，這線在一八七一年四月十八日安裝成功，後來擴展至威海衛。一八七二年，遠東與歐州綫貫通。香港第二間電報局是大東電報公司，它在一八一七年完成通往南洋的海底電線。直通西貢和星嘉坡，接駁福州，澳門，海防，紅勘灣，馬尼刺。中國電報局在一八八一年纔來香港開設分局，與大東電報公司的海底線聯絡，可和中國各城市拍遞，第一次歐戰發生的時候，港政府適應戰時的需要，自建置無綫電局，香港的無線電台是在一九二六年落成的。一九三一年裝設穗港長途電話。後來港澳滬三地的無綫電話也裝設成功。中日戰事爆發後，香港至內地的電話線，多暫停通話，現在復員了三年，港穗的長途電話，至最近始恢復通話。

靠「脚踏車」謀生的人們曾經請願多次，結果也不能挽回既定的命運。「三輪車」却因爲危險性沒有「脚踏車」那般大，倖不致同時遭受淘汰。

這裏的「三輪車」並不同上海，廣州所見的「三輪車」，却保存戰前專供運貨的三輪車的款式。前頭兩個輪，後頭一個輪，乘客坐的車廂裝架在前頭兩輪的上面，駕車的坐後面，雙手把着前面車廂的一枝橫柱，轉舵就要靠雙手推動了。車廂笨重，假如雙手把持不牢，常常會翻車出事的。

尖沙咀碼頭　倍拉斯作

在交通繁塞的馬路上，汽車往來如梭，坐一三輪車，在汽車風馳電掣的交織着的狹路或斜坡跑，安全着實是成問題的。關於「三輪車」失事的故事，實在不少，我曾經目擊一輛「三輪車」在香港木球場側的斜坡直滾到高等法院旁邊的德輔道路心，車子翻了，坐在車廂的兩個女人（一個手裏抱着一個不到週歲的小孩子），一個給拋到馬路上，幸虧他雙手高擎着那個孩子，使他不致受傷，但她本人已擦穿了頭，另一個却給車子壓着身體，一支腿拖在車廂外邊。駕車的人也給拋到馬路上。他們久久不會爬起身，正於這霎那間，一輛電車衝下斜坡，險些兒壓着那堆跌倒在地上的人和車，要是那電車的司機剎車不及，那堆人縱使不變成枉死鬼，也要傷上加傷呢。

去年四月八日的報紙，有一段「三輪車」失事的新聞：『昨日下午五時半，有一三輪車在干諾道中自西而東，駕至東方行門前，有第二零七號私家汽車自後馳至，向三輪車一碰，三輪車遂斜向海面駛去，汽車司機爲一西人，立停車躍前，擬將三輪車扳住，惟已不及，該三輪車乃衝墮海中，當時三輪車上御者外，尚有一男搭客，手捧收音機一座，均走避不及，隨車墮海，事發後，皇后碼頭側海面小電輪中人，立拋下救生圈，乃將二人救起，三輪車及收音機，則已沉於海底矣。』

「三輪車」，還在汽車交通不很擁擠的地方倒是一種相當好的交通工具，在今天，已經逐漸地變成意外事件的製造工具．它的隨着時代而淘汰，恐怕是不可避免的事了。除非是尋求刺激的美國水兵，一般人對於「三輪車」，已經有了危險的印象，不輕容易放膽嘗試了。

香港的交通工具

程摯

香港的交通工具，構成「新」與「舊」交織的一幅不和諧的畫圖。這裏有一九四七年的新式流線型汽車，有三輪的脚踏車，也有在現代人眼光中認爲不應再有存在的黃包車，以及古色古香的「轎子」。

在汽車最初在香港的馬路上出現的時候，這裏的居民們，大概因爲一向習慣於坐轎子，黃包車，從來不曾見過這「能够跑路的匣子」，所以士紳們便向這種馬達發出嘈吵聲浪的汽車，提出反對，呈請政府禁止使用這「嘈吵的東西」。但是，汽車不曾給禁止在馬路上行走，反而漸漸的給這些守舊的士紳們認識了它的好處，他們逐漸的也樂意於坐「勃勃車」了。「勃勃車」是汽車的名稱，因爲它的號角鳴聲「勃勃」，所以這裏的人們叫它做「勃勃車」。

時代化的交通工具雖然已在香港取得了地位，但它還不會把古老的交通工具完全打倒。新來的遊客依舊和幾十年前的遊客一般，可以坐坐轎子，到山上區域遊玩。也可以坐一程黃包車，靠着黃包車伕的兩條毛腿，拖着車子慢慢跑，讓自已坐在車子上瀏覽馬路兩旁的景物。

轎子和黃包車在香港還不會遭受淘汰，當然因爲它們還保持着存在的條件，不然的話，像在其他現代都市一般，它們應該早已隨逐時代消逝了。香港是一個山城，斜路和石級不是黃包車或汽車所能到達的，因此造成了轎子存在的條件。不過，除了上山之外，現在是很少人坐轎子了。

第七章

文化

中華書局編印

中國空前之大辭書　求學治事必備之工具

辭海

合訂本　出版

舒新城　徐元誥　沈頤　張相　主編

定價：白道林紙本一百元　次道林紙本六十五元

（香港暫照定價七折售港幣）

香港分局皇后大道中五十號　電話二〇六三五

商務印書館香港分館發售

新編中國地理教科圖（中學適用）　時仲華編著　特價港幣九・〇〇

新編世界地理教科圖（中學適用）　陳鐸葛綏編　特價港幣九・〇〇

東北九省行政區域圖　傅角今主編　特價港幣四・八〇

台灣通史　連橫著　實售港幣六・四〇

台灣　李絜非著　實售港幣二・四〇

認識美國　陳劍恒著　實售港幣二・四〇

旅美見聞錄　張其昀著　實售港幣二・八〇

赴美留學指導　劉芯宏編著　實售港幣六・四〇

訪英日記　王雲五著　實售港幣一・六〇

英文訪英日記（學生版）　王雲五著　實售港幣二・〇八

百新書店

民元創立

服務社會

宣揚文化

輔助教育

搜羅全國圖書　供應海外讀者

五千餘種

各欵俱備

公開陳列

經銷高等文具

名廠金筆

文房用品

圖書儀器

國產兒童玩具

中西日記賬册

總店：上海

河南中路第一七九號

支店：香港

皇后道中三十九號B

長記文具店

經營一切文房用具

地址：德輔道中八十號

香港文化雜談

鄭子健

黎子晉偉，好學能文，蜚聲文化界。沂與香江文友，編印香港百年史一書，囑余爲文，以實篇幅，並指定要有關香港文化問題。余學殖荒落，既不能文，而事務紛紛，亦鮮餘暇，重承雅意，無可固辭。因就香港之文化起源，出版事業，學校概況，戲劇現狀，翻譯文字諸端，拉雜述之，作爲香港文化雜談可也。

一，香港之文化起源：香港爲一蕞爾小島，山陬海澨，向乏人居。其島上之原住民曰蛋家，習俗語言居處，均與陸上居民，相差遠甚。蓋香港蛋家，浮海泛舟，無有定處，逐水覓食，鮮與陸上居民往還。我國政府，視蛋家爲化外之民，亦無嘗理教化之工作，年湮代遠，未與文字結緣。故蛋家之生活，便有文獻不足之感，其文化水準之低落，可以想見。當前清嘉慶年間，（清嘉慶十二年至十五年西歷紀元一八〇六至一八一〇年）香港漁樵棲息，品流龐雜，不逞之徒，呼嘯成羣。有張保仔者，據香港爲巢穴，聚衆數千人，統率盜船數百艘，橫行珠江口岸，爲行旅所苦，當局病之。迨經勸撫招安，乃向兩廣總督投誠，海岸始告寧謐，自是相安者三十年。於此時期，香港爲海盜世界，更無文化之可言。清道光二十二年七月廿四日，即西歷一千八百四十二年八月廿九日，根據南京條約，以香港讓與英國。當時島上居民，僅得二千餘人，其後由廣州內地，移居香港者，與日俱增。其風俗習慣，與內地無異，是香港之文化，已由內地傳播而來。再加以英國文化，傳至香港，故香港之文化，已成中英合流之文化。英國人富於保守性質，而香港居民，仍是守舊習慣，故百年來之香港文化，另有其特質，是畸形複雜之文化，是半封建式之文化，是殖民地性之文化。

二，香港之出版事業：香港出版事業，向來景象蕭條。正當之出版家，由內地編著書籍，以其紙型，運至香港，重版發行，其牟利之出版商，則將出版家之流行書籍私自翻印，祕密發行。亦有刊行政治性時事性之小冊子，而出版大部作品則絕不多見。更有甚者，黃色小說，色情圖畫，充斥於市，有以廉取勝者。亦有由一集以至十數集，以多取勝者。不斷續出，內容怪誕，文言語體，粵語俗諺，應有盡有，五光十色。至日報晚報，大報小報。約有十餘家，亦有曇花一現，即告消滅，無法統計。大報中有消息確實，言論公正，且能注意編輯技術者。亦有言論新奇，報道誇大，以圖刺激人心者，且報紙所競爭，多注意社會新聞，以迎合讀者之心理。報紙副刊，光怪陸離，其有刊載雜感小品，及配合時事之短文，以反映社會生活之報道者，殊不多見。或有專登雜誌式之文字，描寫淡泊之人生，介紹幽默之笑話，亦屬難得。至若談鬼說神，鋪張揚厲，色情文字，滿佈篇幅，有用文言，有用粵語，長篇連載，怪誕離奇，此種文字，對於青年男女，社會人心，均有不良之影響。至報紙出版之時間，早報多屬侵晨發行，晚報則提前午間出版，此爲各地所未之見。近有某晚報，以下午四時出版爲號召，則屬特創之例。尚有英文日報晚報數家，此即西人與華人通曉英文者之讀物也。

三，香港之學校概況：香港學校之設立，遠在九十年前。初期辦學者，以外國傳教士爲多，校中設施，充滿宗教之濃厚色彩，自是以後，各國教會，紛派傳教士來港，致力於教育醫藥傳道各項事業之發展。直至大戰之前，香港之教育，除官立學校外，教會學校，仍擁有多量之學生。教會所辦之漢文學校，其採用課本，仍有用四書，五經，尺牘，詩賦，論說範本，古文讀本之類。使天眞活潑之兒童，未能解除強記背讀之苦，以致妨礙其身心健全之發展。當地政府所辦之漢文學校，其採用課本，仍有一部份專爲香港學校而編印者，亦有沿用我國最初所審定之舊課本者。其國文一科，內容取材，以古文爲主，古籍之斷章摘句，深文奧義，與兒童之現實生活，背道而馳，未能適應兒童之需要。地理一科，其內容注意香港之島嶼面積，山嶺高度，街道名稱，其收效爲何如。近二十年來，華僑學校，相繼設立，其課程編制，悉照國內教育法令，俾與國內學校相銜接，使香港學生畢業之後。可以升學內地。自抗戰軍興，戰區擴大，內地同胞，大量湧到香港。而大學中學，亦紛紛遷來，故華僑學校，新創立者亦不少。國內文化教育人士，集中香港，從事工作，於是香港文化，已起顯著之變化。不幸太平洋戰事爆發，新生之文化教育，盡受炮火燬滅。當日寇佔領香港之後，華僑學校，停辦者有之，內遷者有之，致令蓬勃之氣象，有如煙消雲散。迨香港重光，華僑學校，又向復興之途前進。然約略統計之，香港九龍華僑私立中小學校約八十餘家，學生達十萬人，而曾向國內立案者，僅得五十餘家，學生不過三萬人，故香港學校，仍有其特質存在者也。

四，香港之戲劇現狀：香港自開埠以來。已成東方之商港，因海上交通便利，接受西方風氣亦較早，故香港居民，多注重於物質之享受，與身心之娛樂。對於文化上，能差強人意者，厥爲電影一途，十里洋場，影院林立，每日觀衆，千百成羣，放映名片，座無虛席。故世界藝術，科學智識，時事新聞，地方風俗，皆藉電影爲媒介，無形中給予觀衆普遍之認識，是娛樂中，尙不失扶助教育之本意，至於粵劇取材，多屬鄙俚，尙少改良，祇迎合普通人之心理。平劇則因南北方言之隔閡，未能吸引觀衆之興趣，故久已絕跡。話劇須有改良，頗具新時代之思想，實寓深遠，針砭世風，學校近多提倡，每於課餘，從事表演，惜社會上尙未能普遍耳。

五，香港之翻譯文字：香港自英人統治之後，其官制風俗，多從我國習慣，故一八四一年英人登陸時所公佈之第一張佈告，有云：「凡爾香港居民，歸順英國，爲女皇之赤子，自應恭順守法，勉爲良民。而爾等民居，亦得以英國女皇之名義，享受英國官吏之保護，一切禮教儀式，風俗習慣，及私有合法，財產權益概准仍舊自由享用。官所執政治民，概依中國法律風俗習慣辦理。」是以香港行政最高長官稱爲總督，尊稱之爲督憲、布政司，按察司，巡理府，皆沿用我國清代之官銜，尊稱之爲大人。惟翻譯文字，多屬鄙俚無文，如俗稱總督爲兵頭，警察爲差人，郵政局爲書信館，消防所爲水車館，郵票爲士担，支票爲銀炗，電話爲德律風，保險爲燕梳。又如電車路之佈告，「如要停車，乃可在此。」似通非通，似文非文，如此翻譯文字，誠妙句也。

綜觀以上各節，香港之文化，是複雜而不是純粹，是保守而不是開明，是殖民地性而不是現代潮流，其形態如是，其特質如是。爾觀港九兩地，凡百事業，雖非盡蓬勃之氣象，然亦有發展之機．惟文化事業則景象蕭條，前途黯談，深望香港文化人士，有以提倡之。

港九詩話

前

香港以前淸道光二十一年因鴉片戰爭失敗，訂南京條約而割讓於英，至咸豐十年，續租借九龍半島，迨光緒間，復拓寬其界，訂九十九年租借期，乃成有今日之港九，而香港開埠，且百年矣。

旅遊香港九龍詩，近人所作甚少，蓋其地舊本榛莽，曾爲海盜所據，惟漁船迴旋其間，非旅遊者所至，至英人建設後，始成爲遠東商埠，在當時，人亦不料有今日之繁盛，故談及港九者亦較少，廿餘年前，莞人陳伯陶等居九龍，有宋台秋唱之雜集，各紀以詩，對於南宋遺蹟，亦多所闡發，邇後風騷不繼，沉寂久矣，偶覩近人詩篇，頗有關於香港九龍者，輯錄於後。

晚淸詩人黃公度著有人境廬詩，意境甚新爲時人所未逮，以古樂府咏時事者尤多，皆有所寓意，後人重其詩且重其史實也。詠香港一絕云：「水是堯時日夏時，衣冠又是漢官儀，登樓四望眞吾土，不見黃龍上大旗」，此詩蓋在割香港後作者，故言不見滿淸龍旗招展也。又香港感懷二律云：「彈指樓台現，飛來何處峯！爲誰刈藜藿，遍地出芙蓉，方丈三神地，諸侯百里封，居然成市鎭，高聳矗狼峯。」「豈欲珠崖棄，其如城下盟，帆檣通萬國，壁壘通三城，虎穴人雄據，鴻溝界未明，傳聞哀痛詔，猶灑淚縱橫。」詩中所用珠崖棄．城下盟，蓋譏割讓也。鴻溝未明，則尤是見淸廷之糊塗，貽誤至今，非等閒題咏也。又丘滄甲仙根，亦有香港書感云：「海色不可極．西風吹鬢絲，中朝正全盛，此地已居夷，異服魚龍雜，高巢燕雀危，平生陸沉感，獨自發哀嚎」。此與前作所感者，意同而辭異。

「金梳」詞考

葉林豐

「金梳」兩字是一般的譯音，這字用英文寫起來是「Cumshaw」。對於這個怪字，香港人大都是熟悉的，就是初來香港的人，他祇要留心站在皇后大道或必打街一帶留心聽一下，便可以聽到追在外國軍人和水兵後面討錢的人，不論男女老幼，口裏總是喊着「哈囉金梳，哈囉金梳」。若是你的容貌生得有一點似外國人，你也許可能親身有這經驗。

一般的應用，「金梳」是被當作「小賬」。「酒錢」，甚或「做點好事」解釋，有時也會當作動詞，如「金梳幾毫子」之類。這個字是「低等華人」在大班面前伸手用的，因此「高等華人」從來不上口。但初期的中國買辦大都是從「僕歐」階級爬上來的，所以他們對這個字都有點記憶。

「金梳」兩個字的來歷怎樣呢？它的來源，直到今天還沒有確切滿意的考證。柯靈(S. Couling)在「中國辭典」(Encyclopaedia Sinica)裏說，這個字可以作酒錢和禮物解釋，是「感謝」兩字的廈音，因為這兩個字用廣東音和廈門音讀起來頗近於.CUMSHAW.這個解釋不能使人滿意。「感謝」兩字，中國人無論在文字上和口語上都是很少單獨使用的。何況僅是推想，根本沒有證據，「香港的誕生，青春和成年」(HONG KONG BIRTH. ADOLESCENCEANDCOMING OFAGE)的作者沙雅(G.R OBLEY SAYER)在他這本書的附錄裏說：

「金梳雖慣於被人當作酒錢解釋，但來源依舊不明。有人說這用於官話「感謝」。似乎牽強附會，因為這個字是在廣東流行的。又有人認為這是「金沙」的訛傳，與稅務上的賄賂勒索之類有關，但這個廣東人叫起來該是.LIKAM.（禮金），而歐洲在這方面卻借用北京話.LIKIN.」

以上是「金梳」產生自中國話的說法，但又有一派人認為這字的來源是英語：COME SHORE的訛傳，即「上岸來」之意，這是蛋家小艇當初兜攬外國商船水手上岸時的慣用語，載水手上岸當然有錢或其他好處的，於是這個字便成了討酒錢或小賬的代用語。這個解釋似乎比上說較為切實，但也尋不出可靠的證據。

向外國人伸手討「金梳」的當然是中國「低等華人」。但中國人有時也會送「金梳」給外國人的，那便是高等華人買辦階級的玩意了。「番鬼佬在廣東」(The Fankwae at Canton)的著者威廉亨特氏(William C.Hunter)，是精通初期中西掌故的專家，他的「古老中國點滴」(Rits Ofold China)一書，是專門敘述十九世紀港粵對外國人情形的，關於洋行買辦送「金梳」給外國大班們的盛況，他不勝依戀似的追憶說：

「有一種每年一度的風俗使我們在廣東不久就很愉快熟習起來的，就是那些行商和絲商，在過年幾天之前，向他們一年之中有生意往來的洋行行員所送的「金梳」。這種「金梳」包括最上等的茶葉，盛在有裝飾的漆器或是黑漆嵌螺鈿的盒子裏，以及繡工華麗的最好的南京綢紗，披肩，上等夏布，乾果，如蜜餞金橘，南京棗子，荔枝乾之類。對於送禮來的苦力，每個人要開發幾塊錢。年輕的洋行行員，時常將這種茶葉夏布披肩之類寄回家去。一部份當作禮物，一部份去賣錢，這樣每年總要賣到好幾百塊錢。這樣得來而賣出去的茶葉，在英美商場上後來被叫作「金梳茶」。」

有的人可憐的跟在外國人後面討「金梳」，有的人卻諂媚的向外國人送「金梳」，有着這麼複雜巧妙作用的這個字，所以即使至今還流行着，想要查出他的來源自然不容易了。

僕歐笑話

據傳有一個名喚阿堉的在一家洋行裏當小廝，一天，他的同鄉到洋行裏找他，他向那同鄉大吹牛皮，說他在那裏充當要職，談話間，洋大班大聲高呼僕歐（BOY），阿堉進去聽過了大班的吩咐再出來對他同鄉說：番鬼即是番鬼，堉哥也不叫一聲，卻直呼阿堉！

「中西合璧」的香港文化

蘇福祥

經過了一百多年以後，香港到而今還是一個英國皇家殖民地，不過，這裏的人口，依然是中國人佔着最大多數。在過去的一百多年以來，這裏的中國人和英國人混處在一起，互相親近，彼此學習，在溝通中英文化的努力上說，這裏的人們顯然有相當的成績，雖然這些成績，嚴格說來距離理想還很遙遠。

在香港，我們可以看得到許多中西合璧的現象，這些現象也許可以說得是中英文化交流的表現。在這裏的廣東館子裏，我們常常看見到英國人參加中國的宴會，他們在酒席筵前懂得向其他的中國客人拱手拳拳的敬酒，要人家乾杯。英國人能夠懂得中國文，或者能說廣東話的，在最近的年間，並不算得是稀奇。在中國的陰曆新年期間，這裏的英國人碰到中國朋友，都效法中國人的習俗，拱手說着：「恭喜發財」！

中國人接受西洋文明，顯然比較西洋人接受中國文化，更是熱心，更是認眞。這裏的中國人，不少學習了英國人的生活習慣，他們在思想和行動上，都竭力模倣英國人，如果眼睛和頭髮都能夠改變顏色，他們恐怕有許多已經放棄了黃種人的本來面目了。這並不是有惡意的詆譭，或者誇大的批評，祇要留心看透了現象，就可發覺情形確屬如此！

中西合璧是香港的一個特徵。當然，這裏的統治者是英國人而受統治者是中國人，由於這個原因，構成了這裏的中英合璧的現象，這一個中英合璧的特徵，表現出中英文化不能合流而產生一種新的文化——！雖然有人把「香港地中文」視作一種由於中英文化交流而產生的香港文化——這其中的原因，大概由於中英兩個民族的保守性特別的强吧！

作爲統治階級的英國民族，在面對着黃種的中國民族，自己總不能完全沒有優越感，縱使明白了文化的交流可以使到雙方民族都蒙其利，但在進行促進溝通文化的工作的時候，英國人多數採取教導方式，無論如何，很少採取遷就態度的。最顯淺的一個例，在中英人士的集會裏，不論是討論或研究任何方面的任何問題，英語總是被用作交談的語言。這麼一來，倒可使到中國人獲得練習英語的機會，但不能使到英國人有着同等的機會。結果，縱使討論的問題是有關中國的問題，能夠參加討論的祇有英國人和那些懂英語的中國人，不懂英語的中國人，不論他們對那個被提出討論的問題有怎樣的認識，也沒辦法可以發表他們的豐富知識或者寶貴的見解，因而這些集會的成效，不得不打折扣，在溝通中英文化的進行上，顯然不能夠有理想的成就，何況根據過往的情形觀察，懂得英語的中國人，對於中國的事情，未必有清楚的認識。

在香港，我們日常所看見的中西合璧的現象，多半是一幅並不諧和的混合畫圖。這樣的不諧和的拚合，在這裏的人們眼底裏，顯然爲了司空慣見的緣故而見怪不怪的，但是，在一個偶然看得到這些矛盾現象的觀察者看來，却變成了博物院裏的稀有珍品了。

我曾經在這裏參觀過一個結婚典禮。新娘和新郎到高等法院婚姻註冊處舉行簽字結婚的簡單儀式，新郎坐着到女家親迎的那部汽車，車頭插着一個西洋傳說中的愛神，可是車廂的前面掛着一條中國人掛在親迎『花轎』上的紅緞，還有，車尾還繫着一個小銅罐子和一雙皮鞋，據說，這還一樣獲得好評和歡迎，正如這裏街頭的纏小足，梳大髻的老婦人賣英文報紙一般，擺在人前一塊極不諧和的混合結構畫圖，吸引着好奇者的注意。

請恕我要說一句似乎是無禮的，過火的話，其實這裏的「香港人」，本身就含有「中西合璧」的結構，別說那些混血兒、甚至那些黑頭髮，黑眼睛，低鼻樑，黃臉皮的，也充份的表現着「中西合璧」的象徵。中西合璧的「大衿衫，臘腸褲」的奇異服裝，曾經有過一個很長久的時間，成爲這裏的標準學生服裝。穿漂亮的洋服，褲頭卻掛着一串古玉古錢，或者手上拿着一籠小鳥；在婚姻註冊處舉行儀式的時候，新娘新郎都穿着西洋款式的結婚禮服，女的還披上了白色頭紗，儀式完畢，他們回到家裏以後，卻仍仿照舊俗，再來一套「謝天地」，「謁祖先」，「拜翁姑」……這些舊把戲，參觀了新式婚禮的親戚朋友們再來參觀一幕舊式禮節，這樣的結婚典禮，眞是「中西合璧」。

我又曾經參觀過一家學校的學生表演戲劇，他們表演的中國舊戲「王寶釧」，演員們穿的衣服是廣東舞台的古裝衣服，台型也純粹廣東舞台化，可是劇中人的對白完全用英語，而且其中有不少英國人聽來也不容易明白的由中文直譯成英文的對白。像這樣的故事，是滑稽的。至於在跟人家談話的時候，每一句說話都加上一兩句英文字，這更是香港人的普遍習慣，雖然他們的「中西合璧」的談話，對方未必一定聽得懂，可是，他們根本不會考慮到這一點，爲的他們都認爲凡一個香港的居民都懂得這裏的「官話」——英語的。

這個英國皇家殖民地的名字根本就是中西合璧。維多利亞城的全名是「香港維多利亞城」，前者是中文，後者是英文。在維多利城裏，最是華洋雜處，中西合璧的地方。這裏的街道，有最新式的鋼筋三合土馬路，也有中國式的石砌街。

這裏有中國式的古老大屋，也有各種款式的西洋大廈，這裏的房屋不特有中國式和西洋式的分別，一座建築物具備中西款式的也並不是稀奇的，許多用鋼筋三合土建築成的房子，間格結構都是西洋式樣的，但房頂卻鋪砌着東方色彩的綠瓦。香港總督府現在也是具備東西兩洋建築藝術的建築物，日本人在那裏加上了的東洋塔，到現在還矗立在那幢西洋款式的總督府之上呢。

酒樓，茶室，餐館，……這些公共宴會的地方，中西合璧的色彩更加濃厚。例如純粹西洋化的茶廳，在佈置上也採用中國的織錦來做牆壁的裝飾，廣東館子的佈置，更是中式几椅和西式沙發並陳，牆壁的掛畫也是中國的山水和西洋的油彩相映成趣。至於筵席的肴饌，洋葱牛扒這一味西洋大菜，有時候也可以在中國式筵席裏嘗得，「西餐館」售賣耶穌聖誕餐，有時候可以發現其中一碟是廣東燒豬。此外，所謂「中菜西吃」，「西菜中吃」，都是中西合璧的花樣。

在這裏的舞台上所看得到的廣東戲，眞的可以說是中西合璧的大成。舞台上的角色穿的是中國古裝，唱的是廣東土白，可是，所用的樂器卻有中國的鑼鼓，以及西洋的小提琴和「結他」，雖然廣東戲的發祥地不是香港，但廣東戲班採用的西洋樂器，起源卻在香港，因爲香港在接受西洋文化上顯然是得風氣之先呢！

集郵在香港

錦勳

在這小小的香港中，集郵的人雖然不很多，現在也有兩個正式的集郵會，一個是「香港集郵會」，是這裏的第一個郵會，成立于一九二一年（民國十年），初時由十一個英國人合辦的，首任會長不幸在那年十二月逝世，該會沒有人領導，辦理得不好，直至一九二四年（民國十五年），會員只得五人，後來在一九三五年時，一個叫哈門的出任會長，修改會章，努力推進會裏工作，在一九四一年，會員增加到一百八十人，太平洋戰事發生，該會暫時解散，戰爭結束後，由阿里孖打任會長，恢復會務，現在有會員七十五人，大半數爲英人，還有葡萄牙人，中國人只有幾個，現在的會長是俄爾賓氏。另一個組織是「中國郵學會」，戰後才組織起的，創立於前年二月，由中國人發起，所以會員大半是中國人，只有少數外國人士參加，會員共二百六十名，現任理事長是方棠光。

本港從一九三六年起，每年都有一次郵票展覽會，由香港集郵會集郵家主辦，至一九四零年，舉行第五次大規模展覽，因爲那年恰是英國發行郵票百年紀念，所以特別將展覽會的規模擴大，後來因戰爭影響，一九四一年沒有再舉辦了。

戰爭結束後，中國郵學會最近曾經舉辦過第一屆郵票展覽會，比較戰前第五屆的外人主辦的還要大規模，出品中以香港郵票最多，差不多香港郵票全部收藏齊全，聽說「香港集郵會」也打算舉辦一個展覽。

香港報業沿革史

陳劍

香港的中文報紙是有八十三年的歷史。中文報的鼻祖是戰後曾一度復版的華字日報，它自從一八六四年（同治三年甲子）創刊以來，直至太平洋爆發後才停版。創辦人是老報人陳藹亭，它的前身本是德臣西報的附刊中文版的香港新聞，本來是純粹商業性的刊物，但出版八卷後便停刊了。後來在一八六四年正式改出華字日報，仍是德臣西報的中文版。它初時的篇幅僅八開版。內容的材料多是從西報繙譯過來，有時或轉載京報的重要消息。後來到了一八八四年，由江治接辦過來，聘譚奕翹担任翻譯。後來江治又將它讓與譚氏接辦。經譚氏的澹泊經營，業務頗有起色。但是德臣西報出讓它的版權的合約，訂明是三年滿期的。

到了三年滿約的時候，德臣西報經理賓氏眼紅它的業務發達，乘機要加版權的租值。譚氏不允接納他的條件，便放棄繼續接辦下去，後來由何仲生接辦。一八九八年，華字日報由陳斗垣的手裏，把華字報全盤讓與當時編輯部的同志頓文山、顏慶浦和潘蘭史那一班人，潘蘭史在當時的報人羣裏，是頭腦較開明的一個。他曾到過德國柏林東方語言學堂講學，接辦了華字報後，他極力向港僑灌輸新思想，也時常抨擊香港政府的措施，華字日報奠定了初期的基礎，潘氏的功勞是不可抹煞的。

香港第二張中文報紙，是國人獨資創辦的循環日報。它在一八七三年創刊（同治十二年癸酉）。它的結果也是與華字日報無獨有偶，同是受太平洋戰事影響停版，戰後同是一度像曇花一現的復活。它的創辦人是蘇州昆山王氏利賓。他本名「瀚」，字「瀾」。洪楊事變的時候，王氏曾參加過太平天國的組織。洪楊失敗了後，他逃了來香港，改名「韜」，別字「仲弢」，又一名喚「子潛」。他的筆名是「天南遯叟」，後來又改作「弢園老民」。他在未辦循環日報之前，曾到歐州衛助李雅名（JAMES LOGGE）翻譯經籍。一八七〇年才回香港。

一八七一年普法戰爭爆發了，戰事結束後，王氏作了一本「普法戰紀」，引起了許多人對他注意。到了一八七三年，温清溪和黃平甫集資二萬一千元，承買了英華書院的印刷器材，包括十六度平版機兩架，英文字類一套，創設中華印務總局。後來利用這批印刷器材，創辦了「循環日報」，聘請王氏担任總主筆，同時請他的女婿吳興、洪幹甫和錢徵三人來協助他，錢徵本來是申報派來香港調査報務的，後來被拉入了循環。

循環日報創刊的時候，香港的報紙都是兩日刊的，王韜爲了符合循環日報的名字，把它改爲每日出紙一次。它在創辦的初期，是出紙兩張的，一張是專載新聞，另一張是船期。船期的是用土紙（南山貢）印刷，刊載新聞的是用洋紙。

循環報後來出版了一張月報，採集日報的重要消息，每月出版一次，每年的報費訂收一元。但出版了不久，因爲銷紙不多，不到一年的時間這張月報便停版。循環報又創了華文報的一個新紀錄，每日加派商業行情一張，後來本港各報有商業行情，恐怕便是循環報首創。那時，銷紙最多的中文報，每日亦不過六七百份。而且商店登廣告的風氣，還未到盛行的時候，報館的收入是少得可憐的。

一八八三年（光緒九年）循環報再來一次改良，每日出紙兩整張，又加刊船期和貨價。一八九七年（光緒廿三年）循環報將先一日的報紙，提前先一夕派送，以表示它的消息敏捷，那便是香港第一張的晚報。可是因爲那時開往廣州的夜船，是在每日下午四時啓行，報紙出紙的時間，最快也要到下午八時，故祗能先在本港派送。寄往廣州和澳門的報紙，仍要留待至第二日，這種將隔日報紙提前一夕派送的辦法，一直行了四年。後來因爲工作不便，又改回在晨早派報。循環報到了一九三二年，才正式出版晚報。

那時用的是四號字，兩版爲幅的內容，字數總共約一萬八千餘，除了告白外，新聞約佔了六七千字，共分爲三欄，第一欄是「選錄京報」，內容是擇刊各省大員的重要奏章和清廷的命令，字數總共約千餘。第二欄是「羊城新聞」，除了擇錄兩廣督撫門抄和各署的批示外，還有街談巷議數則，字數約六千餘，第三欄是「中外新聞」，社論是登在這一欄裏，字數約千餘，還載有繙譯來的海外消息和各埠時事。那時交通不方便，很難採訪到消息，所以那時的編輯人員，還要担任副刊的作家。

香港報業初期最蓬勃的時候，要算是一八八一年（光緒七年）中法宣戰的期間。那時香港的中文報，都互相製造中國戰勝的消息，取悅一般讀者，創造那種風氣的，便是那時頗風行的「維新日報」。它是陸驥純創辦的，因爲採取這種作風，所以銷紙頗多。陸氏初時是辦「近事彙編錄」的，後來因版權人羅郎也（NORONHA）印刷局加租。陸氏不堪負担，放棄辦「近事彙編錄」，用個人的資本，另組「維新日報」。後來到光緒末年，維新日報又被讓與劉少雲接辦。光緒元年，維新日報又改爲「民國新報」。到民國成立了，這張報便停刊。統計有三十二年的生命。

那時還有一張「粵報」，是匯豐銀行買辦羅鶴朋以個人資本開辦的。羅氏創辦這張報，並不是有什麼的企圖，他完全爲了他的親戚馮孝廉。馮氏是那時時藝藍本的名作家。他想把他的名作出版。後求了羅氏的同意，由他出資創辦報館和兼營印刷業，就便把他的時藝藍本付梓。羅氏出資本三萬元，在一八八五年創辦了「粵報」。那時有三萬元來辦報，可以稱得上資本雄厚，可是未及一年的時間，便虧光了這三萬元，那時報界中人都認爲意外。後來這張報由羅敬之用三千元承購它的一部份器材，也是用粵報的名來出版，但不到三年他因爲營業不振停版了。

那時生活程度很低，一張大報的開辦費也用不到四千元，羅敬之承辦粵報的時候，他的預算開辦費和經常費，是作下列這樣分配：開辦費一千一百元；每年經常費一千七百元，每年紙張和油墨消費一千一百元。印刷新聞紙用的十六度手扳機，那時每架價值不過四百元，印行情用的六度手扳機約值八十元，全副字粒鉛片價值也是四百元。職員的薪給也少得可憐，編輯部的組織非常的簡單，多數祇用編輯（當時稱主筆）兩人和翻譯一人，採訪是由各人兼任的，專訪當然談不到，主管的薪水每月只得二十元至二十五元，副主筆月薪十元左右，專任翻譯月薪二十元，兼任的僅十元，粵報出報了五年，羅鶴朋辦的一年，耗資數萬元，可是羅敬之花了數千却辦了四年，那見得經濟新聞事業，不是有金錢便可以辦得好。

香港第一張國民黨辦的革命報紙，是　國父手創的中國報，乙未廣州起義失敗，　國父僑居在日本，規劃在廣東起義的大計，並認爲有創設宣傳機關的必要。一八九九年秋間，　國父派陳少白王質甫等來港，籌設中國報，兼作爲一切黨務及軍事的策動機關。就在那年的冬天（一說在翌年庚子元月）租了士丹利街二十七號的地址，出版了這一張中國日報，由陳少白任總編輯，楊少歐任助理編輯。後來又附刊中國旬報，每十天出版一次，彙集時事外，還刊登諷刺時事的歌謠諧文等的小品文章，特別劃開一欄，喚「鼓吹錄」，這便是香港報紙開始有副刊，但是當時並不喚做副刊，却喚做諧部。旬報出版了半年，便停止出版了。中國報出版的初期，它的經費都是由　國父籌措來的。後來惠州義師解散了，該報經濟來源發生了困難，幾度呈現停版的趨勢。後來幸得同志李紀棠出資維持，經過了三年的艱辛掙扎，終於由容星橋介紹與文裕堂書場合作，中國報才得繼續辦下去。

一九零六年（光緒三十二年）粵督岑春煊想把粵漢鐵路來收歸官辦，却遭粵路的股東黎國康等反對，岑將黎逮捕，還禁止粵中各報登載反對的言論。中國報和其他香港各報，均響應廣州各報，抨擊岑氏的高壓手段，認爲違法佔權，岑氏下令禁止港報入口。

一九零六年七月文裕堂因爲營業不佳，宣告破產。那時康有爲的友人葉惠伯代表康的女兒同璧，在香港法院控中國報讒謗要求賠償損失五千元。經過整一年的涉訟，還未得解決，後來中國報得到極充份的證據，極有勝訴的希望，卻遭逢文裕堂破產的影響，幾乎要決定停版，那時中國同盟會香港分會書記馮自由，恐怕中國報停版影響到國民黨的名譽，早已向他的岳翁李煜堂取得資本，在文裕堂正式宣告破產，而用五千元向他購取中國報的版權。該報便成爲純粹商辦的，那時不特未受黨部的津貼，還要招呼在香港的同志，在滿酋魔掌下站不住足的革命同志，都逃來港靠它作居停。

那時同盟會擴大組織，分立南方支部和香港分會兩機關。中國報後因虧累過鉅，由南方支部撥公款維持，可是仍常靠李煜堂接濟。一九一一年辛亥五月，中國報又來一次改組，由欖香山同盟會會員盧信出資接辦。到九月廣州光復了後，中國報遷往廣州出版。陳逆炯明作叛的時候，這張經過無限革命同志心血栽培的中國報，竟爲龍濟光封禁。考據中國報的歷史，可以把它分爲三個時期。從己亥至乙巳的七年間，報務由陳少白主持，經費多由李煜堂負担，由丙午至乙酉的四年間，業務由馮自由主持，經費多由李煜堂接濟。由庚戌至辛亥的兩年，報務由謝英伯主持，經費仍常靠李煜堂資助，計共出版了十四年，可以稱爲國民黨革命的報紙的始祖。中國報的執筆者多是國民黨的老前輩，如陳少白，鄭貫一，馮自由，黃世仲，陳春生，廖平庵，何冰甫，何雅選，鄧兆倡，謝英伯等諸人，著作最多要算是朱執信。

一九零三年癸卯，日橫濱華僑鄭貫一創辦世界公益報，鄭氏初時是在日本辦清議報，和馮自由馮斯樂等辦的開智錄，都是宣傳革命的，後來不容於梁啓超，國父薦他來港中國報任編輯。鄭氏後來脫離中國報，另創世界公益報。每日出紙兩大張，那時用的是四號字，兩張篇幅共四萬八千字，世界公益報的作風，是注意當時稱爲諧部的副刊的發展。它的副刊包羅萬有，載有歌謠粵謳，還有諷刺性的漫畫。初期報紙注重版面的美麗，對於廣告的編排，也聘有美術家代刊戶設計，世界公益報創下的先例，還不止於此，它特別注意外地的通訊，增聘京滬通訊員，每日將當地的政治消息拍來港，它這種革命性的作風，影響到其他各報，所以鄭氏也可說是香港報界的革命家。

鄭氏後來又放棄辦世界公益報，另辦一張廣東報。鄭氏辦的兩張報紙，它的投資者并非革命黨人，但卻是同情革命的，也可算作革命報紙。鄭氏雖然是脫離世界公益報，但它的股東卻爭相接辦，竟弄到訴諸法律。結果由法庭判決清算，把它的資產和版權拍賣，後來由姓呂的股東投承得，繼續辦卜去，仍是維持以前的作風，也頗受讀者的歡迎。一九一七年丁巳——它又遭逢經濟的危機，爲債權人所稟控，把它查封出投，後來又爲股東陳某等投得，可是辦不到數個月，又宣告停版了。

創辦世界公益報的鄭貫一，在初期報業史裏，還有一個新紀錄。他便是辦小報的第一人。他在世界公益報出版的第二年（即一九零四年甲辰），辦了一張小型的報紙，這便是香港第一張報的「有所謂報」。

一九零六年乙巳，中國日報反對美國禁止華僑入境新例和「有所謂」報大開筆戰。因爲美人廢棄一八六八年中美互訂的蒲安生條約美聯邦政府接納加省人民的要求，把一八六八年訂立條約的效力廢止。美國會又在一八八零年通過一限制法案，禁止華籍工人入國，夏威夷和菲律濱群島又在一九零六年也一律採用這法案，通通禁止華工入境，粵人大感不滿，一九零六年發動抵禁美貨。當時中國日報和有所謂報對這件事有着不同的看法，因此引起一場筆戰。後來由馮自由挺身調解，也不能壓止，他們的愈鬧愈凶。一直到孫中山先生和黎仲實，謝良牧，胡毅生，鄧慕韓諸氏，在那年多問過港往西貢，在法郵船上召見陳少白和鄭貫一，曉以大義，才把他們的筆戰制止。

香港政府在一九零七年頒佈一條法律，取締一般華文報煽動反清，港政府此舉的起因，係因中國日報經售的民報特刊「天討」，刊有漫畫一幅畫有滿帝的破頭，港政府認爲違例，把這期的

「天討」沒收。立法局隨即通過一條法案，禁止報章刊載煽惑支那作亂的文字，這條法例的內文說：「凡在本港發刊之報紙、書籍，文字，圖畫，流入中國內地能令全國人心作亂者，本港政府爲邦交起見，得而取締之，罰款不過五百元，監禁不過兩年，或罰款與監禁並施，有無勞工不等，必須高等法院解決。」這是香港一九零七年香港第十五號法例，也是港政府第一次限制華文報的措施。

港政府頒佈這條法律的結果，促成本港報界的團結，本港各華文報就在那一年組織報界公會，商定由公會搜集貨價和船期的訪稿，分別印發各報館，節省人力和物力。後來報界公會改組爲報界公社，直到太平洋戰事爆發，報界公社隨香港的淪陷，才一度停頓。後來到香港光復了後，它的主持人郭亦通回港把它復員，但它的作用已很微了，祗是各報間的派信差。去年郭亦通死於肺病，報界公社似乎也隨郭氏一瞑不視。

報界公社是純粹資方的組織。報界從業員的僱員方面組織是始於一九一一年。那時各報外勤記者和營業部職員，就在報界公社的地址，組織記者同盟會，但不到四個月的時間，它又告夭折。一九三零年，又有記者俱樂部的組織，後來又蛻變「香港新聞記者聯合會，但它的壽命也僅數年。一九三七年，各報新聞事業從業員又組織了僑港新聞記者公會，雖然也是聯絡同業的感情爲號召，可是却變成同業間爭名奪利的勾心鬥角場所，同時也受資方的勢力支配。這一個組織也隨香港淪陷而解體，到香港光復，爲了種種關係，到今日還未復員，戰後雖然也有過一兩個新聞記者的組織，不是有頭無尾，就是因名位的爭奪而致胎死腹中。

香港第一張婦女辦的報紙，是創刊於一九一三年，它的創辦人是洪舜英和洪美英兩女士，報名是「女界星期錄」。一九三零年，又有一週刊名「脂痕週報」出版，亦全是女界編撰的。但這兩張婦女界辦的週刊，壽命都不過半年。後來，雖然有些無聊之人僞冒婦女界的名義出版了刊物，這算不得是婦女界辦的報紙，而且太侮辱她們。

一九一三年（民國二年），大光日報出版了，這是較爲有成就的一張宗教報紙，它是本港基督教會辦的，可是它平日絕無宗教色彩，祗是每年耶穌聖誕來臨時，它出一張基督特刊，作形式上的紀念罷了。但它却極注意政治，而且也頗前進。當時對袁世凱和龍濟光，也攻擊得不遺餘力。在大光日報創刊以前，本港基督教徒曾創設「郇報」，它也是一張日報，那時是一八九零年，但出版不到一個月便停辦了。後來到一九零六年，德國禮賢會葉牧師，倡辦德華朔望報，它僅有三年的壽命。後來直到一九一三年，由尹文楷醫生等倡議，再由旅港基督教友集資辦大光日報。

一九一九年（民國八年），夏重民承辦香江晨報，初因資本不充足，業務也不發達。那時國會華僑代表黃伯耀，剛到香港來視察，夏氏向他請求資助，他立即拍電報往舊金山少年中國晨報，囑它的辦事人匯鉅款來港接濟香江晨報。晨報得他的資助，報務也漸形發展，曾一度躍至本港最銷流的報紙的第二位。

那時華商總會也辦了一張華商總會報，純粹是替商會傳播商業消息的機關報，它的產生經過，是在一九一九年（舊曆己未正月初七日），華商總會舉行同人大會，主席劉鑄伯提議，由商會辦一張報紙，來傳遞各種有關於商業的消息。後來再經過該會正月十二日的同人額外大叙會，通過了這提案，並主張承頂「中外報」，先試辦一年，到時如認爲有成績，才繼續辦下去。到是年三月二十八日，商會召開値理叙會，劉氏在席上宣佈籌辦報紙的經過。並預定在同年四月出版。但劉氏同時宣佈初時預算開辦費一萬元，是不敷用的，要求補撥五千元，即是全部開辦費爲一萬五千元，也獲値理會通過。

西報被罰

一九一八年五月廿八日，士蔑西報被控違犯檢查例，官判罰款五元。（按）在第一次世界大戰時期，西報須受檢查，華報則否，華報檢查係海員大罷工時開始，二次世界大戰後撤消。

香港最初之報紙

麥思源

香港改隸後之十一月（清咸豐三年公元一八五三）。有英華書院中人，發行一種華英文合璧之月報，名曰「遐邇貫珍」（Chinese Serial）篇幅約十餘頁，報價港錢十五文，此爲華文報之雛形。遐邇貫珍者，殆襲「天下新聞」（Universal Gazette）「察世俗每月統記傳」（Chinese Monthly Magazine）而作者也。先是，英華書院創辦於馬六甲，在道光八年曾發行「天下新聞」，在嘉慶二十二年，曾發行「察世俗每月統記傳」。蓋當時教士來華，多賴刊物，以爲傳教利器，故其刊物，宜揚宗教爲主，兼錄時事，不過旁從而已，迨英華書院由馬六甲遷港，即本其「天下新聞」、「察世俗每月統記傳」之辦法，以施行於此間。計「遐邇貫珍」，刊行僅三年，而主編者數易。初年，麥都思（Walter Henry Medhurst）主之；次年，奚禮爾（C. B. Hillier）主之；三年，理雅各（James Legge）主之。理雅各通華文，譯有尚書及四子書行世，每於「遐邇貫珍」中，論及經學、孔孟程朱之說，輒有徵引，以西方學者而能辦此，亦可謂不妄自菲薄者矣。「遐邇貫珍」雖較澳門之「依濕雜說」爲晚出，（粵僑備錄云：依濕雜說，道光七年葡萄牙人士羅所著，由英吉利字譯出中國字，以中國木版會合英吉利活字版，同印在一篇，此書初出時，人爭購之，因其中多有揭載官府陋規，遂爲官府所禁。）而其持論雅有節制，不以放言高論爲能事，則又過之也。

遐邇貫珍之封面

「遐邇貫珍」爲月報，而非日報，爲宣傳宗教之報，而非紀錄時事之報，刊行僅三年，以咸豐六年（一八五六）而輟。迨咸豐八年，始有「中外新報」出，中外新報之體裁，與今時之日報同，爲我伍廷芳博士所辦，是爲香港最早之日報。

日本人研究香港

行者

日本人在侵略香港以前，早就注意香港，研究香港臺灣總督府的調查課，是個主要機關，出版過許多關於香港的專書，自不待言。此外，日人前田寶治郎，植田捷雄，秀島達雄等，也寫過幾本關於香港的書。戰前，我友江山故人喜歡研究新界，突有日人奧村乙太郎去找他，跟他研究屯門紅水山的位置。戰時，日人小椋廣勝，把香港史前研究寫成「萬山與屯門」一文，在香港東洋經濟新報發表，內容是以中葡文獻作根據來研究的。在此以前，他寫的一部講述歷史、地理、經濟的「香港」，已在日本出版。

二王殿村詩

無殊

自九龍半島之紅磡，遵陸直趨九龍城，途畔近海岸間，昔有小丘，丘巔巨石，刻宋王臺三字，臺之下，有小村，曰二王殿村，村之故址，迄民國六年尚存。

二王殿者，南宋益王昰及衛王昺行宮也，益王昰即宋端宗，衛王昺即宋帝昺，端宗帝昺均已即帝位，使例應稱皇，不稱王。元史以元世祖至正十四年為開國元年，是歲，即宋端宗景炎二年，（公元一二七七）兩皇不並立，元修宋史，記端宗及帝昺事，作「二王紀」，故稱二王，端宗蒙塵古官富場（今九龍一帶），建行宮於宋王臺下，俗稱皇帝行宮，亦曰「殿」，故曰：「二王殿」，元兵攻古官富場一帶，宋帝走崖門，宋亡，行宮殿，土人即其地建村，故曰：二王殿村。

清吳道鎔二王村詩：「寒林擁日到虞淵，戎馬艱難瘴海邊，七百年來陵谷變，二王村尚鳥啼煙」。「東陵閒詠步兵篇，鬼說青門五色鮮，爲問二王村畔路，可尋十畝種瓜田」。

陳伯陶「宋行宮遺瓦歌」：「官富場前宋行殿，荒村廢址青蕪徧，野人耕地得遺瓦，赭黝相雜餘碎片，赭如烈士散赤血，黝似侍臣森鐵面，當時潘埴看陶甄，，却比范銅經冶鍊，憶昔南遷景炎帝，御舟次此詩形便，紹興家法遵簡約，崇政殿基亟營繕，槐樹陰成鴟尾出，茅茨易甃魚鱗見，但令風雨免漂搖，誰與雲霞爭絲絢，永相忠肝泣上表，將軍鐵膽怒張拳，詔稱南海馬牛風，擊入中原龍虎戰，建炎中興運豈再，景德孤注事俄變，渡江泥馬不復神，赴海白鷳誰更唁，可憐宮瓦碎慈元，追問故都杭與汴，君不見，漢代鴛鴦裁作枕，魏家銅雀鐫為硯，延年益壽辨當文，萬歲千秋感奔電，淒涼故國哭杜鵑，零落舊巢悲海燕，手持此瓦重摩挲，惆悵遺黎淚如霰。

蘇澤東二王殿村詩：龍馭倉皇草野中，不簽降表矢孤忠，高涼白雁家何在，痛飲黃龍事已空，粵海南遷爭寸土，燕雲北望泣三宮，（原註：度宗全太后等北去）勤王慷慨蘇劉義，會赴行朝立戰功。（原註：大將蘇劉義率兵二王入廣）。

葉維屏二王村詩：二王龍馭慨蒙塵，輿肉流離瘴海濱，草木詎知亡國恨，森森古柏故宮春，（原註：二王村行宮有古柏猶存。）

九龍城晚眺

廿九年舊作　黎晉偉

（一）

久羈登臨趣，今朝欲解衣，出荒人寂寞，國破我流離，天外孤雲淡，江心白鶩稀，齋然撫華髮，何處望旌旗？

（二）

城廓依然在，興亡未可論，孤帆入滄海，殘笛出前村；暮色撩鄉思，天風慰廟門（此地有侯王廟）悽愴登此地，誰不念中原。

望夫石賦

樂秋

關於新界「望夫石」的故事，港僑多耳熟能詳，究竟這故事是否真確呢？這是無從稽攷的。但有一個文人看見望夫石的故事是最好的題材，就駢四儷六的作起一篇「望夫石賦」來了，茲特把牠抄在下面，以見香港文化之一斑。

荒涼片石，古色蒼然，寥寥曠代，寂寂長年，自號歌兮唱詭，分琴袖兮堆降，遙望前途，勁淒涼之別緒，誰知片刻，便解化於危巔，矢誓死以靡他，卒憾偕老，歎浮生之若夢，永斷前緣。如今風雨山頭，吊紅顏兮二八，憶昔烟波渡口，對白水兮三千。爾共目斷巫雲，終生楚雨。始抱憾而離明，終含情而莫吐。非同化蝶，歷歲月而彌貞，不肯為婦，受風霜而獨苦，絕類臨池織女，遺像長留，倘逢說法生公，點頭定視。碌碌自守，堅貞等於雲根，孑然獨存，崩不同乎天柱，閱千秋而寄慨，往事淒其，立孤岫而如生，夕陽今古。況乃烟霞縹緲，蒼鬟迷離：人寰已謝，魂魄何之？花發杜鵑。笑當年之別恨，竹留慈姥，伴終古之相思。幾經碧草埋藏，心原不轉；任是青蘿遮蔽，情總如斯。夜月秋風，四闃寥落，暮寒春樹，一段淒其。若教片刻看來，無生無滅：料得柔腸斷後，如醉如癡。乃使鶴歸難望，鴻跡頻生，既非同穴，空負前盟，菱鏡長闢，照容顏之憔悴，苔衣半裂，悲寒暑之紛更。不知遊子經年，可有青蛾入夢，試問征人何處，怪他白石無聲。蔓草荒烟，離情熟悟，斜風細雨，烈性彌貞。倘教地下重逢，應知隕涕：若使天涯復返，未免多情。

香港的初期教育

陳劍

香港之有學校，遠在九十多年前，而辦學校者以外國傳教士爲多。第一間中英文學校，乃由馬六甲遷來，名英華書院，主之者爲李雅各博士，屬倫敦教會所管轄。校中設施，充滿濃厚宗教色彩，時維一八四三年，自是以後，各國教會紛派傳教士來港致力於教育，醫藥，傳教等事業之發展。直至近代，此次大戰以前，香港之教育，除官立學校以外，教會學校仍擁有多量之學生。

一八四三年聖保羅書院創立於中環，後遷於鐵崗，該校是屬於英國安格涔傳道會，在港則稱聖公會。該校初設立之目的，是造就華人傳教人才。教授以英文爲主中文爲輔，當中經過不斷之改革，來學者日漸衆多。歷年以來，造就不少傑出人材。我國有名外交家伍廷芳博士，即該校初期之學生，後來又在太平山建立飛利女校及聖士提反書院，又在堅道創聖保羅女書院。聖公會繼又將教育工作推展至九龍半島，設立維多利亞女書院，此均爲教會所辦之學校，但入學者非限於教徒之子女，而教外人亦多送子弟入學。教會學校在近廿年來，學務益見發達。聖士提反男校遷於赤柱，西營盤之校舍，乃改爲聖士提反女中，而聖保羅女校，亦遷於麥當奴道，九龍維多利亞書院亦遷址，改建爲現在之協恩女中學。

德國金巴陵會亦於一八五零年，派傳教士來港，起初是組織嬰堂，旋在馬禮遜山建築書院。一八六一年復在西營盤開辦書院，名「伯士大」（意即恩典屋），造就傳道醫學人才頗多。王寵惠先生之父親王煜初牧師，亦曾一度在該校掌教。該校於第一次歐戰時，德籍教士離境，遂由此停辦。

嘉種堪會亦是德國教會，於一八九六年派費女士來港在士瓜灣建立心光書院。該院收容瞽目女子教以凸字又指代目，課程爲聖經，寫字，鼓琴，織工等科，一九一二年並在薄扶林道何東山建築分院，收容七歲以上之學生。七歲以下者仍在士瓜灣。歐戰時，該院長離境，港府將年長之學生送往廣州明心書院，年幼者仍居於士瓜灣，交由美國女教士主持。此外各教會多在其禮拜堂內附有學校。

拔萃書院之外觀

至於天主教亦辦有相當多學校。其著名者有拔萃女書院，設於佐敦道，拔萃男書院設於般含道，繼遷何文田。意大利嬰堂設於堅道，聖馬利書院設於九龍漆咸道，法國嬰堂女書院設於雲利地道。聖約瑟設於堅尼地道。此均爲天主教初期在香港所開辦之學校。

官立學校創辦於一八八九年，爲皇仁書院，該院初名中央書院，後始改今名。港紳劉鑄伯於一八九一年倡建私立育才書社，其後乃交回政府辦理，香港最高學府之香港大學，成立於一九一一年，倡建人爲摩地氏。

現代美容院

灣仔莊士敦道一四一號

MODERN BEAUTY PARLDR 141 JOHNSTON ROAD

裝飾新型
美式機械
衛生設備
超等技師

是本港：
唯一理想之美容院
髮式配合面型
設計特殊精巧

人像之王
港九知名

代客沖晒
即沖即有

真善美

快捷妥當
薄利主義

專映社團 學校 結婚 家庭 大相

手影機租賃

請來接洽

香港威靈頓街七十二號 電話三三六七六
九龍分店深水埗荔枝角二五八號

金時

彌敦道五七E
南國酒店樓下

亞陳

大埔道八號
電話五六九三八

新型設置
美式機械
空氣通爽
適合衛生
一流技師
服務忠誠
諸君賜顧
保證滿意

龍泉池湯

地址：灣仔軒尼詩道第叁零叁號至三零玖號

一連四間　電話二七四七九

衣食住行，乃人生最需要的，但是，除此之外，還有「沐浴」一項，更屬日常生活中所不可缺者。因爲「沐浴」對於身體健康上，有極大稗益，復員後之香港，屋少人多，每一層樓宇，均住上數十人之多，對於「沐浴」一事，眞是有如排隊之像，不特時間上受了阻碍，而且精神上也受打擊，此爲居住港中的民衆，所感受最痛苦之事，本主人有見及此，爲求解除大衆「沐浴」上痛苦事情，本着爲大衆服務的精神，因此不惜巨資在灣仔軒尼詩道三零三號至三零九號，一連四間大廈打通，建設「**龍泉池湯**」，採購英 煖水煤爐，能經常供給熱水不缺，並使全室空氣調和，大池建設新型．池大水深，可能游泳，清水與污水，經常注入及輸出、保持池水清潔，適合衞生，內部佈置力求精美，數十更衣室，全部供應，諸君任從選用，隨時光臨，均可即時沐浴，既可免除如排隊及制水之痛苦，而且收費又極其廉宜，更衣室及名茶均免收費用，總求利益大衆爲目的，經多月悉心經營，爲各界服務，謹此敬告諸君，惠然肯來，無任歡迎之至。

龍泉池湯司理呂文政啟

第八章 教育

SUI CHEUNG DYES COMPANY

247 QUEENS RD. C,, HONG KONG TEL 20660

CABLE ADDRESS 2437

經營各國顏料

電報掛號二四三七

電話二〇六六〇

皇后大道中二四七號

瑞祥顏料公司

惠民橡膠製品廠

TRADE MARK

出品

註冊商標

光榮牌

香港

WILMAN RUBBER PRODUCTS

電話
五九四四一
電報掛號
Cable Address "WILBER"

廠址
九龍深水埗
南昌街二〇三
至二一一號

本廠出品

雨褸
西鞋
雨鞋
膠呔
運動鞋
膠拖鞋
女裝鞋

選料上乘

價格克己

香港的教育

少文

香港的教育是自動的而不是強制的，不過，大部份操在政府和教會團體的手上，這裏雖然也有不少僑校，但僑校被列入私立學校的範圍內，在發展上受到不少的窒礙的。

香港的教育制度，建立於一九一三年，教育法例就在那年通過頒行的，教育司是根據那法例來執行教育行政的職權。根據那法例，一切的學校，除非得到特准豁免以外，都要在教育司署登記，並要遵行那些根據那法例制定頒行的管理學校教職員，校舍建築，學生名額和衛生的規則。一九二○年，政府組織了教育委員會，教育司就是那委員會的當然主席。現在，那個委員會委員名額擴大爲十七名，由政府機關首長充任的當然委員七名，由港督委任的無官守委員十名。

這裏的學校，大致上可分作下列五類：

一：官立學校，教職員和一切經費都由教育司負責供給。

二：津貼學校，多數是教會團體主辦的學校，但由政府津貼，學校收支如不能夠相抵消，不數的數目由政府負責，但學校的教職員薪津和其他支銷都要得到教育司的批准。

三：補助學校，一般私立學校，因收支預算不相抵消，可根據「補助章程」申請政府補助，但補助辦法，祇由政府教育司審核申請學校的辦理成績每年給予一筆補助費，但這筆補助費未必能夠抵消學校收支不敷的數目，學校每年擬訂預算時，要自行打算的。這一類的學校大多數是「義學」。

四：軍屬學校，這一類學校是不受一九三一年教育法例管制的。

五：私立學校，依照教育法例申請登記的學校，包括兼在僑務委員會立案的僑校，但僑校也和其他學校一般，要受到香港教育法例管制的，私立學校的財政，政府當局是不加干涉的，但對於學校徵收學雜等費，教育司於本年開始加以限制，學費的徵收額要得到教育司的批准，同時指定要按月徵收。

香港的學校又分中文，英文和中英並授的學校，官立學校，有些專授中文或英文，也有些兼授中文和英文的。津貼學校幾乎全數是專授英文的，只有一間是專授中文的，補助學校和私立學校大多數是專授中文的。這裏的中文學校，多數是用粵語教學的，雖然也有少數是專用「國語」或「客家話」授課的。不過，「國語」是這裏學校課程的一個科目，各中文學校和中英文學校的課程，多數設有「國語」一科的。

教育司管轄下的學校，只限於小學和中學，香港大學是不受教育司管轄的。英文中學教育，操諸官立學校和津貼學校的手裏，那些補助學校和私立學校，除了那些兼在中國僑務委員會立案的僑校多數兼辦中小學以外，大多數只辦小學的。

香港市區內的學校，根據一九四一年的官方統計，共六百四十九間，大部份是私立學校，共五百二十九間，補助學校九十一間，津貼學校二十間，官立學校僅得九間。官立學校的學生人數，計小學一五○○人，中學一一九九人，津貼學校，小學六三四六人，中學三三七四人，市區內補助學校和私立學校的學生人數，因爲教育司署的檔案已告散失，沒法追查，但當年整個香港（包括農村區域）的補助學校收容學生人數，計小學一六三五三人，中學六九三一人，私立學校，小學五○八一四人，中學二五九五一人。津貼學校不曾參加農村教育，但政府在農村區域設立兩間小學，收容學生四百人。

在淪陷的時期，香港的教育受到了很大的摧殘。官立和私立學校，許多連校舍也給拆毀，書籍和其他教育器材，也給當作柴薪燒完了。在當日戰火正熾的時候，教育根本不是人們所注意的事情，最可憐的那些適齡學童過着幾年失學的生活，這個損失是無可挽救的，因爲破壞過大，戰後教育復員的進行顯然遭遇到很大的困難，特別是私立學校的復員，困難更多，復員簡直至從頭做起。戰後雖然許多官立和私立學校都復員了，但有許多到今還不曾復員呢。官立的兩間男子英文中學「皇仁」和「英皇」，中文的「漢文中學」，以及一間女子的「庇利羅士中學」，復員還在計劃中。

由於校舍缺乏和教育器材的供應困難，戰後香港教育的復員，側重於小學的教育。根據官方的統計，一九四七年官立小學收容學生三二八〇人，比較一九四一年增加一倍，津貼學校學生收容額也略有增加，但補助學校和私立學校學生收容額卻比前增加得很多。補助學校的學生人數統計，一九四六年是八九〇九名，一九四七年卻增至二一四一〇名。私立學校一九四七年的學生人數統計是五五四二八名，一九四六年的統計僅是三二三六六名。補助學校和私立學校的學生人數，包括夜班學生，補助學校夜班生共一〇八〇名，私立學校一二三一七名。

九龍僑校學生紀念青年節

中學教育的復員，雖然也有相當的成績，但還未能夠恢復戰前的水準，官立學校和津貼學校雖然已恢復了戰前的收容額，但補助學校和私立學校，在恢復他們的中學方面，所有的困難很多，進行上顯然追不上官立學校和津貼學校，因此，受中學教育的學生人數，就比較戰前減少了。根據官方的統計，一九四一年的中學生人數紀錄是三七三五五，一九四七年的數字是一六八八九。當然，一九四一年的學生人數，不能夠看作香港戰前的正常學生統計，因爲在一九四一年以前幾年內，不少原設在中國地方的中學，爲着抗戰的關係，暫時遷移到香港來繼續上學的，所以，一九四一年的統計數字顯然是特別大的。

農村的教育操縱在私立學校和補助學校的手裏，雖然教育司在九龍新界設有三間小學——大埔，元朗，和長洲島。不過，農村區域的小學教育還沒有恢復一九四一年的水準，一九四一年的統計，新界共有小學四十八間，現在只得半數，收容學生約一萬二千人。

戰後香港教育的新發展是漁民子弟教育的實現，自一九四六年以來，漁民子弟教育逐漸發展，到一九四七年，漁民子弟學校已由四間增加至九間，其中五間是受教育司補助的。漁民子弟學校的課程，與普通小學的課程，沒有怎樣的重大差別，但其中一間，特別設有漁業技習的課程。漁民子弟學校學生名額共一〇三一名。

除了漁民子弟學校以外，香港還有一間工業學校，那間工業學校原在戰前成立的，戰後改名「工業學院」，日校教授初級的機器及造船工業的課程，夜校卻開辦會計班，夜班於一九四六年開課的，學生人數共一一〇〇人。此外，屬於職業學校的有羅富國師資學院，和粉嶺的農村訓練學院等。

百年來之香港官立學校

洪流

（一）

欲明瞭香港官立學校之發展，須先明瞭英國之教育政策；蓋香港官立學校之設立，乃一本英國傳統之教育政策也。

英國乃一老牌之民主國家，故英國政府對於教育早已極形重視，然於重視之中，仍保持其一貫之民主精神，聽其自由發展。英國政府對於教育始終以輔導者自居，而積極鼓勵私人及教會從事辦學。

香港政府對於教育亦莫不如是，故官立學校之輾設乃比私立學校為遲，而官立學校之數量亦遠較私立學校為少。雖然，於過去百年之中，香港官立學校仍能盡其領導與示範之責任，蓋不但各級學校均完備無缺，而特殊教育亦兼能顧及之也。

茲先將初，中，高各級學校略述梗概，再進而及特殊學校。

（二）

香港官立小學數量誠微乎其微，遠不足供本港學齡兒童之需要，然其地位則又有不能忽視者；蓋各校不但均有其悠久之歷史，且亦大足為未來進一步發展之良好基礎也。

香港以中西雜處，故官立小學即隨之而有兩大分野，以適應不同之需要。一類係以英文為主，專收英童之小學，另一類則以中文或英文為主，專收華人兒童。

教會學校學生紀念復活節

屬於前一類之小學，有一九零二年設立之中央英童書院，位於九龍，有一九零五年設立之維多利亞英童書院，設於香港，此外在港方者尚有在山頂之山頂學校等。

屬於第二類之小學，在香港方面有位於荷里活道文武廟之小學及位於灣仔之小學；在九龍方面則有位於油蔴地及旺角之小學。至於遠處港九以外者，則長洲，大埔，元朗三地均各有小學一間。

上述各校，設備類多完善，雖曾拜受戰爭之賜，但戰後兩年內大都能恢復原狀，最近香港教育當局深感小學數量太少，不足適應本港日在增加中之人口，故有增設二十至四十間官立小學之計劃。師資與經費兩項問題，苟能解決，此一計劃當不難付之實現也。

（三）

香港官立中學為數更少，然其規模則頗為龐大，本港中上流人物，不少由是出身。中學之分野亦頗似小學，有以英文為主之書院暨以中文為主之中學。然其中亦有與小學相異之處，此即中學固專收華人青年，而書院亦大量容納華人子弟。此外書院與中學編制亦不相同，書院一貫保持其八年之修業期限，而中學則緊隨中國中學之制度也。

屬於書院類者僅三所。其一為皇仁書院，創立於一八八九年，又一為英皇書院，創立於一九二八年，均在香港中區荷里活道及般含道，亦均於日治期間遭受拆毀，迄今仍在努力規復中。此兩校概為男生而設，絕不收女生。為女生而設者則另有庇利羅士女校。此校原屬私立，於一八八三年由庇利羅士捐金報辦，迨一八九三年乃移交香港政府，成爲本港唯一官立女子中學。此校在日治時代雖獲保全，然復員之後乃竟遭誤拆，毀其前廠，不得不重新建設矣。

屬於中學類者僅有漢文中學一間，係在西營盤學校改爲英皇書院以後，就其原址新設者。戰後移於灣仔上課，十餘年來造就人村亦殊不少也。

新界各地迄今尙無官立中學，但復員以後教育當局有在大埔，元朗兩地開辦官立中學之議。元朗方面地方人士本設有公立中學一所，現地方人士合捐十萬，政府補助十萬，另建公立中學校舍，官立中學諒不再設於此。惟大埔官立中學之開辦較具可能性耳。

（四）

高等教育惟香港大學一所。

香港大學開創於一九零八年，由麼禮建議籌設，得香港政府贊助，即組委員會募集基金，至一九一二年大學始正式成立，港督爲當然校長，但另設副校長負實際行政責任。此校之成得力於私人之力至多，如初期建築多由麼禮捐助，醫科則成自吳理卿，中文學院出自鄧志昂，圖書館則建自馮平山，香港大校之所以於官立學校中，具有獨特地位，而另成一系統者，匪特因其爲大學而已，亦因其淵源有異也。

香港大校最初僅設醫科及工科，其後又增設文科，理科。一九三一年以後又特設鄧志昂中文學院，中文學院本由東方語言科蛻變而成，其初程度不與其他各科等，其後入學試標準提高，乃得與各科并駕并驅焉。

三十五年來香港大學曾造就不少之專門人材，爲本港社會服務，尤其醫科畢業生更穩執本港醫藥界之牛耳。

（五）

香港官立特種學校中，各類師範學校殆爲最著人注目者。

致香港教育當局爲訓練合格資師起見，曾有如下措施：一爲採取教生制度，即自書院畢業生中挑選其志願從事教學者，一面予以教學訓練，一面派出各校實習教學，歷規定期限，委爲正式教師。一爲開設漢文師範，程度略似中國高中師範科，爲訓練小學師資之機構。一爲於香港大學內設立教育科，程度等于中國大學之教育系，爲養成中學師資之機構。此外，香港大學其他各科亦無形中訓練本港中學教師，因港大畢業生均可取得教育當局合格師資之承認也。

爲適應新界環境起見，香港教育當局又曾于大埔設立一師範學校，招收高小畢業生，予以三年之訓練，以造就新界小學教員，蓋簡易師範一類也。此校戰後已無形停辦，恢復無期。又港中小學，無論官立私立，前此每有未受專業訓練之教師。此項教師既不能入漢文師範，又不能任其濫竽充數，不予補救，於是教育當局又有夜師範之設，修業三年。專收容未經專業訓練之現任教師。此種夜師範戰後仍繼續舉辦。

戰前數年，香港教育當局，爲造就更多師資起見，決意增設師範專科學校兩所，招收中學畢業生，予以兩年之訓練，使能勝任中小學教學之責。此計劃之實現即爲羅富國師範學院之設立，以增加市區內之師資。戰後，教育當局另設鄉村師範一所於新界粉嶺總督別墅中，程度與羅富國師範學院等，而增修農林畜牧等科，意旨在養成鄉村中小學師資者也，羅富國師範學院辦有附屬中小學，鄉村師範亦有附中，附小之設備，雖曰供實驗之用，亦足爲官立中小學增加一支生力軍也。

各種師範學校以外，屬於特種學校者尙有夜校及工商學校。工商學校設在灣仔，戰前已有，現仍繼續開辦有無綫電建築等科。夜校除師範科外，包括簿記，快字，體育，英語，調劑等科。

（六）

以上所述乃屬嚴格之官立學校。其實若干教會學校之受教育當局補助及較嚴密管理者均可歸入官立學校一類，最低限度亦可稱之爲半官立學校；蓋其制度設施幾完全倣照官立學校者也。此類學校之特殊名稱爲 GRANT-AIDED SCHOOL，與其他所謂津貼學校 (SUBSIDIZED SCHOOL) 者不同。

此類半官式之補助學校有：喇沙，英華，協恩，華仁，拔萃，聖保羅，聖保祿，聖馬利，聖利諾，聖士提反，意大利嬰堂，聖馬加列，聖得勒撒等。

此類學校有純男校，純女校，亦有分設男女校，亦有附設小學甚至幼稚園，其所收容中小學生之數量，實遠超官立中小學之上，故其地位亦殊不能忽視也。

香港大學

少文

香港大學的組織，是於一九一一年組成的，一九一二年正式開課，到一九四一年底香港淪陷的時候，它的歷史剛剛到三十年。那年香港大學正在從事擴充，新的科學館剛在戰爭爆發前幾個星期落成，馬來亞學生宿舍的建設計劃也正在準備進行，當時香港大學除了有可容五百學生的各科課室以外，還有六座學生宿舍，好幾座實驗室，教職員住宅，學生會，健身室，實驗工場和運動場等建築。

香港大學是不受香港教育司管轄的，最高的負責當局是校董會，主席是香港總督，校董包括永遠校董，官方校董和提名的校董。負責大學行政的是執行委員會，由校長，副校長，司庫，若干政府官員，立法局的華人代表，各學院的院長，商業團體的代表兩名。此外，還有一個教務委員會，由副校長，教育司，以及教授和主講師們共同組織。香港大學設有四個學院：一，醫學院，二，工學院，三，文學院，四，理學院。

戰爭破壞了香港大學。在香港淪陷的時期，香港大學各建築物都給日木人和瘠匪拆掉了，除了「鄧志昂中文學院」，「馮平山圖書館」和「大學圖書館」以外，其他的建築物，都無一倖免。大學的科學儀器大部份已給盜去，戰後都要重新添置。香港大學的復員，眞是千頭萬緒，不是容易，直到一九四六年，英國殖民部委派了「香港大學臨時職權委員會」，負責在倫敦方面處理它對教職員應負的義務，以及購置復課所需的儀器教材。那個臨時委員會的權力和「香港大學執行委員會」的差不多。英國殖民部並曾於一九四五年十二月三十一日委出另一個委員會，負責調查研究香港大學的恢復與發展問題，那委員會的工作目標，據官方公佈如次：（一）調査香港大學應否繼續存在，如認爲有繼續存在的必要，則復興的政策應該怎樣，（二）調査香港大學爲適應香港需要而恢復所須採取的措施。那委員會於一九四六年七月呈交他們的報告書，但到年底還沒有甚麽決定，那個臨時委員會也執行了職權一年之久，直至一九四七年春，香港大學的校董會，執行委員會，教務會，和各學院聯席會議，才正式恢復工作。

因爲是剛恢復的緣故，香港大學於一九四六年復課的時候，只收第一年級學生，一九四七年增開第二年級，一九四七年各科各級學生人數如下：（第一年級）醫科，男九十八，女十八，工科，男，廿六，女，無，文科，男，十，女十八，理科，男十，女一，總數，男一四四，女三七，（第二年級）醫科，男五十四，女十一，工科，男十一，文科，男八，女十二。理科，男七，女四，總數男八十，女廿七。

中華教育會

潘孔言

民國十年時，老教育界顧際熙區大原陳伯陶等，曾有中華教育研究會之組織，力言教育界團體之重要，今雖時易勢殊，然教育界團體之不可缺，則今昔固無二致也，『中華教育研究會序引』如下

國家之隆替繫乎人才，人才之盛衰視乎教育，我國有宋一代，理學昌明，士多成德，揆厥所由，實濂洛關閩諸子覃思教授之力爲多，至如泰西各國，民智大開，科學蒸蒸日上，亦無非梭格拉第，亞里斯多德，毛塔耶危，斯賓塞爾，諸前哲遞次改良教授所使然，教育之宜研究，此溯諸前世而有徵者也，況方今海禁大開，學戰日烈，教育之範圍愈廣，則教育之規則愈還變而無窮，理以融新舊而始精，法以賅中外而始備，是非有教育之責者，集衆人之心思，萃衆人之知識，以參互討論，斟酌損益，必不足以臻至善之歸，教育之有研究會，不尤爲今日急務歟，本港政府一視同仁，菁莪譯普，既設中西文公校以宏育華僑，即私立之中西文學堂，復特設視學員以時察其惰勤，第其優劣，其垂注教育之意深矣，我國人士來赴本港公校教職，暨一切私塾教習，實繁有徒，其間經驗軼倫，如荀卿最爲老師者，固亦不少，然以大概言之，素存各自爲謀之心，向乏相觀而善之益，則於教育之術，或矯枉而過正，或襲故而蹈常，求其悉臻至善之歸，恐未易得，熙忝等擁臯比，竊爲此懼，用特組織一中華教育研究會，俾羣萃州處，集思廣益，中西教習，分門

國語運動在香港

洪山

在各方面熱烈推進「國語運動」當中，香港卻很冷寂，其實，「國語運動」在香港曾經熱烈推進，華僑教育工作者過去不曾忽略了推進國語教育。

民國二十七年一月間，國民黨總支部特派員陳素，福建省國大代表顧文清，國語建設協進會會長桓力行等，建議推進海外的華僑國語教育。因為當時人材師資欠缺，教部便臨時在漢口招募國語教師，南下來港，但他們能力不高，水準只見平平，港支部有見及此，便組成國語師資訓練所，由黨委顧文清，王淑陶，桓力行、許國荃等任所務委員，指定桓力行氏兼正所長，黨機關報編輯饒靚華為副所長，在香港澳門招考新生，那是民國二十七年末的事。

到民二十八年，中央派錢玉階委員來港策動僑教，而教部派桓力行負責協助黨總支部指導部為委派教師之工作，同年，總支部組成了海外國語教育促進會。由饒乂文，陳素任監察，吳公虎，桓力行，許國荃任常委，以香港為推進華僑國語教育的中心，以澳門，星加坡，越南，暹羅，馬來亞，檀香山等地為目標，但可惜計劃漸伸展到澳門，便因日敵犯港而中止。不過，當時的師資訓練所已有兩屆畢業生。

日軍陷港以後，「海外國語教育促進會」便依據上峯的電文指導，「以語教爭取民衆」，「國語會」「師資訓練所兩屆畢業生及中央國語學院之高班生，除一部份回大後方外，均參加工作以語教爭取民衆、後來，更利用日語學校作掩護，附設國語班，暗中宣揚國家至上，民族至上，正義第一，人格第一，繼而宣揚三民主義。一時投歸的青年逾千數，不久為日敵勒令解散，但屢仆屢起，加強各住宅商店之小組教授，以廉收學費為號召，其後離港的僑胞日衆。國語會教師感到生活的威脅，一部份人員回到大後方，留港的一部份便轉了職業。

海外國語教育促進會戰後首先復員，恢復會務，恢復了中央國語學院。國語學院便有三間分處，九龍一間，還有中國國際語言學校，普育國語學校，中華國語傳習所，中華國語專門學校。至於各校所附設的國語夜班，更如雨後春筍，星羅棋佈，九龍也是如是，國語學校的招牌觸目皆是，那時眞是有講，講國語，有讀，讀國語，所謂極一時之盛也。那時港九國語學生估計約有二萬五千多人。

現在，純粹教國語的專門學校，只有一所九龍中央國語學校，普育國語學校也要教教英語，會計之類，才可支持，其餘的早已關門，或轉行教英語或者到播音台去混了，現階段的國語教育，眞令人感慨之至。

（上文接一八一頁）

專家，以求教育之術之止於至善，上副英政府一視同仁之意，內助祖國培成游學之才，非然者，則是先放棄其教育之責任矣，其諸同志諸君子亦有樂乎此歟，若曰藉以聯聲氣，廣標榜，則非本會設立之旨也。

喇沙書院

杜慧

在九龍方面，談到學校校址屋宇的宏麗，可算是喇沙書院了。

聖喇沙(St. J.B.de ra Smub)(16511719)是一位法國的神父，他一生都是從事於教育貧苦兒童的工作，他以這種宏大的願望去號召他的同志，於是他發動組織一個教會學校的研究會，專門去研究關於教育貧苦兒童的問題，後參加這組織的會員多至一萬六千人，遍於全世界各大洲，使許多失學的兒童把他當作一位救星，喇沙書院的設立，便是用來紀念和發揚光大他底事業的。

喇沙書院第一任的校長是康馬(aimar)神父，他是法國人，自一九一四年來香港聖約翰書院任教，由他一手籌建聖約翰校址於堅尼地道，到一九二九年，他開始籌建喇沙書院，經三年之努力，結果以一百萬港元的鉅資，於一九三二年建成今日的喇沙書院。

喇沙全校有廿三個課室，九百一十個學生，其中有二百是外籍學生，教員卅五位，其中五位是神父，其餘都是中國人。班級是由第九班到第一班，自該校落成迄今，已有三百位學子從這裏畢業出去，其中多數是務服於本港各公私機關。

資本：實收港幣二百萬元

總公司：改設香港（香港政府註冊）

分公司：上海 海防 河內 澳門 重慶 廣州

☆營業項目☆

進口部：各種名烟 啤酒 洋酒 白報紙 舊報紙 汽車 車呔 工業原料 建築材料 日用品

出口部：猪鬃 樟腦粉 鑛類

西南實業股份有限公司

SOUTH WEST INDUSTRIAL COMPANY LTD.

ROOM 408 410, YORK BUILDING, HONG KONG.

CABLE ADD., "SOUTH" TELEPHONE, MANAGER 21701, BUSINESS DEPT. 23492

信託部：代客定貨 代客經營 兼營抵押貸放

倉庫部：自備萬尺水坭倉庫 代客貯貨 收費低廉

華南總經理：
車利士（Chelsea）香烟
吉星牌（Southland）香烟
美國（Borquest）啤酒

地址：香港車打道沃行五樓 四〇八——四一〇室

經理室 電話二一七〇四

營業處 電話二三四九二

電報掛號：〇五一六

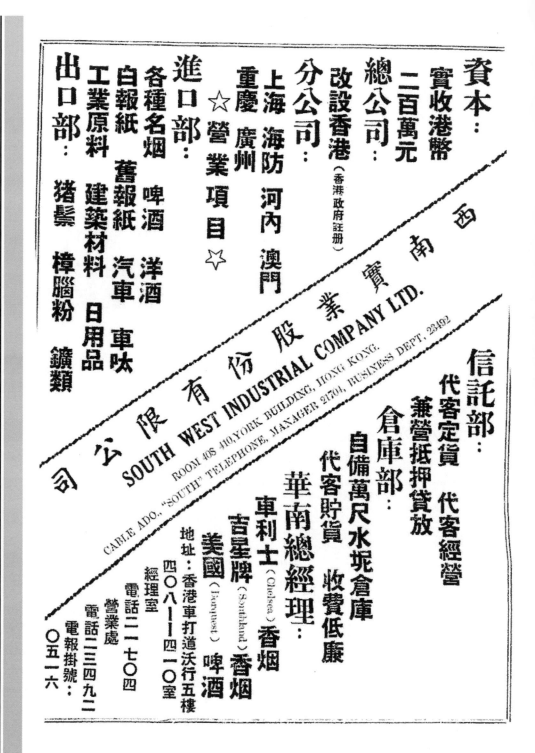

香港

合隆瓷行

中環加咸街十四號電報掛號〇三三六

電話：二四六九二

支店：汕頭瓮安街四十三號

廣州天成路賢樂里四十五號

本號專營

國產磁器

歷數十年

向抱薄利

傾銷南洋

國內各地

選辦定造

一律歡迎

HOP LOONG (PORCELAM)

Our Firm Established for over 50 years. Our Works have been Reconditioned and Improued to accept order for Porcelain & Earthenware. Welcome to old and new patrons.

14, Graham Street, Central. Cable Address 0336

Telephone 24692 Hong Kong.

新寶興玻璃廠

機器製造◆價格特廉

△出品種類▽

藥房安士瓶

化粧品用瓶

日用品器具

◇新遷廠址◇

香港西環卑路乍街四十六號

新寶興玻璃廠

工業之光

利益呢絨疋頭

香港威靈頓街九十九號B 電話二一四四七

LEE YICK

One Pyice Stoye Piece Goods & Tailor

No. 99B, Wellington ST., TEL. 21447

Hong Kong

聯光日記呢絨疋頭

香港永吉街二十四號 電話二八二四三

LUEN KWONG

One Price Store Piece Goods & Tailor

No, 24, Wing Kut ST, TEL. 28243

Hong Kong

友生公司呢絨疋頭

香港永吉街十二號 電話三三六四九

YAU SANG PIECE GOODS CO.

No. 12, Wing Kut STreet,

TEL. No. 33649 電報掛號 0645.

Hong Kong

△厚薄兼備•零沽批發•一律歡迎▽

△各號專辦•各國呢絨•西服原料▽

香港

明華皮具廠

專營

出口皮喼皮褲帶新欵女庄手袋

專辦

玻璃膠片

拉倫膠布

皮具原料

花色最多

欵式最新

價錢最平

批發處 香港文咸東街五十九號

電話：二〇四六二

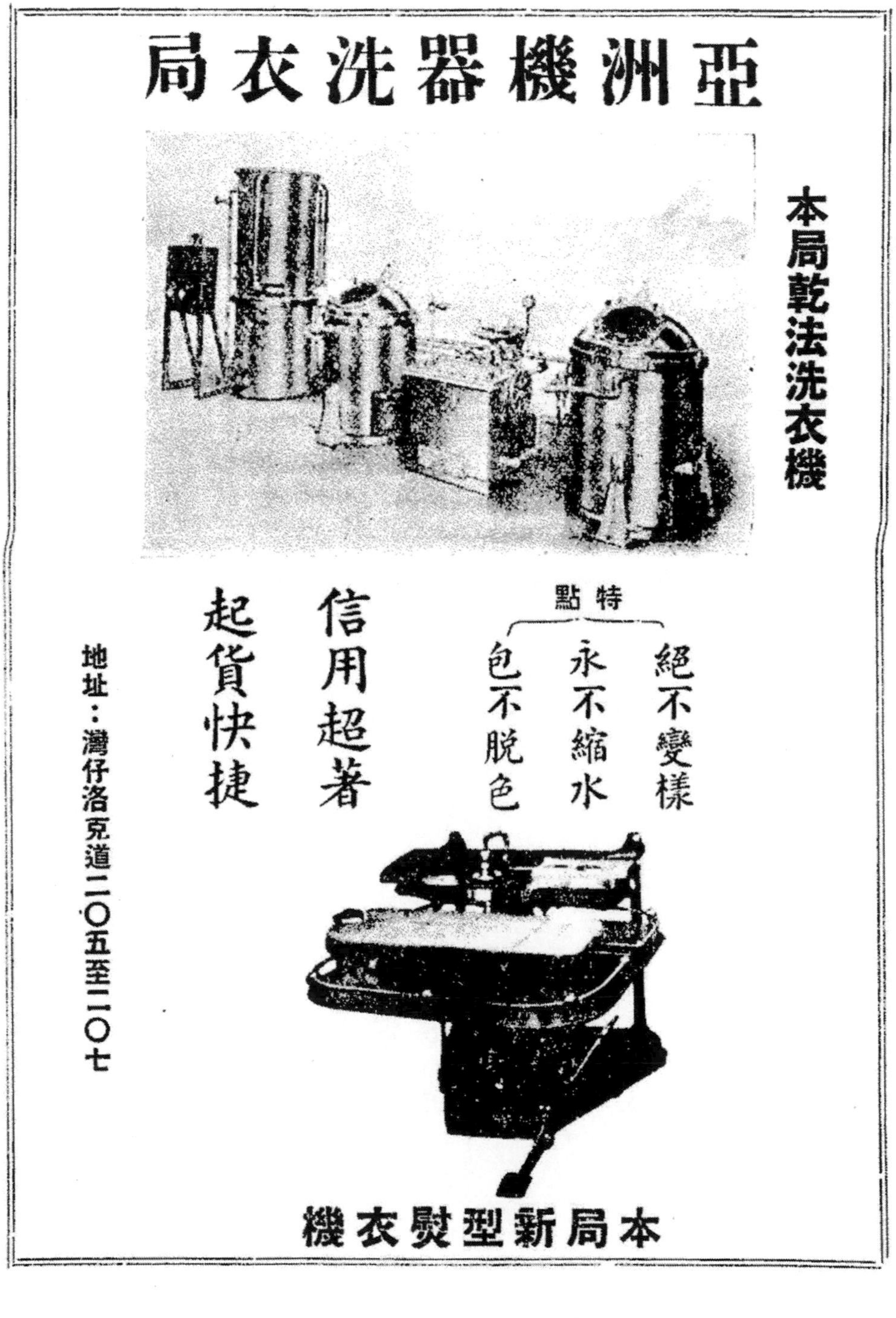
亞洲機器洗衣局
本局乾法洗衣機
特點
絕不變樣
永不縮水
色不脱色
信用超著
起貨快捷
地址：灣仔洛克道二〇五至二〇七
本局新型熨衣機

優美身材需具
適體時裝
麗新男女服裝公司
專為
士女們設計新裝

歐美毛絨
款式齊備
超等技師
工作上乘
宗旨實際
保證滿意

地址：威靈頓街一七二號

麗化洋服

裁剪精工
質料上乘
款式新型
價錢實際

九龍彌敦道四八八號

美洲洋服公司

英美毛絨
搜羅齊備
剪裁製作
新型精巧
忠誠服務
價無濫取
諸君光顧
保證滿意

黃凌軒啓

地址：彌敦道三一五號

鴻章
鴻興傢具公司

地址：九龍彌敦道二三七及三一八號

本號專製中西傢具經常定購歐美專書以為參考故出品日新月異款式新型久為社會人士所稱許如蒙賜顧敬請移玉參觀無任歡迎之至

九江電機布廠

專銷南洋羣島
出品優良
實色耐用

廠址：九龍深水埔元洲街二三九至二四七號
電話：五七貳二八號

豐昌順布行

出品各種
永不脫色布疋
專辦歐美
名貴絲綢呢絨
特聘名師
承製男女服裝

總行香港德輔道中一壹四號
電話二一二六三
工廠深水埗東京街一號
電話五六〇三六

興華電機布廠

營業部：香港機利文新街三二及三四號
電話：三一四三〇
染織廠：九龍土瓜灣馬坑涌道二號
電話：五八七九七

本廠出品
自織自染
產量豐富
保不脫色
花欵趨時
價格克己
各界惠顧
無任歡迎

HING WAH WEAVING FACTORY

Office 32-34. Gilman Pazaar H.K. Tel. 31430
Fty 2 Mahang Chung Rd. Kowloon Tel. 58797
Teleg aphic Address "Factory"

三星織業廠

港廠：九龍大埔道一百三十六號
電話；五〇二壹一
電報掛號："SAMILL"
粵廠：廣州帶河路大壕新街四號

本廠各種出品向蒙出口洋行莊口信託訂織並請核數受特惠稅則之優待戰前又承中英政府定造軍用棉織品類信用卓著自復員以來所出貨品列左：

絲帶　編帶　功牌帶　水喉帶
紗帶　褲帶　窗頁帶　帆布袋
帽邊　商標　拉鍊帶　童軍符號
鞋帶　腟貼　燈心帶　軍用帶類

針織廠注意凡蒙定造各種花腟嘜頭工精色艷依期不悞定價克己歡迎光顧

最新出品『曲奇』餅乾、有椰子、檸檬、呍喱喇、麥片、提子、五種曲奇、特殊甘香、味美、可口有益

安樂園有限公司

機器製造各式糖菓餅乾及雪糕

兼設上等西餐及新式飲冰室

安樂園所出品各種糖菓餅乾風行國內外垂三十餘年因戰事停頓今已恢復製造各種糖菓餅乾味道可口與歐美貨無異價錢更平如蒙光顧無任歡迎

始創『威化』餅乾、有橙、檸檬、呍喱喇、士多啤利、各種味道、異常鬆脆、甘香、滋養衛生、

正舖　德輔道中二十五號

一支店　大道中皇后戲院對面

四支店　大道中中央戲院右隣

五支店　油蔴地彌敦道普慶戲院對面

分銷場　(一)堅道六十三號

分銷場　(二)般含道十七號

製造廠　銅鑼灣威非路道

悅興酒家

用足真材實料 早午茶市
久為顧客讚許 佳餚美點
創業四十餘年 光顧諸君
一貫薄利主義 敬希垂注

包辦華筵酒席
外賣到會歡迎

灣仔莊士敦道一九五號二樓
電話二三九三二 三三七〇五

仁人大酒家

香港皇后大道中一五二至一五六號

營業部電話：二六二六七

頤園酒家

姑蘇周生記主辦

妙製太爺鷄

譽滿羊城。特殊風味

包辦筵席 大小讌會

地址灣仔軒尼斯道二五三至二五五號

電話：三二一五一

始創科學蓄養魚池發明鼻祖

新亞怪魚酒家

欲食海上鮮
新亞最利便
首創科學養
活躍比天然

地址：灣仔勳寧道十四號
電話：三二九三五 三二八三一

馳名
老虎魚蝦蟹菜
順德鄉里菜
美味海鮮王

△香港百年可記的一頁

香港開埠歷百年，可記的筆難盡述，唯最值得記念者為蘇艮君創造科學養魚池於本港灣仔新亞酒家，從前未有人能養活咸水海鮮，雖有名貴海產，但靠雪藏而失真味，自蘇君發明此科學養魚池後，大洋海鮮遂得繁衍，中外贊許，實可記之一頁也。

香港
虎標永安堂

地址：灣仔道一七九號
電話：三一二六八

書名：香港百年史（一九四八）
系列：心一堂　香港・澳門雙城成長系列
原著：黎晉偉 主編
主編・責任編輯：陳劍聰

出版：心一堂有限公司
通訊地址：香港九龍旺角彌敦道六一〇號荷李活商業中心十八樓〇五一〇六室
深港讀者服務中心：中國深圳市羅湖區立新路六號羅湖商業大厦負一層〇〇八室
電話號碼：(852) 67150840
網址：publish.sunyata.cc
淘宝店地址：https://shop210782774.taobao.com
微店地址：　https://weidian.com/s/1212826297
臉書：　　　https://www.facebook.com/sunyatabook
讀者論壇：　http://bbs.sunyata.cc

香港發行：香港聯合書刊物流有限公司
地址：香港新界大埔汀麗路36號中華商務印刷大廈3樓
電話號碼：(852) 2150-2100
傳真號碼：(852) 2407-3062
電郵：info@suplogistics.com.hk

台灣發行：秀威資訊科技股份有限公司
地址：台灣台北市內湖區瑞光路七十六巷六十五號一樓
電話號碼：+886-2-2796-3638
傳真號碼：+886-2-2796-1377
網絡書店：www.bodbooks.com.tw
心一堂台灣國家書店讀者服務中心：
地址：台灣台北市中山區松江路二〇九號1樓
電話號碼：+886-2-2518-0207
傳真號碼：+886-2-2518-0778
網址：http://www.govbooks.com.tw

中國大陸發行　零售：深圳心一堂文化傳播有限公司
深圳地址：深圳市羅湖區立新路六號羅湖商業大厦負一層008室
電話號碼：(86)0755-82224934

版次：二零一八年十二月

定價：　港幣　　一百三十八元正
　　　　新台幣　五百九十八元正

國際書號 ISBN 978-988-8582-11-2